Harald Vocke
Albrecht von Kessel

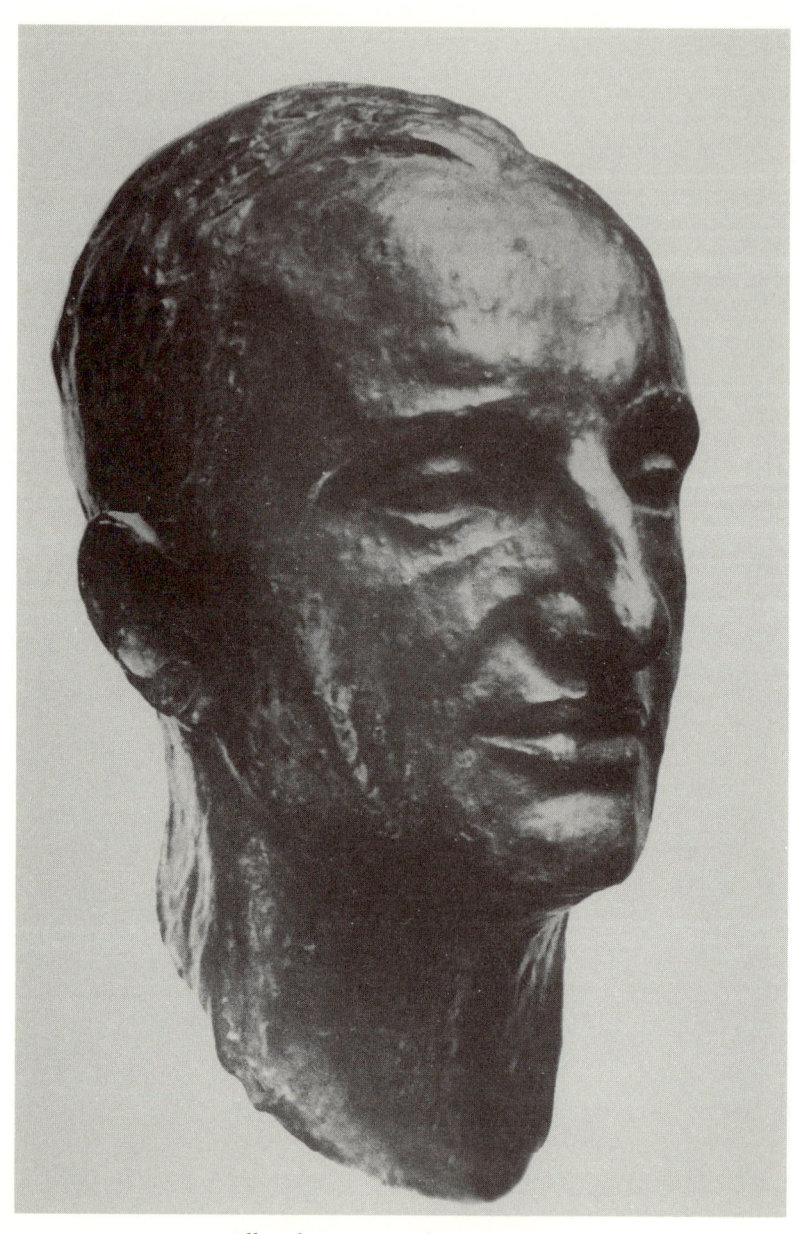

Albrecht von Kessel (1902–1976)
Bronzebüste von Marie-Luise Sarre

Harald Vocke

Albrecht von Kessel

Als Diplomat für Versöhnung mit Osteuropa

Herder
Freiburg · Basel · Wien

Alle Rechte vorbehalten – Printed in Germany
© Verlag Herder Freiburg im Breisgau 2001
Satz: Hümmer GmbH, Waldbüttelbrunn
Druck und Bindung: Difo-Druck, Bamberg 2001
Gedruckt auf umweltfreundlichem, chlorfrei gebleichtem Papier
ISBN 3-451-20248-4

Vorwort

Geboren und aufgewachsen noch im alten preußischen Schlesien, war Albrecht von Kessel seit der Spätzeit der Weimarer Republik Berufsdiplomat. Im deutschen Widerstand gehörte er zur Stauffenberggruppe. Beim Wiederaufbau des diplomatischen Dienstes nach dem Krieg war er »eine menschliche und politische Zentralfigur« (Richard von Weizsäcker). Doch er erhielt nie einen Botschafterposten oder eine angemessene Aufgabe in der Zentrale des Auswärtigen Amts.

In den späten fünfziger Jahren hat Kessel in Washington Geheimgespräche über einen Botschafteraustausch zwischen Bonn und Warschau geführt. Zur deutsch-polnischen Grenze erklärten die polnischen Gesprächspartner damals, die Frage könne man »ausklammern«. Und das mußte bedeuten, hier gebe es noch Verhandlungsspielraum. Dennoch war man in Bonn an einer Fortsetzung der von dem damaligen Bundesaußenminister Heinrich von Brentano genehmigten Sondierungsgespräche bald nicht mehr interessiert. Die Botschafterposten, die man Kessel dann anbot, zunächst Santiago de Chile, dann Oslo, waren kaum mehr als eine schlecht getarnte Verbannung. Im Herbst 1959 auf eigenen Wunsch vorzeitig pensioniert, warb er seither als Journalist, mit Vorträgen, Denkschriften und in Gesprächen für eine Öffnung gegenüber den osteuropäischen Nachbarn und damit für einen Kurswechsel, der schon in der Mitte der sechziger Jahre als Neue Ostpolitik Gestalt anzunehmen begann.

Ich habe Albrecht von Kessel 1951 während meines Studiums in Paris kennengelernt. Mein Schulfreund Helmut von Verschuer hatte die Begegnung vermittelt. Neun Jahre später saß ich in Bonn in der Ostabteilung des Auswärtigen Amts. Die wöchentliche Kolumne, in der Kessel damals in der Tageszeitung »Die Welt« seinen Standpunkt vertrat, hatte für mich und manche meiner jungen Kollegen einen überzeugenderen Klang als die offiziellen Deklarationen über eine Wiedervereinigung, die – wer wünschte das etwa nicht? – den Deutschen eines Tages in Frieden und Freiheit in den Schoß fallen werde, ganz ohne Gegenleistung, wie es schien. Mit der Hallstein-Doktrin, die sich außenpolitisch unerfahrene Juristen ersannen, hatte sich die Bundesregierung den Abbruch ihrer diplomatischen Beziehungen zu jedem Staat als Pflicht auferlegt, der mit eigenen diplomatischen Beziehungen die Regierung in Ostberlin anerkannte. Die Doktrin forderte sogar den ständigen Verzicht der Bundesrepublik auf den Austausch von Botschaftern mit den osteuropäischen Staaten, obwohl deren Beziehungen zum zweiten deutschen Staat eine ungewollte Folge ihrer Abhängigkeit von der Sowjetunion waren. Nur für diplomatische Beziehungen zwischen Bonn und Moskau hat sich Adenauer entschlossen – weil es nicht anders ging.

Solche Einseitigkeit gegenüber der östlichen Welt führte zur ostpolitischen Erstarrung. Vor ihren Folgen hat Kessel vergeblich gewarnt. Dennoch blieb selbst nahen Kollegen und Freunden, die ihn als Meister klassischer Diplomatie kannten, von seinem gedanklichen Beitrag zu einem neuen Kurs in der westdeutschen Ostpolitik wenig bekannt. »Fakten, Fakten, Fakten!« möge ich liefern, riet mir freundlich mit dem Werbespruch eines deutschen Nachrichtenmagazins Staatssekretär a. D. Paul Frank, als er mich 1996 zu einem Gespräch über Kessel in seinem Haus im Schwarzwald empfing. In vierjährigen Recherchen habe ich diesen Rat zu befolgen versucht.

Zur Deutung der Gestalt des politischen Denkers hat einen ersten entscheidenden Schritt schon sein Neffe Kurt von Kessel (1925–1995) getan. Dem Chemiker und Naturforscher ist es zu verdanken, daß die im letzten Kriegswinter im Vatikanstaat verfaßten Erinnerungen Albrecht von Kessels an den Widerstand gegen Hitler im Buchhandel zugänglich wurden, kommentiert von dem Historiker Peter Steinbach (»Verborgene Saat / Aufzeichnungen aus dem Widerstand 1933 bis 1945. Ullstein-Verlag 1992). Nach dem frühen Tod Kurt von Kessels hat seine Frau, die Bildhauerin Christiane von Kessel, die Leitung des Familienarchivs in Jugenheim an der Bergstraße übernommen. Ohne sie wäre dieses Buch nicht entstanden. Christiane von Kessel hat großzügig meine Arbeit gefördert, mir zum gesamten persönlichen Nachlaß Albrecht von Kessels Zugang gewährt und durch vielfältige Hinweise die Spurensuche erleichtert.

Daß Kessel den Torso eines unvollendeten Memoirenwerks hinterließ, habe ich von seinem Neffen und Testamentsvollstrecker Wolfgang von Buch erfahren. In seinen 1998 erschienenen Jugenderinnerungen »Wir Kindersoldaten« (Siedler Verlag) kommt der Freiburger Rechtsanwalt auf den Bruder seiner Mutter selbst mehrfach zu sprechen. Als Historikerin hatte Dr. Sophie Gräfin zu Dohna nach dem Tod Albrecht von Kessels, einem Wunsch des Verstorbenen folgend, dessen schriftlichen Nachlaß geordnet. Sie hat mein gesamtes Manuskript gelesen und mich durch ihre Sachkunde vor manchem Irrtum bewahrt. Auch Botschafter a. D. Hans-Heinrich Noebel hat das Manuskript sorgfältig durchgesehen. Er war mit Kessel seit dem Beginn seines Studiums im Jahr 1939 bekannt, bald auch befreundet. Dem Gedankenaustausch mit ihm verdanke ich vor allem zum Biographischen viel.

Staatssekretär a. D. Sigismund Freiherr von Braun hat mir im Herbst 1996, zwei Jahre vor seinem Tod, Wesentliches über die gemeinsame Zeit mit seinem Freund Kessel an der deutschen Vatikanbotschaft während des Zweiten Weltkriegs erzählt. Auch die Botschafter a. D. Axel Herbst und Hans Arnold berichteten mir über ihre Erinnerungen an Kessel. Für Politisches waren die Gespräche mit Botschafter a. D. Jörg Kastl besonders ergiebig. Er hat mir auch seine Korrespondenz mit Kessel aus den Jahren 1959 bis 1973 zur Verfügung gestellt und den handschriftlichen Entwurf zu der Aufzeichnung »Gedanken zur Osteuropapolitik«, die zur Zeit der Großen Koalition entstand, ein Beispiel für wegweisende Gedanken, von denen manches bald Allgemeingut geworden ist.

Klärend und vertrauensvoll war auch eine Begegnung mit Botschafter a. D. Ulrich Sahm. Seine Memoiren sind reich an Informationen zur deutschen Ostpolitik eines Jahrzehnts. Minister a. D. Dr. Hans Otto Bräutigam hat schon in den sechziger Jahren als junger Diplomat in Bonn mit Kessel über Fragen der deutschen Wiedervereinigung und über Osteuropa gesprochen. 1974 erhielt er den Auftrag zum Aufbau der Ständigen Vertretung der Bundesrepublik in Ostberlin. Noch im gleichen und im folgenden Jahr begleitete er Kessel auf dessen ersten und einzigen Reisen in die Deutsche Demokratische Republik. Nicht vergessen werden darf hier auch Peter Schönfeld. Er wird in diesem Buch nur mit wenigen Zeilen erwähnt. Doch sein Zuspruch bedeutet mir viel. War es doch vor allem er unter den ehemaligen Kollegen, der Kessel in der Bitterkeit der letzten Lebensjahre zur Seite stand.

Im Archiv des Auswärtigen Amts haben mir der Vortragende Legationsrat Dr. Ludwig Biewer und Legationsrat I. Dr. Johannes von Boeselager mit Wohlwollen und Kompetenz die Arbeit erleichtert. Dankbar erinnere ich mich auch an die Hilfsbereitschaft der Beamten im Lesesaal des Auswärtigen Amts Herbert Karbach, Knud Piening, Alexander Redlich und Günter Scheidemann. Im Bundesarchiv in Koblenz konnte ich im Brentano-Nachlaß den einzigen handschriftlichen Bericht Kessels über seine Geheimgespräche mit einem Mitglied der polnischen Botschaft in Washington einsehen. In Mailand empfing mich die Historikerin Liliana Picciotto Fargion, deren Werk über die Verfolgung der italienischen Juden in den Jahren 1943 bis 1945 maßgeblich ist.

Nachforschungen nach persönlichen Spuren der Mitarbeit Kessels an der Tageszeitung »Die Welt« führten trotz freundlichster Bemühungen von Ernst Cramer, dem langjährigen Weggefährten von Axel Springer, leider nur zu einem negativen Ergebnis: In den Archiven des Springer Verlags gibt es keine Vertragsunterlagen oder Briefwechsel mit Kessel mehr. Auch im Willy Brandt-Archiv der Friedrich Ebert-Stiftung hat sich Bedeutsames über Kessel und seine Begegnungen mit Willy Brandt bisher nicht auffinden lassen. Um so wertvoller war für mich ein Gespräch mit Bundesminister a.D. Egon Bahr. Ich habe daraus die Überzeugung gewonnen, daß sich Bahr, der politische Kopf unter den Vertrauten von Willy Brandt, nur in Hochachtung, ja Bewunderung an Kessel erinnert.

Meine Recherchen zu den fehlgeschlagenen Versuchen Polens, schon in der Ära Adenauer diplomatische oder zumindest konsularische Beziehungen mit der Bundesrepublik anzuknüpfen hat Professor Berthold Beitz, der Vorsitzende des Kuratoriums der Alfred Krupp von Bohlen und Halbach-Stiftung, mit wichtigen Hinweisen bereichert. Unvergessen sind für mich auch die in Potsdam und Berlin geführten Gespräche mit Dr. Detlef Graf von Schwerin von Schwanenfeld. Als erster hat er in seiner bahnbrechenden Untersuchung über die junge Generation im deutschen Widerstand das Wirken von drei Diplomaten beschrieben, die damals noch zu den Jüngeren zählten. Eduard Brücklmeier war mit Kessel schon seit der gemeinsamen Attaché-Zeit verbunden. Er wurde nach dem 20. Juli vom »Volksgerichtshof« Hitlers zum Tode verurteilt und starb darauf am Galgen. Kessel und sein Schulfreund Botho von Wussow blieben auf ihren diplomatischen Auslandsposten vor einem gleichen Schicksal bewahrt.

Als einen Sprecher des Widerstands hat der britische Kirchenhistoriker Reverend Professor Dr. William H. C. Frend nach dem gescheiterten

Staatsstreich vom 20. Juli in Rom Kessel erlebt. Professor Frend hat mir hierzu Kopien seiner Berichte für die alliierten Geheimdienste zur Verfügung gestellt. Zur römischen Zeit Kessels verdanke ich Hinweise auch Professor Dr. Jens Petersen vom Deutschen Historischen Institut in Rom. Von den letzten Lebenstagen Kessels berichtete mir sein langjähriger Arzt und Freund Dr. Wolter Russell. Seine Cousine Dr. Haide Russell half mit stilistischen Hinweisen bei der Durchsicht von Teilen des Manuskripts. Ihnen allen gilt mein herzlicher Dank, und besonders auch meinem Verleger Manuel Gregor Herder, der Mittel und Wege gefunden hat, mein Buch im Verlag Herder erscheinen zu lassen.

* *
*

Was war der bedeutendste Beitrag des politischen Denkers Albrecht von Kessel zu den Debatten seiner Zeit und der Zukunft? Schon in den Jahren eisigen Schweigens zwischen Bonn und den osteuropäischen Staaten redete er einer Politik des Dialogs, ja der Versöhnung das Wort. Dabei hat er zuerst immer an Polen gedacht. In seiner grundlegenden Denkschrift *Möglichkeiten und Grenzen der deutschen Außenpolitik* erinnerte Kessel daran, daß nächst den Juden die Polen am meisten unter den Methoden des Hitler-Regimes gelitten hätten. Und zugleich empfahl er der Bundesregierung eine *aktive propolnische Politik*. Daß Polen für Europa und auch für die Wiedervereinigung Deutschlands eine besondere Bedeutung habe, hat er schon in den fünfziger Jahren des vergangenen Jahrhunderts erkannt.

Doch seine Zukunftsvision reichte weiter: Eines Tages müsse das Europa der Sechs für ein größeres Europa zur Keimzelle werden. Dieses größere Europa, so hat Kessel bereits 1958 gehofft, solle nicht nur England und Skandinavien, die Schweiz und Österreich umfassen, sondern auch die osteuropäischen Staaten, die damals noch Satelliten der Sowjetunion waren. Eine gleichberechtigte Partnerschaft der Gründungsmitglieder des Europas der Sechs mit den Osteuropäern, war das als Ziel nicht weit mehr noch als nur Versöhnung, die vor allem Vergangenem gilt? Die Schwierigkeit der Aufgabe hat er nicht unterschätzt. Aber die Jahre, in denen er Gesandter in Washington war, haben ihm den Blick für die Gefahren des Atomzeitalters geschärft. Seine Tragik war es, daß ihn nach der Heimkehr nach Deutschland in Bonn zunächst niemand verstand.

Allmählich, viel später, verstand man dann doch. Zunächst wurden westdeutsche Handelsvertretungen in den osteuropäischen Staaten errichtet. Sehr unauffällig hat Kessel damals als Ratgeber zur Verfügung gestanden. Schon während der Großen Koalition war sein Rat seltener gefragt. Seine Grundgedanken zur Osteuropa-Politik waren ja bereits anerkannt.

Nach dem Rücktritt Willy Brandts vom Amt des Bundeskanzlers trat Kessel fast unbemerkt in die wachsende Dunkelheit von Einsamkeit und Altersleiden zurück. Für die Vereinigung eines durch den Zweiten Weltkrieg zerrissenen Europas und die Wiedervereinigung Deutschlands hatte er in der Tradition einer heute nur selten zitierten Maxime gewirkt: *Mehr sein als scheinen!* Sich selbst hat er dabei immer wieder in den Schatten gestellt. War dies auch eine Folge der Todesnähe, die seit dem Verlust der nächsten Freunde seine stille Begleiterin war? Ein Schwerin, ein Schulenburg, ein Yorck und ein Trott, sie gehören zu den großen Deutschen des vergangenen Jahrhunderts. Und das gilt auch für Kessel. Zur Enträtselung seines Lebenswerks einen Beitrag zu leisten schien mir deshalb nicht nur lohnend, sondern geboten zu sein.

Heidingsfeld, im Dezember 2000   Harald Vocke

Europa, das sollten doch gerade wir Deutschen nicht vergessen, wird ohne die aktive Teilnahme der Polen und Ungarn, der Tschechen, Rumänen und Bulgaren doch immer nur ein nicht ausbalancierter, krankhafter Organismus bleiben.

Albrecht von Kessel
Aus der Denkschrift
»Möglichkeiten und Grenzen der deutschen Außenpolitik«
München 1958

I

In Rom 1944 an der deutschen Botschaft beim Heiligen Stuhl:
(von links nach rechts) Sigismund von Braun, Botschafter Ernst von
Weizsäcker, Albrecht von Kessel

Nach dem 20. Juli 1944 in Rom

Bis ins hohe Alter sind die Julitage des letzten Kriegsjahrs dem Engländer William Frend unvergeßlich geblieben. Als Geheimdienstoffizier einer Weltmacht hatte er damals in Rom höchst ungewöhnliche Gespräche geführt. Nach dem Abzug der Wehrmacht gab es in der Stadt immer noch Deutsche. Wer von ihnen konnte die Sicherheit der Aliierten gefährden? Das zu ergründen war der erste Auftrag, den Frend von seiner Dienststelle, der *Abteilung für Psychologische Kriegführung*, erhielt.

Wichtiger als die Jagd nach deutschen Agenten wurde bald, was er über die Diplomaten der deutschen Botschaft beim Vatikan erfuhr. Hierüber konnte er schon am 15. Juli 1944 dem gemeinsamen römischen Stab der britischen und amerikanischen Dienste berichten. Botschafter Ernst von Weizsäcker und seine beiden nächsten Mitarbeiter, Albrecht von Kessel und Sigismund von Braun[1], waren im Kreis ihrer Vertrauten als Gegner des Nationalsozialismus bekannt. Professor Ludwig Curtius, bis 1937 Leiter des Deutschen Archäologischen Instituts in Rom, war auch im Krieg in seiner Wahlheimat geblieben. Von ihm und von dem Generalabt der Salvatorianer, Monsignore Pancratius Pfeifer, war zu hören, die drei Diplomaten hielten eine Niederlage Deutschlands und den Sturz Hitlers für unabwendbar. Weiter hieß es, Weizsäcker, Kessel und Braun seien Vertreter eines probritischen Kurses im deutschen Auswärtigen Amt. Wie sie hoffe Pius XII. für die Zeit nach dem Krieg auf eine Aussöhnung der Angelsachsen mit Deutschland. Das wenigstens meinte Monsignore Pfeifer als Mitarbeiter des Papstes. *Wir haben noch nichts Greifbares für unser weiteres Vorgehen in der Hand*[2], schloß Frend dennoch vorsichtig seinen ersten Bericht an den Stab der Nachrichtendienste. In der kommenden Woche hoffe er mehr zu erfahren.

So geschieht es denn auch. Genau eine Woche später hat der junge Engländer bereits mit Albrecht von Kessel, dem Gesandtschaftsrat und Ersten Sekretär der deutschen Vatikanbotschaft, ausführlich gesprochen und dabei auch Botschafter von Weizsäcker gesehen – zwei Tage nach dem gescheiterten Staatsstreich vom 20. Juli. Im Auftrag des Botschafters hatte Kessel um die Unterredung gebeten. Die zu einer Arbeitseinheit zusammengeschlossenen Geheimdienste der Engländer und Amerikaner sind in der Via Liguria, einer Seitenstraße der eleganten Via Veneto, im Hotel Ludovisi einquartiert. Von dort war Frend mit dem Jeep zum Petersplatz durch das alte Stadtzentrum Roms mit seinen Barockpalästen und antiken Ruinen gefahren. Um den deutschen Diplomaten zu sehen, mußte er in Zivil das Gebiet des Vatikanstaats betreten. Dessen Neutralität hatte im Zweiten Weltkrieg selbst Hitler respektiert, und das auch noch nach dem Sturz Mussolinis, als deutsche Truppen im Herbst 1943 die Hauptstadt Italiens besetzten.

Seit dem Einmarsch der Alliierten hat die deutsche Vatikanbotschaft ihren Sitz auf dem Gebiet des Kirchenstaates. Botschafter von Weizsäkker und Sigismund von Braun, der Zweite Sekretär, der wie Weizsäcker verheiratet ist, wohnen mit ihren Familien im Palazzo del Tribunale. In Friedenszeiten hatte das Gebäude den Juristen des Heiligen Stuhls als Wohnsitz gedient. Mit dem Konsulatssekretär Buyna und Fräulein Rahlke, der Sekretärin der Botschaft, die mit Weizsäcker von Berlin nach Rom gekommen war, lebt der Gesandtschaftsrat von Kessel im Pilgerheim Santa Marta. In dem kurz vor dem Krieg renovierten alten Gebäude hat er im Erdgeschoß ein geräumiges Zimmer. Die anderen wohnen im ersten Stock, wo es auch ein Eßzimmer und einen Archivraum gibt.

Im vierten Stockwerk von Santa Marta ist die Kanzlei der britischen Vatikanbotschaft untergebracht. Ihr Geschäftsträger Hugh Montgomery empfiehlt Frend, er solle sich gegenüber dem deutschen Diplomaten unwissender stellen, als er tatsächlich ist. Frend befolgt den guten Rat strikt. Ihm geht es vor allem darum, für weitere Gespräche schon bei der ersten Begegnung eine Grundlage des Vertrauens zu schaffen. Bewußt verzichtet er daher darauf, nach Einzelheiten und Namen zu dem gescheiterten Staatsstreich vom 20. Juli zu fragen. Diesen Hinweis zur eigenen Taktik hält er auch in seinem Bericht für die Geheimdienste fest.

Der Gesandtschaftsrat Albrecht von Kessel, ein eleganter, hochgewachsener Herr, wie sich Frend im Alter erinnert, besteht bei der Begegnung darauf, englisch zu sprechen: Sein Englisch sei besser als das Deutsch von Frend, eröffnet er das Gespräch. Und gleich zu Beginn weist er den britischen Gesprächspartner auf den Zwiespalt hin, in dem er und viele seiner Kollegen seit Jahren leben: Sie hassen das Regime, die Diktatur Hitlers, und haben ihm dennoch als Patrioten zu dienen. Das Attentat vom 20. Juli habe eine organisierte Gruppierung verübt, der er selbst angehöre, teilt Kessel mit.

Noch mehr als ein halbes Jahrhundert später hat Frend als emeritierter Professor der Kirchengeschichte einen Rückblick auf seine Begegnungen mit Kessel für die *Frankfurter Allgemeine Zeitung*[3] verfaßt. Über die

Gespräche vom Juli und August 1944 lagen ihm noch die Berichte vor, die er in Rom für die Sektion *Psychologische Kriegführung* der angelsächsischen Nachrichtendienste verfaßt hatte.[4] Es waren damals die ersten verläßlichen Informationen zum Hintergrund des 20. Juli, die über das Hauptquartier in Caserta zu den Regierungen der Alliierten gelangten.

Kessel bietet schon in dem ersten Gespräch ein klares Bild von den Zielen des Widerstands. Bezeichnend für ihn aber ist es, was er gegenüber Frend auch später beharrlich verschweigt. Die Namen der noch in der Nacht zum 21. Juli verhafteten Verschwörer hatte das Hitler-Regime schon im Rundfunk genannt, darunter die Grafen Schwerin, Yorck und Schulenburg. Was sie für ihn bedeuten, hat Kessel gegenüber Frend niemals erwähnt. Bei dem dritten Gespräch am 31. Juli deutet er einmal nur an, er könne zu den jüngsten Ereignissen noch viele Einzelheiten mitteilen – aber wozu sollte das nun noch dienen? Der Staatsstreich sei gescheitert. Und er wisse nicht, wer schon tot sei oder noch lebe. Ausweichend sagt er nur, viele der in letzter Zeit erwähnten Namen kenne er nicht.

Nur auf einen seiner nächsten Freunde kommt Kessel schon bei der ersten Begegnung zu sprechen, offenbar jedoch mit der Bitte, Frend möge den Namen nicht in seinen dienstlichen Bericht einfließen lassen, sondern nur dem britischen Geschäftsträger der Vatikanbotschaft, Hugh Montgomery, mitteilen: Adam von Trott zu Solz. Das sei ein Mitglied der Gruppe vom 20. Juli, zugleich ein gemeinsamer Freund von Montgomery und ihm. Auf die Frage, ob Kessel bei der Begegnung in Rom vom 22. Juli, nur zwei Tage nach dem Fehlschlag des Attentats, etwas von seinen persönlichen Gefühlen erkennen ließ, schrieb Professor Frend dem Verfasser: *v. K. war während unseres Gesprächs sichtbar bewegt. Er erwähnte Trott, von dem ich natürlich nichts wußte. Und dann sagte er: »Es ist Euer Freund, den sie (die Nazis) umbringen.« Ich habe über diese Bemerkung nicht berichtet, weil ich nichts über die inneren Fronten im Auswärtigen Amt wußte. Und schließlich: Es war ja Krieg. Man durfte nicht den Eindruck erwecken, mit dem Gegner zu sympathisieren.*[5]

Adam von Trott war der außenpolitische Kopf der Verschwörung. Als ehemaliger Stipendiat der Rhodes-Stiftung hatte er einflußreiche Freunde in England. Seinen Namen muß Kessel schon um der eigenen Glaubwürdigkeit willen dem britischen Geschäftsträger mitteilen lassen. Denn was Frend vielleicht nicht einmal ahnt: Montgomery war Ende der zwanziger Jahre in Berlin Dritter Sekretär der Britischen Botschaft gewesen. Nicht nur mit Trott war er damals befreundet.[6] Durch Trott hatte Montgomery in Berlin auch Albrecht von Kessel und dessen Freund Gottfried von Nostitz-Drzewiecki kennengelernt, die damals gerade als Attachés im Auswärtigen Amt ihre Ausbildung abschlossen. Was immer Frend von alledem gewußt haben mag: Es spricht für die Umsicht des jungen Engländers, daß er den Namen Trott nie in seinen Berichten für die Nachrichtendienste erwähnt, sondern nur in einem persönlichen Brief an Montgomery.[7] Hatte doch der britische Rundfunk schon unmittelbar nach dem 20. Juli Namen von tatsächlichen oder angeblichen Mitgliedern der Verschwörung genannt und damit der Gestapo die Vorbereitung der Anklagen erleichtert.

Mit keinem Wort kommt Kessel gegenüber Frend auf seinen Vetter Ulrich-Wilhelm von Schwerin zu sprechen. Doch auch Schwerin hatte ihm wie Trott besonders nahe gestanden. Die Mütter der beiden waren Schwestern. Beide Vettern waren gleich alt, beide hatten zusammen die Klosterschule in Roßleben an der Unstrut besucht. Gemeinsame Kindheitserinnerungen prägen das Leben. Schon in Roßleben hatte man Albrecht von Kessel *Teddy* genannt, einer rätselhaften Laune der Mitschüler folgend, die ihm den gleichen Namen wie seinem acht Jahre älteren Bruder Theodor verpaßten. Damals schon wurden die plötzlich in Mode gekommenen braunen Plüschtiere Teddybären genannt. In Amerika war das zunächst als ironisches Kompliment für Theodore Roosevelt gedacht, den größten Bärenjäger unter den Präsidenten der Vereinigten Staaten.

Doch wie fern lag die Schulzeit schon. Mit Schwerin hatte Kessel in München und Breslau studiert. Wie Kessel hatte der Freund schon seit den frühen dreißiger Jahren den Nationalsozialismus durchschaut und lehnte ihn mit Entschiedenheit ab. Bereits 1938 hatten Kessel und Schwerin auch mit dem General Witzleben über die Notwendigkeit eines Staatsstreichs gesprochen. Aber war das alles noch wesentlich, wenn es darum ging, einem Engländer die politischen Ziele des deutschen Widerstands zu erläutern? Könnte es nicht die noch überlebenden Verschwörer gefährden? Kessel weiß in Rom nicht, ob sein Vetter noch lebt. Der Prozeß gegen Schwerin vor dem Volksgerichtshof Hitlers unter Vorsitz des berüchtigten Freisler wird erst am 21. August beginnen, das Todesurteil wird in Berlin-Plötzensee am 8. September vollstreckt.

Auch Peter Yorck von Wartenburg war im Internat Roßleben ein Mitschüler von Kessel. Gleichzeitig mit ihm hatte Yorck in Breslau Jura studiert und sogar am gleichen Tag wie er das Referendarexamen bestanden. Dann hatten sich vorübergehend die Wege getrennt. Während des Krieges diente die Wohnung Yorcks in der Hortensienstraße in Berlin-Lichterfelde den Verschwörern als Treffpunkt. Kessel hat Yorck dort noch im Dezember 1943 besucht. Schon am 8. August 1944 wird der zum Tode verurteilte Yorck in Berlin-Plötzensee hingerichtet.

Ein Vetter zweiten Grades von Kessel war Fritz-Dietlof von der Schulenburg. Nur er war aus dem späteren innersten Kreis der Verschwörung zunächst den Verführungen der Nationalsozialisten erlegen, ja er übernahm in den ersten zwei Jahren der Diktatur Hitlers in der Gauleitung Ostpreußens höhere Posten. 1937 wurde er Stellvertretender Polizeipräsident von Berlin. Doch da war er schon ein entschiedener Gegner des Nationalsozialismus. Auch dieser Vetter hat Kessel nahegestanden. In seinen Erinnerungen an den Widerstand schreibt er über ihn: *Romantisch, ziemlich wild und insgeheim sentimental, übte er auf seine Umgebung – und vor allem im Krieg auf seine jüngeren Kameraden – einen großen Zauber aus.*[8] Wie Schwerin und Yorck hatte auch Schulenburg bei der Vorbereitung des Staatsstreichs stetig an Bedeutung gewonnen. Auch für ihn war es klar: Zur Wiederherstellung des Rechtsstaats und damit zur Rettung Deutschlands führte kein Weg an einem gewaltsamen Machtwechsel vorbei. Wie Schwerin und Yorck wird auch Schulenburg im Bendlerblock in Berlin, der Kommandozentrale des Staatsstreichs, noch in der Nacht zum 21. Juli verhaftet. Das Todesurteil des Volksgerichtshofs wird an ihm am 10. August 1944 vollstreckt.

Im Dezember 1943 war Kessel zum letzten Mal während des Krieges in Berlin. Von den beiden führenden Köpfen des Widerstands, Carl Friedrich Goerdeler, dem ehemaligen Oberbürgermeister von Leipzig, und dem Oberst Stauffenberg wurde er gemeinsam mit Schwerin, Schulenburg und Eduard Brücklmeier, seinem Freund und Mitstreiter im Auswärtigen Amt[9], zu einer Besprechung nach Potsdam gebeten. Schwerin und Brücklmeier hatten dort gemeinsam eine Wohnung bezogen. Bei dem Gespräch, dessen Leitung Stauffenberg übernahm, ging es um außenpolitische Richtlinien für die Zeit nach dem Staatsstreich. Die Thesen, die Kessel zur künftigen Räumung der im Krieg besetzten Gebiete vortrug, fanden die Zustimmung der improvisierten Konferenz.[10]

Ein halbes Jahr später verliert Kessel bei seinen Gesprächen mit Frend auch hierüber kein Wort. Ebensowenig erwähnt er seine letzte Begegnung mit Trott in Venedig, die im Juli 1944 nur zwei Monate zurückliegt. Er beschränkt sich vielmehr darauf, in großen Linien die politischen Pläne des Widerstands zu erläutern: Ziel des gescheiterten Staatsstreichs sei es gewesen, eine handlungsfähige Zivilregierung zu bilden. Sie sollte mit allen verbündeten Kriegsgegnern Frieden schließen, auch mit Rußland. Enger als mit Moskau sollte die neue Regierung jedoch mit London zusammenarbeiten. Das Kabinett sollte aus konservativen Politikern und Sozialdemokraten bestehen. Doch habe man daran gedacht, die meisten Ministerien Sozialdemokraten anzuvertrauen. Konservative wären in solchen Ministerien Staatssekretäre geworden. Man habe nicht eine Rückkehr zu Verhältnissen von 1932 geplant. An die Stelle der Gaue der Nationalsozialisten wären sogleich wieder die Länder getreten. In den Gemeinden wie in den Ländern sollte zuerst wieder Demokratie eingeübt werden.

Von dem *Nationalkomitee Freies Deutschland* in Moskau oder von Generälen an der Ostfront hätten die Verschwörer des 20. Juli keinerlei Direktiven empfangen, ergänzt Kessel seinen Bericht, offensichtlich aufgrund einer Frage von Frend. Mit Nachdruck wendet er sich schon in dem ersten Gespräch gegen die Politik der *bedingungslosen Kapitulation,* auf die sich Roosevelt und Churchill im Januar 1943 auf der Casablanca-Konferenz festgelegt hatten. Dieser Beschluß habe den Widerstand in Deutschland entmutigt, sagt Kessel. Auch die Bombardierung der deutschen Städte durch die Luftwaffe Englands und der Vereinigten Staaten werde letztlich nur der Sowjetunion nützen.

Frend berichtet den Geheimdienststäben der Westalliierten, Kessel habe in dem Gespräch vom 22. Juli einen Berliner mit den Worten zitiert: *Die Briten bombardieren unsere Städte, doch den Krieg gewinnen können sie nicht. Die Russen sind im Begriff den Krieg zu gewinnen, doch sie richten keine Luftangriffe gegen uns.* Sein eigenes Urteil über die erste Begegnung faßt Frend in seinem Bericht in den Sätzen zusammen: *Ich habe den Eindruck, daß die deutsche Vatikanbotschaft zur Zusammenarbeit mit den Westalliierten bereit ist, vorausgesetzt, daß die Diplomaten das Gefühl dabei haben, sie arbeiteten zugleich für Deutschland. ... Sie glauben, daß unsere gegenwärtige Politik nicht nur den deutschen Kommunisten in die Hände spielt, sondern zugleich künstlich das Leben der Diktatur Hitlers verlängert.*

Von der Bedeutung der *jungen Generation* im Widerstand, wie die Jüngeren sich im Gegensatz zu den alten Herren selbst mitunter schon nennen[11], kann Frend noch nichts ahnen. Nach dem Krieg wird sich der britische Geheimdienstoffizier zunächst auf einem Gebiet der politischen Geschichte bewähren. Er gehört zu den Historikern, denen die Veröffentlichung der von britischen Truppen erbeuteten deutschen Akten zur Außenpolitik anvertraut ist.[12] Später wird er als Kenner der frühen Kirchengeschichte bekannt.[13] Doch noch wenn er Ende der neunziger Jahre in Cambridge von dem römischen Sommer sprach, gewann man den Eindruck, die Begegnung mit Kessel in Rom sei eines der prägenden Erlebnisse seines Lebens gewesen.

Das hängt wohl kaum nur mit der politischen Bedeutung der Gespräche zusammen. Albrecht von Kessel verfügte über die seltene Gabe, die der Engländer style nennt. Der Wortsinn schließt ebenso Eleganz in den Umgangsformen wie die Ausstrahlung der Persönlichkeit ein, besagt also mehr als das deutsche Wort »Stil«. Eine Autorin der britischen Modezeitschrift *Vogue* hat einmal die Bedeutung von style mit einer Fülle von Beispielen zu erläutern versucht, amüsant, aber doch schließlich vergeblich, bis ihr die Einsicht kam: *Style kann man nicht sezierend erklären, style ist wie Charme – man hat's oder hat's nicht.* Es folgte der gute Rat: *Wenn Du es nicht hast, versuch's gar nicht erst.*[14] Kessel hatte im Gespräch eine natürliche Sicherheit, die bezaubernd sein konnte. Kam es ihm darauf an, den Gesprächspartner für seinen Standpunkt voll zu gewinnen, so blickte er dem Gegenüber gerade ins Gesicht, lächelnd und mit weit geöffneten Augen. Doch galt nicht auch für ihn, den durch den Tod der Freunde so tief Vereinsamten, das hintergründige französische Sprichwort rires dans la rue, pleurs dans la maison – *Auf der Straße lacht man, die Tränen verbirgt man daheim*?

Geformt hatte ihn zunächst das Elternhaus. Am 6. November 1902 auf dem väterlichen Gut Oberglauche in Schlesien geboren, war er noch nicht sieben Jahre alt, als sein Pate Theodor von Bethmann-Hollweg, ein Vetter der Mutter, Reichskanzler wurde. Der Entwurf eines erst im Alter verfaßten Lebenslaufs hält nicht nur eigene Erinnerungen an den Paten fest. Noch im späten Rückblick war Kessel darüber verwundert, daß sein Vater[15], der im preußischen Abgeordnetenhaus Breslau vertrat, mit Bethmann-Hollweg nie Streitgespräche über Politik geführt habe. Der früh verstorbene Vater gehörte zu den erklärten Gegnern des Kaisers, hielt aber nichts von politischem Streit im Kreis der Familie.[16]

Als Gymnasiast träumte Kessel davon, einmal Kunstgeschichte zu studieren. Im vorletzten Kriegsjahr sandten ihn die Eltern in die Schweiz zur

Erholung. Schatten auf der Lunge hatte man als beginnende Tuberkulose erkannt. Am Thuner See nahm ihn zuerst seine Großtante auf, eine geborene Pourtales, die dort ein Schloß besaß und ihn zur Erholung nach Davos brachte. In einem nur fragmentarisch erhaltenen unvollendeten Lebenslauf heißt es über die Zeit: *Dank einer großzügig-liberalen Erziehung und dank jener zehn Monate in der Schweiz ... fiel mir unbewußt eine Gabe in den Schoß: Ich wurde gegenüber gesellschaftlichen Fragen innerlich frei. Denn frühzeitig wurde ich mit den Spielfeldern der Welt und ihren Regeln vertraut. Das bildete meinen Sinn für Humor aus, der ja, wenn er echt ist, immer bei der eigenen Person beginnt. Ich lernte also meine Schüchternheit und das vielfältige Versagen, das keinem gelebten Leben erspart bleibt, mit gesellschaftlicher Distanz zu ertragen.*[17]

Bald nach der Heimkehr nach Deutschland kam Kessel auf die Klosterschule Roßleben im Unstruttal. Hier begann die Freundschaft mit Ulrich-Wilhelm von Schwerin, Peter Yorck und Bothow von Wussow.[18] Die drei sollten sich im Widerstand gegen Hitler wieder begegnen. Das Jura-Studium in München und Breslau, bereichert vor allem in München durch Vorlesungen über Kunstwissenschaft, fiel in die roaring-twenties, die *wilden zwanziger Jahre*. Während der Ausbildung für den diplomatischen Dienst in Berlin hat Kessel sehr bewußt die Abendröte der Weimarer Republik erlebt, mit all der politischen Ratlosigkeit jener Zeit.

Ich wurde gegenüber gesellschaftlichen Fragen innerlich frei – was dieser Satz für ihn bedeutet hat, zeigt am klarsten seine spannungsgeladene Freundschaft mit Adam von Trott. Die Familien der beiden Freunde hatten der alten Oberschicht des Kaiserreichs angehört. Die Vorfahren Kessels waren dem preußischen Königshaus seit Generationen verbunden, der Vater Adam von Trotts war preußischer Kultusminister gewesen. Seine Familie besaß ausgedehnte Ländereien in Nordhessen, Kessels Vater war Gutsherr in Schlesien. Der Untergang der Monarchie – des Königreichs Preußen wie des deutschen Kaiserreichs – war für die beiden eine Zäsur.

Die Vorurteile ihrer Herkunft haben die Freunde jedoch früher als die meisten ihrer Generation bewußt überwunden. Kessel hatte schon im Krieg in der Schweiz in einem demokratischen Staatswesen gelebt und dessen Staatsform bejaht. Trott aber gelangte nach Jahren der Auflehnung erst während des Studiums zur inneren Freiheit. In einem Brief an Clarita von Trott, die Witwe des nach dem 20. Juli hingerichteten Freundes, berichtet Kessel von dessen innerem Ringen in den späten zwanziger Jahren: *Die Isoliertheit Adams während seiner ... Berliner Epoche hängt sicher damit zusammen, daß er immer noch auf dem jugendlich revolutionären Standpunkt stand, nur Angehörige des Arbeiterstandes und intellektuelle Sozialisten seien wirklich interessant in politischer und menschlicher Beziehung. Er war damals immer noch ein Rebell gegen die sogenannte Gesellschaft, in der er sich gleichwohl gern bewegte. Erst allmählich ist es ihm klarer geworden, daß auch in dieser sogenannten Gesellschaft Geistesverwandte von ihm lebten, die auf das gleiche Ziel zustrebten wie er. In den folgenden Jahren hat er jedenfalls, genau wie wir anderen, die Menschen nicht mehr in erster Linie im Hinblick auf ihre soziale Zuordnung angesehen, sondern in bezug auf ihren Willen und ihre intellektuellen und moralischen Fähigkeiten, für Recht und Freiheit zu kämpfen.*[19] Was Kessel über den Freund schreibt, enthält auch eine zentrale Aussage über sich selbst: Nicht auf die Zugehörigkeit zu einer sozialen Schicht kommt es an, sondern auf den Willen und die intellektuellen und moralischen Fähigkeiten, mit denen der einzelne für Recht und Freiheit eintritt.

Auf dem ersten Auslandsposten, der Gesandtschaft beim Heiligen Stuhl, fesselte ihn die Aufgabe, mit dem Vatikan und der päpstlichen Diplomatie vertrauter zu werden. Aber auch das unter Mussolini immer noch weltoffene Rom mit seinen Kunstschätzen zog ihn in seinen Bann. Einblicke in die inneren Spannungen Osteuropas bot die Arbeit an den Generalkonsulaten in Kattowitz und in Memel. Die folgende Versetzung an die Gesandtschaft in Bern sollte sich als entscheidend erweisen. Denn deutscher Gesandter in der Schweiz war Ernst von Weizsäcker, der bald darauf die Leitung der Politischen Abteilung im Auswärtigen Amt übernahm. 1938 wurde Weizsäcker Staatssekretär des Auswärtigen Amts.

Schon in Bern hatte er die ungewöhnliche Begabung seines jungen Mitarbeiters erkannt. In Berlin war Kessel in den folgenden Jahren mehrfach sein Persönlicher Referent. Für vier Monate kam er dann mit Konstantin von Neurath, dem *Reichsprotektor von Böhmen und Mähren* und früherem Reichsaußenminister, nach Prag. Als dort Reinhard Heydrich, der gefürchtete Chef der Gestapo, den willensschwachen Neurath an die Wand zu spielen begann, bat Kessel um Entbindung von seinem Posten und kehrte ins Auswärtige Amt zurück. In den ersten Kriegsjahren hauptsächlich am deutschen Konsulat in Genf tätig, war er schließlich vom Juni 1943 bis zum Kriegsende unter Ernst von Weizsäcker dessen nächster Mitarbeiter an der Botschaft beim Heiligen Stuhl.

Zu den ersten Eindrücken vom diplomatischen Dienst kam als prägende Lebenserfahrung der Widerstand gegen Hitler. Seit der Kindheit übersensibel, litt Kessel während der Herrschaft der Nationalsozialisten unter wachsendem seelischem Druck. In seiner Gegnerschaft gegen Hitler war er kompromißlos: Nur ein Sturz des Diktators könne Deutschland von der Schreckensherrschaft befreien. Schon früh war er eingeweiht in Attentatspläne, die allerdings alle mißlangen. Immer wieder vermittelte er zwischen den verschiedenen Gruppen der geheimen Opposition. *Wie eine Spinne im Netz* habe Kessel als Anreger und Vermittler überall hin seine Fäden gesponnen, wird schon aus den Vorkriegsjahren von ihm berichtet.[20]

Zur eigenen Rolle im Widerstand war dieser preußische Diplomat auch später sehr schweigsam. Noch weniger sprach er zu Fernerstehenden über die Angst, die fast ein Jahrzehnt lang seine ständige Begleiterin war. Wie leichtfertig und brutal sich Hitler und seine Gehilfen zum Morden entschlossen, war Kessel seit dem Massaker an hohen SA-Führern klar, das heute noch manche Historiker irreführend als *Röhm-Putsch* bezeichnen. In Wahrheit hatte zunächst selbst Hitler nie den Vorwurf erhoben, die SA-Führung habe einen Putsch vorbereitet.[21] Am heftigsten scheine das Morden in Schlesien gewütet zu haben, berichtet Joachim C. Fest in seiner Hitler-Biographie.[22] Beinahe wäre dort auch der älteste Bruder Albrecht von Kessels, Theodor (1894–1947) dem Mordanschlag eines SS-Führers zum Opfer gefallen. Als persönlicher Adjutant hat er den Kronprinzen Wilhelm von Hohenzollern vor zu nahen Kontakten mit den Nationalsozialisten gewarnt. Mit dem Widerstand stand er jedoch nicht in Verbindung.[23]

Den Geschwistern hat Albrecht von Kessel bis zum Kriegsende nie etwas von seiner Mitarbeit in der geheimen Opposition gegen Hitler erzählt, nur die Mutter zog er ins Vertrauen. Was ihn erwarten würde, falls die Gestapo Informationen über seine Aktivitäten zur Vorbereitung eines Staatsstreichs erhielt, wußte er seit den politischen Morden vom 30. Juni 1934 genau: Folter und Tod. Immer wieder stellte er sich die quälende Frage: Würde er in Augenblicken größter physischer Qual nicht die Freunde verraten? Mehr noch als Todesfurcht lastete auf ihm die Angst vor dem eigenen Versagen. Doch nicht der ist mutig, der die Furcht nicht kennt. Kessel hat in den Jahren des Widerstands vor ihr nie kapituliert. Das war die entscheidende Erfahrung für das weitere Leben.

Von alledem wußte William Frend nichts. Dennoch hat er bis ins hohe Alter nicht das bedrückende Gefühl überwunden, daß in jenem Sommer 1944 etwas Wichtiges versäumt worden sei. Hätte die britische Regierung nicht gut daran getan, sich zumindest für die Nachkriegszeit die Mitarbeit Weizsäckers und seiner Freunde zu sichern? In seinem Bericht für die *Frankfurter Allgemeine Zeitung* erwähnt Frend vom Inhalt der letzten Gespräche, die er in Rom mit Kessel geführt hat, man habe dabei vorsichtig auch die Frage erörtert, ob Ernst von Weizsäcker nach dem Ende des Krieges nicht wieder Staatssekretär im Auswärtigen Amt werden könne, ja schließlich unter den Alliierten vielleicht auch Staatsoberhaupt? Harold Macmillan, der spätere britische Premierminister, damals britischer Ministerresident im Hauptquartier der Alliierten, versprach sich jedoch nichts davon, die Bildung deutscher Widerstandsgruppen zu fördern. Selbst von dem Marschall Badoglio, dem Chef der ersten nichtfaschistischen Regierung auf italienischem Boden im Krieg, hielt man bei den Engländern im Hauptquartier wenig.

William Frend und Edward Hartshorne, sein amerikanischer Kollege in der Abteilung *Psychologische Kriegführung* der alliierten Geheimdienste in Rom, hatten vertrauensvolle Kontakte zu Kessel und damit zu der von Ernst von Weizsäcker geleiteten deutschen Vatikanbotschaft geschaffen. Nun löste ein anderer Zweig britischer Geheimdienste die beiden in Rom ab. In der *Frankfurter Allgemeinen* hat Frend hierzu enthüllt, am 12. August 1944 sei in Rom ein Vertreter des *Interservice Liaison Department* eingetroffen – *angeblich um unsere Aufgabe zu übernehmen, in Wirklichkeit aber als einer von Kim Philbys Leuten, um dafür zu sorgen, daß aus den Kontakten nichts wurde.* Philby habe hiervon die Russen schon informiert.

Einer von Kim Philbys Leuten – wie ahnungslos war man doch noch im Sommer 1944 gegenüber dieser Gefahr. Drei ehemalige Cambridge-Studenten, Guy Burgess, Donald Maclean und Kim Philby, waren schon in den dreißiger Jahren Kommunisten geworden. Als Agenten der Sowjetunion hatten sie schrittweise auch im britischen Geheimdienst Einfluß erlangt. Später gelang es ihnen, vor der Verfolgung durch westliche Nachrichtendienste nach Moskau zu fliehen. Ein Vierter im Bunde, der sogar noch geadelte Anthony Blunt, ein Kunsthistoriker von Rang, war nach dem Krieg jahrelang verantwortlich für die Kunstsammlungen der

Queen. Man staunte, als er sich schließlich selbst denunzierte und seine Verwicklung in die Spionage-Affären gestand. Kim Philby, Sohn eines der großen Erforscher Arabiens, war der kaltblütigste und gefährlichste der vier. Erst 1968 wurde er von Journalisten der Londoner Sunday Times in seiner wahren Rolle entlarvt.

Wie hätte im Juli 1944 Frend wissen können, daß seine Berichte über die Gespräche mit Kessel unverzüglich nach Moskau gelangten, und das gar unmittelbar aus der britischen Geheimdienstzentrale in London? Kessel berichtet in seinen Aufzeichnungen über die römischen Jahre nur von Gesprächen mit Engländern und Amerikanern aus der Zeit vor dem 20. Juli. Bis zum Einmarsch der Alliierten hatte er an der Via Veneto im Hotel Excelsior gewohnt. Dort hatten ihn die Amerikaner auf der Straße beim Aufbruch zur Botschaft verhaftet. Er hatte dann schlimme Tage im Zuchthaus Regina Coeli verbracht, bis ihn die Amerikaner in dem eleganten Hotel Flora an der Via Veneto in eine Art Ehrenhaft nahmen. Dort hatten ihn Beamte des amerikanischen und britischen Geheimdiensts ständig verhört, und davon hat er im Entwurf seiner Memoiren berichtet. Die Verhöre waren Verletzungen des Völkerrechts, denn Kessel gehörte zur deutschen Botschaft beim Vatikan, einem neutralen Staat. Erst nach Protesten des vatikanischen Staatssekretariats ließen die Amerikaner ihn frei.[24]

Nach dem Fehlschlag des Staatsstreichs vom 20. Juli sieht auch für Kessel in Rom die Welt anders aus als zuvor. Jetzt braucht er die Hilfe der Alliierten, und er entschließt sich, hierum den britischen Geheimdienst zu bitten. In seinen offiziellen Bericht läßt Frend nur beiläufig einfließen, Kessel befürchte, man werde ihn nach Deutschland zurückrufen. An Hugh Montgomery, den Geschäftsträger der britischen Vatikanbotschaft, schreibt er hingegen, wenn Kessel sich einer Weisung zur Rückkehr nach Berlin widersetze, müsse er für seine nächsten Verwandten das Schlimmste befürchten. Sollte er jedoch nach Deutschland zurückkehren, so könne er weder für Deutschland noch für die Alliierten mehr etwas tun. Falls man ihn zurück nach Deutschland beordern sollte, könnten ihn die Engländer dann nicht einfach an der Ausreise hindern? Man könne argumentieren, schon bei ihrem Einmarsch nach Rom hätten die Alliierten Kessel verhaftet. Man habe ihn als suspicious character, als *verdächtiges Element*, zunächst sogar gefangengehalten. Die Engländer könnten den Verdacht äußern, Kessel verfüge noch immer über geheime militärische Informationen. Und deshalb könne man ihm nicht die Rückkehr nach Deutschland gestatten. Die Antwort Montgomerys muß damals auch Kessel beruhigt haben.

Frend hat bald den Marschbefehl in der Tasche. In Rom aber leisten die Leute Philbys gründliche Arbeit. Wie gründlich, läßt ein Dokument vom Dezember 1944 ahnen, das aus dem Archiv des Foreign Office in London in den Nachlaß von Kessel gelangt ist. Der britische Botschafter in Moskau, John Balfour, teilt darin dem sowjetischen Außenminister Molotow mit, seine Regierung habe davon Kenntnis erhalten, daß Kessel erwäge, in Rom zu den Engländern zu desertieren, also die deutsche Vatikanbotschaft zu verlassen. Sein Botschafter habe Verständnis dafür. Kessel habe um ein Gespräch mit einem britischen Beamten gebeten und dabei behauptet, seine Bitte hänge möglicherweise mit einem *weiteren Putsch*, also dem Versuch eines weiteren Staatsstreichs zusammen. Das Gespräch mit Kessel habe jedoch keine Informationen von Wert erbracht. Weder Kessel noch Botschafter von Weizsäcker seien bereit, sich öffentlich von ihrer Treuepflicht gegenüber dem deutschen Staat loszusagen. Beide, Weizsäcker und Kessel, seien nur an ihrer persönlichen Sicherheit interessiert.

Weizsäcker selbst habe behauptet, so heißt es in dem Schreiben weiter, er sei in der Lage, Hitler zu stürzen. Doch könne er seinen Plan aus Gründen der Sicherheit nur einem britischen Beamten mitteilen, der ihm persönlich bekannt sei. Kessel habe angeboten, er könne in die Schweiz reisen, angeblich zu einem Erholungsurlaub, in Wahrheit aber, um mit den Generälen Guderian und Rundstedt Kontakt aufzunehmen. Die beiden Generäle seien nach Ansicht von Kessel zu Friedensverhandlungen bereit. Der an Molotow gerichtete Brief schließt mit einer Bewertung: Die britische Regierung sei zu der Ansicht gelangt, daß es sich bei dem Annäherungsversuch Kessels nur um ein Manöver gehandelt habe, also nur um Wichtigtuerei im eigenen Interesse. Von Gesprächen mit Kessel sei nichts zu gewinnen, den Kontakt mit ihm habe man daher abgebrochen.

Das an wirren Fiktionen reiche Schriftstück enthält eine Behauptung, die von vornherein unglaubhaft wirkt: Die Engländer hätten nicht etwa durch Vermittlung von Kessel, sondern unmittelbar von Weizsäcker selbst den Hinweis erhalten, der Botschafter verfüge über die Möglichkeit, Hitler zu stürzen. Das widerspricht so radikal dem Charakter dieses stets vorsichtig abwägenden Diplomaten, daß es den gesamten Inhalt des Schreibens an Molotow als Schachzug sowjetischer Einflußagenten entlarvt. Gerade deshalb ist das Schreiben bemerkenswert. Der britische Botschafter in Moskau unterrichtet *Seine Exzellenz, den Herrn Molo-*

tow, *Volkskommissar für Auswärtige Angelegenheiten* ausführlich über angebliche Kontakte des britischen Geheimdiensts mit einem Gesandtschaftsrat der deutschen Vatikanbotschaft. Das jüngste Gespräch habe inhaltlich nichts erbracht, die britischer Regierung halte nichts von dem Mann und habe sich daher entschieden, den Gesprächsfaden zu kappen.[25]

Alles das schreibt der Botschafter dem Außenminister. Ist das nicht wie in der Komödie von Shakespeare viel Lärm um nichts? Wenigstens Philby und die Empfänger seiner Informationen in Moskau haben die Berichte über die Gespräche Kessels mit Frend ernst genommen, ernster jedenfalls als das britische Hauptquartier in Caserta oder die Empfänger in London. Gerade die Mahnung Kessels, für die Zeit nach dem Krieg werde eine Aussöhnung zwischen Deutschen und Engländern wesentlich sein, und seine Warnung vor dem schier unaufhaltbaren Machtzuwachs der Sowjetunion im Herzen Europas passen der Regierung in Moskau nicht ins Konzept. Die Mitteilung im Schreiben von Botschafter Balfour, der britische Geheimdienst habe in Rom zu dem deutschen Diplomaten jeglichen Kontakt abgebrochen, ist daher auch für das sowjetische Außenministerium nicht ohne Interesse.

Nach der bedingungslosen Kapitulation Deutschlands gewährt der Vatikanstaat auf seinem Gebiet den deutschen Diplomaten Asyl. Schon im Herbst 1945 und einige Monate später noch ein zweites Mal drängt der Substitut des vatikanischen Staatssekretariats, Monsignore Montini, der spätere Papst Paul VI., die Mitglieder der Botschaft sollten unverzüglich in ihre Heimat zurückkehren. Denn das hätten die Alliierten verlangt. Der Botschafter neigt dazu, dem Wunsch Montinis zu entsprechen. Kessel und Braun vertreten hingegen den Standpunkt, ein Staatswesen, das politisches Asyl gewährt habe, könne diesen Schutz nicht nach eigenem Belieben beenden. Zunächst müsse geklärt werden, ob die aus dem Asyl Entlassenen in ihrer Heimat sicher vor Verfolgungen seien.

Nicht ohne Genugtuung hält Kessel später in seinem Memoirenentwurf fest, er habe sich, als eines der beiden Ausweisungsersuchen dem Botschafter schriftlich zuging, mit Genehmigung Weizsäckers an den Prälaten Ludwig Kaas gewandt. Kaas war ein halbes Jahrzehnt lang Vorsitzender der Zentrumspartei, bevor er 1933 nach Rom kam. Er galt später bald als einer der einflußreichsten Berater von Pius XII. Die Bitte der deutschen Diplomaten, nicht einseitig das gewährte Asyl aufzuheben, habe Kaas unverzüglich dem Papst vorgetragen. Schon am nächsten Tag habe ihm Kaas mitgeteilt, er habe über die Angelegenheit mit dem Papst gesprochen. Die deutschen Diplomaten könnten das Schreiben Montinis als nicht vorhanden ansehen.[26]

Noch während des Kriegs erhält Kessel das Angebot, in einem von Allen Dulles geleiteten Arbeitsstab des amerikanischen Geheimdiensts für deutsche Fragen tätig zu werden. Das Angebot des späteren Geheimdienstchefs der Vereinigten Staaten habe ihn zunächst interessiert, schreibt Kessel in seinem Memoirenentwurf, aber nur unter der Bedingung, daß die Beratung von der Schweiz aus erfolge. Von dort hatte Allen Dulles schon lange vor dem 20. Juli mit Mitgliedern des deutschen Widerstands in Verbindung gestanden. Sobald Kessel jedoch erfährt, daß Allen Dulles seinen Beraterstab in Frankreich aufbauen will, lehnt er eine Mitarbeit ab. Zum Glück, meint er später. Denn wenn er mit den Amerikanern in das besiegte Deutschland heimgekehrt wäre, hätte er damit seine Glaubwürdigkeit auch bei den nächsten Freunden verspielt.[27]

Den Tod im Herzen hat Kessel das Kapitel seines Memoirenentwurfs über die römischen Jahre überschrieben. Die Worte lassen seine Verzweiflung nach dem 20. Juli wenigstens ahnen. Das geräumige Zimmer im Erdgeschoß von Santa Marta bleibt noch mehr als zwei Jahre sein Heim. Hier ist er abgeschirmt von der Außenwelt, hierhin kann er sich *verkriechen*, wie er es nennt, wenn ihn die Niedergeschlagenheit allzusehr plagt. Noch vor dem Kriegsende erreicht ihn hier die Nachricht vom Tod der Mutter. Ihr wenigstens blieb die Flucht aus der Heimat beim Einmarsch der Russen in Schlesien erspart.

Nur mit Entsetzen erfährt Kessel im Sommer 1945, die Amerikaner wollten sich aus allen Gebieten östlich ihrer zunächst mit den Russen vereinbarten Demarkationslinie wieder zurückziehen. Auch Thüringen, Sachsen und Mecklenburg sollten nun also ganz unter sowjetische Herrschaft gelangen. Schon während des Kriegs hatte Kessel eine Teilung Deutschlands in Gebiete unter Kontrolle der Westalliierten und unter sowjetischer Herrschaft als schlimmste Folge der Niederlage befürchtet. Jetzt schon, in den ersten Monaten nach der deutschen Kapitulation, wird die Teilung mit Zustimmung der Amerikaner vollzogen.[28]

Alles dies ist schmerzlich für Kessel, ja gelegentlich ist er der Verzweiflung nahe. Dennoch versteht er es, auf dem engen Raum des Vatikanstaats seinem Leben einen Inhalt zu geben. Er hat Freunde in Rom. Für Ludwig Curtius, den berühmten Archäologen, gibt das Schwedische Archäologische Institut noch im Dezember 1944, mitten in dem von den Alliierten besetzten Rom, zum siebzigsten Geburtstag einen glanzvollen Empfang, Pius XII. empfängt den deutschen Gelehrten in Privataudienz.[29] Den Prälaten Kaas kennt Kessel seit den frühen dreißiger Jahren, als er Attaché an der deutschen Vertretung beim Vatikan war und Kaas als Vorsitzender der Zentrumspartei noch über beträchtlichen Einfluß in Deutschland verfügte. *Ich besuchte ihn, seit ich in der Vatikanstadt wohnte, ab und an, weil ich Gefallen an ihm fand, was offenbar auf Gegenseitigkeit beruhte*, hält Kessel in seinen Erinnerungen fest.[30]

Befreundet ist er auch mit einer bedeutenden Frau, der Archäologin Hermine Speier[31], von ihren Kollegen scherzhaft *Spinni* genannt. Als Jüdin hat sie in der Museumsverwaltung des Kirchenstaats Zuflucht gefunden. In den Depots der vatikanischen Sammlungen fällt ihr einmal ein zuvor wenig beachteter marmorner Pferdekopf auf. Es ist, wie sie bald nachweisen kann, ein Fragment der Skulpturen vom Athener Parthenontempel. Gelegentlich holt Kessel sie in ihrem Büro zum Mittagessen ab. Ist er dann wieder einmal recht schweigsam, so findet er abends in seinem Zimmer ein paar Zeilen von ihr: Sie habe das Ausmaß seiner Trauer, ja Verzweiflung gespürt. Wenn sie auch nicht helfen könne, so solle er doch wenigstens wissen: Sie stehe an seiner Seite. Häufiger noch als die Archäologin trifft Kessel den Kirchenhistoriker Hubert Jedin – jeden zweiten oder dritten Tag. Mindestens einmal in der Woche ist Jedin zum Mittagessen Gast von Fräulein Rahlke und ihm in Santa Marta. Mit dem Landsmann aus Oberschlesien pflegt er einen ständigen Austausch politischer Informationen.[32] Die in Rom begonnene Freundschaft hat über Jahrzehnte Bestand.

Gemeinsam mit seinem Kollegen Sigismund von Braun beginnt Kessel während der erzwungenen Muße römische Klassiker im Urtext zu lesen, vor allem den Tacitus.[33] Dessen düsteres Geschichtsbild muß ihm nach dem Scheitern des Staatsstreichs vom 20. Juli wie ein Vorspiel zu den blutigen Wirren des eigenen Jahrhunderts erscheinen. Der Versuch, in Worte zu fassen, was ihm an der Geschichte der geheimen Opposition gegen Hitler wesentlich bleibt, steht jedoch bald im Mittelpunkt all seines Bemühens.[34] Denn davon ist er überzeugt: Das von den toten Freunden Gesäte wird sich als fruchtbar für die Zukunft erweisen.

II

Die Riedener Jahre

Der Staffelsee ist der verborgenste unter den größeren bayerischen Seen, doch manche halten ihn für den schönsten. Nicht weit von seinem Ostufer führte in römischer Zeit eine Straße vorbei, die Rom mit dem heutigen Augsburg verband. Auf der Insel Wörth blühte im Mittelalter ein Kloster. Die Neuzeit jedoch ist fast spurlos an dem See mit seinen gefächerten Buchten vorübergegangen. Das Landschlößchen Rieden am östlichen Ufer hat ein Bauernsohn erbaut, Andreas Andre, der vom Kammerdiener des Herzogs Clemens Franz in Bayern zum Hofkammerrat avanciert war. Mit ihm hatte nach dem Tod des Herzogs dessen Witwe eine heimliche Ehe geschlossen. Der um 1770 errichtete Schloßbau hat erst im späten neunzehnten Jahrhundert seine drei kecken Zwiebeltürme erhalten. Die Tochter des damaligen Eigentümers heiratete den Oberstleutnant Heinrich Rhomberg aus Vorarlberg. Noch heute gehören Schloß und Gut einem Rhomberg.

Hier trifft am 11. Januar 1947 der Gesandtschaftsrat Albrecht von Kessel ein, klaren Geistes, doch erschöpft, ja fast ein gebrochener Mann. Nach der Heimkehr aus Rom hatten ihn die Amerikaner wochenlang auf dem Hohenasperg bei Stuttgart verhört. Eugen Gerstenmaier, einer der Gefährten vom Widerstand, bot ihm nach der Entlassung die Mitarbeit beim Evangelischen Hilfswerk in Stuttgart an. Manchem deutschen Diplomaten hat damals das Hilfswerk zunächst als Zuflucht gedient. Auch Kessel war ja berufslos, und heimatlos obendrein. Der von den Eltern ererbte Besitz in Schlesien war verloren, die Wohnung in Berlin mit Möbeln, Bildern und Erinnerungsstücken einem Luftangriff zum Opfer gefallen. Den Vorschlag guter Freunde, doch gleich in Stuttgart zu bleiben, lehnte er aber ab. Sich irgendwo auf dem Land zu verstecken, um die Wunden der vergangenen Jahre heilen zu lassen, nur danach habe er sich damals gesehnt[35], hat er später in einem Entwurf zu seinen Lebenserinnerungen notiert.

Nach der Haft auf dem Hohenasperg besucht er zunächst die Brüder in der britischen Besatzungszone. Dann ist er einige Wochen bei dem Freund Gottfried von Nostitz-Drzewiecki und bei dessen Eltern in Icking im Isartal. Doch Ruhe bringt ihm das nicht. Gogo Nostitz, der *älteste und treueste Freund*, wie Kessel den Gefährten aus dem Widerstand noch im Alter in der Widmung seiner Erinnerungen an die römische Zeit nennen wird[36], ist tief in Depressionen versunken. Auch Kessel gelingt es nicht, ihn davon zu befreien. An Tatkraft läßt er es nicht fehlen. Brennholz ist knapp. So beschafft er einen Leiterwagen und zieht mit Nostitz jeden zweiten Tag auf Holzsuche in den Wald. Weihnachten und Neujahr bleibt er in Icking. Doch nun ist er schon nach Rieden am Staffelsee eingeladen. Eine Jugendfreundin aus alten Berliner Zeiten, Hilde von Lavergne, ist dort mit ihrer Familie untergekommen. Dem Hausherrn kann es nur recht sein, daß im Obergeschoß seines geräumigen Schlößchens ein Diplomat das letzte noch leerstehende Zimmer bezieht. Denn in jedem Gebäude, das im Krieg die Bombenangriffe verschonten, können jetzt Vertriebene einquartiert werden.

Albrecht von Kessel steht nun im fünfundvierzigsten Lebensjahr. Wie ehemals bei den Kollegen im Auswärtigen Amt heißt er bald auch bei den Bewohnern des Schlößchens *Teddy*. Hochgewachsen, die Gesichtszüge unter der hohen Stirn von der kräftigen Nase beherrscht, hat dieser stets höfliche Herr mit der eigenwilligen leicht schnarrenden Stimme den Kindern in Rieden zunächst Angst eingeflößt. Aber dann spricht es sich auch bei den Kindern herum: *Der Onkel Teddy ist nett.* Was er aus Rom mitgebracht hat, geht in zwei geräumige Koffer. Seine Anzüge sind, wie dieser Diplomat aus alter Familie es schätzt, von einer unauffälligen Eleganz. Als *vornehm abgetragen* hat er in seinen Jugenderinnerungen die Kleidung der Gäste des Vaters auf dem schlesischen Gut Oberglauche beschrieben. Sehr abgetragen und somit nicht mehr unbedingt vornehm müssen die Anzüge mehr als zwei Jahre nach der Ankunft in Rieden gewesen sein, als McCloy, der Hochkommissar der Vereinigten Staaten in Deutschland, den überraschten Kessel zu einem Gespräch an seinen Amtssitz im Taunus bat.

Ein Smoking muß ebenfalls zum Inhalt der beiden aus Rom geretteten Koffer gehört haben. Jedenfalls berichtet Hans Heinrich Noebel, ein junger Freund, der ehemals in Berlin dem Kreis um den Politikwissenschaftler und Dichter Albrecht Haushofer angehört hatte, als er Kessel 1947 in Rieden besuchte, hätten die Herren am Wochenende zum Abendessen im Speisesaal Smoking getragen und die Damen zur abendlichen Garderobe ihren Schmuck angelegt. Man zog sich am späten Nachmittag um. Nach dem Essen wurde Bridge an zwei Tischen gespielt. Kessel hat später jungen Diplomaten empfohlen, Bridgepartien und Jagdgesellschaften auf Auslandsposten zu meiden. Beides werde rasch zu einer lästigen Pflicht, und der könne man sich kaum mehr ohne Kränkung entziehen. Auf Rieden aber bietet der Bridgetisch Gelegenheit, den Kontakt mit den übrigen Schloßbewohnern zu pflegen.

Das Haus ist nun voll belegt. Außer dem Oberstleutnant a. D. Heinrich Rhomberg und seiner Frau lebt dort dessen Tochter *Kitz* Habermann mit ihren Kindern. Frau Habermann war es, die voller Tatkraft auf den Gedanken gekommen war, das geräumige Schloß der Eltern mit Freunden zu füllen. So fand auch Hilde von Lavergne nach Rieden den Weg. Sie lebt dort mit ihrem Mann und dem 1940 geborenen Sohn Franz Viktor, mit ihrer Mutter und mit der Russin Julia Savinina, ihrer ehemaligen Partnerin in Berlin, mit der sie das elegante Geschäft *Wohnkleinkunst* am Kurfürstendamm geführt hatte. Auch Gustl, die Köchin und Haushaltshilfe der Familie Lavergne, ist mit einem Freund nach Rieden gekommen – insgesamt sieben Personen.[37]

Den Berlinern steht im Südflügel des Schlößchens als Eßzimmer ein Salon zur Verfügung, ferner ein Teil des angrenzenden größeren Salons, der nun durch eine Mauer aufgeteilt ist. Ihre Schlafzimmer haben die Lavergnes im Obergeschoß. Insgesamt sind im Haupthaus etwa zwanzig Personen untergebracht, darunter vier Kinder. Im Nebenflügel herrscht die Köchin des Gutes, deren breite Mundart Kessel zunächst kaum versteht. Die Sattelkammer neben dem Stall steht mit Feldbett und Waschschüssel für Gäste bereit. Bis auf die Überfüllung des Hauses, einige *Unklarheiten der Geldverhältnisse* und Schwierigkeiten in der Beschaffung von Lebensmitteln sei *der Lebensstil der vorausgegangenen Epoche*, die Lebensweise der Vorkriegszeit auf Gütern des Landadels und Großbürgertums, *zutiefst unangetastet geblieben*[38], notiert Kessel dankbar und ein wenig verwundert im Spätherbst seines ersten Jahres in Rieden.

Aus Rom hat er zwei fast leere Wachstuchhefte mitgebracht. Ihnen vertraut er in Rieden allerlei Beobachtungen des Alltags an, ferner Überlegungen zu den verschiedensten Themen. Mit einer gewissen Regelmäßigkeit beginnt er damit freilich erst im Herbst. *Tagebuch und Gedanken* hat er auf die erste Seite geschrieben. Mit den noch in Rom aufgezeichneten Erinnerungsbildern von Tagen der Kindheit in Schlesien begleitet ihn ein weiteres Manuskript: die *Verborgene Saat*, ein Rückblick auf die Jahre des Widerstands, den er im letzten Kriegswinter in der Vatikanstadt verfaßt hat.

Im Alter hielt Kessel das Manuskript für überholt. Denn es hatte bewußt Lücken enthalten. Aus den Reihen des Widerstands hatte er nur die Freunde erwähnt, von denen er schon vor dem Kriegsende in Rom wußte, daß sie nicht mehr am Leben waren. Noch immer hielt er es damals für denkbar, das Manuskript könne auf unheilvollen Wegen der SS in die Hände geraten und damit noch überlebende Mitverschwörer gefährden. Nach der Heimkehr nach Deutschland bestand für solche Vorsicht kein Anlaß mehr. Spätestens nach der Übersiedlung nach Rieden hat Kessel mit der Umarbeitung des Manuskripts begonnenen. Am 15. Januar 1947 schreibt er an Ulrich Sahm, den jungen Schwager von Ulrich-Wilhelm von Schwerin: *Ich will weder eine Geschichte des Nationalsozialismus noch eine solche der Widerstandsbewegung schreiben, sondern nur einen Erlebnisbericht geben.*[39] Kessel hofft, das Buch könne zunächst in England in Übersetzung erscheinen. Doch er hat das Gefühl, das Ergebnis sei letztlich ein Fehlschlag. Im Alter hat er notiert, ein *an sich sympathischer Amerikaner* habe ihm bald nach dem Krieg vorgeschlagen, sein Manuskript als Artikelserie gegen ein hohes Honorar der Zeitschrift *Time and Life* anzubieten.[40] Kessel ist dazu nicht bereit. Ihn schockiert der Gedanke, mit den Erinnerungen an die toten Freunde Geld zu verdienen.

Gedanken an den Widerstand werden ihn immer begleiten. Doch in dem Riedener Tagebuch wird das Schicksal der Freunde nur einmal erwähnt[41], in einer Eintragung vom 8. September 1947. Und es ist bezeichnend, daß dies mit einem Rückblicke auf die ersten Eindrücke nach der Heimkehr geschieht: *Am 8. September vor drei Jahren wurde Uwi Schwerin nebst anderen meiner Freunde gehenkt. Vor einem Jahr wurden wir, d.h. Sigismund Braun, Fräulein Rahlke und Buyna nach unserer Rückkehr aus dem Vatikan auf dem Hohenasperg interniert und mußten täglich mittags eine Stunde lang auf dem Burghof mit zwei Meter Abstand voneinander im Kreis umhermarschieren, wie die Gefangenen auf dem Bild von Van Gogh.*[42]

Das Gefühl völliger Rechtlosigkeit gegenüber der Willkür der Sieger ist ein Schmerz, der Kessel noch lange begleiten wird. Doch mit dem Frühling beginnt die Genesung. Dem Freund Robert Boehringer[43] berichtet Kessel nach Paris von einer Ausstellung moderner französischer Kunst, die er in München besucht hat, und vom Frühlingsahnen am Staffelsee: *Milder Tag, von einer seit Jahren nicht gespürten Lindigkeit und Süße. Vormittags mit Hilde über grün überhauchte Wiesen geschlendert, Himmelsschlüssel und Gelbspitzel entdeckt.*[44] Hilde, das ist Hilde von Lavergne, geborene von Wangenheim, in der Nachkriegszeit im Leben von Kessel wohl die zentrale Frauengestalt.

Als er sie vor dem Krieg kennenlernte, verkehrte sie mit ihrer Schwester Gerda im Haus des Kunsthistorikers Friedrich Sarre in Neubabelsberg bei Berlin. Sarre war einer der Väter der Kunstgeschichte islamischer Völker, ja deren Begründer in Deutschland. Expeditionen im Orient hatte er schon in der Kaiserzeit unternommen und in den Berliner Museen eine eigene Abteilung für islamische Kunst eingerichtet.[45] Von seinen zwei Töchtern hatte die Ältere, Marie-Luise, im Freundeskreis Puppi genannt, auf Kessel einen überwältigenden Eindruck gemacht. Als Bildhauerin schuf sie eine Porträtbüste von Kessel, wohl das beste Porträt, das wir von ihm besitzen. Doch seinen Heiratsantrag lehnte sie ab. *Sie hatte wohl einen anderen im Sinn,* glaubte eine Freundin zu wissen, die ihren Weg bis ins höchste Alter begleitet hat. Eine tiefe und vertrauensvolle Freundschaft blieb jedoch über die Jahrzehnte bestehen.

Kessel und Hilde von Lavergne – wie widersprüchlich und tragisch die Beziehung stets blieb, haben wohl nur wenige zu seinen Lebzeiten geahnt.[46] Kessel wahrt gegenüber der Freundin Distanz. Doch mit Bewunderung notiert er, *wie sich aus einem Gesamtbild höchster Vagheit einige sehr zielbewußte Züge herausschälen lassen, die von ihrer Klugheit und ihren eisernen Nerven zeugen.*[47] Es fehlen in seinen Notizen auch nicht kritische Töne. Von einer *merkwürdigen Mischung aus Königin und Zigeunerin* ist da die Rede, ja er vertraut den Vorwurf dem Tagebuch an: *Jede Bindung oder gar Abhängigkeit steht für sie außer Frage.*[48] In den Riedener Jahren muß sie eine Frau von strahlender Schönheit gewesen sein, blond, mit hoher Stirn, breiten, jedoch nicht zu breiten Jochbögen, die Augen lebhaft. Die Linienführung des Augenlids erinnert fast an den Schnitt slawischer oder gar mongolischer Züge, was dem Blick einen schelmischen Zauber verleiht.

Mit Kessel verbindet sie schon der Herkunft nach manches. Nicht nur, daß ihr Vater, der Freiherr Ernst von Wangenheim, ein angesehener Diplomat der Kaiserzeit war. 1903 in Istanbul geboren, hat sie dort auch ihre Kinderjahre verbracht. Ihre Großmutter, Hildegard Freifrau von Spitzemberg, hatte in der Hofgesellschaft des späten Hohenzollernreichs durch ihre Klugheit und gesellschaftliche Gewandtheit hohes Ansehen gewonnen. Auch mit Kurt von Kessel, dem Vater unseres Diplomaten, der im preußischen Herrenhaus Abgeordneter war, stand sie in freundschaftlichem Gedankenaustausch.[49]

Hilde von Lavergne hatte Geschmack. Im Berlin der Vorkriegszeit war ihr elegantes Geschäft am Kurfürstendamm mit seinen hübschen Kleinigkeiten wie Lampenschirmen, Vasen, Kacheln, Papierkörben und Briefpapier bald bekannt. Hans von Lavergne, ihren Mann, hatte sie in Berlin kennengelernt. Doch er verbrachte die Wochenenden gern auf einem Gut der Familie Mendelssohn in der Nähe von Berlin, einem Treffpunkt der Berliner Geschäftswelt. Hilde von Lavergne wie ihre Schwester Gerda Neuhaus hatte es hingegen immer wieder nach Neubabelsberg zum Hause Sarre mit den beiden Töchtern Marie-Luise und Irene gezogen. Dort trafen die beiden Wangenheim-Töchter fast unweigerlich Teddy Kessel und dessen Kollegen und Freund Gogo Nostitz, die *Diplomatenclique*, wie Hans von Lavergne die bei den Sarres verkehrenden Herren bald nannte. Auch das Haus Wangenheim war ein Treffpunkt von jungen Diplomaten. Kessel meint, er habe Adam von Trott im Elternhaus von Hilde von Lavergne und Gerda Neuhaus kennengelernt. Dort verkehrte auch Hugh Montgomery, der Dritte Sekretär der Britischen Botschaft.[50] Noch in Berlin war Marie-Luise Sarre Patin des Sohnes der Lavergnes, Franz Viktor geworden. Sie blieb in der Familie bis ins höchste Alter geliebt und geehrt. Einer gastlichen Aufnahme war sie also gewiß, als sie 1947 in Rieden eintraf, um mit alten Freunden den fünfundvierzigsten Geburtstag von Albrecht von Kessel zu feiern.

Puppi Sarre war eine bedeutende Frau, zu Unrecht vergessen, weil sie sich nie vorgedrängt hat. Im Krieg war sie Sekretärin von Carl Langbehn, einem Berliner Rechtsanwalt. Der hatte sich längst eindeutig gegen den Nationalsozialismus entschieden. Zu Heinrich Himmler, seinem Nachbarn in Berlin-Dahlem, dem gefürchteten *Reichsführer SS*, hatte er dennoch persönliche Beziehungen aufrechterhalten, sei es auch nur, um auf diesem Weg gelegentlich in Not geratenen Mandanten zu helfen. Ob der Gesprächskontakt mit Himmler, den Langbehn 1943 für den preußischen Finanzminister Johannes Popitz angebahnt hat, tatsächlich politisch zweckmäßig war, ist bis heute umstritten. Kessel erwähnt in seinen Aufzeichnungen über den Widerstand jedenfalls Langbehn als *Mitglied unseres Kreises*.[51] Bevor es zu dem Gespräch mit Himmler kam, hatte der Anwalt in dessen nächster Umgebung sondiert. Der Versuch, einen Keil zwischen Hitler und den Chef der SS zu treiben, schien ihm das höchste Risiko wert. Wie Popitz hat Langbehn dafür mit dem Leben bezahlt. Aufgrund einer Indiskretion im Funkverkehr alliierter Nachrichtendienste, die in der Schweiz vom deutschen Widerstand Informationen empfingen, wurde er im September 1943 gemeinsam mit seiner Sekretärin Marie-Luise Sarre verhaftet, im Herbst 1944 vom *Volksgerichtshof* Hitlers zum Tode verurteilt und hingerichtet.

Puppi Sarre hat nach ihrer Verhaftung in dem berüchtigten Konzentrationslager Ravensbrück zwei Jahre mit stoischem Mut überstanden. Aus einem Krankenhaus der SS, in dem man sie operiert hatte, konnte sie schließlich kurz vor Kriegsende fliehen. Der Hausmeister hatte ihr für die Flucht ein Fahrrad beschafft. *Da bist Du ja wieder, mein Kind*, begrüßte sie der hochbetagte Vater, als sie in Neubabelsberg plötzlich ganz unerwartet im Garten neben ihm stand. Russenherrschaft in Neubabelsberg – es war letztlich für sie ein Trost, daß der Vater die Flucht aus dem Haus nicht mehr erlebt hat. Sie selbst kam in Ascona[52] bei ihrer Schwester Irene und deren Mann, dem Berliner Rechtsanwalt Eduard Waetjen unter, der in den letzten Kriegsjahren für den Widerstand Kontakte zu den Amerikanern in der Schweiz geknüpft hatte.

Einen Briefwechsel mit Kessel hatte sie schon bald nach Kriegsende wieder begonnen. *Mir geht es ebenso wie Dir, man kommt aus dem Stummsein nicht mehr heraus*, schrieb sie ihm in Erinnerung an die Schrecken der Hitlerzeit und den Tod so vieler Freunde. Sollte man stumm bleiben oder sich überwinden und über das Unsagbare zu reden versuchen? Das könnte ja nur ein Reden sein, das *alles, was man doch nicht sagen kann, eben ungesagt läßt*. Als sie nach Rieden kam, um den Geburtstag von Kessel zu feiern, schrieb er ins Tagebuch, ihre Güte sei noch souveräner geworden, ohne daß sie etwas von ihrer sprühenden Vitalität eingebüßt hätte, *eine seltsame Mischung, da Güte sich oft mit resigniertem Stille-Sein paart.*[53]

Von Puppi Sarre trennte Hilde von Lavergne viel, so eng ihre Freundschaft in Berlin einst auch gewesen sein mag. Hilde von Lavergne hatte nicht zum Kreis der heimlichen Opposition gegen Hitler gehört, und Kessel hat in Berlin über sein gefährdetes Leben ihr gegenüber wohl ebenso eisern geschwiegen wie noch in Rom bis zum 20. Juli selbst gegenüber Sigismund von Braun, dem Kollegen und Freund.[54] Doch es war Hilde, die zum Geburtstag Kessels einen alten Gefährten aus den Tagen des Widerstands, Botho von Wussow, nach Rieden einlud.[55] Wie Kessel im Sommer

1944 dem Galgen nach dem gescheiterten Staatsstreich nur entging, weil er im Vatikanstaat unerreichbar für die Gestapo war, hatte Wussow die schlimme Zeit an der deutschen Gesandtschaft in Lissabon überlebt. Nach der Rückkehr nach Deutschland inhaftierten ihn die Engländer im ehemaligen Konzentrationslager Neuengamme – nur weil er bis 1945 deutscher Diplomat gewesen war. Nun lebte er in Seeshaupt am Starnberger See. *Nachmittags kam, von Hilde eingeladen, Botho aus Seeshaupt hierher. Abends gab es ›im Hause Lavergne‹ ein gutes Essen*, notierte Kessel, in den Räumen also, über die Hilde von Lavergne mit ihrer Familie im Schlößchen verfügte. Und so feierte er den Tag im Kreis nächster Freunde, *festlich-froh und zutiefst bewegt wie seit Jahren nicht*.[56]

Das Glück des Wiedersehens mit Marie-Luise Sarre ist für Kessel aber doch mit einer Enttäuschung verbunden: Er ahnt bereits, daß die alte Freundin nicht wieder nach Deutschland zurückkehren wird. So kritisch er selbst 1947 Westdeutschland auch sieht, Puppi Sarre hat für ihn doch einen zu skeptischen Blick. *Sie hat innerhalb von zwei Wochen die verschiedensten Kreise und Institutionen in Deutschland zu sehen bekommen, Nürnberg, das Evangelische Hilfswerk in Stuttgart. ... Stärker noch als von dem Elend schien sie von der moralischen Auflösung in Gestalt von Korruption, Schwarzmarkt, Hartherzigkeit und Verlogenheit erschüttert.*[57] Kessel kommt es vor, als überschätze sie dabei die Erscheinungen des Verfalls – *etwa so, wie man beim Eintritt in ein Zimmer zuallererst die Unordnung sieht, d. h. das, was negativ aus dem Rahmen fällt.* Dann folgt eine Bemerkung, die auf diese erstaunliche Frau gemünzt gewesen sein muß, ohne daß ihr Name noch einmal fällt: *Sicher nehmen es mehr Menschen als in normalen Zeiten mit dem ganz schlichten Gut-Sein ernst, was manchen von ihnen eine ergreifende Schönheit verleiht.* Und weiter, mit dem Blick auf das allgemeinere im Leben: *Aber immer noch ist das Böse in der Übermacht, eine seiner Versuchungen und Stärken besteht darin, daß es auf dem Schachbrett des Lebens im Angriff steht und seine Initiative unsere Züge im Sinne defensiven Reagierens bestimmt, statt daß wir souverän bestimmen, was zu tun sei.*[58]

Bei aller Tatkraft muß Puppi Sarre in ihren besten Jahren zugleich von einer Bescheidenheit gewesen sein, die heute geradezu rätselhaft wirken mag. Der Historiker Klemens von Klemperer hat sie in seinem Buch *Die verlassenen Verschwörer* eine der mutigsten Überlebenden aus den Kreisen der Opposition gegen Hitler genannt. Aus einem Gespräch mit ihr zitiert er die Sätze: *Sprechen Sie nicht von »Widerstand«. Wir haben uns nicht als Teil eines Widerstands betrachtet. Uns ging es nur darum, in Würde zu überleben.*[59] Für Marie-Luise Sarre, die Sekretärin des Rechtsanwalts Langbehn, mag das zeitweise zutreffend gewesen sein, die volle Wahrheit war es nicht. Sie habe für die Verschwörung als *unauffällige Botin* gedient, berichtet Allen Welsh Dulles, der spätere Chef der Central Intelligence Agency der Vereinigten Staaten, in seinem 1947 veröffentlichten Buch *Germany's Underground*, wobei er die Worte ausdrücklich als *ihren eigenen bescheidenen Ausdruck* bezeichnet.[60]

Der Hinweis auf das Wiedersehen mit Marie-Luise Sarre eilt dem Ablauf der Zeit voraus. Für den März und April wird im Tagebuch ein sechswöchiger Besuch von Gerda Neuhaus, der Schwester von Hilde von Lavergne, vermerkt. Im Mai stirbt Theodor, der älteste Bruder, in Frankfurt am Main. Sein Sohn Kurt, noch Chemiestudent in München und später nach einer großen Laufbahn als Naturwissenschaftler in Darmstadt einer der Geschäftsführer von Merck, steht dem Onkel schon nahe. Von Rieden aus werden sie bald gemeinsame Bergtouren unternehmen.

In diesem ersten Riedener Jahr lebt Kessel oft in einer seltsamen Zeitferne zwischen längst Vergangenem und dem jeweiligen Tag. Der Gedanke bedrückt ihn, die Spannung zwischen Amerika und der Sowjetunion könne zu einem dritten Weltkrieg führen. Doch die ländliche Ruhe ist für den auf dem Land aufgewachsenen Schlesier, das Landkind, wie er sich selbst gerne nennt, immer wieder ein Trost. Auch sucht mit ihm bald ein ganzer Strom von Besuchern den Gedankenaustausch. Da ist als weitere Frauengestalt Erna Klemm. Er hat sie im Juli und noch einmal im September in Garmisch bei der Witwe seines verstorbenen Bruders Theodor untergebracht. Sie lebt sonst in Leipzig, also *unter russischer Besatzung* und ist *wie alle, die von dort kommen, verschreckt und bedrückt.*[61]

Von einem gemeinsamen Ausflug mit ihr auf Höhenwegen oberhalb von Partenkirchen hält er im Tagebuch fest: *Wie seit Wochen, ja Monaten wieder ein wolkenloser Tag. Saftgrüne Wiesen, mit Herbstzeitlosen bestickt, flossen zu Tal, die Schindeln der Bauernhäuser und Stadel blitzten silbern, eine dunklere Schattenkulisse schon herbstlich bunter Buchen begrenzte den Hintergrund. Dahinter stiegen, vom leisen Dunst ihrer Schwere entkleidet, die verschiedenen Gruppen des Hochgebirges auf. Auch unser Gespräch verlor die Schwere der gegenwärtigen Zeit und glitt in die Heiterkeit längst vergangener Jahre hinüber.*[62] Und eine Woche später: *Wieder ein wolkenloser, heißer Tag. Am offenen Fenster riecht es nach erhitztem Stein, nach vertrocknetem Gras und Laubwerk, die irgendwo in der Ferne in Brand geraten zu sein scheinen – das sommerliche Rom in den Abendstunden ersteht vor mir. Am See unten aber, wo ein heißer Dunst auf den regungslosen Wassern liegt und den Ausblick auf die Berge verhüllt, wurden Nachsommertage auf den Havelseen in mir lebendig – à la recherche du temps perdu.*[63]

Die Suche nach der verlorenen Zeit, das ist nicht selten die vorherrschende Stimmung in den Aufzeichnungen, die Kessel im März 1947 beginnt, doch erst vom Herbst an mit Unterbrechungen etwa zwölf Monate lang fortführen wird. Es geht ihm nicht schlecht. Freunde aus der Schweiz und den angelsächsischen Ländern senden ihm Pakete mit Lebensmitteln in Fülle. Viel Mühe gibt er sich damit, einen Teil des kostbaren Inhalts umzupacken und an seine Geschwister zu senden. Einmal ist er am Nachmittag hungrig, weil es am gemeinsamen Mittagstisch wenig zu essen gegeben hat. So bereitet er sich um die Teezeit ein reichliches Mahl: Zu einer Tasse Kaffee fünf Scheiben Brot, zwei mit Speck, eine mit Käse und zwei mit Butter und Honig. *Ich war mir bewußt, daß unter Hunderttausend nicht einer in diesem Land solch ein Essen hat, konnte aber der Versuchung nicht widerstehen. Wenn ich ein schlechtes Gewissen empfand, so nicht aus Puritanismus, von dem ich nichts halte, sondern aus dem Gefühl verletzter menschlicher Solidarität.*[64]

Trotz der Pakete ist das Alltagsleben nicht einfach für ihn. Im Herbst haben die zwei Paar brauner Sommerschuhe Löcher in den Sohlen, und er hat weder Leder noch einen Anspruch darauf. Aber die Strümpfe hat er den Sommer über geschont, weil er sie nur abends und auf Reisen anzog. Das alles könnte wohl Menschen in normalen Lebensumständen lächerlich scheinen, meint er. Doch wer in dem verarmten Deutschland der Nachkriegszeit *nicht rechtzeitig Vorsorge trifft, macht erst seelische und später körperliche Qualen durch.*[65]

In dem weltabgeschiedenen Schlößchen am Staffelsee besuchen ihn bald auch die Brüder Erich und Theodor Kordt, Freunde aus den Jahren der Verschwörung gegen Hitler. Erich Kordt ist für Kessel *eines der besten Pferde aus unserem ehemaligen Stall* – dem alten Auswärtigen Amt – und einer *der führenden, auch international anerkannten Köpfe der deutschen Opposition.*[66] Kessel nimmt den Besuch zum Anlaß, einige Gedanken über das Schicksal der Gegner des Hitlerstaats in der Nachkriegszeit festzuhalten: *Die Mitglieder der antinationalsozialistischen*

Opposition sind nun einmal nicht beliebt – bei den Alliierten nicht, weil man aus ihren Reihen selbständige Regungen oder gar Ansprüche befürchtet – bei den deutschen Linksparteien nicht, weil unsere Gruppe der Opposition den Mythos von dem alleinigen Widerstand ›der Arbeiterschaft‹ gegen Hitler zerstört. Wir kämpfen letztlich auch heute noch, wenn auch zur Zeit nicht so wie einst an Leib und Leben bedroht, auf verlorenem Posten. Dabei ist es keineswegs so, daß wir mittels einer Art Gedächtnisfeier-Politik aus unserer Vergangenheit besondere Privilegien herleiten wollten; wir verlangen nur eine eindeutige Feststellung dieser Vergangenheit – auch im Gesamtinteresse unseres Volkes – und eine klare und rasche Anwendung der Denazifizierungs-Bestimmungen auf unsere Person.[67]

Die Brüder Kordt hatten 1938 im Einvernehmen mit Ernst von Weizsäcker, dem damaligen Staatssekretär des Auswärtigen Amts, die britische Regierung vor der auf Krieg und Eroberung zielenden Politik Hitlers gewarnt. Theo Kordt war damals deutscher Geschäftsträger in London, sein Bruder Erich Bürochef des Außenministers Ribbentrop und in den letzten Kriegsjahren deutscher Gesandter in Tokio und Nanking. Von Shanghai hatten ihn nach dem Ende des Kriegs die Amerikaner nach Washington gebracht und dann nach Frankfurt am Main. Nun haben sie *alles von ihm erfahren und lassen ihn jetzt sitzen nach dem von ihnen immer wieder geübten Verfahren*, bemerkt Kessel empört.[68] Das bedeutet, daß sich Erich Kordt mit dem von den Amerikanern befohlenen Denazifizierungs-Verfahren allein herumzuschlagen hat.

Nachdenklich und nicht selten voll Trauer betrachtet Kessel das Land, in das er heimgekehrt ist. Wenn er in einer ihm unbekannten Großstadt nach dem Weg fragt, muß er immer wieder erleben, daß sich dort kaum einer mehr auskennt. Die Vertriebenen aus den Ostgebieten leben in Westdeutschland noch als Fremde, ebenso die durch die Bombenangriffe Entwurzelten, die man mit einem seltsamen Fremdwort als *Evakuierte* oder, noch weniger schön, als *Ausgebombte* bezeichnet. Trifft man schließlich auf ein altes Mütterchen, die sich noch auskennt, so erklärt sie, man solle die nächste Straße nach rechts abbiegen und bis zum Theater gehen. Sie vergißt dabei, daß es das Theater dort längst nicht mehr gibt, so daß der Fremde, *der sich nach ihrer Auskunft richtet, bald ratlos zwischen Schutthaufen umherirrt und aus ihrer Größe und ihrem Aussehen auf die theatralische oder untheatralische Vergangenheit zu schließen versucht.*[69]

Über die Deutschen: *Dieses bis ins Fehlerhafte hinein tüchtige und arbeitsame Volk benimmt sich zur Zeit wie neapolitanische Lazzaronis. Die meisten lungern umher und treiben dunkle Geschäfte, die Beamten sind bestechlich oder gleichgültig, und wer ehrbar einem altgewohnten Beruf nachgeht oder gar versucht, die tausenderlei oft miteinander nicht in Einklang stehenden Gesetze und Verordnungen der Besatzungsmächte, der Länderregierungen und Gemeinden oder etwa noch in Kraft befindliche Bestimmungen aus der früheren Zeit zu beachten, kann nicht damit rechnen, diese Epoche zu überdauern.*[70]

Nach dem Prozeß der Siegermächte gegen die Hauptkriegsverbrecher klagt im sogenannten Wilhelmstraßenprozeß die amerikanische Militärjustiz auch Ernst von Weizsäcker an. Kessel hat mehr und mehr mit Vorbereitungen für seine Zeugenaussage vor dem Militärtribunal in Nürnberg zu tun. Im Oktober fährt er zu einer Aussprache mit den Weizsäckers an den Bodensee. Über den Inhalt der geführten Gespräche steht nichts in den hinterlassenen Papieren. Denn immer noch folgt er der Gewohnheit aus den Tagen der Verschwörung, politisch Vertrauliches im Tagebuch nicht zu erwähnen. Um so liebevoller fängt er in Lindau die Herbststimmung ein: *Drei vollkommen schöne, durchsonnte Herbsttage, sanfte Hügel, bedeckt mit Obstgärten neigen sich zu der reizenden alten Reichsstadt, die unzerstört und sauber auf ihrer Insel liegt, und dem breitgelagerten See. Äpfel, rote, rosa, gelbe und bronzefarbene hängen an den überlasteten Zweigen, den abgestützten Ästen, die Birnen leuchten in den hellen und dunklen Tönen des Honigs, und die Fülle hat etwas Berauschendes, etwas, das in einer Welle an die Stufen des göttlichen Throns zu schlagen scheint.*[71] Die Heimfahrt nach Rieden verläuft weniger glücklich: *Auf der Rückreise durchwühlten die Franzosen das Gepäck nach Obst, ein Kind begann zu weinen, alte Frauen bekamen den traurig-ratlosen Blick gescholtener Hunde.*[72] In Kempten ist der Anschlußzug schon abgefahren, die Heimfahrt nach Rieden dauert sechzehn Stunden.

Das Barockschlößchen am Staffelsee ist für Kessel schon eine vertraute Zuflucht, ja fast ein Stück Heimat geworden, auch wenn er das nicht ganz wahrhaben will. *Merkwürdig ist die tiefe Ungeduld, die mich immer wieder überfällt, die Ungeduld, wieder hier zu sein, die macht, daß ich erst die Tage, dann die Stunden bis zur Rückkehr zähle. Ist es die Sehnsucht nach diesem Stück Erde, diesem Haus, diesem Zimmer, empfinde ich Rieden schon als eine Art Heimat? Und selbst wenn das zuträfe, solch eine Sehnsucht empfand ich früher nicht. Oder rührt es daher, daß ich älter geworden bin und mich in die Bequemlichkeit des hiesigen Daseins zurückwünsche? Ich habe darüber nachgedacht und glaube, es hängt mit etwas anderem zusammen: mit der Angst des Heimatlosen, den festen Boden unter den Füßen zu verlieren, auf die Straße geworfen und verschluckt zu werden von der unabsehbaren Masse jener, die keine Bleibe und keine Wurzeln mehr haben. Überhaupt ist jetzt zuweilen wieder Unruhe und Furcht in mir – kurze Anfälle – wie in den Jahren, wo ich mich plötzlich von der Gestapo verfolgt glaubte.*[73]

Aber schenkte ihm Rieden nicht doch viel mehr, als es solche selbstkritische Reflexionen vermuten lassen? Immer wieder beglückt ihn die Begegnung mit der Natur, der er eine geheimnisvolle, ja fast mystische Bedeutung für sein Leben zuschreibt: *Seit 25 Jahren habe ich nicht mehr so wie jetzt Monate, ja ganze Jahreszeiten – den Winter, das Frühjahr und den Sommer – auf dem Land zugebracht. Diese mir in den Schoß gefallene Zeit bedeutet mir sehr viel – Bilder, Geräusche und Gerüche tauchen auf, die mir alte Erlebnisse wachrufen, fragmentarische, rätselhafte Erinnerungen aus der Jugend vervollständigen und erklären. Mein alter Glaube, daß die innige Verbundenheit mit dem Land, der Natur, mir ein geheimes Wissen um das wahre Leben vermitteln könne, wird neu gestärkt. ... Seit etwa 12 Jahren – es war damals, als der Roman* The Fountain *von Charles Morgan erschien, dessen gleichartiges Thema mich in einer sehr vorbereiteten Stimmung antraf – hat mir immer wieder das gleiche Bild vor Augen gestanden: Wenn ich vermöchte, durch Jahre hindurch in vollkommener Konzentration zugleich nach innen und nach außen gewendet alltäglich denselben Gartenweg entlang zu gehen, würden mir alle Rätsel enthüllt werden und alles Wissen zufallen, das zu einem ›vollkommenen‹ Leben notwendig sei.*[74]

Kurz vor Jahresschluß faßt Kessel in seinem Tagebuch Einsichten zusammen, die für den eigenen weiteren Weg bestimmend sein werden: *Es ist wichtig, sich klar zu machen, daß wir, d. h. meine Freunde und ich und überhaupt die Menschen unserer Art, seit 1932 eine Niederlage nach der anderen erlitten haben. Für Menschen unseres Lebensstils, unserer Auffassungen und unserer Bildung scheinen die Aussichten auch weiterhin schlecht zu sein; die politische Sphäre wird auch in Zukunft von mehr oder weniger bedenkenlosen und voraussetzungslosen Dynamikern beherrscht werden.*[75] Menschen eines neuen Typs, die Kessel Dynamiker nennt, Menschen mit Ellenbogen also, haben nicht nur unter den Nationalsozialisten den Stil in der Politik und im gesellschaftlichen Umgang geprägt. Auch in dem demokratischen Staat, der sich in Westdeutschland langsam zu organisieren beginnt, wird die Macht bei den Dynamikern liegen. Illusionslos zieht Kessel aus solchen Erwägungen die Konsequenz: *Es bleibt die Frage, wieweit die Menschen unserer Art die Fähigkeit und den W i l l e n haben, sich den neuartigen Methoden anzupassen. Das Problem ... muß klar erkannt und durchdacht werden, nichts wäre unsinniger, als wenn wir, uns hochmütig als die einzigen wahren Erben fühlend, uns darauf beschränkten, uns gegenseitig zu preisen.*[76]

Solche Gedanken sind wohl auch die Frucht von Gesprächen, die Kessel im Dezember 1947 zur Vorbereitung seiner Zeugenaussage im Nürnberger Wilhelmstraßen-Prozeß führt. Mitte Dezember hat er sich mit dem Rechtsanwalt Hellmut Becker und den weiteren an der Verteidigung Ernst von Weizsäckers Beteiligten drei Tage lang in München getroffen. Richard von Weizsäcker, der spätere Bundespräsident, ist als junger Jurist in Nürnberg schon Gehilfe von Becker. Er kommt nach dem Münchner Treffen noch für zwei Tage nach Rieden. Schon unmittelbar nach Weihnachten fährt Kessel zu weiteren Gesprächen nach München und sucht in Weilheim den ehemaligen ungarischen Reichsverweser Horthy auf, *in Sachen Weizsäcker*, wie er gegen seine Gewohnheit ausdrücklich im Tagebuch festhält.[77]

Die erste Hälfte des Jahres 1948 ist für Kessel ganz überschattet von dem Prozeß der amerikanischen Militärjustiz gegen deutsche Diplomaten. Als ehemaliger Staatssekretär des Auswärtigen Amts ist darin Ernst von Weizsäcker die zentrale Gestalt. Drei Tage im Januar und vom 21. bis zum 29. Februar ist Kessel in Nürnberg. Die Tage dort seien gleichsam aus einer anderen Existenz herausgeschnitten gewesen, notiert er nach der Rückkehr nach Rieden.[78] Die Stadt, in der die Justiz der Siegermächte ihre letzten Triumphe zu feiern versucht, bedrückt ihn: *Alle Menschen, unter denen man sich bewegt, sprechen ausschließlich von dem Prozeß. ... Für jemanden, der von außen hereinkommt, wirkt das seltsam raum- und zeitlos, fast gespenstisch, da die ganze Institution moralisch zu Schanden gebracht ist und auch zunehmend äußerer Zersetzung anheimfällt. Zwischenfälle zwischen Anklage und Verteidigung, zwischen Anklage und Gericht, in- und ausländische Presseangriffe mehren sich, die historischen Vorgänge, die beurteilt werden sollen, wirken blutleer in einem Zeitpunkt, wo die Tschechoslowakei gewaltsam in den Bannkreis der Sowjetunion hineingezogen wird.*[79]

Anfang Mai ist Kessel noch einmal in Nürnberg. Ende Mai hat er in Rieden ein Manuskript von mehr als hundert Schreibmaschinenseiten als Grundlage für seine Zeugenaussage fertiggestellt, das Ergebnis der Überlegungen von sechs Monaten.[80] Am 1. Juni trifft er in Nürnberg ein, um vor dem Militärtribunal auszusagen. Es sind für ihn bittere Tage. Auch belastet ihn die Ungewißheit, wie sich die unmittelbar bevorstehende Währungsreform auf sein Leben auswirken wird. Dabei bleibt er Beobachter der Natur und hält im Tagebuch fest, daß *mitten im Todesskelett einer zerstörten Stadt die Gärten und Parks sich im Frühlingsregen erneuerten und in den lauen Nächten das Schlagen der Nachtigallen durch die Ruinen tönte.*[81] Nie zuvor haben ihn seit der Heimkehr die Verwüstungen des Krieges in einer zerstörten Stadt so bedrückt wie hier. Doch schon seit Monaten hält ihn Niedergeschlagenheit in ihren Krallen.[82] Der Prozeß gegen Ernst von Weizsäcker, den verehrten Lehrer und Freund, hat ihn im Innersten getroffen. Später, im Rückblick des Alters auf die Jahre, in denen er in Berlin im Büro des Staatssekretärs und dann an der Vatikanbotschaft wieder in unmittelbarer Nähe von Weizsäcker war, stellt er nur wortkarg fest: *Ich war sein engster Vertrauter.*[83]

Am 11. Juni nimmt Kessel zum ersten Mal an einem Prozeß in Nürnberg als Beobachter teil. Nicht am Wilhelmstraßen-Prozeß, hierzu bleibt ihm vor der eigenen Aussage der Zugang verwehrt. Es geht im Gerichtssaal um einen Ausschnitt aus dem Prozeß gegen die deutschen Generäle. *Die Angeklagten, die Verteidiger, ein als Entlastungszeuge aussagender General wirkten farblos, doch mochte dies mit der bedeutungslosen Verhandlungsphase zusammenhängen. Drei umfangreiche, rosige Richter verkörperten Amerikas mittleres Maß, das für uns so schwer verständlich ist, weil es das Rätsel der Rätsellosigkeit darstellt. Wenn wir über die Eigenschaften nachdenken, aus denen sich dieses mittlere Maß zusammensetzt, so zögern wir, eine von ihnen an die Spitze zu stellen, da hierin schon eine unangebrachte Rangordnung läge. Machtbewußtsein, gesunder Menschenverstand, guter Wille, bürgerliche Sattheit, Gutmütigkeit, Anstand, Enge, Pharisäertum ergeben, in kleinen Portionen verwandt, ein nahtloses Gefüge der Problemlosigkeit, zu dem wir uns verhalten wie ein Kind, das eine glatte verschlossene Büchse ratlos in seinen Händen dreht.*[84]

Am 20. und 21. Juni sagt Kessel im Weizsäcker-Prozeß aus. Selbstkritisch bewertet er seine Aussage im Tagebuch als *nicht unbedingt überzeugend.* Das Auftreten der Entlastungszeugen sei aber doch eindrucksvoll gewesen. Zusammenfassend könne man sagen, der Prozeß, der ja dem gesamten Auswärtigen Amt und darüber hinaus überhaupt den höheren Beamten im Hitlerstaat galt, sei in seinem *prinzipiellen Teil* bereits gewonnen: *Die Anklage gegen die deutsche Oberschicht, die geistige Elite, die Beamten und insbesondere die Diplomaten ist zusammengebrochen.*[85] Illusionslos skeptisch beurteilt Kessel hingegen die Aussichten für Ernst von Weizsäcker in dem Prozeß: *Ob die Richter den moralischen Mut aufbringen werden, nun auch den Hauptangeklagten W(eizsäcker) persönlich freizusprechen, darüber gehen die Ansichten stark auseinander. Ich selber fürchte, es wird ohne eine Gefängnisstrafe bis zu fünf Jahren nicht abgehen. Glücklicherweise ist erreicht, daß W(eizsäcker) als Symbol des tragischen Schicksals der Wohlgesinnten dasteht und sich auch als solches empfindet. Das wird es ihm erleichtern, den Spruch, auch wenn er ungünstig ausfallen sollte, gelassen hinzunehmen.*[86]

Das Wochenende vom 20. Juni 1948 bringt einen weiteren Einschnitt: die Währungsreform. Schon seit Ende Mai hatten Spekulationen über die Vorbereitungen für eine Umstellung der Währung alle anderen Gesprächsthemen verdrängt. *Wenn Nürnberg erledigt ist, muß ich mich nach einer Stellung umsehen*[87], hatte Kessel dem Tagebuch anvertraut. Abgesehen vom Jurastudium, das ihm nicht sonderlich lag, sei er immer aus Passion tätig gewesen. Jetzt müsse er um des Gelderwerbs willen zu arbeiten lernen. *Ich werde mich damit abfinden*, hatte er sich resigniert gesagt.[88] Zehn Tage nach der Einführung der D-Mark und dem gesetzlich verfügten Einfrieren aller größeren Geldmengen auf den bisherigen Reichsmark-Konten blickt er sich um: *Die Währungsreform hat das äußere Bild ringsum völlig verändert. Die Läden sind voller Waren, die man seit Jahren nicht mehr gesehen hat. Das Volk stürzt sich auf Arbeit und findet seine Tüchtigkeit und seinen Ordnungssinn wieder. Sogar die Bahnhöfe und Züge, die Sammelpunkte von Elend, Schmutz und Verkommenheit, sind sauber und annehmbar geworden. Wie das Experiment ausgeht, ist noch nicht abzusehen. Die Umschichtung der Vermögen, in ihren Ausmaßen revolutionär, beginnt sich abzuzeichnen, der Geldmangel ist gegenwärtig katastrophal, und was die echte Verarmung und Verelendung anbetrifft, so läßt sich der Umfang nur ahnen.*[89]

Ob es wohl zu Arbeitslosigkeit kommt? Ein Element der Zuversicht ist für Kessel, daß die Hilfe von Amerika, die lange erwartete, wirklich in bedeutendem Umfang einsetzt. *Es herrscht seit einigen Wochen – zum ersten Mal seit vier Jahren – kein Hunger in Westdeutschland.*[90] Die Erfolge der Währungsreform sind für ihn dennoch erschreckend, als Beispiel dafür, *wie groß die Macht des Staates über den einzelnen ist.* Denn *das neue Geld, von ein paar aus- und inländischen Beamten dekretiert, verändert den Lebensstil, ja letztlich den Charakter von Millionen von Einzelmenschen.*[91] Dann gehen die Gedanken über die Zonengrenze zu den Deutschen im Machtbereich der Roten Armee: *Die Zustände in der sowjetischen Zone werden immer unerträglicher; ich frage mich, was schlimmer ist: der Hunger oder der Terror?*[92]

Und schließlich ein Blick auf die alte Hauptstadt: *Die Krise um Berlin hat uns sehr in Atem gehalten, aber auch mit Stolz über die Haltung der Berliner erfüllt. Ich glaube, der Gefahrenpunkt ist überwunden, wir sind noch einmal davongekommen, wie der Titel des viel aufgeführten Stücks von Thornton Wilder lautet. Andererseits nehmen wir eine weitere Hypothek in die Zukunft hinein. Denn die Verhandlungen zwischen West und Ost werden zwar eine momentane Entspannung bringen, aber nichts Grundlegendes ergeben und die Erbitterung der Amerikaner, die berechtigt ist, soviel Fehler sie auch gemacht haben, nicht auflösen.*[93]

Das ist der letzte Blick auf die Lage im Deutschland der Nachkriegszeit, die Kessel dem Tagebuch anvertraut. Auch für ihn hat die Währungsreform das Leben verändert. Ihm wird künftig die Zeit fehlen, wenigstens hin und wieder im beschaulichen Selbstgespräch eigene Gedanken niederzuschreiben. Denn jetzt braucht er Geld, so bescheiden er sich in Rieden auch bisher schon eingerichtet hat, in dem schmalen Schlafzimmer, das nicht größer als eine Mönchszelle ist. Mit einer wöchentlichen Publikation möchte er sich den Lebensunterhalt verdienen.

Zunächst stellt er sein Projekt als Pressespiegel vor. Mitte September führt er in München ein längeres Gespräch *mit einem Schwätzer*[94], wie er den Vertreter der amerikanischen Militärverwaltung nennt. Am 4. November ist es soweit. Nicht gedruckt, sondern vervielfältigt auf grobem saugfähigem Papier mit dem einfachsten in jener Zeit gängigen Verfahren sendet Kessel die erste Nummer seines Informationsdiensts an Bekannte und Freunde. *Außenpolitische Briefe* hat er nun als Titel gewählt. In dem Begleitschreiben zu den eng mit Schreibmaschinenschrift gefüllten neun Blättern heißt es, seine Erwartung, die Lizenz für einen *Murnauer Pressespiegels* zu erhalten, habe sich als irrig erwiesen. *Ich sehe mich daher veranlaßt, Ihnen in privater Form einen Außenpolitischen Brief zu übersenden, da es mir mangels Lizenz nicht gestattet ist, Druckschriften zu publizieren.*[95] Jeder Informationsbrief solle neben Presseauszügen eine Chronik und einen Kommentar enthalten. Dafür werde auch Material aus privaten und vertraulichen Quellen genutzt.

Das Abonnement für den wöchentlichen Brief kostet 3,50 DM im Monat oder zehn Mark vierteljährlich. Insgesamt 77 Ausgaben werden erscheinen, je eine Ausgabe pro Woche, die letzte am 28. April 1950. Drei Wochen später tritt Kessel seinen Dienst in Bonn beim *Organisationsbüro für die konsularisch-wirtschaftlichen Vertretungen* an, der Vorstufe eines westdeutschen Auswärtigen Amts.

Die *Außenpolitischen Briefe* werden bald zum ständigen Kraftakt. Allein, ohne Gehilfen, stellt Kessel dafür Woche um Woche einen außenpolitischen Pressespiegel zusammen und schreibt als Leitartikel einen Kommentar. Auf den ersten Blick wirken die in Rieden verfaßten Texte fast spröde. Liest man sich aber erst einmal in die vergilbten Seiten hinein, so begegnet uns darin ein Autor, der seine Befunde zur außenpolitischen Lage überzeugend erläutert. Schon der Kommentar im ersten Brief geht auf Grundsätzliches ein: Sind wir wieder *gute* Deutsche? Das möchte Kessel ergründen. Mit einem höhnischen Achselzucken ist die Frage nicht abzutun. Was folgt, haben später auch seine Schüler im Diplomatenhandwerk nicht selten zu hören bekommen: *Zuerst einmal sollten wir uns eine gelassene Haltung gegenüber dem Urteil des Auslandes angewöhnen und kritische Stimmen nicht automatisch mit Empörung, Lobsprüche nicht je nach Laune mit sentimentaler Begeisterung oder zynischem Hohn beantworten. Lob und Tadel ertragen zu können ist auch in der privaten Sphäre ein Zeichen der Reife und Sicherheit.*

Erst dann folgt auf die selbstgestellte Frage, ob die Deutschen wieder *gut* sind, die Antwort: *Wenn die Welt sich mit uns aussöhnt, so geschieht das nicht ausschließlich im Hinblick auf die russische Gefahr, sondern auch aus dem Gefühl heraus, daß man mit uns unfair umgesprungen ist. Hierüber eine echte Freude zu empfinden, wird keinem Deutschen schaden. Ob wir aber wirklich ›gut‹ sind – oder geworden sind, das heißt, ob Leid und Not und eine ungewisse Zukunft uns der Einsicht und Menschlichkeit näher gebracht haben, das zu entscheiden vermag nur das Gewissen des einzelnen.*[96]

Noch eindringlicher kommt Kessel kaum einen Monat später auf den Unterschied zwischen Nationalismus und Vaterlandsliebe zu sprechen. Sein Kommentar: *In unserer Zeit der babylonischen Sprachverwirrung begegnen uns immer wieder Menschen, die Vaterlandsliebe (zu deutsch: Patriotismus) mit Nationalismus verwechseln. ... Diese Verwechslung und Vermengung der Begriffe ist nicht gleichgültig. Denn da die Vaterlandsliebe dem Menschen eingeboren ist, so fällt ein Abglanz dieser natürlichen Liebe auch auf den nationalistischen Exzeß. Und auf der anderen Seite droht der Angriff auf den Nationalismus auch die Vaterlandsliebe zu treffen – und damit dem entwurzelten und traditionslosen Menschen unserer Zeit eine weitere natürliche Bindung zu nehmen.*

Um den eigenen Standpunkt möglichst klar zu erläutern, bringt Kessel zunächst das Beispiel von Eltern, die von ihren eigenen Kindern reden, als seien es wahre Wunderkinder, *heilig und genial zugleich*, um sie dann mit Kindern der Verwandten zu vergleichen. Das Gegenbeispiel ist *Readers Digest* entlehnt: Gefragt, welches ihrer Kinder sie am meisten liebe, habe eine Mutter von zehn Kindern gesagt: *Dasjenige, das krank ist – bis es wieder gesund wird. Dasjenige, das abwesend ist – bis es wieder zurückkehrt. Dasjenige, das einen Fehlschlag erlitten hat – bis es wieder erfolgreich ist.* Die Frau habe also nur von ihrer Liebe gesprochen und nicht von den Gaben der Kinder. Anders der Nationalist: Er bläht sich auf und erklärt, sein Land sei eine Schatzkammer, und die Geschichte seines Volkes sei eine Kette von Heldentaten und Siegen. Die größten Künstler und Gelehrten seien seine Landsleute, alle wichtigen Erfindungen seien seinem Land zu verdanken. Daher sei sein Volk zur Herrschaft über die Nachbarländer ausersehen.

Hierzu das Gegenbild, ein Mensch, den selbstlose Vaterlandsliebe erfüllt: Er *spricht mit stockender Stimme von seinem Land: wie er es liebe, mehr denn je, seit es zu Boden geworfen und in Stücke zerrissen sei. Von den zerstörten Städten, den stillgelegten Fabriken, den öden Häfen und den abgeholzten Wäldern redet er wie von seinen kranken Kindern. Und dann fährt er fort, von der Liebe zu seinem Volk zu sprechen, das gefehlt habe und geschlagen sei, das arm und oft auch armselig sei.* Doch von Tadel und Lob ist bei ihm kaum die Rede, und Vergleiche mit andern Völkern und Ländern fehlen ganz: *Denn die wahre Liebe weiß weder von Tadel noch von Lob noch von Vergleich.*[97]

Schon zu Beginn seines eigenständigen Wirkens hat Kessel damit einer Grundstimmung Ausdruck verliehen, die alle seine späteren Bemühungen durchzieht: Nicht Nationalismus, nicht der leiseste Hauch davon, doch eine tiefe Liebe zu dem Land, das er wie seine Vorfahren *Vaterland* nennt.

Die Wiederwahl Trumans zum Präsidenten der Vereinigten Staaten kommentiert Kessel mit vorsichtiger Hoffnung: Seine zweite Präsidentschaft bedeute *ein langsames, zeitweise mit Ärger und Rückschlägen für uns verbundenes Vortasten auf einer gesunden Ebene.* Kessel warnt jedoch zugleich: *Das deutsche Volk hat keinerlei Veranlassung, auf jede Phase dieser Entwicklung mit Gefühlsausbrüchen zu reagieren. Ein Kaufmann, der einen Konkurs hinter sich hat, wird sich sagen, daß in Zukunft nur Nüchternheit am Platz ist. Offen zur Schau getragene Passionen kann sich der Arme, der Proletarier nicht leisten, er kann dagegen seine Würde stolz und verschlossen gegenüber jedermann wahren. Die gleichen Gesetze gelten auch auf der Ebene der Politik: Zu allererst und immer wieder Nüchternheit, ein Aufbegehren und Proteste nur dann, wenn sie wohldurchdacht zum Ziel führen. Und schließlich Dankbarkeit in den Fällen, wo sie am Platz ist. Denn Dankbarkeit gehört für den, der sie erweist, zu den Pflichten des Anstands, der ein guter Berater ist, und sie bestärkt den, der sie empfängt, auf dem rechten Weg fortzufahren.*[98]

Goldene Worte, nicht nur für die Politik. Ein anderes Mal wählt Kessel einen Franzosen als Ausgangspunkt für seine Gedanken, Antoine de Rivarol, der in Deutschland erst später durch die Übersetzung Ernst Jüngers[99] einen größeren Leserkreis finden wird: *Der französische Moralist Rivarol, der vor der Französischen Revolution ins Ausland floh und als Emigrant 1801 in Berlin gestorben ist, sagt in seinen Memoiren und Gedanken über die Koalitionskriege gegen Napoleon:* »Die Verbündeten waren immer um ein Jahr, eine Armee, eine Idee zurück.« *Das gleiche kann man heute von der abendländischen Welt in ihrem – bisher mit friedlichen Mitteln ausgefochtenen – Existenzkampf sagen. Wieviel Geschwätz und Intrigen, wieviel Umwege und Verzögerungen, wie wenig Verantwortung und Mut.* Und schließlich: *Es gibt noch eine zweite Maxime von Rivarol, sie enthält eine düstere Prophezeiung: Die Politik gleicht der Sphinx in der Fabel. Sie verschlingt alle, die ihre Rätsel nicht zu lösen vermögen.*[100]

Im April 1949 wird Ernst von Weizsäcker im Nürnberger *Wilhelmstraßenprozeß* zu sieben Jahren Gefängnis verurteilt. Nur zwei der drei amerikanischen Richter haben für das Urteil gestimmt, der Dritte hat Freispruch gefordert und sein Sondervotum ausführlich begründet. In drei Ausgaben der *Außenpolitischen Briefe* geht Kessel auf das Prozeßende ein. Er zitiert auszugsweise die Begründung des Urteils durch die beiden amerikanischen Richter, die für die Verurteilung Weizsäckers votiert haben und weist auf einen Leitartikel der *Herald Tribune* hin, die nun zum erstenmal Einwände gegen die Verfahrensregeln des Prozesses erhebt.[101] Der folgende Rundbrief bietet Auszüge aus dem Sondervotum, mit dem sich der dritte amerikanische Richter gegen eine Verurteilung gewandt hat.[102] Erst eine Woche später gibt Kessel seinen eigenen Gedanken zum Nürnberger Diplomatenprozeß Raum. Man wird ihm nicht beipflichten können, wenn er das *Dritte Reich* Hitlers ebenso wie die Schrecken der römischen Kaiserzeit vom Tod des Tiberius bis zum Aufstieg Vespasians mit dem Urteil abtut, das seien zwei Geschichtsepochen, die man besser vergessen solle. Doch mit der folgenden Mahnung hat er Ernst von Weizsäcker ein nobles Denkmal gesetzt: Der Geschichtsschreiber solle sich bei der Betrachtung der Hitlerzeit denjenigen Gestalten zuwenden, *deren Menschlichkeit Brand und Einsturz jener Wahnsinnsjahre überdauerte – Gestalten wie Weizsäcker, dem christlichen Seneca unserer Epoche, der noch einmal Zeugnis abgelegt hat für die unzerstörbaren Kräfte des Guten.*[103]

Auf die deutsche Innenpolitik gehen die der Außenpolitik gewidmeten Briefe Kessels nicht ein. Doch zum 8. Mai 1949 wird dokumentiert: *Nach Annahme des Bonner Grundgesetzes gab der Präsident des Parlamentarischen Rates Dr. Adenauer in seinem feierlichen Schlußwort der Hoffnung Ausdruck, daß die Außenministerkonferenz in Paris die Frage der deutschen Ostgrenze erneut aufwerfen werde.* Am gleichen Tage habe der britische Außenminister Bevin in Berlin erklärt, *die Westmächte begünstigten eine Revision der Ostgrenze Deutschlands.*[104] Anfang Juni befassen sich die *Außenpolitischen Briefe* mit einem Ereignis, das sich bald auch als bedeutsam für Kessel erweisen wird: mit der Ernennung von John McCloy, dem Präsidenten der Weltbank, zum Hochkommissar der Vereinigten Staaten in Deutschland. Dazu Kessels eigenes Urteil: *Daß McCloy zum Kriegsende durch persönliches Eingreifen die Zerstörung Rothenburgs verhindert hat, ist bekannt. Seine Frau entstammt der alteingesessenen deutsch-amerikanischen Familie Zinsser.* Wäge man das Für und Wider ab, so erscheine McCloy als ein Mann, *der eine unsentimentale und konstruktive Politik zu vertreten imstande sein wird.*[105]

In einem Bruchstück seiner Memoiren hat Kessel später berichtet, wie es zur ersten persönlichen Begegnung mit dem mächtigen Mann kam. Einige Monate nach der Ernennung McCloys, also wohl im Spätsommer oder Herbst 1949, saß er in größerer Runde im Riedener Park unter der alten Kastanie beim Tee. Plötzlich sei ein Hausmädchen aus dem Schloß gestürzt gekommen und habe schon von weitem gerufen: *Ein Fernge-*

spräch für Herrn von Kessel. Ferngespräche gab es in dem weltabgeschiedenen Rieden damals noch selten. Als Kessel den Hörer abhob, habe er zunächst das Stimmengewirr amerikanischer Telefonistinnen gehört, bis ihm eine Sekretärin mitteilte, M. Whitman wünsche ihn zu sprechen.

Schon meldete sich eine Stimme, die ihm irgendwie bekannt vorkam: *Hier Nucki Weissmann.* Mit ihm war Kessel Ende der zwanziger Jahre, damals noch Attaché im Auswärtigen Amt, in Berlin manchmal ausgegangen und hatte daran gute Erinnerungen bewahrt. Denn Nucki war immer vergnügt und hatte sich nie als Sohn seines Vaters aufgespielt, eines in der Weimarer Zeit mächtigen Staatssekretärs, dessen einstige Machtfülle Kessel mit dem Einfluß von Hans Globke, dem umstrittenen Staatssekretär im Bundeskanzleramt unter Adenauer vergleicht. Nucki Weissmann, der sich als Amerikaner Gert Whitman nennt, ist jetzt, wie er sagt, *so etwas wie der Persönliche Referent von McCloy*. Er fragt am Telephon, ob Kessel bereit sei, ihn in Bad Homburg im Taunus, dem Amtssitz des Hochkommissars zu besuchen. Drei Tage später fährt Kessel in einem Militärzug der amerikanischen Besatzungsarmee nach Frankfurt. Dort holt sein alter Bekannter ihn ab, und bald steht er in Bad Homburg McCloy gegenüber.

Nach kurzen Einleitungsworten kommt der Amerikaner zur Sache: *Können Sie mir den Namen eines konservativen deutschen Generals nennen?* Offensichtlich geht es um Führungsaufgaben in einer künftigen westdeutschen Bundeswehr. Konservativ, das sollte wohl heißen: verläßlich aus deutscher wie aus amerikanischer Sicht. Kessel denkt an die toten Freunde vom Widerstand, an die Generale Witzleben und Beck. Er denkt an Rommel, der sich erst spät, aber eindeutig von einem Bewunderer Hitlers zu dessen Gegner bekehrt hat. Dann fällt ihm der General Hans Speidel ein. Er, Kessel, habe den General nie kennengelernt, sagt er McCloy, aber immer wieder gehört, Speidel habe sich in der ganzen Nazizeit untadelig benommen. Als Vertrauter von General Beck hatte Speidel dem Widerstand angehört, war im Zweiten Weltkrieg zuletzt Stabschef bei Rommel in Frankreich und wurde nach dem 20. Juli verhaftet. McCloy leuchtet der Vorschlag ein. Speidel wird zunächst militärischer Berater von Adenauer, nimmt führend an den Pariser Verhandlungen über die Gründung einer Europäischen Verteidigungsgemeinschaft teil und später an den Gesprächen über einen deutschen Beitritt zur Nato. Seine Laufbahn führt ihn bis zum Oberbefehl über die Landstreitkräfte der Nato in Europa.

Auch für Kessel ist das Gespräch mit McCloy ein wichtiger Einschnitt im Leben, ja er empfindet es nach der Heimkehr nach Rieden wie einen Triumph. Die Tür zur Rückkehr in seinen alten Beruf steht ihm offen. McCloy hat ihn empfangen, und so wird man ihn auch in Bonn nicht übergehen.[106]

Nach dem Gespräch in Bad Homburg schreibt er seine *Außenpolitischen Briefe* mit unverminderter Aufmerksamkeit weiter. In zwei Ausgaben befaßt er sich mit Polen. Schon fällt dem erfahrenen Beobachter auf, daß im Ostblock die Kluft zwischen dem Moskau-hörigen Regime und den Volksmassen nirgends so groß ist wie in Polen. Kessel weist hierbei auch auf die besondere Rolle der polnischen Geistlichkeit hin.[107]

Zur Gründung der Bundesrepublik Deutschland heißt es in den *Außenpolitischen Briefen*: *Nach vier Jahren haben wir wieder einen Staat und eine Regierung. ... In einer von zahllosen Gefahren bedrohten, innerlich und äußerlich zerrissenen Welt dürfen wir nicht auf billige Erfolge und ein angenehmes Leben hoffen. Vorerst kann uns niemand etwas anderes versprechen als Entbehrungen, Arbeit und Verzicht auf Träume. Wenn aber Vaterlandsliebe und guter Wille einen jeden von uns beseelen, ist der Weg in die Zukunft frei.*[108] Und zwei Wochen später zur Gründung der Deutschen Demokratischen Republik: *Sie kommt nicht unerwartet, ist aber gleichwohl eine Trauerbotschaft. Denn sie vertieft den Riß, der quer durch unser Land geht. Erst die kommenden Monate könnten lehren, ob und wie die Sowjetunion ihre deutsche Zone in das osteuropäische Glacis einfügen will.*

Dann aber folgt die bezeichnende Warnung: *Jedenfalls sollten auf westdeutscher Seite gegenüber der Sowjetzone keine Türen – etwa in wirtschaftlicher Beziehung – zugeschlagen werden, die nicht von der Sowjetunion oder den Alliierten ohnehin verbaut sind. Es wäre zu bedauern, wenn staatsrechtliche oder ideologische Bedenken uns zu einem radikalen Vorgehen veranlaßten, das bei unseren Landsleuten jenseits des Eisernen Vorhangs den Eindruck verstärken müßte, wir ließen sie in ihrer Not im Stich.*[109]

Und eine Woche später: *Die Kennzeichnung der ostdeutschen oder, besser gesagt, mitteldeutschen Regierung als illegal und undemokratisch entspricht den Tatsachen. Doch hat man mit derartigen Vorwürfen noch nie etwas gegen Diktatoren und Terrorregime ausgerichtet. Ebensowenig verspreche die Taktik Erfolg, von einer Marionettenregierung zu* sprechen und die Titel, die sich die neuen Machthaber von Moskau verleihen ließen, *in Anführungszeichen zu setzen*.[110]

Über die Verhältnisse in den von Moskau dominierten osteuropäischen Staaten gibt Kessel sich keinen Illusionen hin. Nur weil er sie für unklug und wirkungslos hält, warnt er vor einer klischeehaften billigen Propaganda gegenüber dem neuen ostdeutschen Staat. Was denkt er selbst über die Zustände im Machtbereich der Sowjetunion? Das belegt ein ungewöhnlich bitterer Witz: Lazlo Rajk, der seit dem Spanischen Bürgerkrieg enge Verbindungen zu den jugoslawischen Kommunisten unterhielt, wird im Herbst 1949 als *Titoist* und *Agent des US-Imperialismus* zum Tode verurteilt. Kessel zitiert in den *Außenpolitischen Briefen*, was man sich in Ungarn darüber erzählt: *Drei Verhaftete treffen sich im Gefängnis. Der Erste sagt: »Ich bin hier, weil ich Rajk einen Verräter genannt habe.« Der Zweite: »Ich, weil ich Rajk nicht einen Verräter genannt habe.« Der Dritte: »Ich bin Rajk.«*[111]

Kessel meinte im Alter, die letzten Monate in Rieden seien die glücklichsten der gesamten Nachkriegszeit für ihn gewesen. Zwar liegen Schatten auch auf dieser Zeit: Weizsäcker sitzt noch immer in Landsberg in Haft. Die Familien der Geschwister von Kessel leben weiter in Armut. Er hilft, so gut er nur kann. Doch die Zweifel über die eigene Zukunft gehören der Vergangenheit an. Daß er wieder als Diplomat tätig sein wird, steht nun für ihn fest. Und er weiß: Mit ungeduldigem Drängen ist Einfluß in Bonn nicht zu gewinnen. So bleibt er in Rieden und wartet ab.

Es gibt schon eine Bundesregierung, aber noch kein Auswärtiges Amt. Als Übergangslösung haben die Alliierten nur die Errichtung einer *Verbindungsstelle zur Hohen Kommission* in Bonn gestattet. Sie untersteht unmittelbar Konrad Adenauer, dem Bundeskanzler. Dessen wichtigster außenpolitischer Berater ist der Berufsdiplomat Herbert Blankenhorn. Vor der Gründung der Bundesrepublik hatte er Adenauer als Generalsekretär der CDU in der britischen Besatzungszone zur Seite gestanden. Deutsche Generalkonsulate sind schon in New York, London und Paris errichtet. Auf Vorschlag von Blankenhorn fährt Kessel im Herbst 1949 zum ersten Mal nach Bonn.

Der Krieg hat die alte Universitätsstadt am Rhein verschont. Das Leben dort ist noch in mancher Hinsicht idyllisch und doch voller Tücken. So hat die Bemerkung Kessels Gewicht, Blankenhorn habe seine Macht als außenpolitischer Berater des Kanzlers nie gegenüber seinen früheren

Kollegen und Freunden mißbraucht. *Von wenigen Fällen abgesehen, wollte er uns alle fördern,* erinnert sich Kessel im Alter, *doch blieb es öfters bei der guten Absicht.* Denn er war sprunghaft und genoß das Hasardspiel der parteipolitischen Kombinationen und Intrigen.[112]

Kessel und Blankenhorn kennen sich gut. Sie duzen sich, und Kessel redet den jüngeren Kollegen, der mit dem Wirtschaftswunder bald korpulent wird, im vertrauten Kreis gelegentlich als *Mein Dickerchen* an. Beim Aufbau eines neuen diplomatischen Diensts spielen auch wieder alte Gemeinsamkeiten aus der Weimarer Zeit eine Rolle. Warum auch nicht? Kessel ist im Mai 1927 als Attaché in den Auswärtigen Dienst eingetreten und hat im Dezember 1929 die diplomatisch-konsularische Prüfung bestanden. Er gehörte damit zum gleichen Attaché-Lehrgang, zur gleichen Crew, wie es heute noch im deutschen diplomatischen Dienst heißt, wie sein Freund Eduard Brücklmeier, der als Mitglied des Widerstands im Oktober 1944 am Galgen starb.[113] Auch Gottfried von Nostitz hatte zur gleichen Crew wie Kessel gehört und war später am deutschen Konsulat in Genf dessen Gefährte im Widerstand.[114] Ein Crew-Kamerad war auch Hans Herwarth von Bittenfeld, in Moskau Privatsekretär des Botschafters Friedrich Werner Graf von der Schulenburg und damit an den diplomatischen Aktivitäten des Widerstands beteiligt. Als Protokollchef Adenauers spielt Herwarth in den ersten Nachkriegsjahre eine glanzvolle Rolle in Bonn.[115]

Soweit es um das eigentlich Politische geht, hat der Einfluß von Blankenhorn beim Kanzler aber doch mehr Gewicht. Blankenhorn hatte den Attaché-Lehrgang 1929 begonnen, also gerade zu der Zeit, in der Kessel schon unmittelbar vor dem Abschluß der Ausbildung stand. Kessel hat das politische Urteilsvermögen von Blankenhorn noch im Alter sehr hoch, ja vielleicht zu hoch eingeschätzt: *Er, der uns alle an politischer Begabung weit überragte,* heißt es von ihm in den Erinnerungen Kessels an die Pariser Zeit.[116] Das *uns* bezog sich auf die alten Kollegen aus dem diplomatischen Dienst der Weimarer Zeit.

Bei seinem ersten Besuch in Bonn ist noch das ehrwürdige zoologische Museum König der Amtssitz des Kanzlers. Die Tierskelette und ausgestopften Tiere hat man beiseite geräumt. In einem provisorisch aus Brettern abgeteilten Büro sitzt Adenauer, in einem weiteren Bretterverschlag arbeitet Blankenhorn. Er hat dem Kanzler empfohlen, Kessel als ständigen Vertreter des Generalkonsuls an die deutsche Vertretung in Paris zu entsenden. Doch gleich ergeben sich Schwierigkeiten. Der Hochkommissar Frankreichs in Deutschland, François-Poncet, ist kein ganz einfacher Herr. Frei nach Goethes Faust hatte er nach der Gründung der Bundesrepublik mit geistreichem Spott, freilich nicht unbedingt taktvoll bemerkt: *Die Freiheit ist ein Saft, der eilig trunken macht.* Auch auf die Besetzung der Schlüsselposten an der deutschen Vertretung in Paris hoffen die Franzosen Einfluß zu nehmen. Für die Stelle, die bereits Kessel zugedacht ist, bringen sie einen anderen Diplomaten aus dem alten Auswärtigen Amt ins Gespräch. Dessen Ehefrau, eine gebürtige Levantinerin, soll beste Beziehungen zum ranghöchsten Vertreter Frankreichs in Berlin unterhalten. Doch nur als Nummer drei an das Generalkonsulat in Paris zu gehen lehnte Kessel ab. Nach einigem Hin und Her gewinnt er das Spiel. Jetzt ist es auf deutscher Seite entschieden: Er soll als ständiger Vertreter des Generalkonsuls nach Paris entsandt werden.[117]

Doch nun erhebt François-Poncet selber Einspruch. Sein Pressereferent hat mit Bienenfleiß sämtliche Ausgaben der *Außenpolitischen Briefe* durchmustert. Dabei hat er bemerkt, daß sie gelegentlich auch kritische Betrachtungen zur Politik Frankreichs enthalten. In seinem Informationsdienst hat Kessel auch die Außenpolitik der Vereinigten Staaten und Englands mitunter maßvoll kritisiert. Sollte er in seinen Kommentaren etwa alles, was Frankreich betraf, blindlings nur loben? Wichtiger war es doch wohl, daß er nie Nazi gewesen war, ja einer der ganz wenigen aus dem alten Auswärtigen Amt, die nie der Hitlerpartei angehört hatten. Schließlich gelingt es, François-Poncet zu besänftigen. So ist ein weiteres Hindernis aus dem Wege geräumt.[118]

Die Leitung der deutschen Vertretungen in Washington, London und Paris überträgt Adenauer nach der Gründung der Republik zunächst nicht Berufsdiplomaten, sondern Außenseitern, von denen er aus jeweils recht unterschiedlichen Gründen hofft, sie seien für die ihnen zugedachte Aufgabe besonders geeignet. Für Paris hat er den Journalisten und Schriftsteller Wilhelm Hausenstein ausersehen. Dabei ist von vornherein klar, daß auch dem Generalkonsulat in Paris keineswegs nur konsularische Aufgaben zufallen werden. Es soll vielmehr früher oder später mit Zustimmung der Westalliierten in aller Form zur Diplomatischen Vertretung, ja schließlich zur Botschaft der Bundesrepublik werden.

Hausenstein wohnt in Tutzing am Starnberger See. Seit dem 1. Mai 1943 hatte ihm Goebbels als Propagandaminister jegliche journalistische Tätigkeit untersagt. Damit hatte er nicht nur seine Einkünfte als einer der leitenden Redakteure der *Frankfurter Zeitung* verloren, sondern auch jeden Schutz vor Verfolgung durch den SS-Staat. Und Schutz hätte er in den letzten Kriegsjahren vor allem gebraucht. Denn nicht nur mit seinen Artikeln hatte er den Unwillen von Goebbels erregt, sondern ebenso durch seine Ehe. Seine Frau Margot, geb. Lipper, zu der er treu hielt, war als belgische Jüdin besonders gefährdet – Jüdin allerdings nur noch im Sinne des Rassenwahns der Nationalsozialisten. Denn Margot Hausenstein war Katholikin. Sie war mit ihrem Mann heimlich zum Katholizismus konvertiert. Doch für Hitler zählte ja nicht das religiöse Bekenntnis, sondern nur die Rasse im biologischen Sinn. Die Zeit bis zum Einmarsch amerikanischer Truppen nach Bayern hatte das Ehepaar Hausenstein in ständiger Furcht und wachsender materieller Bedrängnis verbracht.

In seinen *Pariser Erinnerungen* hat Hausenstein die Vermutung geäußert, die katholische Schriftstellerin Maria Schlüter-Hermkes habe Adenauer als dessen Nachbarin in Rhöndorf auf ihn aufmerksam gemacht.[119] Ausschlaggebend war aber wohl die freundschaftliche Beziehung aus der Münchner Studienzeit zu Theodor Heuss, dem ersten Staatsoberhaupt der Bundesrepublik. Als ständiger Mitarbeiter der *Frankfurter Zeitung* in den dreißiger Jahren hatte Heuss seinen Studienfreund Hausenstein, der damals Leiter des Feuilletons und der Frauenbeilage der Zeitung war, auch als Journalisten schätzen gelernt. Eine Fürsprache des Bundespräsidenten bei der Besetzung des schwierigen Pariser Postens mußte Adenauer innenpolitisch erwünscht sein. Und es traf sich gut, daß der Protegé des Staatsoberhaupts als Katholik und Konvertit für den katholischen Kanzler eine fast grenzenlose Verehrung empfand.

Eine Schwäche Hausensteins bleibt seine leicht verletzliche Eitelkeit. Kessel erhält die Weisung aus Bonn, seinem künftigen Chef in dessen Wohnung in Tutzing einen Antrittsbesuch abzustatten. Hausenstein faßt das so auf, als solle er letztlich entscheiden, ob sich Kessel, der mit dem Titel Botschaftsrat nach Paris gehen wird, für den diplomatischen Dienst eignet und ob er ihn als *ersten Berater* annehmen will. Er verfaßt daher für den Bundeskanzler ein Schreiben, in dem er, der diplomatische Neuling, dem angesehenen Berufsdiplomaten unter anderem *intime Sachkenntnis* und *durch berufliche Erfahrung geübte Klugheit* bescheinigt. Auch später hat Hausenstein das leicht Lächerliche eines solchen Urteils offenbar nicht bemerkt. Jedenfalls zitiert er den Brief an Adenauer auszugsweise noch in seinen Memoiren. Dort findet sich zu der Begegnung in Tutzing eine Bemerkung, die nachdenklich stimmt: *Im stillen war ich ziemlich gewiß, ich würde mich von diesem Mann, wenn die Beziehung etwa nicht dauern sollte, ohne Konflikt trennen – und so ist es später denn auch gekommen.*[120]

Immerhin, am guten Willen zu einer fairen Zusammenarbeit fehlte es nicht. Kessel notiert zu dem in Tutzing geführten Gespräch: *Ich habe die Ernennung von Hausenstein immer für einen meisterhaften Coup gehalten, auch später, als unsere persönlichen Beziehungen sich abkühlten. Er, nur er, konnte uns die Tür zu den intellektuellen Kreisen in Paris öffnen, die auf das gesellschaftliche Klima weit größeren Einfluß hatten als bei uns. ... Er war, wie ich bei unserer ersten Begegnung feststellte, ein mittelgroßer schmächtiger, ja fast zarter Mann. Sehr gepflegt und entsprechend gekleidet, wirkte er ausgesprochen elegant, was sich für die Aufgabe, die ihm zugedacht war, positiv auswirken würde. Mein Antrittsbesuch verlief gut, ja angenehm.*[121]

Weniger erfreulich verläuft vor der Ausreise nach Paris der Besuch bei François-Poncet, dem Hochkommissar Frankreichs. Vor dem Krieg war Kessel dem damals bei Hitler akkreditierten französischen Botschafter häufig begegnet, zunächst als Mitarbeiter des Protokolls, dann als Persönlicher Referent von Ernst von Weizsäcker, dem Staatssekretär des Auswärtigen Amts. Elf Jahre später tut François-Poncet so, als kenne er Kessel nicht und beginnt das Gespräch mit einem belehrenden Vortrag über die deutsch-französischen Beziehungen. In seiner Antwort erinnert Kessel den Hochkommissar an die letzte Begegnung in Berlin: Ribbentrop hatte den Botschafter Frankreichs zu einem Gespräch um zehn Uhr abends bestellt. *Es war das eine seiner unzähligen Flegeleien, er hätte Sie ebenso gut am Nachmittag empfangen können*, bemerkt Kessel zu der ungewohnten Zeit der Begegnung. Im Lift hatte er dem Botschafter zugeflüstert, Ribbentrop werde ihm eröffnen, daß Hitler *demnächst* die Tschechoslowakei besetzen werde. François-Poncet habe darauf nur mit zwei Worten erwidert: *Quel romanticisme*, zu deutsch etwa: *Was für ein romantischer Gedanke*. Seither wisse er, beschließt Kessel seine Antwort an den Hochkommissar, daß romanticisme und crime – Romantik und Verbrechen – im Französischen das gleiche bedeuten könnten. Die restlichen Minuten des Besuchs seien in einer überaus höflichen Atmosphäre verlaufen, erinnert Kessel sich später, fügt aber hinzu: *Zu seiner Ehre muß ich sagen, daß er als pensionierter Botschafter sich in seiner wöchentlichen Kolumne im ›Figaro‹ immer sehr positiv zur deutsch-franzö-*

sischen Verständigung geäußert hat. Zum Beispiel warnte er einmal die französischen Diplomaten, sie sollten sich uns gegenüber nicht allzu raffiniert und trickreich verhalten. Das zahle sich auf die Dauer nicht aus.[122]

Recht keck, wie der gerade erst wieder in den diplomatischen Dienst übernommene deutsche Botschaftsrat dem mächtigen französischen Hochkommissar gegenübertritt. Aber es mußte so sein. In Berlin hatte Kessel ja schon vor dem Krieg zur geheimen Opposition gegen Hitler gehört. Es hatte Mut erfordert, dem Botschafter einen Hinweis auf den Inhalt des Gesprächs zukommen zu lassen, das Ribbentrop mit ihm zu führen gedachte. Was Kessel damals gewagt hatte, beim Wiedersehen in Bonn wie eine längst abgetane, ja vielleicht sogar peinliche alte Geschichten mit Stillschweigen zu übergehen, das wäre ihm wie Verrat vorgekommen – als Verrat an den toten Freunden vom Widerstand.

III

Als Diplomat in Paris

In Paris auf schwierigem Pflaster

Mai 1950. Paris ist die kulturelle Hauptstadt der Welt. Jean-Paul Sartre, ein Meister des geschliffenen Worts, glänzt als Haupt einer philosophischen Schule, die der Epoche ihren Spiegel vorhält. Simone de Beauvoir, seine kluge Lebensgefährtin, hat als Autorin gerade *Das andere Geschlecht* entdeckt, ihr eigenes nämlich, und erntet damit viel Aufmerksamkeit. Mit den *Kindern des Olymp* hatte der französische Film schon unmittelbar nach dem Krieg wieder eine staunenswerte Blüte erreicht. Auf der Bühne sind der geniale Louis Jouvet und Jean-Louis Barrault zu bewundern. Und die Literatur? Cocteau, auch als Autor schon in den dreißiger Jahren ein heller Stern in Paris, ist noch zur Jahrhundertmitte schreibend präsent, und ebenso sind es Gide und Claudel. Camus gilt schon als große Begabung, und junge Talente gibt es in Fülle, darunter Françoise Sagan. An dem Welterfolg der Zwanzigjährigen, Bonjour tristesse, frappiert die Franzosen die gläserne Klarheit des Stils.

Die Malerei hat sich der abstrakten Manier zugewandt. Der Spanier Picasso, der seinen eigenständigen Weg in Frankreich fand, ist längst ihr unbestrittener Meister. Auch Léger, Miró und Matisse haben den Gipfel ihres Ruhmes schon erklommen. In der Musik wetteifern weltbekannte Solisten, die klassische Werke vortragen, mit den Meistern des Jazz. Dem großen Louis Armstrong huldigen die Pariser mit stürmischen Ovationen. Doch sonst empfindet man für die Amerikaner fast unverhohlen Verachtung: Deren Stolz sei die civilisation du robinet, die *Zivilisation des Wasserhahns*, wie die Franzosen mit bitterem Spott die amerikanischen Errungenschaften im Badezimmer gern nennen. Aber die Barbaren aus der Neuen Welt wissen ja nicht einmal, wie man eine Auster richtig verspeist. Ce sont des gens, qui ne savent pas manger – *Leute, die nicht zu essen verstehen*. Und was kann ein Franzose Schlimmeres sagen?

Noch in den fünfziger Jahren sind in Paris selbst in gutbürgerlichen Wohnungen nicht immer Badewannen vorhanden. Unübertroffen in ihrer Eleganz ist dafür die französische Mode. Als *Schlichtheit und Harmonie* beschreibt sie Hubert de Givenchy, der in den frühen fünfziger Jahren Welterfolge erringt. Den *New Look* mit seinen weiten langen Röcken, schmaler Taille und ungepolsterten Schultern hat Christian Dior schon 1947 lanciert. Auch in der gesamten angelsächsischen Welt, ja selbst in dem verarmten Deutschland nehmen die Frauen den sinnenfroh heiteren Stil mit Begeisterung auf.

Albrecht von Kessel ist für den Glanz der Weltstadt Paris nicht unempfänglich. Doch an französische Mode hat er wohl kaum gedacht, als er den Nachtzug nach Paris bestieg.[123] *Nicht ohne Unsicherheit* habe er sich auf den Weg gemacht, schreibt er im Rückblick des Alters. Er erinnert sich: Noch acht Jahre nach dem Ende des Ersten Weltkriegs hatte man in Paris Deutsche beschimpft, weil sie in der Öffentlichkeit deutsch zu sprechen gewagt hatten.[124] Deutlicher noch hat Kessel 1958 in Washington seine Sorgen beim Aufbruch nach Paris einem Bogen Papier anvertraut: Mit Unruhe und Bangen sei er von Bonn abgereist. Denn er sei sich bewußt gewesen, unbekanntes und gefährliches Gebiet zu betreten. In den wenigen Tagen, die er in Bonn verbracht hat, habe er gespürt, daß man ein Ausgleiten ihm nicht verzeihen würde: *Jede Panne, die mir unterliefe, würde in Bonn Schadenfreude erwecken:* Der ostdeutsche protestantische Junker und Berufsdiplomat habe, *wie zu erwarten, versagt.*[125]

Kessel reist nach Paris mit einer Sekretärin, die dort schon vor dem Krieg an der deutschen Botschaft gearbeitet hatte, und mit einem Beamten des gehobenen Dienstes. Hausenstein und weitere Mitarbeiter werden erst in einigen Wochen folgen. Und Kessel geht es wie fast jedem Deutschen, der in der Mitte des Jahrhunderts nach Paris kommt: Die Stadt mit ihrem Charme hat auch ihn bald gewonnen. Schon am zweiten Abend sind bei einem Gang zum Arc de Triomphe die bangen Gedanken gewichen: *Ich stand nach siebzehn Jahren zum ersten Mal wieder als freier Mensch auf der Erde, mit einem Diplomatenpaß in der Tasche. Die Furcht, ... bei Morgengrauen abgeholt zu werden, war zwar nicht vergessen – denn es gibt Ängste, die man nie vergißt – aber nicht mehr aktuell. Und auch die ärgerliche Sorge, von der alliierten Militärpolizei schikaniert zu werden, war verflogen. Ich war dem Konzentrationslager, dem Galgen und auch dem Ghetto* (dem besetzten Deutschland) *auf absehbare Zeit – vielleicht, wenn Gott gnädig war, auf immer entronnen.*[126] Kessel hat es nicht aus seinen Gedanken verbannt, daß er 1946 nach der Heimkehr aus Rom auf dem Hohenasperg von den amerikanischen Militärbehörden übel schikaniert worden ist. *Zum ersten Mal wieder als freier Mensch auf der Erde* – seit 1933, als Deutschland unter Hitler ein großes Gefängnis zu werden begann. *Auch juristisch* habe er sich in Paris als freier Mensch fühlen können, hat Kessel später seinem handschriftlichen Entwurf hinzugefügt. Frankreich ist ein demokratischer Rechtsstaat, und der Diplomatenpaß bietet dem Träger den völkerrechtlich vereinbarten Schutz.

Die Bedenken gegenüber dem schwierigen Posten sind freilich nicht unbegründet. Frankreich ist Siegermacht. Die Demütigungen, die Hitler dem Land zugefügt hat, sind unvergessen, ja selbst die seelischen Wunden vom Ersten Weltkrieg sind nicht völlig verheilt. Bei dem ersten Besuch im Quai d'Orsay, wie Diplomaten das französische Außenministerium nach dessen Lage an einem Seine-Quai nennen, empfängt ihn höflich und korrekt nur der Deutschlandreferent Sauvagnargues. Ein Jahrzehnt später wird er in Bonn Botschafter sein und darauf Außenminister. Alphand, der Leiter der Europaabteilung, und dessen Vertreter Seydoux treten dem deutschen Kollegen hingegen mit einer Flut haltloser Vorwürfe entgegen, als sei gerade er, Kessel, für alles verantwortlich, was ihnen an Westdeutschland mißfällt. Sie versuchen schließlich sogar, ihn zum Sündenbock für die Verbrechen der Nationalsozialisten zu machen – gerade ihn, der jahrelang in der Opposition gegen Hitler sein Leben aufs Spiel gesetzt hat.[127]

Kessel ist entsetzt. Barbarische Stillosigkeiten im diplomatischen Umgang hat er zuvor nur bei Nazigrößen wie Ribbentrop, dem Außenminister Hitlers erlebt, nicht aber bei Vertretern demokratischer Staaten. Wie im alten Byzanz sind rauheste Töne gegenüber fremden Gesandten auch in der Sowjetunion üblich. Die Russen erweisen sich damit als durchaus uneuropäisch, ja als Asiaten, was sie nach Ansicht von Kessel auch sind. Aber Franzosen? Schon nach den ersten Gesprächen durchschaut er ihr Spiel.[128] Die Übung, ihn nach allen Regeln der Kunst zu beschimpfen ist nur ein Versuch, mit der deutschen Vertretung in Paris aus der Position einer Siegermacht zu verkehren, also wie eine Militärregierung, die auch den höchsten Beamten des besiegten Landes nur Weisungen und Befehle erteilt.

Kessel begegnet der üblen Taktik mit Geduld: Er erscheint nicht mehr am Quai d'Orsay, macht sich unsichtbar und unternimmt nicht einmal mehr den Versuch, sich um einen weiteren Gedankenaustausch zu bemühen. Schon zwei Wochen später erzählt ihm Paul Medina, der im Außenministerium bestens eingeführte Pariser Korrespondent der *Frankfurter Allgemeinen Zeitung*, im Außenministerium frage man sich, was er wohl tue und treibe. Kessel antwortet wahrheitsgemäß, er bemühe sich unter großen Schwierigkeiten das Generalkonsulat aufzubauen. Er müsse sich dabei tagtäglich mit zahllosen Kleinigkeiten herumschlagen, zum Beispiel mit dem Zoll bei der Ankunft der Büroausstattung aus Deutschland. Nach weiteren zwei Wochen berichtet Medina, man frage sich im Quai d'Orsay, warum sich Kessel dort nicht mehr blicken lasse. Der erwidert trocken, man müsse im Außenministerium doch wissen, daß ein Konsul dort nichts zu suchen hat.

Die Antwort ist unangreifbar. Nach den Regeln des internationalen Verkehrs sind Gesprächspartner für das Außenministerium nur die Botschafter, Gesandten und Geschäftsträger sowie diejenigen Diplomaten, deren Namen auf der Diplomatenliste stehen. Die Konsuln hingegen sollen sich um Visa und Pässe sowie um Rechtsfragen kümmern, Deutschen im Ausland in Notlagen beistehen, in Hafenstädten ihre seerechtlichen Pflichten ausüben, wozu für Schiffe unter der Flagge des Heimatlands die Polizeigewalt gehört. Mit Außenpolitik haben die Konsuln unmittelbar nichts zu tun. Die deutschen Generalkonsulate in Paris, London und New York sind 1950 allerdings nicht Konsulate im üblichen Sinne. Sie sollen die Bundesrepublik schon manchmal auch mit Stellungnahmen zu politischen Fragen vertreten. So kommt zu Kessel etwa sechs Wochen nach dessen erstem Besuch am Quai d'Orsay der hilfsbereite Medina mit einer weiteren Nachricht: Man wünsche mit ihm im Außenministerium politische Gespräche zu führen. Das geschieht fortan regelmäßig und stets in einem sachlichen Ton. Die Geduldsprobe hat sich gelohnt.[129]

Die Vierte Republik, der Staat also, den Kessel in Frankreich antrifft, ist ein Gebilde von eigentümlichem Charme. Der von Hitler den Franzosen aufgezwungene État Français war mit dem Einzug de Gaulles in Paris im August 1944 erloschen. Das im folgenden Jahr gewählte Parlament überträgt an de Gaulle das Amt des Ministerpräsidenten. Der große Mann aber tritt nach wenigen Monaten zurück, denn es fehlen die Vollmachten, die er für grundlegende Veränderungen für notwendig hält. Für Frankreich ist der Rücktritt de Gaulles zunächst ein Glücksfall. Eine neugewählte verfassunggebende Versammlung gewinnt im Oktober 1946 eine knappe Mehrheit für ihren Verfassungsentwurf, und damit beginnt die Vierte Republik. Schon zwölf Jahre später wird ihr die von de Gaulle geschmiedete Fünfte Republik folgen. Dreiundzwanzig Regierungen hatten sich in rascher Folge abgelöst, nicht ohne in der Wirtschaft Reformen verwirklicht zu haben. Für den entscheidenden Schritt, den Abschied von der kolonialen Epoche, fehlt den kurzlebigen Kabinetten jedoch die Kraft. Und so wird erst der Krieg in Algerien die Franzosen dazu bewegen, dem General de Gaulle die politische Macht zu Füßen zu legen, einem Patrioten immerhin.

Leicht verführen allerdings die unbestreitbaren Verdienste de Gaulles dazu, die Vierte Republik zu gering einzuschätzen. Ihr 1947 gewähltes erstes Staatsoberhaupt, der Sozialist Vincent Auriol, repräsentiert schon wieder eine selbstbewußte Nation. Das ist kein geringer Erfolg nach den entsetzlichen Demütigungen, die Deutschland mit dem fast spielerisch leicht errungenen militärischen Sieg, danach aber noch jahrelang den Franzosen als Besatzungsmacht zugefügt hat. Seiner Vierten Republik verdankt Frankreich das Glücksgefühl einer unbändigen geistigen Freiheit. Ist nicht *La vie en rose*, die Chanson der unvergessenen Édith Piaf, die Hymne einer ganzen Epoche?

Die neu gewonnene Freiheit bringt Frankreich einen spürbaren Aufschwung. Zum Charme von Paris trägt es bei, daß in der Innenstadt das alte Stadtbild fast unverändert weiterbesteht. Das moderne Stadtviertel La Défense mit seinem Hochhaustürmen im Westen des Arc de Triomphe, die Schnellstraßen entlang der Seine und der Autobahnring rings um die Stadt sind erst während der Präsidentschaft de Gaulles und seiner Nachfolger entstanden. Doch schon im ersten Nachkriegsjahrzehnt schwillt der Autoverkehr immer mehr an. Am Stadtrand führt das am Wochenende zum Zusammenbruch aller Ordnung. Schier endlose Staus, Hupkonzerte, rücksichtsloses Drängen der schnelleren Wagen – in dem erbitterten Ringen um ein paar Meter Vorfahrt geht es meist nur um das liebe Essen, oder vielmehr um die Heimkehr vom sonntäglichen Mittagstisch in einem bekannten Lokal. Wer es sich leisten kann, fährt am Sonntag zu einem der berühmten Restaurants in der Umgebung der Hauptstadt. Die Mühsal der Heimfahrt nimmt der Pariser fast ohne Murren in Kauf.

In die Lebensart der Franzosen findet sich Kessel ohne Mühe hinein. Aber das Leben in Paris ist teuer, vor allem das Wohnen. Eine für Diplomaten angemessene Wohnung kann er nicht bezahlen. Zu seiner preußischen Erziehung gehört der Grundsatz, daß man mit dem Geld, das man hat, auskommen muß, und die Auslandsbezüge der deutschen Diplomaten sind 1950 noch äußerst bescheiden. So begnügt er sich zunächst mit einer Zweizimmerwohnung. Er sei schlechter untergebracht als auf seinem ersten Auslandsposten vor zwei Jahrzehnten in Rom, erinnert er sich, findet sich aber, ohne weiter zu klagen, mit dem Notbehelf ab.[130] Doch schon im August, nur drei Monate nach der Ankunft in Frankreich, kann er den Freunden in Deutschland berichten: *Ich habe inzwischen eine Dreizimmer-Wohnung an der Place des Termes unweit der Étoile.*

Die Zimmer sind groß, aber etwas zu prunkvoll und düster. Aber immerhin habe ich meine eigene Bleibe und außerdem eine nette und tüchtige Aufwartung, die von acht bis vier kommt, für mich kocht und wäscht und mir eine Abendmahlzeit hinstellt. Dadurch habe ich die Chance, mit meinem Geld auszukommen.[131] Das Generalkonsulat hat mit der Arbeit in dem muffigen Hotel d'Iéna begonnen. Es liegt immerhin in dem von diplomatischen Vertretungen bevorzugten Stadtteil, dem vornehmen 16. Arrondissement. Bald darauf wird im gleichen Viertel ein Haus für die Vertretung gekauft, Avenue d'Iéna 34. Es wirkt zunächst eher baufällig, ist aber im Erdgeschoß bald benutzbar. Die oberen Stockwerke müssen erst instand gesetzt werden.

Sorgen bereiten die meist ganz unerfahrenen Beamten. Wenn einer von ihnen gegenüber dem französischen Zoll allzu forsch aufgetrumpft hat, um endlich die Schreibmaschinen freizubekommen, die das Generalkonsulat dringend braucht, muß Kessel dem tatendurstigen Mitarbeiter bedeuten, daß dessen Ton gegenüber der Pariser Behörde völlig unpassend sei.[132] Die deutsche Besetzung Frankreichs liegt ja kaum sechs Jahre zurück, und viel kommt darauf an, nicht böse Erinnerungen zu wecken. Doch die Mühen des Anfangs sind bald überwunden. *Man behandelt uns gut, weil wir still und zurückhaltend sind, man beginnt uns aufzusuchen, weil wir nicht an verschlossenen Türen gerüttelt haben*, schreibt Kessel den Freunden. Er hat auch schon in Bonn in der Dienststelle für Auswärtige Angelegenheiten, dem Vorläufer des neuen Auswärtigen Amts, über die Erfahrungen der ersten Pariser Wochen berichtet und ist dabei nur Zustimmung zu seiner vorsichtigen Taktik gegenüber den Franzosen begegnet.[133]

Damit kann ja auch Hausenstein nur einverstanden sein. Die Last der Verantwortung für den Aufbau der Vertretung aber liegt letztlich bei Kessel allein. Auch für Mißerfolge hätte man schließlich nur ihn verantwortlich gemacht. Es ist schon eine eigenartige Konstruktion, die sich Adenauer und Blankenhorn, der außenpolitische Berater des Kanzlers, für die Vertretung in Paris ausgedacht haben. In London und in New York, später dann in Washington sind die Voraussetzungen grundverschieden, keine der drei Städte war je von deutschen Truppen besetzt. Doch auch Kessel hatte sich ja mit der von Adenauer gewünschten Regelung einverstanden erklärt. Er bleibt nach Kräften bemüht, aus der schwierigen Lage das Beste zu machen. Jeder Erfolg, den man in Bonn vielleicht nur Hausenstein zuschreiben wird, stärkt ja die Position

Deutschlands nach dem verlorenen Krieg. Nach dem ersten großen Empfang, den Hausenstein im März 1951 in Paris gibt, schreibt Kessel an seinen Freund Nostitz in Bonn: *Vom Quai d'Orsay sind alle erschienen, die nur irgend geladen waren, trotz aller Konferenzen, die zur Zeit in Paris stattfinden. Besonders zahlreich war aber auch die geistige Elite erschienen, was ein großer persönlicher Erfolg Hausensteins und seiner Frau war. Ich hätte das nach kaum acht Monaten auf dem sehr schwierigen Pariser Pflaster kaum für möglich gehalten. Man hätte, wenn man das gewußt hätte, den Kreis der Einladungen noch weiter ziehen können, wobei allerdings die Geldfrage auch ihre Rolle spielt. ... Denn 150 Personen zu füttern und zu tränken ist hierzulande ein teures Geschäft.*[134]

An Loyalität gegenüber Hausenstein, seinem Vorgesetzten an der Pariser Vertretung, läßt es Kessel nicht fehlen. Und auch Hausenstein ist zumindest während des ersten gemeinsamen Jahres um ein gutes Einvernehmen mit seinem Stellvertreter bemüht. Beide haben über die Pariser Jahre Erinnerungen verfaßt, beiden nahm vor der Drucklegung der Tod die Feder aus der Hand.[135] Hausenstein kommt nach der Beschreibung seiner Ankunft in Paris nur noch einmal mit einem Halbsatz auf Kessel zu sprechen: Er habe das Gebäude für das Generalkonsulat an der Avenue d'Jéna *nachgewiesen*, also ausfindig gemacht. Über Kessel fällt später kein Wort mehr. Warum kommen die beiden auf die Dauer miteinander nicht aus?

Hausenstein ist 1882 in Hornberg im Schwarzwald geboren. Von dem früh verstorbenen Vater, einem Steuerkommissar, hat er *die gründliche Gewißheit* erhalten, *als ein Mensch aus dem deutschen Südwesten durch die Welt zu gehen*.[136] Er studiert klassische Philologie, Philosophie, Geschichte und Nationalökonomie. Nach der Promotion mit einer Arbeit über die Wiedervereinigung Regensburgs mit Bayern im Jahre 1810 lebt er zunächst als Privatgelehrter in München, kommt dann 1906 für ein halbes Jahr als Vorleser nach Paris zu der dort im Exil lebenden Königin von Neapel, Marie-Sophie Amélie, einer geborenen Wittelsbach und Schwester der berühmten Kaiserin Elisabeth von Österreich. Die Königin hatte mit Franz II., dem letzten Bourbonenherrscher der beiden Sizilien, 1861 Neapel verlassen. Nicht zufällig tritt sie in dem großen Sittengemälde von Marcel Proust auf, der *Suche nach der verlorenen Zeit*.

Für Hausenstein war der erste Aufenthalt in Paris ein prägender Eindruck fürs Leben. Seither ist er in München als Journalist und freier

Schriftsteller tätig. Sein frühes Buch *Rokoko* beschreibt illustrierende Druckgraphik des achtzehnten Jahrhunderts in Frankreich und Deutschland.[137] Noch vor dem Ersten Weltkrieg erschien bereits ein größerer Wurf: *Die bildende Kunst der Gegenwart*, ein Überblick über Malerei und Skulptur vom Impressionismus bis zum Kubismus.[138] Während des Kriegs lernte er seine spätere Frau, Margot Lipper kennen, die er 1919 in München heiratete. Einer der Trauzeugen war Rilke.

Von 1929 bis 1933 war Hausenstein Redakteur für Kunst bei den *Münchner Neuesten Nachrichten*, von 1934 bis zum Berufsverbot durch Goebbels einer der leitenden Redakteure der *Frankfurter Zeitung*. Doch gerade in seinem alten Beruf hat er nach dem Zweiten Weltkrieg ein wenig den Anschluß verpaßt. Von der amerikanischen Militärverwaltung war er im Sommer 1945 als einer der Lizenznehmer für die *Süddeutsche Zeitung* vorgesehen, doch er lehnte ab. Ein tragischer Irrtum, hat er doch damit auf eine große Aufgabe und ein Millionenvermögen verzichtet, später aber oft über Geldsorgen geklagt. Nach der Heimkehr von Paris 1955 wird ihm Theodor Heuss als Bundespräsident zur Aufbesserung der Altersversorgung einen Ehrensold zuerkennen.

Margot Hausenstein hilft ihrem Mann in Paris in der Anknüpfung von Kontakten wie in der gesellschaftlichen Repräsentation. Sie versteht viel von Mode und hat in der Nachkriegszeit gern Ratschläge zu Fragen des damenhaften Benehmens erteilt. Gesellschaftliche Gewandtheit, geistreiche, ja möglichst von Esprit sprühende Konversation und höchstes Interesse für modische Eleganz gehört für sie zum Bild einer Dame von Welt. Das respektieren auch die Franzosen. Denn es entspricht weitgehend den Konventionen ihrer eigenen Zivilisation. Doch für die erträumte Rolle auf dem Pariser Parkett reichen die Mittel nicht aus. Noch in seinen *Erinnerungen* erwähnt Hausenstein bitter, man habe seine Frau und ihn *in einen ebenso maßgeblichen wie exclusiven gesellschaftlichen Zirkel* eingeladen, offensichtlich den auch beim Hochadel noch immer beliebten Jockey Club. Doch die Mittel für die *große Toilette*, die hierfür erforderlich sei, hätten nicht ausgereicht. In Bonn habe man für solche Schwierigkeiten kein Verständnis gehabt.[139]

Kessel ist mit großen Familien des alten Preußen und des Kaiserreichs seit Kindheitstagen vertraut. Die wahre Dame schlechthin, das ist für ihn stets seine bescheidene Mutter geblieben. Er bewundert die tapferen Frauen seiner toten Freunde vom Widerstand, Marianne von Schwerin beispielsweise, und Frauengestalten wie Puppi Sarre mit ihrer tief verinnerlichten Bescheidenheit. Nur andeutungsweise geht Kessel in seinem Memoirenentwurf einmal auf die private Sphäre im Leben Hausensteins ein: Bedenklich sei sein Verhältnis zu Hausenstein erst geworden, als dieser ihn zu seinem Vertrauten machen und seine persönlichen Probleme mit ihm erörtern wollte. Kessel hierzu: *Ich zog mich mehr und mehr aus diesem persönlichen Bereich zurück. Meine Distanzierung kränkte ihn, unsere Beziehungen litten darunter.* Und nur noch traurig und resigniert: *Aber mir blieb nichts anderes übrig. Wir waren zu verschieden.*[140]

Die schließlich unüberbrückbare Kluft hatte nicht nur mit privaten Dingen zu tun. Auch zur Kulturarbeit haben die beiden Herren eine zu unterschiedliche Sicht. In seinem Memoirenentwurf schreibt Kessel, Hausenstein habe mit seinen Plänen für Kunstausstellungen den Franzosen vorführen wollen, welchen Einfluß ihre civilisation durch die Jahrhunderte auf das deutsche kulturelle Leben gehabt habe. *Auf den Gedanken, den Franzosen zu zeigen, daß auch wir auf kulturellem Gebiet etwas geleistet hätten, kam er nicht.*[141] Dergleichen wird Kessel wohl schon in Paris geäußert haben. Jedenfalls liest sich ein ganzer Abschnitt von Hausensteins *Pariser Erinnerungen* wie eine Verteidigung gegenüber solcher Kritik: Schon im August 1950, also nur Wochen nach der Ankunft in Paris, sei er nach Deutschland gereist. Vor allem in München habe er damals über eine Ausstellung von deutschem Barock in Paris Gespräche geführt, vergeblich: *Ein entscheidendes Interesse konnte auf französischer Seite nicht erregt werden.* Der Plan, alte Weihnachtskrippen des Bayerischen Nationalmuseums zur Weihnachtszeit Pariser Kindern zu zeigen, habe nicht nur in München und Bonn, sondern auch bei den maßgeblichen Pariser Stellen Anklang gefunden. Doch habe man in Paris nicht geeignete Vitrinen auftreiben können. Auch der Versuch, die Franzosen für eine Ausstellung über Wilhelm Leibl und andere deutsche Maler des neunzehnten Jahrhunderts zu erwärmen, habe sich *in einer Art von Vakuum verloren.* An Versuchen, schon in den frühen fünfziger Jahren deutsche Kunst und Kultur in Frankreich zu präsentieren, hat es Hausenstein also nicht fehlen lassen.[142]

Ganz unbegründet war die Kritik Kessels wohl nicht. Doch die Ausstellung französischer Impressionisten aus deutschen Museen in der Pariser Orangerie, die Hausenstein angeregt hat, wurde ein großer Erfolg.[143] In Paris ist er der persönliche Botschafter Adenauers und hat sich stets so empfunden. Das Auswärtige Amt mit seinem Vorläufer, der Dienststelle im Kanzleramt, bleibt ihm fremd. An der Vertretung in Paris jedoch besitzt nur er, Hausenstein, das volle Vertrauen des Kanzlers. Denn der hat ihn als Menschenkenner durchschaut: Dieser hochsensible Kunstkritiker, dieser solide Kenner und leidenschaftliche Verehrer Frankreichs, wird ihm gegenüber stets loyal sein, ja von einer Ergebenheit, die fast an Unterwürfigkeit grenzt. Die Augenblicke, in denen Hausenstein in Paris bei der Messe neben Adenauer auf der Kirchenbank kniete, haben zu den entscheidenden Erlebnissen seines Alters gezählt: *Da verspürte ich die unmittelbar benachbarte Gegenwart des Kanzlers als eine christliche Wirklichkeit, die mir a limine*[144] *jegliche Skepsis gegenüber dem Kanzler und seinem Anliegen unmöglich machte.*[145]

Kessel schreibt in Erinnerung an die Pariser Zeit über Adenauer in seinem Memoirenentwurf[146]: *Von Blankenhorn abgesehen, mit dem ihn eine gegenseitige Haßliebe verband, duldete er in seiner Umgebung nur Menschen, die ihn anhimmelten oder schrankenlos devot waren.* Man tut Hausenstein gewiß nicht Unrecht, sondern kann sich auf zahlreiche Äußerungen von ihm berufen, wenn man vermutet, daß auch seine Bewunderung für Adenauer, den Kanzler und Außenminister wie für den Katholiken und Menschen, beinah grenzenlos war. Kessel hingegen hebt schon in der älteren Schicht seines Memoirenentwurfs über die Zeit in Paris den Gegensatz zwischen der eigenen Haltung und den Bewunderern Adenauers hervor: Ihm sei es *nie gegeben gewesen, Politiker anzuhimmeln oder wenigstens devot zu sein.* Und weiter: *Die zweite Hypothek, die mich in seinen (Adenauers) Augen belastete, war mein liberales Preußentum, eine besonders schlimme Kombination. Und schließlich war ihm nicht verborgen geblieben, daß ich den Opfern des 20. Juli nahegestanden hatte.* Bescheidener hätte Kessel seine Rolle im innersten Kreis der jüngeren Generation des Widerstands kaum andeuten können. *Den Überlebenden gegenüber aber empfand er* (Adenauer) *größtes Mißtrauen: Wer sich einmal an einer Verschwörung beteiligt hatte, könnte das wieder tun.*[147]

Am 25. Juni 1950, nur wenige Wochen nach der Ankunft Kessels in Paris, bricht mit dem Überfall Nordkoreas auf Südkorea der Koreakrieg aus. Ein späteres Übergreifen des Funkens auf Europa hält man für denkbar. Mit der Möglichkeit eines sowjetischen Vormarschs bis nach Paris rechnen aber selbst düsterste Schwarzseher nicht. Doch in allen Vorstädten der Hauptstadt verfügen die Kommunisten über die Mehrheit. Für den Fall bürgerkriegsähnlicher Unruhen in oder rings um Paris plant daher das Generalkonsulat, die deutschen Frauen und Kinder aus der französischen Hauptstadt nach Spanien zu bringen. Franz Krapf, ein junger Diplomat am Beginn einer glanzvollen Laufbahn, begleitet Kessel auf einer Erkundungsfahrt über Tours, Poitiers und Biarritz zur spanischen Grenze. Zum Glück bleibt der Konflikt in Korea auf den Fernen Osten beschränkt.[148] Doch die Bedrohung Westeuropas durch die Sowjetunion dauert an. Auch auf einen westdeutschen Beitrag zur Verteidigung des Westens wollen die Amerikaner, Engländer und Franzosen nicht mehr verzichten. Bald werden über die Aufstellung einer Europa-Armee in Paris erste Gespräche geführt.

In seinen Pariser Jahren hat Kessel ziemlich viel von Frankreich gesehen, vor allem von der *Provinz*, wie die Franzosen die so reichen Landschaften ihres Heimatlands nennen. Auf seinen Ausflügen habe er dieses ländliche Frankreich mit seinen schlichten Bewohnern liebengelernt, schreibt Kessel im Alter, fügt aber hinzu, mit Paris sei ihm das so recht niemals gelungen.[149] Ein deutscher Student, der ihn in seiner Wohnung besucht und begeistert von der Schönheit und dem Charme von Paris spricht, wird sich noch Jahrzehnte später daran erinnern, wie traurig die Antwort von Kessel klang: *Ja, für Sie mag das alles so sein, für sich und in Ihrem Alter haben Sie recht. Aber nicht für mich. Wie viel lieber wäre ich jetzt am Rhein. Dorthin, in die Zentrale unseres Auswärtigen Dienstes, da gehöre ich hin.*[150]

Seinem Freund Blankenhorn wird Kessel später vorwerfen, er habe sich für das Auswärtige Amt zu wenig interessiert, sondern habe vor allem wie ein Planet die Sonne Adenauer umkreist. In der *Verbindungsstelle* zu den drei Hochkommissaren, aus der das neu Auswärtige Amt hervorgeht, haben Beamte alten Stils die leitenden Positionen erhalten. Kessel befürchtet, sie wollten nur *die alte ›Wilhelmstraße‹, wie sie in Berlin bis 1933 bestanden hatte, naturgetreu an den Ufern des Rheins wiederaufbauen.* Von den umwälzenden Veränderungen seit der Weimarer Zeit nehmen sie zu wenig Notiz. So behält Kessel an die Zeit des Wiederaufbaus keine gute Erinnerung: *Alles in allem mußte man feststellen, daß von dem neuen Amt keinerlei politischer Impuls ausging, keinerlei Ideen oder Vorschläge an Adenauer herangetragen wurden.* Gegenüber deutschen Diplomaten habe die Haltung des Kanzlers ohnehin eine Mischung aus Verachtung und Mißtrauen bestimmt.[151]

Wie unbeweglich das Auswärtige Amt in seiner ersten Phase des Aufbaus ist, bekommt Kessel in der täglichen Arbeit zu spüren. Zu den Aufgaben des Generalkonsulats gehört es, für deutsche Staatsangehörige

Pässe auszustellen. Vor allem ehemalige Soldaten der Wehrmacht kommen deshalb Anfang der fünfziger Jahre zum Generalkonsulat nach Paris. Um früher aus der Kriegsgefangenschaft entlassen zu werden, hatten sie sich verpflichtet, noch drei oder vier Jahre als Landarbeiter in Frankreich zu bleiben. Die Zeit ist nun abgelaufen, sie wollen nach Deutschland heimkehren. Anspruch auf einen deutschen Paß hat nach einer Regelung der Alliierten aber nur, wer vor dem Krieg in *Großdeutschland* gewohnt hatte. Hitlers *Protektorat Böhmen und Mähren* hatte formal niemals zum *Großdeutschen Reich* gehört. Doch nicht wenige Deutsche hatten in diesen Gebieten noch im Sommer 1939 ihren Beruf ausgeübt. Als der Krieg ausbrach, zog man sie in die Wehrmacht ein, und dann waren sie mehr als fünf Jahre lang deutsche Soldaten. Als Deutsche waren sie auch französische Kriegsgefangene geworden. Konnte man diesen Deutschböhmen, wie man sie im Gegensatz zu dem Sudetendeutschen nannte, einen deutschen Paß versagen? Kessel ist nicht dieser Ansicht, von ihm erhalten auch sie einen Paß.

Bei seinem nächsten Besuch in Bonn erzählt er das Theo Kordt, dem Leiter der Politischen Abteilung im Auswärtigen Amt. Der meint, die Deutschböhmen sollten keine deutschen Pässe erhalten. Nach einigem Hin und Her setzt Kessel sich mit einem Kompromißvorschlag durch: Im Gegensatz zu den Sudetendeutschen, die ja einmal im *Großdeutschen Reich* Hitlers lebten, erhalten deutsche Soldaten aus dem ehemaligen Protektoratsgebiet nur einen Paß mit dem Vermerk *ausschließlich für die Einreise nach Deutschland*. Mit Recht meint Kessel, seien sie erst einmal in der Bundesrepublik, so werde man auch ihnen früher oder später einen normalen deutschen Reisepaß geben. Theo Kordt hat wie sein jüngerer Bruder Erich dem deutschen Widerstand angehört.[152] Beim Wiederaufbau in Bonn hat er jedoch keine glückliche Hand. Er verliert jeden Einfluß, sobald der Professor Walter Hallstein als Staatssekretär die Leitung des Auswärtigen Amts übernimmt.[153]

Kessel lernt Hallstein im Herbst 1950 in Paris kennen. Der in Mainz geborene Professor der Rechtswissenschaft mit den Fachgebieten Rechtsvergleichung, Recht der internationalen Wirtschaftsbeziehungen und Gesellschaftsrecht ist Staatssekretär im Bundeskanzleramt und hat schon das besondere Vertrauen Adenauers gewonnen. Er leitet die deutsche Delegation bei den Verhandlungen über die Gründung einer Europäischen Gemeinschaft für Kohle und Stahl. Im Rückblick des Alters berichtet Kessel von seiner ersten Begegnung mit Hallstein: *Von dem Ein-*

fluß, den er bald auf unsere Außenpolitik gewinnen würde, hatte ich keine Ahnung. Wir verbrachten den Abend zu zweit in einem kleinen Pariser Restaurant. *Er erinnerte mich in seinem äußeren Habitus wie in seiner hohen Intelligenz an Montini. Sein umfassendes präzises Wissen bewies, daß er ungemein fleißig war. Was mich aber am meisten erstaunte, war, wie er jedes politische Problem im Handumdrehen in eine juristische Frage umzuformen verstand. Ich begann daran zu zweifeln, ob er ein Organ für Politik im engeren Sinn besaß. Es wurde später erzählt, er habe einmal gesagt, man könne Außenpolitik wie einen Zivilprozeß betreiben.*[154]

An Montini also, den späteren Papst Paul VI., hatte Kessel bei der ersten Begegnung mit Hallstein gedacht. Kein geringes Kompliment, so könnte es auf den ersten Blick scheinen. Doch während Kessel für Pius XII. Hochachtung, ja Verehrung empfand, war er schon als junger Attaché im Rom der frühen dreißiger Jahre mit Montini aneinander geraten. Wie Pius XII. und Johannes XXIII. hatte auch Montini seine Laufbahn im diplomatischen Dienst der Kurie begonnen und war darin bis zum Substituten, zum Vertreter des Kardinalstaatssekretärs aufgerückt. Als Attaché war Kessel ihm in Rom bei Verhandlungen über ein Zusatzabkommen zum Internationalen Eisenbahnabkommen begegnet. Die etwas schroffe Art des hochbegabten Norditalieners lag ihm wohl nicht. Nach der Besetzung Roms durch Truppen der Alliierten hatte Montini den Diplomaten der deutschen Kurienbotschaft mehrfach Schwierigkeiten bereitet.[155]

Aus der Feder Kessels ist der Vergleich mit Montini für Hallstein somit nicht gerade schmeichelhaft. Und wenn Kessel schon bei der ersten Begegnung daran zu zweifeln beginnt, ob Hallstein ein Organ für Politik *im engeren Sinne* besitzt, so wird sich ihm diese Vermutung später zur Gewißheit erhärten. *Um der Gerechtigkeit willen* fügt er im Memoirenentwurf seiner Notiz über die erste Begegnung mit Hallstein hinzu, im persönlichen Umgang habe der Staatssekretär ihn gegenüber anderen bevorzugt. Kam er nach Bonn aus Paris oder Washington, so habe er fast stets noch am selben Tag einen Termin für ein langes Gespräch mit Hallstein erhalten. Andere mußten tagelang warten, um dann nur kurz abgefertigt zu werden.[156]

Hausenstein kann Hallstein nicht riechen, ja er nennt den Staatssekretär in den *Pariser Erinnerungen*[157] seinen *ebenso entschiedenen wie verborgenen Gegner*. Er zählt ihn wie Blankenhorn zu den *Figuren*, die

Adenauer als fügsame Gehilfen zur Seite stehen.[158] Zwischen Kessel und Hallstein hingegen besteht keine persönliche Feindschaft. Adenauer ist es ja, der allein die Verantwortung dafür trägt, daß Juristen wie Hallstein bald auf die Deutschlandpolitik Bonns einen bestimmenden Einfluß gewinnen.[159]

Hallstein wird Staatssekretär des Auswärtigen Amtes. Beim Abschluß des Vertrags über die Montanunion hat er sich als deutscher Verhandlungsführer bewährt. Für Adenauer ist dieser Vertrag in der Europapolitik der erste große Erfolg. So ist es aus der Sicht des Kanzlers nur folgerichtig, daß er die Leitung des Auswärtigen Amts Hallstein überträgt. Das Amt des Außenministers behält er sich selbst weiter vor. Kessel im Rückblick zu diesem auch für ihn selbst bedeutsamen Einschnitt: *Von nun an war Blankenhorns Monopol bei Adenauer in Frage gestellt. Hallstein umkreiste wie ein zweiter Planet den Kanzler und war ihm bis zur Hörigkeit ergeben, auch wenn ihn dieser aus Tyrannenlaune quälte. Für Adenauer war Hallstein mit der breiten Palette seines Wissens ein lebendiges Lexikon. Daneben aber gelang es Hallstein aufgrund seiner enormen Arbeitskraft, den inzwischen zu einer großen Behörde angewachsenen Apparat des Auswärtigen Amts bis in seine feinsten Verästelungen in die Hand zu bekommen.*[160]

Als Staatssekretär kommt Hallstein zum ersten Mal Anfang September 1951 nach Paris. Ein Brief Kessels an Gottfried von Nostitz, seinen engsten Vertrauten im Auswärtigen Amt[161], beleuchtet die Atmosphäre jener Epoche. Die Unabhängigkeit der jungen Bundesrepublik Deutschland ist durch das Besatzungsstatut immer noch stark eingeschränkt. Entscheidungen der alliierten Hochkommissare haben vor der Souveränität des jungen westdeutschen Staats Vorrang. Die drei westlichen Siegermächte sind klug genug, von diesen Machtmitteln nicht Gebrauch zu machen. Jetzt aber drängen sie auf eine Beteiligung der Bundesrepublik an der Last der Verteidigung gegenüber der Gefahr aus dem Osten. Adenauer hofft, daß er gegen ein solches Zugeständnis die Abschaffung des Besatzungsstatuts einhandeln kann. Das ist für die Bundesregierung auch innenpolitisch ein wichtiges Ziel.

Kessel hierzu in seinem Brief an Nostitz: *Hallstein hat hier nacheinander Bidault, Pleven und Eisenhower gesehen und ihnen unseren Standpunkt betreffend die Abschaffung des Besatzungsstatuts und alle Fragen, die damit zusammenhängen dargelegt. Er hat sich dabei auf eine Darlegung beschränkt und Diskussionen vermieden, was sicher die rich-*

tige Taktik war. Außerdem hat er unsere Wünsche in einen allgemeinen tour d'horizon eingebettet, was ihm Jean Monnet geraten hatte, damit der Anschein, daß wir mit Forderungen auftreten, vermieden wird. Hallstein hat mich über seine Gespräche in freundlicher Weise recht eingehend informiert. Er zeigte sich vom Verlauf seiner Besuche sehr befriedigt. Für seinen Freund Gogo Nostitz, den Crew-Kameraden im Attaché-Kurs und Gefährten im Widerstand, fügt Kessel die Bemerkung hinzu, die Aktion Hallsteins in Paris komme *etwas spät*. Offenbar liegen den Alliierten Entwürfe ihrer Sachverständigen zur Behandlung der deutschen Frage schon vor. Auch bedauert Kessel, daß Hallstein die Gespräche stets allein geführt hat, anstatt sich von einem deutschen Diplomaten als Augen- und Ohrenzeugen begleiten zu lassen. Nach den Gepflogenheiten der klassischen Diplomatie wäre bei einem so wichtigen Gegenstand eine Begleitung geboten gewesen.

Schon im Februar 1951 hat Kessel in einem Rundschreiben an die Freunde in Deutschland berichtet, das Generalkonsulat sei *eine ordentlich funktionierende Behörde* geworden. *Wir* – wohl nur die Abteilung des Generalkonsulats, deren Aufgaben später die Botschaft übernimmt – *sind nun vierzig Personen.* Weitere fünfzig sind in der Paßstelle des Generalkonsulats tätig. Die Umwandlung der Vertretung in eine *Diplomatische Mission* steht schon bevor. Kessel hierzu: *Es ist deswegen wichtig, weil wir damit aus dem Zwielicht unserer jetzigen Stellung herauskommen, was manches erleichtern wird.* Auch auf die Gespräche über die Aufstellung einer Europa-Armee geht er ein. Ein halbes Jahr zuvor hatte er noch den Freunden geschrieben, er sei gegen jede deutsche Aufrüstung – *es sei denn, daß die Alliierten vorher einen Schirm von mindestens zwanzig Panzerdivisionen an der Demarkationslinie aufbauen.*[162]

Hinter dieser überspitzten Forderung verbarg sich der Standpunkt, die Bundesrepublik solle sich von den Amerikanern um einen westdeutschen Verteidigungsbeitrag bitten lassen, anstatt sich den Alliierten damit aufzudrängen, wie es Adenauer nun bald tun wird. Im Rundbrief von Februar 1951, also nur sechs Monate später, meint Kessel denn auch: *In der Frage der deutschen Aufrüstung sind wir ›mit zu viel Gas in die S-Kurve gegangen‹ und haben dabei versucht, die Engländer und Franzosen zu überrunden. Das Thema ist damit natürlich keineswegs zu den Akten gelegt – je weniger wir darüber schreien und schreiben, desto rascher wird es in einem vernünftigen Sinn wieder aktuell werden.* In einem Zusatz für die engsten Freunde heißt es unter Anspielung auf den sogenannten Pleven-Plan, der zunächst einen deutschen Verteidigungsbeitrag ohne Mitwirkung an den alliierten Kommandostrukturen vorsieht: *Da ich in die Europa-Armee-Konferenz eingeschaltet bin – sehr interessant, obwohl der Plan selber steril, ja böswillig ist – sind meine Urlaubspläne ins Wasser gefallen.* Schon im Sommer 1950 hatte Churchill der Beratenden Versammlung des Europarats die Aufstellung einer Europäischen Armee vorgeschlagen, an der auch deutsche Kontingente beteiligt werden sollten. Die Außenminister der Vereinigten Staaten, Englands und Frankreichs befürworten bei Beratungen in New York den britischen Vorschlag. Im Oktober 1950 legt der französische Ministerpräsident Pleven der Nationalversammlung in Paris einen Plan zur Aufstellung einer Westeuropa-Armee vor. Den Deutschen will er dabei jede Beteiligung an der Kommandogewalt versagen. Für die junge Bundesrepublik kommt ein so demütigendes Angebot trotz ihrer außenpolitischen Schwäche nicht in Betracht.

Dennoch beginnen im Frühsommer in Paris Verhandlungen über die Aufstellung einer Europa-Armee. Auch Hallstein geht es Anfang September 1951 bei seinen Gesprächen in Paris nicht nur um die Abschaffung des Besatzungsstatuts. Zwangsläufig kommt die Rede auch auf die Militärkonferenz, die in Paris bereits tagt. Ihr Ziel ist die Gründung einer Verteidigungsgemeinschaft der sechs Staaten der Montanunion. Hatte Kessel den Freunden noch im Februar nur von seiner *Einschaltung* in die Verhandlungen berichtet, so ist er inzwischen Stellvertretender Leiter der deutschen Delegation. Ihr Leiter ist Theodor Blank, zunächst in Bonn Chef der *Dienststelle Blank*, seit 1951 Sicherheitsbeauftragter der Bundesregierung und später ihr erster Verteidigungsminister. Wenn er nicht selbst an den Verhandlungen teilnimmt, leitet Kessel die deutsche Delegation.

Blank möge ihn offenbar gern, schreibt er an Nostitz, und er könne hoffen, die Delegation richtig in die Hand zu bekommen. *So wenig ich den Auftrag mag, so wäre es mir doch eine Genugtuung, wenn ich wenigstens einen Teil des von den Zivilisten und damit von unserem Hause* (dem Auswärtigen Amt) *in der Vergangenheit verlorenen Terrains zurückgewinnen könnte.* In *sachlicher Beziehung*, also dem Inhalt der Verhandlungen, hätten sich die Franzosen als sehr großzügig erwiesen, berichtet Kessel dem Freund.[163] Auch im Quai d'Orsay hat man inzwischen erkannt, daß es nicht zweckmäßig ist, gegenüber der Bundesrepublik weiter wie eine Besatzungsmacht aufzutreten.

Während Kessel an Nostitz schreibt, ist schon ein Schreiben des Auswärtigen Amts an ihn auf dem Weg. In aller Form wird ihm darin bestätigt, was Hallstein ihm schon zuvor in Bonn mitgeteilt hat: Er ist bei den Verhandlungen ständiger Vertreter von Blank und soll dabei auch die Gesichtspunkte des Auswärtigen Amts vertreten. Er hat also darauf zu achten, daß nicht nur militärische Fragen, sondern auch die außenpolitischen Interessen der Bundesrepublik berücksichtigt werden. Spontan hatte Kessel in Bonn zu Hallstein gesagt, der ihm zugedachte Posten sei ja ein Himmelfahrtskommando.[164] Er hatte dabei nicht nur an die heikle außenpolitische Position Deutschlands gedacht, sondern auch an die Schwierigkeit, als einziger deutscher Diplomat eine schon aus mehr als hundert Deutschen bestehende Delegation zu führen. Bis 1953 schwillt die Delegation auf fast zweihundert deutsche Mitglieder an.

Das Generalkonsulat ist inzwischen zur *Diplomatischen Vertretung* aufgewertet. Doch Kessel gehört der Vertretung nicht mehr an. Letztlich geht die Entscheidung auf Adenauer zurück. Für Hausenstein muß sie eine Erleichterung gewesen sein. In einem schwer lesbaren handschriftlichen Entwurf für einen weiteren Rundbrief an die Freunde, den Kessel auf einer Eisenbahnfahrt nach Rom schreibt, heißt es nur knapp: *Im September mußte ich leider meinen Posten an der Vertretung vorübergehend verlassen.*[165] Wie ihm in Wahrheit zumute war, erwähnt er auch in dem späteren Memoirenentwurf nicht: Er ist der Verzweiflung nah. Was er darüber an Nostitz zunächst schrieb, bleibt unklar. *Es geht mir besser*, heißt es nur knapp am Ende des nächsten im Nachlaß erhaltenen Briefs[166].

Vor allem Frauen hat er damals seinen Schmerz anvertraut. Erna Klemm möchte ihn trösten, *weil aus zwei Briefen so viel Jammer spricht.* Sie hat Verständnis dafür, daß ihm vor der neuen Aufgabe graut und kommt auf die Gründe zurück, die er dafür in seinen Briefen erwähnt hat: Es fehlt ihm jegliche Rückendeckung in Bonn, und er kennt sich in militärischen Fragen nicht aus.[167] Doch nicht nur die neue Aufgabe bedrückt ihn. In einem undatierten Brief von Sommer oder Herbst 1951 schreibt ihm Hilde von Lavergne: *Ich bin mir der Verantwortung bewußt, die Du Deinen gestorbenen Freunden gegenüber trägst, das, was sie für Deutschland gewollt und wofür sie in den Tod gegangen sind, in ihrem Namen und in ihrem Sinne fortzuführen.*[168] Aber wer fragte in den Jahren des Neubeginns in Bonn noch nach dem deutschen Widerstand? 1950 meint in der westdeutschen Bevölkerung jeder Zehnte, unter den großen Männern der Geschichte habe Hitler am meisten für Deutschland getan. Und noch 1954 vertritt fast ein Viertel aller Westdeutschen die Ansicht, kein Widerstandskämpfer dürfe ein hohes Amt in der Regierung ausüben.[169] Erst 1961 wird im Auswärtigen Amt eine Ehrentafel zum Gedächtnis an die nach dem 20. Juli hingerichteten deutschen Diplomaten enthüllt.

Was Kessel im Herbst 1951 besonders bedrückt, ist nicht nur das neue Arbeitsfeld, sondern vor allem die Beschränkung hierauf. Das Auswärtige Amt hat ihm mitgeteilt, er sei von den Aufgaben an der diplomatischen Vertretung *entbunden*. Er ist also nicht mehr Botschaftsrat an der Vertretung, sondern hat nur noch mit den Verhandlungen über den westeuropäischen Militärpakt zu tun. Ganz abgesehen von den Risiken der Situation muß ihm die Aufgabe als steril, ja als Irrweg erscheinen. Denn anders als Hallstein, anders auch als sein Crew-Kamerad Hans von Herwarth, der Protokollchef in Bonn, ist Kessel kein Gefolgsmann von Adenauer. Herwarth berichtet in seinen Erinnerungen, Adenauer sei bei dem ersten offiziellen Besuch in Paris im April 1951 im Hotel mit den Bettdecken nicht zurecht gekommen. Da habe er, Herwarth, dafür gesorgt, daß der Kanzler andere Decken bekam. Am nächsten Morgen habe er für ihn selbst den Kaffee gekocht.[170] Dergleichen hätte Kessel gewiß nicht gelegen. Vor einem weiteren Besuch Adenauers in Paris schreibt er an Nostitz, an dem *Wirbel des hohen Besuchs* wolle er sich so wenig wie möglich beteiligen. Und in aller Offenheit gegenüber dem Freund: *Ich bin mehr denn je überzeugt, daß ich – wir – aus dieser Richtung keine gnädige Sonne zu erwarten haben.*[171]

Trotz aller Rückschläge hofft er weiter auf einen Posten in Bonn. Seinen jüngsten Brief an Nostitz hat er gleich mit einer vertraulichen Mitteilung hierzu begonnen: *Pampel und ich haben sehr auf Herbert B(lankenhorn) eingewirkt und ihn für den Gedanken gewonnen, Abteilung II und III zusammenzulegen. Es soll nur noch eine Politische Abteilung geben, sie soll Blankenhorn unmittelbar unterstellt werden und zwei Dirigenten erhalten, von denen wohl einer Kessel sein wird.*[172] Pampel, das ist Gebhardt von Walther aus dem gleichen Attachékurs wie Blankenhorn, ein kluger Kopf, der es in der deutschen Nachkriegsdiplomatie weit bringen wird. Von Natur ist er ein Draufgänger. Den Spitznamen haben ihm die Kollegen schon in jungen Jahren in Anspielung an das Berliner Spottwort verpaßt: *Der geht ran wie Pampel an den Käse*. Nicht nur Kessel und Walther glauben noch im Spätherbst 1951, Adenauer sei für eine einschneidende Neuorganisation des Auswärtigen Amts zu gewinnen, sondern selbst Blankenhorn. Und Hallstein? Er schätzt Kessel und ist davon überzeugt, daß der erfahrene Diplomat genau der richtige Unterhändler für den europäischen Verteidigungspakt ist. Doch je mehr Kessel sich dort bewährt, desto geringer wird die Aussicht für ihn, in der Zentrale des Auswärtigen Amts eigene Gedanken zur Geltung zu bringen.

Gerade das aber sieht er als seine eigentliche Aufgabe an, wie ein Schriftsatz vom Herbst 1951 belegt. Die *Aufzeichnung*, wie eine solche kurze Denkschrift im Sprachgebrauch der deutschen Diplomatie heißt, läßt schon Gesichtspunkte erkennen, die für Kessel in späteren Jahren weiter an Bedeutung gewinnen. Aus seiner Sicht ist es die zentrale Aufgabe der Bundesregierung, die Wiedervereinigung Deutschlands zu fördern. Sie ist auch für die Sicherung des Friedens in Europa von zentraler Bedeutung. In seinem Brief an Nostitz vom 18. November kommt Kessel auf seinen Schriftsatz zu sprechen, von dem er eine Kopie für den Freund beifügt.[173] Hierzu heißt es in dem Brief: *Pampel und ich haben sehr auf H(erbert) B(lankenhorn) eingewirkt, die gesamtdeutsche Frage müsse aktiviert werden. Zuerst einmal habe ich eine Aufzeichnung verfaßt und ihm (Blankenhorn) übergeben, die das Hauptgewicht auf die politische – internationale Seite legt. Pampel wird sie durch wirtschaftliche Argumente verstärken – er ist noch radikaler in dieser ganzen Frage.*

Hat die Aufzeichnung wohl Adenauer jemals erreicht? Für ihn war sie ja letztlich bestimmt. Schon in der Einleitung wird ein ganz anderer Ton angeschlagen, als man es in der Bonner Bürokratie sonst gewohnt war: *Die Russen werden die gesamtdeutsche Frage nicht wieder zur Ruhe kommen lassen. Sie werden sie immer dann als eine Art Hebel benützen, wenn sie in der politischen Struktur der westlichen Welt Risse zu bemerken glauben. Es hat daher keinen Sinn, in dieser Frage Vogel-Strauß-Politik zu betreiben oder sich dabei zu beruhigen, man habe ihre Lösung wieder einmal auf längere Zeit vertagt. Gegenüber Diktaturen gibt es nur eine wirksame Methode: Die Offensive. Und die Demokratien haben lediglich die Wahl, ob sie dieser Methode einen politischen oder militärischen Charakter geben wollen. Infolgedessen muß der Westen, wenn er den Frieden bewahren will, zur politischen Offensive übergehen. Er muß die gesamtdeutsche Frage aufgreifen und sie zu einer Waffe gegen die Sowjetunion umschmieden.*

Kessel legt hier bereits dar, was in den nächsten zwei Jahrzehnten eines seiner Hauptargumente für eine aktive Deutschlandpolitik bleiben wird: Die widernatürliche Teilung Deutschlands ist in erster Linie ein deutsches Problem, aber sie ist nicht allein eine Sache der Deutschen. Die Teilung Polens hat anderthalb Jahrhunderte lang die Atmosphäre Europas vergiftet, obwohl Polen, geographisch gesehen, nur ein Randproblem war. Diese historische Erfahrung sollte den Westen lehren, daß man die deutsche Frage nicht unbegrenzt in der Schwebe lassen kann. Auch darf man nicht die moralische Seite vergessen: *Man kann nicht ständig die Freiheit der Völker im Munde führen und gleichzeitig achtzehn Millionen Menschen unter dem Joch einer fremden Diktatur schmachten lassen, weil man zu ängstlich oder gar zu bequem ist, sich über eine konstruktive Methode zur Befreiung dieser Menschen den Kopf zu zerbrechen.*

Die *deutsche Frage* – und das ist die Wiedervereinigung Deutschlands im Sprachgebrauch jener Zeit – kann nicht von den Deutschen allein gelöst werden, *so sehr wir auch moralisch, gedanklich und politisch verpflichtet sind, den wesentlichen Beitrag hierzu zu leisten.* Werden in den vereinten Anstrengungen der westlichen Welt für Deutschland Erfolge erzielt, so wird dies die Befreiung der anderen unterdrückten Völker wesentlich erleichtern. *Den Eisernen Vorhang in seinem Zentrum einzudrücken und um Hunderte von Kilometern zurückzuverlegen würde einer gewonnenen Entscheidungsschlacht im Kalten Krieg und einer Verminderung der Gefahr eines ›heißen‹ Krieges gleichkommen.* Das liege nicht nur im Interesse der Amerikaner, sondern auch der Engländer und Franzosen. So müsse sich ein Rückzug der Russen ganz unmittelbar auf die Stellung der Kommunisten in Frankreich auswirken. Und schließlich werde Frankreich vom demographischen Druck – dem deutschen Geburtenüberschuß dieser Zeit – und dem wirtschaftlichen Druck Westdeutschlands entlastet. Denn *die Deutschen wären auf Jahre hinaus mit der politischen und wirtschaftlichen Integration der Sowjetzone vollauf beschäftigt.* Das klingt fast so, als habe Kessel schon 1951 Entwicklungen geahnt, wie sie nach 1989 eintraten.

Eine Befreiung der Deutschen östlich des Eisernen Vorhangs auf Kosten einer Neutralisierung Deutschlands? Solche Gedanken hat man Kessel gelegentlich unterstellt, ganz zu Unrecht jedoch. Schon in seiner ersten deutschlandpolitischen Denkschrift heißt es unmißverständlich: *Bisher haben alle Pläne zur Lösung der gesamtdeutschen Frage unter dem falschen Vorzeichen gestanden, daß sich die Wiedervereinigung der getrennten Teile nur im Zeichen der Neutralisierung vollziehen könne.* Einer solchen Lösung könnten jedoch nur politische Träumer oder Mitläufer der Kommunisten zustimmen.

Mit den folgenden Sätzen erweist sich Kessel als gründlicher, doch in Bonn schon vereinsamter Kenner der sowjetischen Position: Die Weltlage hat sich seit 1949 grundlegend geändert. Die Sowjetunion ist Atommacht geworden. Damit hat die Epoche des atomaren Gleichgewichts zwischen den beiden Weltmächten begonnen. *Der Kreml hat ganz offensichtlich realisiert, daß die Alternative Frieden oder Krieg akut geworden ist, daß er einen Krieg nicht gewinnen kann, für den Frieden aber einen gewissen Preis wird zahlen müssen.* Der im Westen in jener Zeit oft vertretenen These, man könne mit Moskau erst sprechen, wenn man *stark genug* geworden sei, tritt Kessel mit Nachdruck entgegen: *als ob es das jemals gäbe, ein risikoloses ›Starksein‹.* Bei den Sowjets erwecke eine solche Haltung das Mißtrauen, der Westen habe jeden Wunsch nach einem Ausgleich aufgegeben, und innerhalb der nächsten zwei Jahre werde der Westen der Sowjetunion ein Ultimatum stellen, das zwischen totaler Demütigung und Krieg keine Alternative mehr lasse. Eine solche Politik des Westens aber beschwöre die Gefahr eines russischen Präventivkriegs herauf. Die Schlußfolgerung Kessels: *Angesichts dieser Entwicklung besteht begründete Aussicht, daß Moskau jedes ernsthafte Angebot des Westens, in materielle Verhandlungen einzutreten, als beruhigendes Symptom betrachten würde, auch dann, wenn ein solches Angebot von schweren Bedingungen begleitet wäre.*

Soweit die Analyse der Lage. Es folgt, wie in Aufzeichnungen des Auswärtigen Amts üblich, ein Vorschlag für das praktische Handeln: Es sei an der Zeit, *daß der Kanzler an die westlichen Alliierten herantritt und ihnen, das heißt insbesondere den Amerikanern, ein Programm für eine konstruktive Lösung der deutschen Frage entwickelt.* Ein solches Programm faßt Kessel in wenigen Sätzen stichwortartig zusammen:

Beschleunigter Abschluß der Integrierung der Bundesrepublik in den Westen. Gleichzeitig wird auf dem Wege vertraulicher Verhandlungen mit Moskau die Abhaltung von freien Wahlen unter internationaler Kontrolle in Gesamtdeutschland betrieben. Unmittelbar nach den Wahlen ziehen die Sowjets und die Amerikaner mit Ausnahme von je zwei Regimentern, die etwa in Dresden und Magdeburg bzw. in Hannover und Kassel zu kasernieren wären, ihre Truppen aus Deutschland zurück. Die Europäische Verteidigungsgemeinschaft übernimmt den militäri-

schen Schutz Deutschlands, wobei die Unterbringung der deutschen Kontingente notfalls auf Westdeutschland zu beschränken und zahlenmäßig und bewaffnungsmäßig zu begrenzen wäre. Die Amerikaner verpflichten sich, die Zahl ihrer auf dem Gebiet der Europäischen Verteidigungsgemeinschaft stationierten Divisionen auf ein Mindestmaß zu beschränken.

Kessel erinnert vorsorglich daran, daß England, Spanien, Griechenland und die Türkei nicht zum Gebiet der geplanten Europäischen Verteidigungsgemeinschaft gehören. Aber ist die Hoffnung nicht zu optimistisch, eine drastische Verminderung der amerikanischen und sowjetischen Besatzungstruppen in Deutschland könne den Siegermächten schmackhaft gemacht werden? Die Verhandlungen über eine Europäische Verteidigungsgemeinschaft stehen noch fast am Beginn. Den Franzosen kann es nur erwünscht sein, gemeinsam mit den übrigen Partnern dieser Gemeinschaft und künftig auch mit den Deutschen die Verantwortung für die Sicherheit eines wiedervereinten deutschen Staates zu tragen. Auch den Vereinigten Staaten und selbst der Sowjetunion wäre ein Plan zur Verminderung der Spannungen in Europa vermutlich nicht unwillkommen. Haben sich doch in jener Zeit die Gegensätze zwischen Washington und Moskau bereits bedrohlich verschärft. Was für eine Lage würde sich aber bei einer brüsken Ablehnung des Plans durch den Kreml für den Westen ergeben?

Hierzu noch einmal Kessel: Es ist möglich, daß die Sowjets ein solches Verhandlungsprogramm von vornherein ablehnen. Dann kann der Westen einschließlich der Bundesrepublik wenigstens darauf hinweisen, daß man sich ehrlich bemüht und konstruktive Vorschläge gemacht habe. Es sei aber ebenso möglich, daß Moskau sich zu Gesprächen auf dieser Grundlage bereit erkläre. In diesem Fall habe der Westen die Möglichkeit zu einer politischen Offensive größten Stils. Und die Schlußfolgerung: Die Aussicht, daß sich ein kriegerischer Zusammenstoß des Westens mit der Sowjetunion vermeiden lasse, würde *wesentlich erhöht.*

Kessel hat seine Denkschrift nicht blindlings verfaßt. Das Thema liegt in der Luft. Der Bundestag hat inzwischen gefordert, die Bundesregierung solle bis Mitte Oktober von ihren Bemühungen berichten, für Wahlen in allen vier Besatzungszonen die Zustimmung der Alliierten zu gewinnen. Wann Kessel sein Papier Blankenhorn übergab, wird sich kaum mehr feststellen lassen. Manches spricht jedoch dafür, daß der Schriftsatz ein Gegenvorschlag zu bereits vorhandenen Plänen sein sollte. Was auf Weisung von Adenauer, dem Bundeskanzler und Außenminister, tatsächlich geschieht, ist bekannt: Die Bundesregierung erbittet von den Hochkommissaren freie Wahlen unter internationaler Kontrolle, aus denen eine gemeinsame Nationalversammlung für die vier Besatzungszonen hervorgehen soll. Unschwer läßt sich hier die Handschrift von Hallstein erkennen, der als Staatssekretär des Auswärtigen Amts auch für die Deutschlandpolitik zum einflußreichsten Berater des Kanzlers geworden ist.

Juristisch ist das Vorgehen der Bundesregierung in jeder Hinsicht korrekt, nur klug ist es nicht. Zwar ist es von der noblen Hoffnung bestimmt, demokratische Freiheit im westlichen Sinne müsse in der sowjetischen Zone die Zwangsherrschaft Moskaus ersetzen. Doch wie man Stalin hierfür gewinnen soll, hat man sich nicht überlegt. Wird der so gefürchtete Machtmensch etwa ohne jede Gegenleistung des Westens auf seine kostbarste Kriegsbeute verzichten, auf die von sowjetischen Truppen beherrschte Zone östlich des Eisernen Vorhangs, die sich nun Deutsche Demokratische Republik nennen darf? Seltsamerweise findet der weltfremde Vorschlag aus Bonn die Zustimmung der westlichen Alliierten, ja er bildet sogar die Grundlage für einen Resolutionsentwurf der Vereinten Nationen. Doch die Sowjetunion lehnt den Entwurf ab. Damit ist die Initiative der Bundesregierung gescheitert.

Daß Kessel in jener Zeit wenigstens im Grundsätzlichen mit dem Kanzler übereinstimmt, sollte man nicht übersehen: Auch er fordert gleich zu Beginn seiner Denkschrift einen *beschleunigten Abschluß der Integrierung der Bundesrepublik in den Westen.* Er läßt also keinen Zweifel daran, daß auch für ihn eine feste Eingliederung des westdeutschen Staats in die Gemeinschaft der westlichen Demokratien Voraussetzung für jede erfolgreiche Ostpolitik ist. Auch Kessel bejaht die Errichtung einer Verteidigungsgemeinschaft der Westeuropäer, ja er hofft sogar noch, diesem Bündnis, zu dem weder England noch die Vereinigten Staaten gehören sollen, könne man den Schutz ganz Deutschlands anvertrauen. Nur aus einer gewissen Entfernung – und daher für die Russen nicht so bedrohlich – sollen auch Truppen der Vereinigten Staaten als Schutzmacht verfügbar bleiben. Doch von einer Ostpolitik, die sich nur auf die militärische Stärke des Westens verläßt, verspricht sich Kessel keinen Erfolg. Denn er weiß, daß außenpolitisches Handeln stets ein Geben und Nehmen sein muß. Und er hat eine gewichtige Tatsache nie aus den Augen verloren, die man in Bonn gerne vergißt – die seit dem Zweiten Weltkrieg tief im Unterbewußtsein der Russen verwurzelte Angst vor den Deutschen.

Adenauer sieht das alles ganz anders. In seinen *Erinnerungen*[174] hat er in späteren Jahren seine damalige Sicht zusammengefaßt: Die große Aufgabe der deutschen Politik und der Politik der Westalliierten werde es sein, den richtigen Augenblick zu erkennen, in dem *echte Verhandlungsbereitschaft* bei der Sowjetunion vorhanden sein werde. Um verhandlungsbereit zu werden, müßten die Russen *einsehen*, daß der Westen mindestens so stark wie die Sowjetunion sei. Auch müßten die Russen die Entwicklung im kommunistischen China als Bedrohung erkennen. Eines Tages müsse Moskau zwangsläufig daran gelegen sein, *den Rücken nach Europa frei zu haben*. Und schließlich zusammenfassend: *Bis zu diesem Zeitpunkt mußten wir geduldig warten. Ich glaubte, daß der Tag um so schneller herankommen werde, je eher wir und die Westalliierten die Einigung Europas, die Gründung der Europäischen Verteidigungsgemeinschaft beendeten.*[175]

Kessel hat auch später nicht den Vorwurf erhoben, Adenauer habe die Wiedervereinigung Deutschlands gar nicht gewollt. Im Gespräch mit dem Prälaten Kaas, dem ehemaligen Zentrumspolitiker und langjährigen Vertrauten von Pius XII., nimmt er den Bundeskanzler sogar ausdrücklich in Schutz: Die Behauptung des Prälaten, Adenauer sei *ein übler Separatist*, gehe sichtlich zu weit.[176] Die erste eigene Aufzeichnung Kessels zur Deutschlandpolitik der Bundesrepublik gelangt immerhin zu Blankenhorn und damit ins Kanzleramt. Daß die Initiative Adenauers bei den Hochkommissaren der Alliierten und den Vereinten Nationen scheitern wird, ist Kessel von vornherein klar. Wie Adenauer jedoch später einmal das eigene Handeln – oder eher: sein Nicht-Handeln – begründen wird, kann Kessel im Herbst 1951 noch nicht ahnen. Im nachhinein liest sich heute manches in seiner Denkschrift fast wie eine triftige Widerlegung der Gründe, die Adenauer in seinen *Erinnerungen* zur Verteidigung des eigenen Standpunkts angeführt hat.

Vor dem Aufbruch von Bonn nach Paris mußte sich Kessel mit einem kurzen Höflichkeitsbesuch beim Kanzler begnügen. Doch schon im April 1951, bei dem ersten Auslandsbesuch Adenauers, der seit einem Monat zugleich Außenminister der Bundesrepublik ist, kann er den so ungewöhnlich tatkräftigen alten Herrn in Paris aus der Nähe betrachten. Nicht wie der Besuch im ganzen verläuft, hat er in seinem Memoirenentwurf später beschrieben. Auch über die abschließenden Beratungen, nach denen die Außenminister von Belgien, der Bundesrepublik, Frankreich, Italien, den Niederlanden und Luxemburg den historisch bedeutsamen Vertrag über die Union von Kohle und Stahl unterzeichnen, schweigt er sich aus. Die Persönlichkeit des Kanzlers ist es, die ihn fasziniert.

Gleich bei der Ankunft auf dem Flugplatz von Orly hatte Adenauer eine schwierige Lage gemeistert. Er selbst beschreibt den ersten Empfang auf französischem Boden in seinen Erinnerungen als *sehr unzeremoniell*. Kein Regierungsmitglied ist zur Begrüßung erschienen, nur Jean Monnet, kein Minister also, nur ein hoher und einflußreicher Beamter. Wenig überzeugend hieß es damals, zum Zeitpunkt der Ankunft des westdeutschen Regierungschefs finde in Paris gerade eine wichtige Kabinettssitzung statt.[177] Auch einem Adenauer blieben in Frankreich also Demütigungen zunächst nicht erspart. Kessels Notiz: *Als er aus dem Flugzeug stieg*[178], *konnte ich ihn mir aus dem zweiten Glied unbefangen ansehen. Er wirkte groß, ein Eindruck, der sich durch seine Schlankheit noch verstärkte. Sein einziges Altersleiden schienen etwas steife Knie zu sein, weshalb er ein wenig schleppend ging. Wenn er aber kerzengerade stillstand, wirkte er wie ein Mann, der eben sein sechzigstes Lebensjahr vollendet hat. ... Wenn er seine Umgebung mit kalter Herablassung betrachtete, fühlte man: Dies ist jemand, der von Natur aus zum Herrschen bestimmt ist.*[179]

Das Gesamturteil Kessels über den Besuch Adenauers in Paris ist ebenso eindeutig wie positiv: *Der Erfolg seines ersten Auftretens im Ausland übertraf die Erwartungen selbst der Optimisten. Er bewegte sich mit schweigsamer, etwas starrer Würde und größter Zurückhaltung. Auch angesichts der großen Erfolge, die er in den folgenden Jahren erntete, habe ich auf seinem Gesicht nie den Ausdruck der Genugtuung, geschweige denn des Triumphes entdecken können. Was ihm bald von allen befreundeten Mächten zugebilligt wurde, das Recht auf Vortritt für den Patriarchen, habe Adenauer als den ihm gebührenden Tribut angesehen.*[180] Zum Politischen notiert Kessel jedoch im Memoirenentwurf: *Die Behauptung, erst de Gaulle habe die deutsch-französische Verständigung verwirklicht, ist eine von Adenauer in die Welt gesetzte Legende. Er empfand keine Sympathie für Schumans asketischen Katholizismus, das merkte man. Und ebensowenig dafür, daß Schuman gern erzählte, er habe im Ersten Weltkrieg auf deutscher Seite gekämpft. Er hatte auch kein Verständnis für den fast romantischen Idealismus, mit dem sich dieser stille, bescheiden wirkende Mann für eine deutsch-französische Verständigung einsetzte.*[181]

Am Ende des Besuchs in Paris besucht Adenauer den Louvre. Kessel muß mit Hausenstein den Kanzler im Hotel abgeholt haben. Denn amüsiert hält er fest, Adenauer habe gefunden, die Pariser Polizisten, die berühmten *flics*, seien ihm *nicht stramm genug*. Auch die Kandelaber auf der Place de la Concorde gefallen ihm nicht. Ganz anders geht es mit alten Bildern: Sie waren *nicht nur die Liebhaberei des Kanzlers – er verstand auch etwas davon.*

Im Louvre bezeichnet der Generaldirektor ein Gemälde als Werk von Giorgione. Adenauer dazu: *Ein schönes Bild – aber ein Giorgione ist es nicht.* Halb überrascht, halb betreten habe der Generaldirektor einräumen müssen, die Zuschreibung sei in der Tat umstritten. Kessel dann weiter: *Ganz zum Schluß, als wir alle schon etwas erschöpft waren, fragte Adenauer: ›Und wo ist das kleine Bild von Rembrandt mit dem Jungen und seiner roten Kappe und dem Hund? Sie wissen schon, was ich meine!‹ Der Generaldirektor wußte indessen gar nichts und ließ den Abteilungsleiter rufen, der erklärte, das Bild befinde sich im Magazin. Ob er es holen lassen solle? Worauf Adenauer, sich nun wieder ganz zu Hause fühlend und gewohnt, daß man jedem Wink, den er gab, folgte, lakonisch erwiderte: ›Ja, dat tun Sie man.‹*[182]

IV

Verteidigung für Westeuropa

Schon im Sommer nach dem ersten Besuch Adenauers in Paris wird es für Kessel zur Hauptaufgabe, an den Beratungen über den Pleven-Plan teilzunehmen. Als *Konferenz über die Bildung einer Europäischen Verteidigungsgemeinschaft* erhalten die Gespräche bald andere Akzente. So wenig es ihm liegt, als Stellvertretender Delegationsleiter über einen Militärpakt zu verhandeln, es gibt kein Entrinnen. Denn rasch hat man in Bonn seine Begabung als Unterhändler erkannt.

Besonders schätzt den stets so gelassen wirkenden Diplomaten Theodor Blank, der Sicherheitsbeauftragte der Bundesregierung, der zugleich in Paris Delegationsleiter ist. Kessel wiederum empfindet für Blank von der ersten Begegnung an Sympathie. Im Alter erinnert er sich: *Sein Äußeres entsprach dem Bild, das ich mir von einem westfälischen Arbeiter machte: untersetzt, grobknochig und von unbändiger Vitalität und Energie. Er war stolz auf seine Herkunft, von größter Integrität und steuerte bei Verhandlungen die Probleme direkt an, boxte sich durch und ließ sich bei allem Verhandlungsgeschick nie auf zweifelhafte Tricks ein.*[183] Für gelegentliche Ausbrüche von Jähzorn hat Kessel Verständnis. Sie können das gegenseitige Vertrauen nicht trüben. Und es trifft sich gut, daß zur nächsten Umgebung von Blank der Oberst Graf Kielmansegg zählt. Mit ihm duzt sich Kessel seit Jahren, hat doch auch Kielmansegg die Klosterschule Roßleben besucht, in der Ulrich-Wilhelm von Schwerin und Peter Yorck von Wartenburg Kessels Schulkameraden waren.[184]

Außer Deutschland haben alle beteiligten Staaten zur Konferenz mehrere Diplomaten entsandt. Kessel steht fast allein da. Nur einen Persönlichen Referenten gönnt ihm das Auswärtige Amt, Hans Heinrich Noebel. Mit ihm hatte Kessel schon Freundschaft geschlossen, als er während des Krieges Konsul in Genf war und Noebel in Lausanne studierte.[185] Zunächst am Generalkonsulat und auch bei der neuen Aufgabe steht ihm der junge Kollege zur Seite, über den er später notiert: *Er war gelassen und vergnügt zugleich, politisch interessiert und begabt. Er riß sich nicht um die Arbeit, hatte es aber, wenn es darauf ankam, faustdick hinter den Ohren.*[186] Bald meint allerdings Blankenhorn, diesen Mitarbeiter könne er selbst gut gebrauchen. So kommt Noebel ins Bundeskanzleramt nach Bonn. Sein Nachfolger bei Kessel ist Horst Osterheld, ein Mann von ganz anderem Schlag. Er wird später das außenpolitische Ressort im Kanzleramt leiten. Bei seiner Bewerbung um den begehrten Posten wird Osterheld noch im Juli 1960 dem Persönlichen Referenten Adenauers versichern, er habe als Diplomat immer die Außenpolitik des Bundeskanzlers vertreten. *Weil ich sie für richtig halte*, fügt er nur knapp als Begründung hinzu.[187] Solche Leute kann der Kanzler gebrauchen. In Kessels hinterlassenen Papieren findet sich über diesen ehemaligen Mitarbeiter kein Wort.

Von Paris aus gesehen, ist Bonn für ihn ein Vipern-Nest.[188] Sachlichkeit, Nüchternheit und Bescheidenheit stehen in Bonn weniger hoch im Kurs als einst in Berlin. Gewiß, Kaiser Wilhelm II. hatte als Herrscher schrecklich versagt. Doch den älteren preußischen Traditionen hatte man in Berlin viel zu verdanken. Von Adenauer hingegen glaubte man zu wissen, alles Preußische sei ihm verhaßt.[189] Für Beamte, die aus Berlin nach Bonn gekommen sind, bleibt das vom rheinischen Katholizismus geprägte Bonn lange eine fremdartige Welt. Daß Adenauer auch Hallstein, seinen Staatssekretär im Auswärtigen Amt, *aus Tyrannenlaune* gern quält, wie Kessel das nennt[190], empfindet sogar Hausenstein bei aller Verehrung für den Kanzler als peinlich.[191] Von Hallstein ist Hilfe in schwierigen Lagen nicht zu erwarten.

Am Konferenztisch hat sich Kessel bald Achtung erworben. Selbst von den Franzosen, den schwierigsten Gegenspielern, wird er respektiert. Die Unterhändler der übrigen Teilnehmerstaaten schätzen ihn als berufserfahrenen Kollegen. Mit besonderer Dankbarkeit wird er sich später an den ranghöchsten Soldaten der deutschen Delegation, den General Speidel, erinnern. Auf ihn kann er sich verlassen. Zwar hält er Speidel, der auf seine gesellschaftliche Stellung Wert legt, zunächst für einen Opportunisten und Snob. Bei näherer Vertrautheit aber wird ihm klar, daß sich da hinter einer glatten Fassade ein nobler und starker Charakter verbirgt.[192] Auch mit den übrigen deutschen Militärs kommt Kessel gut aus. Einer von ihnen ist Ulrich de Maizière, der spätere Generalinspekteur der Bundeswehr. Den größten Gewinn für sein späteres berufliches Leben habe er einem Rat zu verdanken, den er bald nach der Ankunft in Paris von Kessel empfing, erinnert sich Maizière gern noch im Alter. *Ihr Soldaten müßt lernen, daß in der Politik nur ganz selten Entscheidungen getroffen werden*, habe ihm Kessel gesagt. Ein Offizier muß oft rasche Entscheidungen fällen. In der Politik hingegen, so erläuterte Kessel, komme es darauf an, auf Entwicklungen Einfluß zu nehmen. Und diese Entwicklungen könnten oft langwierig sein. Den Hinweis hat Maizière später gern an seine Mitarbeiter in den Führungsstäben weitergegeben.[193]

Mit der neuen Aufgabe geht es, wie es manchmal im Leben geschieht: Der Auftrag, den Kessel nicht erstrebt hat, sondern nur mit Skepsis übernahm, wird bald unerwartet interessant. Das Ziel der Konferenz ist ein Bündnis der sechs Staaten der Montanunion zur gemeinsamen Verteidigung Westeuropas. Und das entspricht ganz den Wünschen und Hoffnungen Kessels: Europa, ein demokratisch regiertes Europa, soll seine wesentlichen Interessen gemeinsam vertreten, also nicht nur ein machtloser Brückenkopf Amerikas sein. Rußland hingegen ist nicht Europa für ihn, auch nicht das Rußland westlich des Urals.

Kessel vertraut nicht auf eine Politik militärischer Stärke. Aber es gilt, die Bundesrepublik vor sowjetischen Erpressungsmanövern zu schutzen, und deshalb braucht sie ein militärisches Bündnis mit den westlichen Demokratien. Doch wird Frankreich, das Frankreich der Vierten Republik, die Kraft aufbringen, in einem Verteidigungsbündnis der Westeuropäer die führende Rolle zu spielen? Schon bei der Ankunft in Paris hatte Kessel darüber gegrübelt, wie er wenige Jahre später in Washington schreibt: *Und so stand ich denn an einem reinen Maiabend am Arc de Triomphe und blickte auf Paris herab, mich der mit leisen Zweifeln versetzten Frage widmend, ob Frankreich stark genug sei, die Hegemonie zu verwirklichen und damit dieses Paris zur Hauptstadt Europas zu erheben.*[194]

Für eine solche Führungsrolle ist in der Tat Frankreich zu schwach. Das wird für Kessel immer gewisser, je weiter die Verhandlungen fortschreiten. Seit September 1951 ist er Stellvertretender Leiter der deutschen Delegation, schon am 9. Mai 1952 liegt nach zähem Ringen der Vertragsentwurf vor. Am 27. Mai unterzeichnen in Paris die Außenminister der sechs Staaten den *Vertrag über die Gründung der Europäischen Verteidigungsgemeinschaft*. Adenauer, der französische Außenminister Schuman und Alcide de Gaspari, der für Italien den Vertrag unterschreibt, gelten noch heute als Gründungsväter der Einheit Europas. Vergessen hingegen ist der bald nur noch mit den Anfangsbuchstaben als EVG-Vertrag bezeichnete Text, ein wahres Monstrum von totem Papier, das schon bei der Unterzeichnung einige Zusatzprotokolle ergänzen.

Selbst Anthony Eden, der britische Außenminister, hat sich in Paris noch an den Konferenztisch gesetzt und einen militärischen Beistandspakt zwischen dem Vereinigten Königreich und den sechs Montanunion-Staaten unterschrieben. Doch schon wenige Wochen nach der feierlichen Unterzeichnung fragt mancher sich, ob das französische Parlament dem Vertrag jemals zustimmen wird. Ohne Ratifikation durch die Chambre des Députés muß er ja nur leeres Stroh bleiben, wirkungslos, vielleicht sogar schädlich. Immerhin, selbst Adenauer läßt es jetzt gegenüber Kessel an Anerkennung nicht fehlen. Er schreibt ihm: *Aus Anlaß der Unterzeichnung des Vertrags möchte ich Ihnen für Ihre wertvolle Mitarbeit an dem großen Werk, das an alle Beteiligten außerordentliche Anforderungen gestellt hat, aufrichtig danken.*[195]

Kessel hat jetzt auch über die französische Innenpolitik nach Bonn zu berichten, freilich stets nur unter dem einen Gesichtspunkt, wie sich, was in Frankreich geschieht, wohl auf die Chancen für eine Ratifizierung des Vertragswerks auswirken wird. Blank, der Sicherheitsbeauftragte des Kanzlers, kommt kaum noch nach Paris. Doch fleißig, wie es Personalabteilungen meist sind, denkt man sich für Kessel in Bonn schon im Herbst etwas Neues aus: Er wird formal ins Auswärtige Amt nach Bonn versetzt, zugleich aber nach Paris *abgeordnet*, und dort soll er bleiben. Seine Aufgabe ist es, als Stellvertreter von Blank die deutsche Delegation bei der ständigen Arbeitsgruppe der sechs Montanunion-Staaten zu leiten. Ihr Name ist ebenso unbestimmt wie die Aussicht auf Erfolg ihrer Arbeit: *Interimsausschuß der Konferenz für die Schaffung einer Europäischen Verteidigungsgemeinschaft.*

In dem Jahr vor der Unterzeichnung des glücklosen Pakts mußte sich Kessel nicht nur mit Fragen der Militärpolitik abplagen. Robert Kempner, der Hauptankläger im Nürnberger Wilhelmstraßenprozeß, suchte ihn im Generalkonsulat auf. Vorsichtshalber bittet Kessel Paul Frank, den Persönlichen Referenten von Hausenstein, als Zeugen zu dem Gespräch. Auf Fragen von Kempner zu Auslieferungsverträgen zwischen Deutschland, Monaco und Andorra läßt sich Kessel nicht ein: Da wisse er nicht Bescheid. Falls Kempner hierzu weitere Auskünfte wünsche, könne er sich an das Auswärtige Amt in Bonn wenden, *das er ja gut kenne,* wie er unter Anspielung auf die Rolle Kempners im Nürnberger Diplomatenprozeß sagt. Kessel hierzu an seinen Freund Nostitz in Bonn: *Abgesehen von dieser letzten Bemerkung habe ich mich aller Andeutungen oder Polemiken enthalten, mir aber alle Mühe gegeben, Herrn*

Kempner fühlen zu lassen, daß mir sein Besuch wie seine Person äußerst zuwider seien. Herr Frank und ich hatten den Eindruck, daß ihm dies nicht entgangen ist.[196]

Nur wenige Monate später erscheint in der *Frankfurter Rundschau* eine Artikelserie über Diplomaten des Auswärtigen Amts. Autor ist der Journalist Michael Mansfeld. Nach eigenen Angaben hat er Dokumente der Nürnberger Prozesse zu Tausenden studiert. Robert Kempner lobt später diese Artikel.[197] Nicht nur gegen Diplomaten aus dem alten Auswärtigen Amt, die als Nazis bekannt sind, werden darin bittere Vorwürfe erhoben. Verdächtigt wird sogar Nostitz, der als Konsul in Genf Verbindungsmann zwischen dem Widerstand und kirchlichen Stellen in der Schweiz, in Dänemark und in England war. Auch Theo Kordt findet bei dem wenig sachkundigen Autor nicht Gnade, sondern soll plötzlich Nazi gewesen sein. Selbst Kessel wird attackiert.[198] Soweit es um ihn geht, hat das Auswärtige Amt keine Mühe, die Verleumdung rasch zu entkräften. Aber ein übler Nachgeschmack bleibt.

Die Angriffe gegen deutsche Diplomaten, die im Widerstand ihr Leben riskierten, sind schmerzlich für Kessel. Und es betrübt ihn, daß gleichzeitig jede berechtigte Kritik an Mißgriffen der Bonner Personalpolitik wirkungslos bleibt.[199] Gegen die Wiedereinstellung mancher Wilhelmstraße-Diplomaten hat er Bedenken. Von 1937 bis 1940 war er ja immer wieder Persönlicher Referent von Ernst von Weizsäcker, dem damaligen Staatssekretär des Auswärtigen Amts, und mit Weizsäcker hatte er später noch einmal in Rom drei Jahre lang in vertrauensvollem ständigem Gedankenaustausch gestanden. Besser als die meisten im deutschen diplomatischen Dienst weiß er darüber Bescheid, wie sich die Kollegen in den bösen Jahren verhielten. Doch man fragt ihn darüber nie. Dabei hätte gerade sein Rat dem Auswärtigen Amt manchen Angriff erspart.

Mehr noch als die Intrigen in Bonn bedrückt Kessel ein Buch des ehemaligen Reichsfinanzministers Lutz Schwerin von Krosigk. *Graf Schwerin* erst seit 1925 durch Adoption, hatte er 1932 noch der letzten bürgerlichen Reichsregierung angehört und dann bis 1945 als Finanzminister Hitler gedient. In Nürnberg als Kriegsverbrecher zu zehn Jahren Gefängnis verurteilt, wird er 1951 aus der Haft entlassen. Ehemals willensschwacher Gehilfe von Hitler, will er sich nun in einem Memoirenband durch Kritik an seinem Vetter Ulrich-Wilhelm Graf von Schwerin von Schwanenfeld, einem der Hauptverschwörer vom 20. Juli, selbst in ein günstigeres Licht setzen.[200] Für Kessel ist das überaus schmerzlich. Die

Verleumdung des toten Freundes, ausgerechnet durch jenen Lutz Krosigk, der nach dem Judenpogrom vom November 1938, der berüchtigten *Reichskristallnacht*, als Reichsfinanzminister den Juden in Deutschland eine Milliardenbuße auferlegt hat, will er nicht stillschweigend hinnehmen. Sein Brief an den in Westfalen lebenden ehemaligen Naziminister ist in der Form tadellos höflich, inhaltlich aber für den Empfänger vernichtend.

Deutlicher, als das zuvor geschehen war, wird in dem Brief die *jüngere Generation* im deutschen Widerstand der *älteren Richtung* gegenübergestellt. *Mit Überraschung habe ich von den Ausführungen Kenntnis genommen, die Sie in Ihren Memoiren unserem gemeinsamen Vetter Ulrich-Wilhelm Schwerin widmen,* beginnt er den Brief. Und er kommt gleich zum Kern der Sache: *Ulrich-Wilhelm wollte sich Ihnen, wie er wiederholt zu verstehen gegeben hat, nicht ganz eröffnen, da Sie ja den Gedanken des Widerstands aus grundsätzlichen Erwägungen, über die hier nicht zu diskutieren ist, ablehnten.* Falls Schwerin Krosigk dennoch etwas über Ulrich-Wilhelm von Schwerin zu veröffentlichen plante, *hätte es doch wohl im Interesse der historischen Wahrheit gelegen, sich an einen seiner überlebenden Freunde, etwa an mich, zu wenden. Es wäre dann möglich gewesen, einige schwere Fehlurteile zu vermeiden.*

Kessel geht dann auf solche Irrtümer, wie er sie höflich nennt, im Einzelnen ein: Schwerin Krosigk habe geschrieben, Ulrich-Wilhelm Schwerin sei erst im Laufe des Krieges dem Widerstand näher getreten. Daß das nicht stimmt, weiß Kessel aus erster Hand: *In Wahrheit hat er sich bereits 1934 bemüht, Gesinnungsgenossen für ein aktives Vorgehen gegen Hitler zu gewinnen, stand ab 1936 über Oster mit Canaris und seit 1937 mit Witzleben in Verbindung. Er selber hat mich damals mit Oster und Witzleben bekannt gemacht. Im Sommer 1938 haben wir mit Witzleben zu dritt die Möglichkeit eines gewaltsamen Umsturzes diskutiert und – jeder auf seinem Gebiet und in seinem Kreis – Vorbereitungen für diesen Fall getroffen. Seine Auffassungen über militärische Dinge gingen auf Gespräche mit Beck und Witzleben zurück.*

Und zum Grundsätzlichen, zur Klärung der Begriffe: *Daß Ulrich-Wilhelm mit der älteren Richtung des Widerstands enger verbunden gewesen sei als mit dem ›Kreisauer Kreis‹ oder der ›Stauffenberg-Gruppe‹, ist gleichfalls unzutreffend. Er stand den Plänen Goerdelers und Hassels skeptisch gegenüber und bekannte sich wie Haushofer, Schulenburg, Brücklmeier, Trott und andere zu den Ideen der jüngeren Generation,* die radikal neue Wege beschreiten wollte. Daß Moltke[201] darüber hinaus dazu neigte, die totale Niederlage Deutschlands als unvermeidlich und gewissermaßen als gerechte Fügung Gottes anzusehen, steht auf einem anderen Blatt. Auf diesem Wege ist Moltke von den oben erwähnten ›Jüngeren‹ keiner gefolgt. Was Stauffenberg anbelangt, so ist er, von der Front kommend, erst spät zu unserer Gruppe gestoßen. Dann aber hat gerade Ulrich Wilhelm in dauerndem und engem Kontakt zu ihm gestanden.

Wie konnte ein Lutz Krosigk, wie Kessel den ehemaligen Finanzminister Hitlers nun nur noch nennt, es wagen, die Motive von Ulrich von Schwerin in Zweifel zu ziehen? *Im großen Ganzen schildern Sie Ihren verstorbenen Vetter als sensationslüstern, ressentiment-geladen, ehrgeizig, kalt und reaktionär. Selbst angenommen, dies alles träfe zu, so sind mir die Motive für eine derartige Veröffentlichung wesensfremd. Seine Freunde, deren ja außer mir noch einige leben, wußten, daß sich unter seiner Zurückhaltung und Bescheidenheit ein seltenes Maß von Güte, Selbstlosigkeit und hohem Idealismus verbarg. Von seinen Verstandesgaben will ich hier nicht reden. Wenn Sie einen Hauch von seiner Persönlichkeit spüren wollen, lassen Sie sich von Gerstenmaier oder Graf Kielmansegg berichten, wie dieser preußische Grandseigneur sich in den letzten Wochen seines Lebens verhalten hat. Ich bedaure, daß Ihnen das alles entgangen zu sein scheint.* [202]

Enttäuschungen hat es für Kessel, den hochsensiblen, immer wieder im Leben gegeben, und die Schatten der Erinnerung werden nie von ihm weichen. Doch er beginnt sich in Paris allmählich wohler zu fühlen. Bei allen Selbstzweifeln muß auch er es gespürt haben: Er leitet die deutsche Delegation im Interimsausschuß souverän. Von dem Leiter der belgischen Delegation, de Staerke, wird er besonders geschätzt, und ebenso von dem Holländer van Vredenburgh, der zugleich Stellvertretender Generalsekretär der Nato ist. Die Italiener achten Kessel als Kenner ihres Landes, ihrer Sprache und ihrer Kunst. Auch die Franzosen haben ihn längst als Könner im Handwerk der Diplomatie anerkannt. Hat er doch schon am Konferenztisch nicht selten mit Geistesgegenwart den deutschen Standpunkt vertreten.

Nicht immer freilich den Franzosen zur Freude. Noch vor der Unterzeichnung des Vertrags hat Kessels alter Bekannter Hervé Alphand ihn nach allen Regeln der Kunst hereinzulegen versucht, der gleiche Diplomat, der ihn bei seinem ersten Besuch im Quai d'Orsay so wenig freundlich empfing. Als Vertreter des Gastgeberlands ist Alphand Präsident der Konferenz. Kurz vor der Mittagspause, an die sich die Konferenzteilnehmer gern pünktlich halten, kommt er auf einen der heikelsten Punkte des gesamten Vertragswerks zurück. Er vertraut dabei auf den Appetit seiner Kollegen und will in ein paar Minuten die von Frankreich gewünschte Korrektur noch vor der Mittagspause durchpauken.

Auf die tückische Frage Alphands, was denn der Standpunkt der deutschen Delegation zu jener Formulierung im Vertragsentwurf sei, entgegnet Kessel nur kühl: *Ich habe hierzu keine Instruktionen aus Bonn.* Um nicht Zeit zu verlieren, könne man doch zunächst die Meinung der Italiener, Belgier und Holländer zu der Angelegenheit hören. Es folgt ein eher nichtssagender Beitrag des Italieners, der Kessel enttäuscht. Doch die Delegationschefs von Belgien und Holland haben inzwischen auch den Trick Alphands durchschaut und wenden sich wütend gegen die Zumutung, über eine wichtige Frage unter Zeitdruck neu zu verhandeln. Dabei weisen sie den französischen Vorschlag auch in seinem sachlichen Kern entschieden zurück. Kessel kann also beruhigt zum Essen gehen. Nach der Pause wird er unbekümmert verkünden, er kenne nun den Standpunkt seiner Regierung. Das ist allerdings nur eine höfliche Floskel. Zur Sache vertritt er den gleichen Standpunkt wie vor ihm die Leiter der belgischen und holländischen Delegation. Der französische Vorstoß ist abgewehrt.[203]

Aber wohin führt mit all den ermüdenden Sitzungen politisch der Weg? Zur Ratifizierung des Vertrags über die Europäische Verteidigungs-Gemeinschaft ist zunächst kein Parlament der Vertragspartner bereit. In Belgien, in Holland und der Bundesrepublik gewinnen die Regierungen schließlich hierfür die parlamentarische Mehrheit. Um so ungewisser ist die Haltung von Frankreich. Wird es dort je eine Mehrheit im Parlament für den Vertrag geben? Wesentliche Einschränkungen der eigenen Souveränität, vor allem in der Befehlsgewalt über die Streitkräfte, wie sie der Vertrag fordert, sind für die Franzosen eine viel sensiblere Frage als die Eingliederung ihrer Wirtschaft in supranationale Strukturen, wie sie ihnen der Vertrag über die Montanunion abverlangt hat.

In einer Betrachtung über die Aufgaben seines Berufs hat Kessel einmal daran erinnert, daß die Außenpolitik und *ihr Vorposten, die Diplomatie* weit mehr mit Tendenzen als mit handfesten Tatsachen und Statistiken zu tun habe. Diplomatie sei nun einmal, von Ausnahmefällen in Krisenzeiten abgesehen, *kein Wetterbericht für morgen, sondern eine Vorschau auf die Großwetterlage für die nähere Zukunft.*[204] Eine solche Vorschau auf die künftige Entwicklung in Frankreich bietet Kessel schon Anfang 1952 in einem Grundsatzbericht an das Auswärtige Amt und die Dienststelle Blank. Die Unterzeichnung des Vertrags über die Europäische Verteidigungsgemeinschaft liegt kaum mehr als sechs Monate zurück. Doch in Paris wird bereits der Gedanke lanciert, man müsse das Vertragswerk durch weitere Zusatzprotokolle ergänzen. Solche Anhängsel sollen die Ratifizierung für das französische Parlament schmackhafter machen.

Noch bevor der Quai d'Orsay damit beginnt, bei den Vertragspartnern hierfür zu werben, stellt Kessel bereits die Frage, worauf der Wandel beruht. Der Stimmungsumschwung in Frankreich habe vor allem innenpolitische Gründe. Als in Paris die Gespräche über eine gemeinsame Verteidigung der sechs Montanunion-Staaten begannen, waren im Parlament die Volksrepublikaner[205] und die Sozialisten die gestaltenden Kräfte. Auf ihnen ruhte die Vierte Republik. Beide Parteien hatten jedoch schon im Sommer 1951 bei den Parlamentswahlen schwere Stimmenverluste erlitten. Stärkste Fraktion im Parlament sind seither die Gaullisten. Auch kleinere Gruppierungen der Rechten sind gegen den Verteidigungspakt. Die parlamentarische Rechte habe den Plan inspiriert, durch Zusatzprotokolle den ursprünglichen Vertragstext zu entschärfen, berichtet Kessel nach Bonn.[206]

Im neuen Jahr ist es soweit. Als Chefunterhändler Frankreichs sucht Botschafter Alphand nach den Weihnachtstagen Kessel auf und behauptet, die von Frankreich erbetenen Zusatzprotokolle verletzten den bereits unterzeichneten Vertrag weder dem Geist noch dem Buchstaben nach. Kessel möge das doch, bitte, dem Herrn Bundeskanzler ausrichten.[207] Leider ist das alles jedoch weit von der Wahrheit entfernt. Anstelle der vereinbarten *Integration*, einem Verschmelzen ihrer nationalen Streitkräfte Frankreichs im gemeinsamen Bündnissystem, fordern die Franzosen jetzt wieder die *Integrität* der eigenen Truppen, also deren Unabhängigkeit von dem gemeinsamen Pakt. Zugleich sollen die Vertragspartner in Nordafrika an der Verteidigung der französischen Interessen mitwirken.

Die Verärgerung bei den fünf übrigen Unterzeichnern des Vertragswerks ist groß. Am heftigsten sind die Belgier und Holländer erzürnt. In einem Gespräch mit Kessel meint der belgische Vertreter im Interimsausschuß, der Gesandte de Staercke, Frankreich habe die übrigen Vertragspartner erst in ein Zimmer gelockt, dann habe es dieses Zimmer von außen abgeschlossen und schließlich auch noch das Licht ausgedreht. Dennoch hofft der belgische Diplomat, Frankreich werde den Vertrag schließlich doch noch ratifizieren. Denn er rechnet damit, daß die Vereinigten Staaten durch ihren Druck auf die wichtigsten Vertragspartner dies erzwingen werden, ja er glaubt, der Druck der Amerikaner könne auch die französischen Parlamentarier umstimmen.[208]

Kessel sieht das nicht so. Er hat in der Deputiertenkammer beobachten müssen, wie die Bereitschaft zur Aussöhnung mit Deutschland innerhalb weniger Wochen in tiefes Mißtrauen umschlug. Den Inhalt der Zusatzprotokolle, deren Unterzeichnung Frankreich als Ergänzung zu dem mühsam ausgehandelten Vertragswerk verlangt, hält er für unannehmbar. Dennoch trägt er weiter einen vorsichtig dosierten Optimismus zur Schau. Zwei grundverschiedene Motive haben ihn zu dieser Haltung veranlaßt. Einerseits weiß er, daß Frankreich den von den Außenministern unterzeichneten Vertrag über die Europäische Verteidigungsgemeinschaft zu Fall bringen will. De Gaulle hat inzwischen verkündet, er werde auch dann mit seinen Anhängern das Vertragswerk ablehnen, wenn es durch Zusatzprotokolle im Inhalt verändert werde. Die bürgerliche parlamentarische Rechte hofft, daß sich die deutsche Delegation gegen die Zusatzprotokolle empört aufbäumen wird. Darauf kann man vor allem Deutschland die Schuld für das Scheitern des Vertragswerks zuschieben. Die deutsche Diplomatie dürfe in diese Falle nicht tappen, warnt Kessel. Auch ist er bald davon überzeugt, daß in Frankreich das Vertragswerk nie ratifiziert werden wird. So kann eine unverbindliche Zustimmung zur Unterzeichnung von Zusatzprotokollen letztlich den deutschen Interessen nicht schaden.[209]

Kessel hütet sich aber davor, solche Gedanken in seine Berichterstattung einfließen zu lassen. Mit Hallstein, dem Staatssekretär des Auswärtigen Amts, versteht er sich inzwischen ganz gut. In einem Brief an den Persönlichen Referenten des Staatssekretärs, den Legationsrat Rolf Pauls, bietet Kessel eine Analyse der Lage, die ihm eine fast unangreifbare Position sichert: *Meine Prognosen über die hiesige Entwicklung sind zu 51 Prozent positiv, das heißt ich glaube an ein gutes Ende, aber noch an viele Schwierigkeiten auf dem Weg bis dahin.* 51 Prozent – falls das ganze Vertragswerk für eine gemeinsame Verteidigung der sechs Montanunions-Staaten scheitert, hat sich Kessel also nur um höchstens zwei Prozent geirrt.[210]

Im gleichen Sinne schreibt er an seinen Freund Graf Kielmansegg in der Dienststelle Blank: *Im ganzen bin ich geneigt, der Europäischen Verteidigungsgemeinschaft eine zu 51 Prozent positive Prognose zu stellen.*[211] Selbst gegenüber Nostitz läßt Kessel noch im März hoffnungsvolle Töne vernehmen. Inzwischen ist er von einer Außenministerkonferenz der Montanunion-Staaten in Rom zurückgekehrt. Von der Reise berichtet er dem Freund: *Rom war zauberhaft – unter wolkenlosem Himmel lag die Stadt golden vor mir, wenn ich früh aus dem Fenster schaute; wir wohnten ja im Hotel Hassler, oberhalb der Spanischen Treppe. Ich habe die Konferenz wie ein Schulbub soviel als möglich geschwänzt und bin durch die Stadt gestreift. Die Ehre, den Herrn Staatssekretär* (Hallstein) *und die junge Ärztin des Bundeskanzlers durch Rom zu führen, gab mir weitere Vorwände, schöne Dinge anzuschauen.*[212]

Adenauer ist noch immer der Ansicht, für den Verteidigungspakt der sechs Europäer gebe es keinen Ersatz. Der französische Außenminister Georges Bidault ist es vor allem, der ihn in diesem Glauben bestärkt. Wie ein arabischer Märchenprinz habe Bidault in Bonn immer wieder erzählt, die Ratifizierung des Vertrags durch das französische Parlament sei gesichert, schreibt Kessel im Alter in seinem Memoirenentwurf. Nur einige kleinere Korrekturen seien noch nötig.[213] Im Frühjahr 1953 hatte er das alles noch schärfer gesagt. In einem Brief an seinen Freund Georg Federer in Washington etwa heißt es: *Die Karten, die Bidault in der Hand hatte, stechen nicht mehr. Obendrein weist man überall darauf hin, daß er mit der Wahrheit nicht pfleglich genug umgeht* – mit anderen Worten: auch die Politiker haben von den Schwindeleien Bidaults nun endlich genug. Die Bemerkungen über den französischen Außenminister sind eingeflossen in einen allgemeinen tour d'horizon, wie die Diplomaten einen solchen Rundblick auf die politische Lage bezeichnen. Kessel nennt es einen kurzen *Abriß der hiesigen Lage,* was er dem Freund in Washington über die Europäischen Verhältnisse mitteilt. Zum Schluß des Briefs dann eine Bemerkung, die in die Zukunft weist: Was nach den Verhandlungen über die Zusatzprotokolle aus ihm, Kessel, werde, hänge nicht von ihm selbst ab. Er denke darüber auch nur selten nach. Immerhin ist Adenauer zu ihm in Rom recht freundlich gewesen und hat sich auch gegenüber anderen so ausgesprochen. *Ich schreibe Dir das nur für den Fall, daß Herr Krekeler weiter Absichten auf mich hat.*[214]

Heinz Krekeler[215], zunächst Leiter des deutschen Generalkonsulats in New York, leitet jetzt als Botschafter die diplomatische Vertretung in

Washington. Wie Hausenstein ist er kein Berufsdiplomat. Schon im Oktober 1952 schreibt er an Kessel nach Paris, was er kurz zuvor in Bonn gehört hat: Die Entscheidung, Kessel nach Washington zu entsenden, sei *anscheinend praktisch gefallen*.[216] Er weiß, daß er mit Kessel einen hervorragenden Vertreter erhält. An der britischen und französischen Botschaft sind jeweils drei Diplomaten im Range von Gesandten als ranghöchste Mitarbeiter der Botschafter tätig. In der deutschen Vertretung hingegen ist die politische Abteilung nur mit vier jungen Diplomaten besetzt. Mit der Ankunft von Georg Federer in Washington wird das Anfang 1953 etwas besser. Aber Krekeler hofft immer noch, Kessel für Washington zu gewinnen. Die Aufgabe ist für Kessel verlockend. Dennoch bewahrte er stoische Ruhe, äußerlich wenigstens. Auch in Paris läßt es sich leben. Mehrmals im Monat lädt er abends die jungen Kollegen der deutschen Vertretung mit ihren Frauen in ein Pariser Restaurant ein.

Mit Behagen hat Kessel noch im Alter die Namen seiner Lieblingslokale aus jenen Pariser Zeiten notiert: Den Coq d'Or gegenüber der Ile de la Cité, von dem man auf die nächtlich angestrahlte Nôtre Dame blicken kann, die Bar L'Abbayé an der Seitenfront der Kirche Saint Germain des Prés und das kleine Restaurant in der Nähe, in dem der schwarzweiß gefleckte Kater auf dem Bartisch lag und mit seinem buschigen Schwanz gelegentlich auf den hinter ihm liegenden Butterklumpen schlug. Kessel hierzu: *Daß gute Küche mit Hygiene zusammenhängt, halte ich für einen Wahn der Amerikaner. Jedenfalls aß man in dem kleinen Lokal für wenig Geld vorzüglich.*[217]

Eine gute Gelegenheit, die eigene Vertrautheit mit dem diplomatischen Metier zu beweisen, bietet Kessel im April 1953 die Vollversammlung der Nato-Außenminister in Paris. Deutschland ist noch nicht Mitglied des Nordatlantikpakts, und Frankreich versucht mit allen Mitteln, eine künftige Aufnahme der Bundesrepublik in das Bündnis zu verhindern. Im Generalsekretariat der Nato in Paris hat die Bundesregierung nicht einmal einen Beobachter. Die Aufgabe muß Kessel übernehmen. Was er über den Verlauf der Pariser Tagung mündlich Hallstein vorträgt, gefällt dem Staatssekretär. Er bittet Kessel, es schriftlich zu fixieren, damit er, Hallstein, den Bericht dem Kanzler vorlegen kann. Streng genommen fällt die Berichterstattung über die Konferenz in Paris eher in die Zuständigkeit der diplomatischen Vertretung. Aber Kessel hat im Interimsausschuß ja ständig mit den westlichen Nato-Botschaftern zu tun, auch mit dem stellvertretenden Generalsekretär des Atlantikpakts, dem holländischen Botschafter van Vredenburgh, der sein Land zugleich im Interimsausschuß vertritt.

Wer sich noch an das erste Jahrzehnt nach der Gründung der Bundesrepublik Deutschland erinnert, bewahrt davon meist ein Bild ungebrochener Stabilität. Das trifft auf die Wirtschaft und Innenpolitik in Westdeutschland zu. Die weltpolitische Lage hingegen gibt immer wieder Anlaß zu Sorgen. Der Bericht Kessels über die Nato-Konferenz spiegelt deutlich die Befürchtungen jener Zeit. Stalin ist tot. Und man weiß noch nicht recht, was von seinen Nachfolgern zu halten ist. Über die Zustände in der Sowjetunion ist die westliche Welt nur ganz lückenhaft unterrichtet. Kessel hebt das in seinem Bericht deutlich hervor. Die westeuropäischen Botschafter in Moskau leben von der russischen Bevölkerung und ihrem Alltag streng isoliert. So müssen sie sich bei ihren Analysen auf die Auswertung offizieller Erklärungen des Kremls, auf sowjetische Zeitungen und die Nachrichten im Rundfunk beschränken. Grundsätzlich ist man sich auf der Konferenz jedoch darüber im klaren, daß gegenüber sowjetischen Friedensschalmeien Vorsicht geboten ist. Geradezu verblüffend einmütig und rasch sind die Nato-Mächte daher zu der Schlußfolgerung gelangt, die sowjetischen Versuchsballons nach dem Tod Stalins stellten nur eine Veränderung in der Taktik Moskaus dar. Sie ließen jedoch nicht auf einen Kurswechsel schließen.

Kessel weist aber auch auf eine Schwäche der westeuropäischen Nato-Mitglieder hin: Die in Paris erzielte Einigung kann rasch ins Wanken geraten. Denn ein ernsthaftes Angebot des Kremls zur Zukunft Deutschlands würde zwangsläufig Verwirrung in die Reihen der Mitglieder bringen. Ein Angebot zur Neutralisierung eines wiedervereinigten Deutschlands, das unbewaffnet bliebe, müßte ein gefährliches militärisches Vakuum im Herzen Europas schaffen. Einem bewaffneten wiedervereinigten Deutschland aber würde bald eine Vormachtstellung in Europa zufallen. Mit Rücksicht auf die öffentliche Meinung in Frankreich könnte die französische Regierung ein solides – also mit Garantien versehenes – Angebot Moskaus zur Neutralisierung Deutschlands kaum ablehnen. Von seinem belgischen Gesprächspartner hört Kessel beinahe das gleiche: Ein großzügiges russisches Angebot zur Zukunft Deutschlands werde das Ende der Aufrüstung in den westeuropäischen Staaten bewirken.

Den Auftrag, über die Konferenz zu berichten, nutzt Kessel zu einem Überblick über die Lage Frankreichs und deren Auswirkungen auf die

Verteidigungspolitik der Europäer. Der Befund ist eindeutig: Die Schwäche des Landes droht von einer zeitweiligen Krise in einen chronischen Zustand überzugehen. Diese Schwäche läßt sich nicht dadurch überwinden, daß man im Parlament alle sechs Monate die Mehrheiten neu gruppiert: *Ob Pinay von Mayer, dieser wiederum von Pinay, Queuille oder einem anderen Politiker alten Schlages abgelöst wird, ändert an den grundsätzlichen Schwierigkeiten gar nichts.* Drei Ursachen der Schwäche Frankreichs zählt Kessel auf: Die äußerst bedrohliche Finanz- und Wirtschaftslage, die Handlungsunfähigkeit des parlamentarischen Systems und die Auflösung des französischen Kolonialreiches durch den Krieg in Indochina und Unruhen in Nordafrika. Überwinden könnte die Dauerkrise nur ein Parlament, das einer starken Regierung alle Vollmachten erteilt, um die Verfassung zu reformieren und die Finanzen in Ordnung zu bringen. B i s h e r, so hebt Kessel hervor, zeichne sich dergleichen nicht ab. Im Frühjahr 1953 ist man von der Präsidialherrschaft de Gaulles noch mehr als fünf Jahre entfernt.

Der Zusammenschluß Europas sollte, das war seine stillschweigende Voraussetzung, unter Führung Frankreichs vor sich gehen, bringt Kessel in Erinnerung. Doch unter Franzosen und Ausländern breitet sich immer mehr die Überzeugung aus: Frankreich ist zu dieser führenden Rolle zur Zeit nicht in der Lage. Deutschland kann bei der Einigung Europas eine Führungsrolle nicht übernehmen. Denn hierzu sind die Westeuropäer nicht bereit. Kessel macht sich einen Standpunkt zu eigen, den er, bewußt unpräzise, auf *gewisse europäische Kreise* zurückführt: Die Einschaltung Englands und eine stärkere Förderung der Atlantischen Gemeinschaft, in die dann Deutschland aufzunehmen wäre, ist ein Ausweg aus dem Dilemma. Und Kessel schließt seinen Bericht mit der vorsichtigen Warnung: Auf deutscher Seite bestehe kein Anlaß, auf diese noch sehr unbestimmte Möglichkeit einzugehen. Denn das müßte den Eindruck erwecken, die Bundesrepublik wende sich von der Europäischen Verteidigungsgemeinschaft ab.[218]

Gerade soeben, einen Monat vor dem Nato-Treffen in Paris, hat der Bundestag gegen die Stimmen der Sozialdemokraten den Vertrag über die Europäische Verteidigungsgemeinschaft und den damit gekoppelten Deutschlandvertrag ratifiziert. Was sich in Bonn durchsetzen läßt, sollte das nicht auch in Paris möglich sein? Bis zum endgültigem Scheitern des Vertragswerks hofft der Kanzler unverdrossen auf eine Verwirklichung der Verteidigungsgemeinschaft der sechs europäischen Partner, bis zu jenem 30. August 1954, in dem die Pariser Kammer beschließen wird, über den Vertrag nicht einmal mehr zu debattieren. Die kühle Skepsis Kessels gegenüber dem Projekt muß der alte Herr als schwer erträglich empfinden. Und der Gedanke, England, ausgerechnet England, könnte durch sein Engagement in der Verteidigungsfrage alles vielleicht noch zum Guten wenden? Gerade eine solche Vermutung muß für Adenauer ein Ärgernis sein. Denn er mag die Engländer nicht. Kessel erläutert in seinem Bericht über die Nato-Konferenz auch, wie tief der Einbruch der indo-chinesischen Aufständischen in Laos die französische Öffentlichkeit traf. Die Bedrohung der französischen Positionen in Laos hat die russischen Manöver einer angeblichen Friedensoffensive in den Schatten gestellt. Und Kessel meint, erst die Bedrohung von Laos habe es Bidault erlaubt, in seiner Rede vor der Vollversammlung der Nato einen festen Ton anzuschlagen und *alle Anklänge an Appeasement und Neutralismus zu vermeiden, ohne damit seine innenpolitischen Zukunftschancen ... zu gefährden, um die es ihm stets in erster Linie geht.*[219]

Am 28. Juni 1953 fliegt Kessel von Paris in die Vereinigten Staaten. Er hat von Hallstein den Auftrag erhalten, als Vertreter des Auswärtigen Amts Theodor Blank und eine deutsche Militärdelegation zu begleiten. Doch das ist nicht rechtzeitig zwischen dem Auswärtigen Amt und der Dienststelle Blank abgestimmt worden. Einen Tag nach Kessel trifft Blank mit den Offizieren in New York ein, *noch auf drei Tage hinaus vor Zorn explodierend und fast unzurechnungsfähig*, weil Hallstein den Diplomaten der Delegation zugeteilt hat.[220] Doch Kessel weiß aus Erfahrung, daß solche Zornausbrüche am schnellsten verpuffen, wenn man sie mit Stillschweigen übergeht.[221]

Es ist die erste Reise für ihn in die Neue Welt. *Erst auf Manhattan selber, also im Zentrum, entstand das Bild dieser Stadt plötzlich vor mir: großartig und schön. Das Gefühl für eine andere Größenordnung der von Menschen bewohnten Welt stellt sich rasch ein, und Maßstäbe, die wir in Europa nicht kennen, erscheinen angemessen. Die Insel Manhattan und auf ihr die Millionenstadt mit ihren Wolkenkratzern fügen sich harmonisch in den Rahmen der beiden Ströme Hudson und East River und der Riesenweite dahinter. ... Von allen Großstädten erinnerte mich New York am meisten an Berlin, natürlich ins amerikanisch Überdimensionale übertragen.*[222]

Später, im Alter, wird das Urteil schärfer ausfallen: *Eine gewisse Ähnlichkeit mit dem Berlin der zwanziger Jahre lag in der Luft. Aber der*

Schrecken überwog. Diese Stadt war ein Moloch, der alles fraß oder zertrampelte, um schließlich eines Tages an sich selbst zugrunde zu gehen. Und Kessel zitiert aus dem Düsseldorfer Revuetheater *Kom(m)ödchen* den Vers: *Wir wohnen alle in Babel und bauen am Großen Turm.*[223] An Washington gefällt ihm die Weitläufigkeit und die Schönheit der Suburbs mit ihren Gärten. Doch er hat das Gefühl, die Stadt komme gerade aus der chemischen Reinigung und sei, in Cellophan verpackt, garantiert keimfrei. Die herrschende Schicht bestehe aus ortsfremden Politikern, Beamten und Journalisten. Dennoch lasse es sich hier gut leben, *vom teuflischen Klima abgesehen.*[224]

Drei Wochen bleibt er mit der Delegation Blanks in den Vereinigten Staaten. Die Gespräche im Pentagon sind erfreulich unkompliziert. Beide Seiten hoffen auf eine festgefügte Verteidigungsgemeinschaft der Europäer und als deren Rückendeckung auf eine große Zahl von Nato-Divisionen.[225] Wie es um die Möglichkeiten einer gemeinsamen Verteidigung gegen einen sowjetischen Angriff tatsächlich bestellt ist, wird allerdings auch Kessel, dem militärischen Laien, in Washington klar: Die Vereinigten Staaten haben kein stehendes Heer im europäischen Sinne, sondern nur hart ausgebildete und gut ausgerüstete Kader. Im Kriegsfall würden sie Monate brauchen, um zu der erforderlichen Mannschaftsstärke zu kommen. Über den Wert der Luftwaffe und der Atombombe gibt es unterschiedliche Meinungen auch unter den Amerikanern.[226]

Der erste Besuch Kessels in Amerika fällt in die späte Hochblüte des McCarthy-Fiebers. Joseph McCarthy, der republikanische Senator aus Wisconsin, hat während des amerikanischen Engagements im Krieg zwischen Süd- und Nordkorea eine Welle der Angst, ja Hysterie vor kommunistischen Spionen geschaffen, die angeblich die Vereinigten Staaten überall unterwandern. Kessel trifft unmittelbar nach dem Ende des Koreakrieges in Washington ein. Er bewundert das stoische Schweigen, mit dem die Amerikaner die hohe Zahl der Gefallenen in dem fernöstlichen Krieg hinnehmen – mehr als dreißigtausend Tote. Doch nach den Worten eines amerikanischen Journalisten ist das State Department in Washington *aufgrund der Angriffe McCarthy's vor Angst steril geworden.*[227] Die Diplomaten im Außenministerium befürchten, man könne ihnen Sympathien mit den Kommunisten vorwerfen.

Die Delegation Blanks hat sich für ihren Besuch einen wenig glücklichen Zeitpunkt gewählt. Denn gleichzeitig tagen in Washington die Außenminister der Vereinigten Staaten, Englands und Frankreichs zu gemeinsamen Konsultationen. Das hat, wie Kessel vermutet, das Mißtrauen Adenauers erregt. Er sendet nach Washington Blankenhorn, seinen langjährigen außenpolitischen Berater. Auf der Tagesordnung steht für die drei Außenminister auch der Plan einer Vierer-Konferenz, an der außer den drei westlichen Alliierten die Sowjetunion teilnehmen soll. In Washington ist man über die Initiative des Kanzlers erstaunt, Blankenhorn zu den Beratungen der drei Außenminister zu senden. Die Zustimmung Adenauers zu dem Plan von Vierergesprächen nehmen die Amerikaner aber doch mit Erleichterung auf. Denn die Franzosen wollen, wie man zu wissen glaubt, den Vertrag über die Europäische Verteidigungsgemeinschaft erst nach solchen gemeinsamen Beratungen mit den Russen ratifizieren.[228]

In seinem Memoirenentwurf geht Kessel auf den politischen Inhalt der westlichen Konsultationen vom Juli 1953 nicht näher ein. Die Entscheidung des Kanzlers, eine Art von Sonderbotschafter zu den Beratungen der drei westlichen Außenminister zu senden, bewertet er jedoch noch im Alter als überstürzt: *In aller Hast entsandte er Blankenhorn nach Washington, der wie ein Fallschirmjäger auf dem Verhandlungstisch der drei Westmächte landete.* Blankenhorn habe sich auf dem internationalen Parkett *charmant getummelt*, heißt es im Memoirenentwurf. Dann aber folgt, was Kessel äußerst mißfällt: Gewiß in bester Absicht, aber höchst unklug habe Blankenhorn *jedem, der es hören oder nicht hören wollte* erzählt, Kessel werde in wenigen Wochen als Gesandter und Stellvertreter von Botschafter Krekeler nach Washington kommen.[229] An Geduld hatte es Kessel in fast einjährigem Warten auf den Posten des Gesandten in Washington nicht fehlen lassen. Doch nun geschieht gerade das, was er bei den gut gemeinten, aber unbedachten Redereien Blankenhorns befürchtet hat: Adenauer, der noch nach wie vor sein eigener Außenminister ist, erhebt Einspruch gegen die geplante Versetzung. Was damals tatsächlich geschah, läßt sich im nachhinein kaum mehr gänzlich entwirren. Als gewiß darf nur gelten: Nicht Hallstein, der Staatssekretär des Auswärtigen Amts, sondern Adenauer hat im Spätsommer oder Herbst gegen die längst beschlossene Versetzung nach Washington *seinen Bannstrahl* geschleudert, wie Kessel es später nennt.[230]

Noch während Kessel mit der Delegation Blanks in Amerika ist, unmittelbar nach der Volkserhebung in der Deutschen Demokratischen Republik vom 17. Juni 1953, stimmt Adenauer der von den Russen gewünschten Viererkonferenz zu. In seinen Bericht über die Amerikareise läßt Kessel auch eine kurze Bemerkung über die Ereignisse vom 17. Juni einfließen: *Die Aufstände in der Sowjetzone haben in den Vereinigten Staaten einen tieferen und wahrscheinlich nachhaltigeren Eindruck hinterlassen, als ich es je erwartet hätte. Andererseits herrscht Ratlosigkeit, in welcher Form man diese Vorgänge politisch auswerten könnte.*[231]

Was Kessel *die Aufstände in der Sowjetzone* nennt, muß ihn tief bewegt haben. Noch am gleichen Tag, an dem er seinen Bericht über die Reise mit der Delegation Blanks abschließt, faßt er seine Gedanken über die außenpolitische Bedeutung des 17. Juni zusammen: *Das Ansehen Deutschlands in der ganzen Welt hat durch die Arbeiterrevolte eine außerordentliche Steigerung erfahren.* Und weiter: *Es galt jetzt, diese Situation im deutschen Sinne auszubeuten und bei den Westmächten darauf zu dringen, daß nunmehr von ihnen die Initiative zu Verhandlungen mit der Sowjetunion ergriffen werde.* Das sei geschehen und habe zu einer gemeinsamen Note der Westmächte[232] geführt. Kessel übergibt seine Aufzeichnung dem Deutschlandreferenten im Auswärtigen Amt. Er entwickelt darin wieder einmal seinen seit Jahren vertretenen Standpunkt, *daß von allen europäischen Problemen der Wiedervereinigung Deutschlands die erste Rolle gebührt.*[233]

Es ist möglich, daß Kessel seine kurzen Ausführungen über die außenpolitische Bedeutung des 17. Juni auch Blankenhorn übergab. Die Aufzeichnung ist datiert, war aber auch im Original von Kessel wohl nicht unterzeichnet. Schon seine erste größere Aufzeichnung zur Deutschlandpolitik vom Herbst 1951[234] hatte Kessel undatiert und ohne die Angabe, daß er, Kessel, der Verfasser sei, Blankenhorn übergeben. Es ist auch möglich, daß zwei weitere undatierte Schriftsätze über die deutsche Wiedervereinigung vom Spätsommer oder Herbst 1953 zur Unterrichtung von Blankenhorn bestimmt waren – und damit zur Vorlage bei Adenauer, dem Außenminister und Kanzler. Oder waren die beiden Texte nur zur Klärung der eigenen Gedanken des Verfassers bestimmt? Voraussetzung für ihre Entstehung war jedenfalls der Plan der drei Westalliierten, im Laufe des Winters zu viert mit den Sowjets Gespräche zu führen.

Im ersten der beiden undatierten Schriftstücke[235] schließt der erste Absatz mit einem Zitat: *Zu dem Thema ›Viererkonferenz‹ hat Adenauer die beste Formel geprägt: Wer sie unter allen Umständen herbeiführen will, ist leichtfertig. Wer sie unter allen Umständen ablehnen will, ist feige. Im Mittelpunkt der Viererkonferenz werde die deutsche Frage stehen, ob wir es wollen oder nicht.* Die öffentliche Meinung lehne eine Viererkonferenz nicht ab und reagiere sogar empfindlich, wenn Amerikaner wie Conant, als Nachfolger McCloys jetzt Hochkommissar der Vereinigten Staaten in Bonn, Vorbedingungen stellen, die eine solche Konferenz von vornherein unmöglich machen. *Auch der Kanzler darf sich einem solchen Verdacht nicht aussetzen,* warnt Kessel. Zur Sache selbst, der Behandlung der Zukunft Deutschlands auf einer Viererkonferenz, erinnert er zunächst daran, daß es noch ungewiß sei, welche Angebote Moskau zur Zukunft Deutschlands auf der Konferenz abgeben könne. Schon im voraus lasse sich jedoch ein Katalog von Bedingungen aufstellen, die für Deutschland – und das heißt: für die Bundesrepublik – in jedem Fall unannehmbar sein sollten.

Fünf Bedingungen, von denen Moskau die Wiedervereinigung Deutschlands abhängig machen könnte, bezeichnet Kessel jeweils mit kurzer Begründung als von vornherein unannehmbar: die Rückkehr zur Viermächtekontrolle über Deutschland. Denn *die Bundesrepublik kann sich niemals einer russischen Kontrollinstanz unterwerfen.* Auch ein Abzug der amerikanischen Truppen aus Europa komme nicht in Betracht, solange die russische Armee an der Oder stehenbleibe, und ebensowenig eine Aufhebung der wirtschaftlichen Integration in den Westen. Deutschland müsse vielmehr künftig enger denn je mit der Montanunion und den gemeinsamen wirtschaftlichen Institutionen des Westens sowie mit dem Europäischen Rat verbunden bleiben. Die Frage einer Anerkennung der Oder/Neiße-Linie solle erst eine spätere Gesamtdeutsche Regierung behandeln. Und schließlich dürfe es kein *waffenloses Deutschland im Herzen Europas* geben. Denn ein militärisches Vakuum wäre für alle Staaten gefährlich. Und die Schlußfolgerung: *Die Gefahr eines Ost-West-Konflikts ist erst dann behoben, wenn Rußland wieder auf seine historischen Grenzen beschränkt ist. Wahrscheinlich aber wäre die deutsche Wiedervereinigung zugleich der entscheidende Schritt auf dem Wege zu diesem Endziel.*

Ein zweiter ebenfalls undatierter Text aus jener Zeit[236] hebt hervor, daß sich nur mit gemeinsamen Bemühungen der Europäer die deutsche Einheit verwirklichen läßt: *Das Problem der deutschen Einheit ist nicht zu lösen, wenn es nicht gelingt, es dem Ausland gegenüber in ein europäisches Gewand zu kleiden.* Hiermit ist nicht nur das Europa der Sechs, die Staatengruppe der geplanten Europäischen Verteidigungsgemeinschaft gemeint: *Es gibt,* wie Kessel schreibt, *neben dieser Staatengruppe ja noch das historische Europa, das sich auf alle diejenigen Länder und Staaten erstreckte, die das Römische Recht mit seinen Begriffen der Person und des Eigentums seit Jahrhunderten akzeptiert und sich völlig zu eigen gemacht hatten. Dieses Europa, das nicht nur die Mitglieder des Straßburger Rates*[237] *umfaßt, sondern auch sämtliche Satelliten-Staaten, ist die Wiege des Abendlandes und des römischen wie des evangelischen Christentums. Auf dem friedlichen Wege zur gemeinsamen historischen Grenze, die am Ostrand Polens und Rumäniens verläuft, müsse die Wiedervereinigung Deutschlands als erster Schritt gelten.*

Kessel nennt Argumente, mit denen man die Franzosen und Engländer für eine solche Politik gewinnen kann: Die Schaffung einer *Dritten Kraft* zwischen der Sowjetunion und den Vereinigten Staaten, eine Lieblingsvorstellung der Franzosen, sei nur auf dem Weg über die Wiederherstellung Gesamt-Europas möglich. Den Engländern gegenüber könne man erwähnen, daß sich das ihnen so wesentliche Gleichgewicht der Mächte nur wiederherstellen lasse, wenn Rußland auf seine eigentlichen Grenzen beschränkt werde und die politische Alleinherrschaft über die Ostsee verliere. Es geht daher darum, in enger Zusammenarbeit mit dem Westen eine osteuropäische Politik zu betreiben.

Das sind höchst ungewöhnliche Gedanken für Bonn, nur vier Jahre nach der Errichtung des westdeutschen Staats. Doch ist wenigstens der Inhalt der beiden Texte wohl je zur Kenntnis Adenauers gelangt? Für den offiziellen Dienstweg war nur eine Aufzeichnung bestimmt, die Kessel am 22. September 1953 in Paris verfaßt und unterzeichnet hat.[238] Die Frage der Deutschen Einheit wird darin zunächst nur am Rande gestreift. Hauptsächlich geht es darum, Hinweise für die Taktik bei Verhandlungen mit den Russen zu bieten. *Bei den Vorbereitungen für eine etwaige Viererkonferenz darf der Westen sich darauf nicht beschränken, seine materiellen Forderungen in allen Einzelheiten zusammenzustellen und zu begründen,* heißt es gleich zu Beginn. *Er (der Westen) sollte mindestens die gleiche Aufmerksamkeit auf die Frage der Verhandlungsmethode, das heißt des taktischen Vorgehens richten.*

Unbekümmert erinnert Kessel daran, daß die Sowjetunion in den vergangenen zehn Jahren in Fragen der Taktik dem Westen stets haushoch überlegen gewesen sei. Mit ihrer Taktik sei es den Russen gelungen, den äußeren Verlauf der Konferenzen seit 1944 fast souverän zu bestimmen. Der Westen habe immer wieder vor der Alternative gestanden, entweder auf sowjetische Forderungen einzugehen, die im Grunde unannehmbar waren, oder nach außen hin für das Scheitern der jeweiligen Konferenz die Schuld einseitig auf sich zu nehmen. Die Frage stellt sich allerdings: An wen konnte diese Aufzeichnung Kessels sich richten? Sie betraf ja die drei westlichen Führungsmächte, England, Frankreich und vor allem die Vereinigten Staaten.

Nur der Staatssekretär des Auswärtigen Amts oder der Außenminister, der noch zugleich Bundeskanzler war, konnte den drei Westmächten eine flexiblere Verhandlungstechnik gegenüber Moskau vorschlagen. Hallstein mag immerhin an dem lehrreichen Hinweis auf die Schwächen der westlichen Konferenzdiplomatie Interesse gezeigt haben. Von Adenauer hingegen ist nicht bekannt, daß er auf Vorschläge von Kessel je reagiert hat. Aus der Sicht des Kanzlers mochte dieser Protestant aus Schlesien wohl ein kluger Kopf sein. Bei den Verhandlungen über die Europäische Verteidigungsgemeinschaft hatte er sich ja bereits bewährt. Aber im Grundsätzlichen trennten Adenauer doch Welten von dem jüngeren Diplomaten, der so unermüdlich immer wieder Initiativen in Sachen der Wiedervereinigung empfiehlt. Auch das Papier über die Verhandlungsmethoden des Westens lief ja letztlich auf Anregungen zur Frage der Wiedervereinigung hinaus.

Was ist im Herbst 1953 mit Kessel geschehen? Im Memoirenentwurf hat er im Alter zum Veto des Kanzlers gegen die geplante Versetzung nach Washington notiert: *Daß ihm meine Versetzung auf unseren wichtigsten diplomatischen Posten mißfiel, konnte ich gerade noch verstehen. Doch die Angriffe gegen meine Person und politischen Überzeugungen versetzten mich in Wut.*[239] Was für Vorwürfe hat man damals gegen Kessel erhoben? Die Personalakte im Archiv des Auswärtigen Amts ist für die historische Forschung bisher gesperrt. Doch sie wird kaum Spuren über den Konflikt vom Herbst 1953 enthalten. Kessel erwähnt in den am spätesten verfaßten Seiten seiner Erinnerungen an die Pariser Zeit nur, er sei nach Bonn gereist und habe bei Blankenhorn und Hallstein *Krach geschlagen.*[240] Das führt immerhin zu einem gewissen Erfolg: Man läßt ihn in Paris in Frieden.

Der Gedanke, den Dienst zu quittieren, ist ihm damals und in den folgenden sechs Jahren noch oft gekommen. Doch im Herbst 1953 hätte ein solcher Schritt eher wie ein Schuldbekenntnis gewirkt, meint Kessel im Alter. Dann fallen im Memoirenentwurf bittere Worte. Das regierende CDU/CSU-Establishment habe aus der Sicht des Autors vom Jahre 1953 nur auf zwei Säulen beruht: auf einem devoten Verhalten gegenüber

Adenauer und auf der Parole: *Bereichert Euch!* Das war schon der zynische Grundsatz der Regierung von Louis Philippe, dem Bürgerkönig in Frankreich zwischen den Revolutionen von 1830 und 1848 gewesen. Ein weiterer Vorwurf gilt auch dem von Kessel sonst geschätzten Christdemokraten Theodor Blank: *Statt auf die königstreuen, zugleich aber revolutionären Generäle von 1807–1815 zurückzugreifen, stellten wir Scharnhorst, Gneisenau, Yorck und andere dem Pankow-Regime zur Verfügung.*[241]

Kessel kehrt von Bonn nach Paris verbittert zurück. Im diplomatischen Korps hat es sich schon herumgesprochen, daß ihm der fest zugesagte Posten in Washington wieder entzogen ist. Der britische Nato-Botschafter Steel sagt: *In Bonn haben sie dem Kessel einen schmutzigen Trick gespielt.* Doch seinem Ansehen bei den Kollegen hat das keinen Abbruch getan.[242] Wie lange hat er wohl in Ungewißheit über seine Zukunft ausharren müssen, nur Tage oder gar Wochen? Das erlösende Wort kommt am 11. November. Als persönlicher Referent des Staatssekretärs Hallstein teilt Pauls in einem Telefongespräch Kessel mit, er solle am nächsten Tag, dem 12. November, in Bonn sein, um einen Tag später mit seinem *neuen Chef* abzufliegen. Er soll also doch nach Washington gehen. Kessel antwortet am Telefon, daß er den ihm angebotenen Posten dankbar annimmt. Nach ein oder zwei Wochen müsse er allerdings noch einmal nach Paris zurückkehren, um sich von seinen Kollegen im diplomatischen Korps offiziell zu verabschieden. Hiergegen hat Pauls nichts einzuwenden. Und so ist die Ernennung Kessels zum Gesandten und ständigen Stellvertreter des Botschafters in den Vereinigten Staaten perfekt.[243]

Erst in Bonn erfährt er die Hintergründe des unerwarteten Umschwungs. Ein Jahr zuvor haben die Amerikaner den General Eisenhower zum Präsidenten der Vereinigten Staaten gewählt. Er will sich über allgemeine weltpolitische Fragen mit dem britischen Premierminister McMillan beraten. Ein offizieller Besuch in London wäre hierfür wenig geeignet. Denn dann wäre Eisenhower Gast der Königin, nicht McMillans. So trifft man sich auf den Bermuda-Inseln auf britischem Boden. Aus Höflichkeit kommt der Engländer dabei ein weites Stück des Weges dem Präsidenten der Vereinigten Staaten entgegen. Auch Frankreich ist auf der Konferenz vertreten. Adenauer aber gefällt die Ankündigung der Zusammenkunft auf den Bermudas nicht. Und so entschließt er sich, Kessel blitzschnell nach Washington zu entsenden, *um den Dingen auf den Grund zu gehen.*[244]

Kessel soll also als *freiwillige Feuerwehr*[245] dienen, wie er es nennt. Er hat solche Aufgaben in seiner Laufbahn mehrfach übernommen, mit leichtem Spott, doch nicht ungern. Denn sie *erforderten wenig Büroarbeit, sondern nur das Ausstrahlen von Gelassenheit, die Mahnung zur Geduld und zu vorsichtigem Optimismus*, wie er später das Wesen seines Auftrags beschreibt.[246] Ihm fällt es nicht schwer, sich über außenpolitische Beratungen, bei denen er selbst nicht als Beobachter anwesend war, bei befreundeten Diplomaten rasch und verläßlich zu informieren. Das hatte Hallstein schon nach der Nato-Konferenz in Paris bemerkt. Dem Staatssekretär ist auch daran gelegen, daß die noch schwach besetzte deutsche Vertretung in Washington künftig fundierter berichtet. Darin stimmt Botschafter Krekeler mit dem Staatssekretär überein. Die Entscheidung, Kessel nun doch nach Washington zu entsenden, fällt in den Tagen, in denen Krekeler zur Berichterstattung in Bonn ist.

Die Erkundigungen, die Kessel in Washington gemeinsam mit dem Botschaftsrat Georg Federer unternimmt, ergeben zur Bermuda-Konferenz immerhin interessante Details: Die Amerikaner haben keine Bedenken dagegen, daß die von ihnen geplanten Vierergespräche mit den Engländern, Franzosen und Russen in Berlin geführt werden. Vor einer Viererkonferenz soll aber noch ein Treffen der drei westlichen Außenminister in Paris oder London stattfinden. In diesem Stadium der Vorbereitungen werde man den Bundeskanzler konsultieren, versichern die Amerikaner.

Sobald Kessel über das Bermuda-Treffen die für Bonn wesentlichen Informationen erhalten hat, fliegt er nach Paris zurück. Eine ihm wichtige Angelegenheit hat er in Washington schon geklärt: Federer, Kollege und Freund schon im alten Auswärtigen Amt, ist seit Anfang 1953 in Washington als Botschaftsrat zugleich Stellvertreter von Krekeler. Jetzt wird er nur noch die Nummer Drei an der Vertretung sein. Enttäuscht ist er darüber zunächst schon, aber Kessel gelingt es, einer Entfremdung vorzubeugen. In seinen im Alter verfaßten handschriftlichen Notizen über die erste Zeit in Washington kommt er gleich zu Beginn auf Federer zu sprechen. Gerade weil die beiden alten Kollegen im Temperament so verschieden waren, sei die Zusammenarbeit in Washington gut gewesen: *Wenn ich zu stürmisch vorgehen wollte, hielt er mich am Rockzipfel fest. Und wenn er sich all zu sehr seiner schwäbischen Behäbigkeit hingab, munterte ich ihn auf.*[247]

In Paris gibt es außer zwei Koffern und einigen Kisten nicht viel zu packen. Die üblichen Abschiedsempfänge und Diners fallen fast alle aus, weil Kessel nur wenige Tage in Paris bleibt. Er reist diesmal mit der *Queen Elisabeth* von Cherbourg nach New York und bricht daher von Paris mit der Bahn auf.[248] Mit einem Bericht über die Seereise endet das letzte von Kessel selbst abgeschlossene Kapitel des Memoirenentwurfs.

Von der *Queen Elisabeth* ist er enttäuscht: Das Innere des Schiffs ähnele einem Anfang des Jahrhunderts erbauten Palace-Hotel in Interlaken oder Montreux. Am zweiten Tag bricht ein schwerer Sturm aus. Unvergeßlich bleibt Kessel von einem seiner Gänge an Deck, daß er plötzlich über dem stürmischen Meer eine einsame Möwe entdeckt hat, *weit draußen und ohne jede Anlehnung an unser Schiff*. Nur auf sich gestellt, habe die Möwe im Flug nicht nur der Gewalt der Winde und Wellen getrotzt, sondern sich sogar den Sturm mit tänzelnder Leichtigkeit dienlich gemacht. Noch im Alter hält das der Vogelfreund in seinen Erinnerungen fest: *Ich blickte ihr entzückt nach, bis sie meinen Blicken entschwand.*[249]

V

John Foster Dulles, Außenminister der Vereinigten Staaten (links) und der Gesandte von Kessel beim Unterzeichnen eines Vertrags

Gesandter in Washington – die ersten drei Jahre

Viereinhalb Jahre in Washington – für Kessel sind es Zeiten des Glücks. Freilich im Sinne des biblischen Psalms, in dem es vom Leben des Menschen heißt: *Und wenn es köstlich gewesen ist, so ist es Mühe und Arbeit gewesen.* Stunden und Tage der Trauer, ja tiefster Niedergeschlagenheit fehlen auch in Washington nicht. Doch die Jahre dort sind stets Zeiten eines erfüllten tätigen Lebens. Denn schon seit der Mitte der fünfziger Jahre ist nicht mehr London, sondern Washington der Mittelpunkt der Weltpolitik.

Auf die Niederschlagung des ungarischen Volksaufstands durch sowjetische Truppen können weder England noch Frankreich mehr reagieren. Auch die Amerikaner wissen da keinen Rat. Doch eine britisch-französische Militärintervention am Suez-Kanal wird im November 1956 auf Druck der Vereinigten Staaten zum Stillstand gebracht. Seither sind sie im Nahen Osten die Führungsmacht. In Südostasien hatte der Westen schon im Mai 1954 mit der französischen Niederlage in Dien Bien Phu einen schweren Rückschlag erlitten. Unterdessen festigt sich die Sowjetunion innenpolitisch mit dem unaufhaltsamen Aufstieg von Chruschtschow.

Alles dies ist Weltpolitik. Kessel verfolgt von Washington aus ihren steten, doch oft bedrohlichen Wellenschlag. Dwight D. Eisenhower ist in jener Zeit Präsident der Vereinigten Staaten. Ehrenhaft und von unbeirrbarem Wohlwollen gegenüber Deutschland erfüllt, wird der General dennoch kaum als einer der großen Präsidenten seines Landes in die Geschichte eingehen. Das Außenministerium in Washington übernimmt im Januar 1953 John Foster Dulles. Für ihn ist Neutralität unmoralisch, jedenfalls soweit es um den Ost-West-Konflikt geht. In Deutschland erreicht Adenauer den Zenit seiner innenpolitischen Erfolge. Mit einem Stimmenanteil von 50,2 Prozent gewinnen die Christdemokraten bei den Wahlen vom Herbst 1957 die absolute Mehrheit im Bundestag. In der Außenpolitik führt der Wahlsieg des greisen Kanzlers jedoch zu weiterer Erstarrung. Vom größten Erfolg Adenauers bei einer Bundestagswahl bis zum Bau der Berliner Mauer gibt es keine nennenswerte westdeutsche Ostpolitik mehr.

Mit dem Blick auf die einsame Möwe, die über die sturmgrauen Wogen des Ozeans flog, hatten wir von dem Memoirenentwurf Kessels Abschied genommen. Über die Zeit in Washington ist nur der Beginn des Entwurfs eines weiteren Kapitels in der sorgfältigen, aber schon ungelenken Schrift des letzten Lebensabschnitts erhalten. Nicht einmal mehr ansatzweise geht er auf den zeitlichen Ablauf der Ereignisse ein. Aufschlußreicher sind andere Schriftstücke aus der Dienstzeit in Washington, Kopien von Berichten an das Auswärtige Amt, Briefe an Kollegen und Freunde, auch Rundbriefe an den Freundeskreis, die Kessel aufbewahrt hat, ferner kurze Betrachtungen, die er in Stunden der Muße schrieb und schließlich, besonders kostbar, ein Tagebuch.[250]

Am 21. Januar 1954 trifft er mit der Queen Elisabeth in New York ein. Schon Anfang Februar schreibt er den Freunden in Europa. Der Ton ist heiterer und selbstbewußter geworden als bei ähnlichen Schreiben aus der Zeit in Paris. Das Gepäck hatte man bei der verspäteten Ankunft des Schiffs in New York nicht mehr rechtzeitig in den Nachtzug geladen. So dauert es gut eine Woche, bis die Koffer in Washington sind. Mit dem Selbstbewußtsein des überzeugten Europäers stellt Kessel fest, die Amerikaner seien keineswegs allen Lebenslagen gewachsen. Und *die Post soll übrigens auch schlecht funktionieren.*[251]

Inzwischen ist er schon in ein Appartementhaus eingezogen. In dem von Rasenflächen umgebenen Häuserblock bewohnt er drei große möblierte Zimmer. Für das Essen im Haus sorgt ein französischer Küchenchef. Schwarzes Hauspersonal – man spricht in jener Zeit noch unbekümmert von Negern – hält die Wohnung sauber und macht für ihn das Bett. Die Wäsche wird rasch gewaschen, *ebenso gut wie vernichtend*, wie Kessel bemerkt. Was er tun soll, wenn Knöpfe abreißen und die Strümpfe Löcher bekommen, ist ihm noch nicht klar. Sonst aber sei alles problemlos, schreibt er den Freunden. Die Botschaft ist gut zusammengesetzt, und die Amerikaner empfangen deutsche Diplomaten mit offenen Armen. Überhaupt sind die Amerikaner in jener Zeit begeistert von der Bundesrepublik Deutschland. Mit skeptischer Vorsicht notiert Kessel hierzu: *Hoffentlich gibt es keine Enttäuschung.* Der deutsch-amerikanische Liebesfrühling könne schwerlich von Dauer sein, und *die Erwartungen, die man in uns – beziehungsweise in die Person Adenauers – setzt, sind eigentlich kaum zu erfüllen.*

Ein kurzer Besuch in Chicago vermittelt erste Eindrücke von den Größenordnungen der Neuen Welt: Chicago hat sechs Millionen Einwohner, der Michigan-See ist halb so groß wie die Adria, die Bahnfahrt von Chicago nach Washington dauert sechzehn Stunden.[252] Nun greift Kessel wieder öfter zum Tagebuch. Es ist das gleiche abgegriffene Wachstuchheft, in das er am anderen Ende seine Notizen über die Zeit des Diplomaten-Prozesses in Nürnberg schrieb. Die Eintragungen in Washington beginnen mit einem bezeichnenden Hinweis: Das Schreiben sei in erster Linie eine Frage der Konzentration, und die sei ihm in den letzten vier Jahren, seit er wieder im Amt sei, ziemlich abhanden gekommen. *Natürlich denke ich über die politischen Tagesfragen und Entwicklungsmöglichkeiten mit aller Eindringlichkeit, über die ich verfüge, nach und berichte entsprechend nach Bonn. Im Privatleben dagegen bin ich äußerst zerstreut, planlos und unruhig. Hiergegen wäre das Tagebuch kein schlechtes Mittel.*[253] Bis ins Alter hinein wird dieser Zwiespalt bleiben: Soweit es um Politisches geht, sind die Aussagen klar, ja oft gestochen scharf formuliert. Zu privaten Aufzeichnungen, persönlichen Notizen und später mehr und mehr auch zu Entwürfen für die Memoirenkapitel muß sich Kessel oft zwingen. Dennoch sind ihm über die Jahre hinweg immer wieder persönliche Notizen, Briefentwürfe und kurze Essays von großer sprachlicher Schönheit gelungen.

Zunächst beschäftigt ihn die Frage nach dem Wesen der Amerikaner: *Ich lege mir und anderen – das heißt: häufig auch Menschen dieses Landes – die Frage vor, ob die Amerikaner und Europäer wirklich so grundsätzlich voneinander verschieden sind, wie man es allgemein glaubt.*[254] Er wendet sich mit seiner Frage auch an eine erfrischend unkonventionelle Amerikanerin, Eleanor Dulles-Lansing. Ihre Brüder sind der Außenminister John Foster Dulles und der Geheimdienstchef der Vereinigten Staaten Allen Dulles, mit dem Kessel schon in seiner römischen Zeit in Verbindung gestanden hat. Mit Deutschland ist Eleanor Dulles als ehemalige Deutschlandreferentin im State Departement vertraut. Sie vertritt die These einer grundsätzlichen Verschiedenheit: Der Amerikaner sei im Gegensatz zum Europäer *mit Haus, Garten, Feld und Stadt nicht verwachsen. Er sei stets ›im Abrücken‹ oder Aufbruch wie umherziehende Soldaten oder Zigeuner.*

Kessel stimmt ihr zu. Denn das ist in der Tat einer der Wesenszüge, die ihn überraschen und bis zu einem gewissen Grad befremden: *Der Amerikaner ist wie ein halb seßhaft gewordener Nomade, den es nach Monaten oder wenigen Jahren doch wieder forttreibt, der sein Haus mitsamt einem Teil der Möbel verkauft und in eine Stadt, eine andere Himmelsgegend verzieht. Das sind Erinnerungen an die Zeit der Koloni-*

sierung und der Kämpfe an der inneren Grenze gegen die Indianer und die Naturgewalten, die dem Menschen noch im Blut liegen. Diese Kolonisierungsperiode hat ja erst vor noch nicht hundert Jahren ihren Abschluß gefunden.²⁵⁵ Den ersten längeren Rundbrief für die Freunde daheim hat Kessel Ende Juni 1954 verfaßt. Über Amerika könne er nichts sagen, heißt es da gleich zu Beginn. Denn von den Vereinigten Staaten kenne er eigentlich nur Washington. Und die Stadt sei für Amerika ebensowenig typisch wie Bonn für Deutschland. Er möchte daher nur einfach berichten, wie er das Wochenende verbracht hat: Am Sonnabend sind in Washington die Büros und Dienststellen geschlossen. Für Kessel ist das erwähnenswert. Denn in Deutschland ist in den fünfziger Jahren der Sonnabend noch ein Arbeitstag. Doch einige Diplomaten haben auch in Washington noch die Gewohnheit, an dem dienstfreien Tag zwischen halb elf und ein Uhr einen Blick auf ihren Schreibtisch zu werfen. Auf dem Weg zur Vertretung kauft er sich zunächst einen leichten Sommeranzug. Im Büro trifft er zwei *ebenso nette wie gescheite, ebenso vergnügte wie politisch interessierte Legationssekretäre.* Er vergleicht mit ihnen, was man über den jüngsten Besuch Churchills in den Vereinigten Staaten gehört und gelesen hat. Für ein Telegramm, bereits die übliche Form der politischen Berichterstattung der Vertretung in Washington an das Auswärtige Amt, sei es noch zu früh, stellt er fest. Auf der Heimfahrt kauft er für anderthalb Dollar noch zwei Dutzend gelbe, stark duftende Rosen, bunte Zinnien, dunkelrotes Löwenmaul und gelbe und lachsfarbene Gladiolen, Blumen, die ihn das ganze Wochenende erfreuen. Aufatmend nach der feuchtheißen Hitze der Stadt betritt er seine Wohnung, die von zwei Klimageräten auf etwa 20 Grad gekühlt und trocken gehalten wird.

Nach dem Mittagessen im Restaurant des Hauses und einem Mittagsschlaf liest er aus deutschen Zeitungen und Zeitschriften Artikel über die Wiedervereinigung. Die meisten Verfasser dieser Aufsätze vertreten die Ansicht, daß man in Deutschland in dieser Frage viel zu gleichgültig sei und daß es im Vergleich zu anderen Nationen den Deutschen an der natürlichen Liebe zum Vaterland fehle. Ganz richtig, bemerkt Kessel. Doch wenn er nach Gedanken der Autoren für Maßnahmen sucht, die auf den Weg der Wiedervereinigung führen könnten, findet er selten mehr als verschwommene Deklamationen.

Inzwischen ist er schon ins Kellergeschoß des Apartmenthauses gefahren, um dort im Drugstore eine Tasse Kaffee zu trinken. Und er erklärt den Freunden in Deutschland, was Drugstores sind: Wahrzeichen Amerikas, Krämläden der Kolonialzeit, auf den neuesten Stand der Technik gebracht. In manchen findet man auch noch Medikamente. An der Bar gibt es Kaffee, Milch, Coca-Cola, Würstchen, Setzeier oder Fleischknödel. *Das ganze ist in Bedienung und Einrichtung freundlich und sauber, praktisch und billig, und etwas langweilig, wie so vieles in diesem Lande.*

Die Außentemperatur steigt auf 100 Grad Fahrenheit an, das sind 37,7 Grad Celsius. Gegen halb sechs wird es nachtschwarz, so daß man überall das Licht anzündet. Dann geht ein Sturm mit Gewitter nieder. Abends ruft ein Legationssekretär an, der gerade von San Francisco nach Washington versetzt worden ist. Kessel lädt ihn zum Abendessen ein, legt danach zwei Patiencen, fährt mit dem Taxi in die Stadt und kauft sich die gerade frischgedruckte Sonntagsausgabe der *Washington Post*. Ziemlich ergebnislos durchstöbert er den Papierberg nach Informationen. Immerhin wird ihm bei der Lektüre klar, daß er am Sonntag seinen Gesprächspartner im State Department aufsuchen muß, um mehr zu erfahren.

Am Sonntag ruft er um neun Uhr früh etwas zögernd den amerikanischen Kollegen in dessen Wohnung an, erfährt aber, daß der schon im Büro ist. Auch dem Amerikaner hat also Churchill die Sonntagsruhe verpatzt. Das Gespräch im State Department verläuft ebenso interessant wie erfreulich, darüber hinaus menschlich höchst angenehm, wie Kessel den Freunden mitteilt. Schon vorher hatte er vorsorglich zwei Chiffreure und zwei Legationssekretäre ins Büro bestellt. Die Telegramme nach Bonn heißen im Sprachgebrauch des Auswärtigen Amts immer noch *Drahtberichte*, auch wenn sie schon aus vielen Ländern per Funk, also drahtlos im Auswärtigen Amt eintreffen. Kessel verfaßt sein Telegramm und spricht den Text mit den beiden Legationssekretären durch. Ihre Fragen regen ihn zu genaueren Formulierungen und einzelnen Zusätzen an. *Am Schluß fanden wir das Opus eigentlich sehr schön: Es enthielt angenehme Nachrichten, es waren neue Perspektiven angedeutet. Es waren allerdings auch Fragen aufgeworfen, auf die wir wahrscheinlich nie eine Antwort aus Bonn erhalten würden und von denen ich nicht einmal wußte, ob Bonn es mir überhaupt gestattete, sie zu stellen.*

Am frühen Sonntagnachmittag frißt er sich durch die Papierberge der New York Times und der Herald Tribune durch, schreibt einen Entwurf seines Rundbriefs und geht anschließend spazieren. *Hübsche Häuser, teils aus weiß gestrichenem Holz, teils aus mattrotem Backstein lagen unter hohen Bäumen, meist Eichen und Tulpenbäumen auf gepflegtem Rasen. Am Eingang oft hohe Büsche blauer Hortensien, der einzigen Blüten, die der Sommerhitze widerstehen.* Es folgt ein kurzer Rundblick auf die beiden vergangenen Tage: *Diesmal hat mich der alte Churchill mit seinen zwei Schlaganfällen, seinem Charme und seiner gefährlichen, aber großartigen politischen Dichtkunst gezwungen, sehr fleißig zu sein. Aber ich will es ihm nicht übelnehmen. Denn immerhin bin ja auch ich an diesem bedenklichen Gewerbe, das man Politik nennt, leidenschaftlich beteiligt.*[256]

Der Hinweis auf die *gefährliche, aber großartige politische Dichtkunst* Churchills wird für die Freunde in Deutschland kaum ohne weiteres verständlich gewesen sein. Den Schlüssel hierzu bietet eine als *geheim* eingestufte Aufzeichnung Kessels über ein Gespräch mit McCloy, dem ehemaligen Hochkommissar der Vereinigten Staaten in Deutschland. Kessel hatte Anfang Februar ein Wochenende bei dessen Schwiegereltern verbracht und sich dabei auch mit McCloy länger unterhalten. In seiner Aufzeichnung hält er fest, zu den Churchill-Memoiren habe der Amerikaner bemerkt, *es sei merkwürdig, daß das Gedächtnis der Menschen sich verändere oder ausfalle, sobald sie anfingen Memoiren zu schreiben. Immerhin habe Churchill den Morgenthau-Plan mitredigiert. Die Wendung, man solle Deutschland in pasture land (Weideland) verwandeln, sei eine typisch Churchillsche Formulierung.* McCloy habe das ruhig und ohne Schärfe gesagt, aber doch mit einem gewissen Spott.[257]

In der Berichterstattung an das Auswärtige Amt stehen für Kessel zunächst drei Fragen im Mittelpunkt: Die Viererkonferenz der Siegermächte in Berlin, der Höhepunkt des innenpolitischen Konflikts um den Senator McCarthy und der Krieg der kommunistischen Rebellen gegen die französische Kolonialmacht in Indochina. Als ständige Aufgabe kommt die Beobachtung der Entwicklungen in Moskau hinzu. Eine deutsche Vertretung in Moskau gibt es noch nicht. Adenauer beginnt jedoch schon für die Aufnahme diplomatischer Beziehungen zur Sowjetunion Interesse zu zeigen.

Während der Viermächtekonferenz in Berlin erlebt Kessel eine neue Enttäuschung: Vom Auswärtigen Amt erhält die Vertretung keinerlei Informationen. Bissig schreibt er an Blankenhorn: *Bisher haben wir vom Auswärtigen Amt über diese Konferenz nicht ein Wort zu hören bekommen, weder eine Sprachregelung noch eine Information über ihren Verlauf. Wir sind sehr bestürzt und wagen nicht den Mund aufzumachen aus Furcht, uns zu blamieren.*[258] Von der Britischen Botschaft erfährt er, sie erhalte zu ihrer Unterrichtung laufend die Telegramme, die der britische Außenminister Anthony Eden aus Berlin an Churchill nach London sende. Demnach hat sich die britische Regierung vor Beginn der Konferenz eindeutig auf die Wiedervereinigung Deutschlands festgelegt. Die Telegramme der letzten Tage des Vierertreffens ließen jedoch erkennen, daß man die Hoffnung auf eine deutsche Wiedervereinigung vorerst begraben müsse.[259]

Schon im Winter hatte der Senator McCarthy mit heftigen Angriffen auf die Armee seinen eigenen Sturz vorbereitet. Zum ersten Mal verglichen darauf führende amerikanische Zeitungen den demagogischen Senator mit Hitler. Auch für Deutschland und Europa ist die Entwicklung des Konflikts wichtig. Denn die öffentliche Meinung in den Vereinigten Staaten hat sich so lange mit McCarthy beschäftigt, daß sie für außenpolitische Fragen kaum Zeit fand.[260] Die letzten dramatischen Aufwallungen zeigen allerdings schon, daß ein Ende der politischen Laufbahn McCarthys bevorsteht. Nach einer förmlichen Verurteilung seines Verhaltens durch den Senat verliert er im Dezember 1954 jeglichen Einfluß.

Um so beharrlicher wird der Krieg im französischen Indochina die Berichterstattung der Vertretung begleiten. Noch Anfang März entwirft Allen Dulles als Chef der Central Intelligence Agency ein eher optimistisches Bild: Die militärische Lage habe sich in den letzten Wochen gebessert. Die Kampfmoral der französischen Truppen sei recht gut. Im State Department äußert man sich zugleich skeptisch über die Haltung Frankreichs auf der Genfer Indochina-Konferenz: Amerika überlasse den Franzosen dort die Initiative. Ohne einen bedeutenden militärischen Erfolg der Franzosen sei jedoch vor dem Ablauf eines weiteren Jahres mit dem Ende des Kriegs nicht zu rechnen.[261]

Knapp sechs Wochen später ist die Stimmung düster geworden. Als Vizepräsident der Vereinigten Staaten spricht Richard Nixon zum ersten Mal von der Möglichkeit, amerikanische Truppen nach Indochina zu senden, was jedoch erst fast ein Jahrzehnt später geschieht.[262] Der Gesandte Scott an der britischen Botschaft in Washington, ein Spezialist für Ostasien, klagt gegenüber Kessel wenige Tage später, er finde sich in den oft widersprüchlichen Äußerungen amerikanischer Politiker zu Indochina nicht mehr zurecht. Auch der Engländer ist jedoch davon überzeugt, daß Amerika Südostasien nicht in die Hände der Kommunisten fallen lassen will.²⁶³ Erst allmählich wird Anfang Mai das Ausmaß der Niederlage von Dien Bien Phu bekannt: 16 000 Tote und Gefangene hat Frankreich zu beklagen. Mitte Mai schreibt Kessel an Blankenhorn, er habe in seiner Laufbahn selten eine Lage erlebt, in der es so schwer war, ein klares Bild zu gewinnen. Denn von Präsident Eisenhower und John Foster Dulles, dem Leiter des State Departments, gibt es immer neue Erklärungen zu Indochina. Spätestens am übernächsten Tage werden sie abgeändert oder widerrufen.²⁶⁴

Für Frankreich ist die Bildung einer Regierung durch den Radikalsozialisten Pierre Mendès-France ein wichtiger Einschnitt. Schon im Juli kann Mendès-France in Genf ein Abkommen unterzeichnen, das den Abzug der französischen Truppen aus Vietnam vorsieht. Kessel berichtet hierzu an das Auswärtige Amt, wie europäische Diplomaten in Washington das Ergebnis der Konferenz sehen: Ein hoffnungsloses Unternehmen sei in angemessener Form liquidiert worden. Was Mendès-France in Genf erreicht habe, sei nicht erfreulich. Es sei aber akzeptabel – falls sich die kommunistischen Staaten an die Vereinbarung hielten. Darauf sei allerdings kein Verlaß.

Im Gegensatz zu den europäischen Diplomaten sind die Amerikaner enttäuscht. Sie sind bestürzt über den Erfolg der kommunistischen Staaten. Auch haben sie das Gefühl, selber versagt zu haben. Im Verhältnis der Vereinigten Staaten zu Europa hat sich das politische Klima verändert. Kessel hierzu: *Die Ereignisse in Indochina dürften den Schlußstrich unter den seit zehn Jahren unternommenen Versuch gezogen haben, Frankreich wieder in die Reihe der Großmächte, ja Weltmächte einzureihen.*²⁶⁵

Das sind die politischen Ereignisse jener Monate im Spiegel der von Kessel verfaßten Berichte an das Auswärtige Amt. Das Tagebuch bietet ein persönlicheres Bild:

8. Mai, Sonnabend.
Wir waren heute zwischen 11 und 12 eine halbe Stunde in der Freer Collection, dem Museum für asiatische Kunst. Das Raffinement der sahnefarbigen Sung-Schalen, deren Ornamente mit dem Pinsel in die zarte Masse eingedrückt sind, und die hinreißende Souveränität japanischer Wandschirme mit ihren Vögeln und Blumen haben mich begeistert. Beim Eintreten und vor dem Weggehen habe ich einen Augenblick still vor der lebensgroßen Holz-Lack-Statue eines sitzenden Buddha aus der Tang-Zeit gestanden. Ein ganz einfaches, in dunklen Tönen gehaltenes von ein paar Linien bewegtes, aber in sich ruhendes Bild des Verklärten, der

unmittelbare Übergang vom Pflanzenhaften zum Göttlichen ohne das Animalische, das bei uns im Guten wie im Schlechten eine solche Rolle spielt. ...

Die Genfer Konferenz über Korea und Indochina findet die westliche Welt wieder einmal im Zustand interner Händel, die bis an die Grenze der Selbstentmannung gehen. Die beste Figur machen, wie üblich, die Engländer. Die Amerikaner sind besten Willens, aber tapsig. Über die Franzosen ist nichts zu sagen.

Gestern fiel, nach 57tägiger Belagerung, die Feste Dien Bien Phu im Innern Indochinas. Ein heroischer, aber von vornherein verlorener Kampf, militärisch wie politisch unsinnig.

8. Mai, nachts. Vor neun Jahren, am Tag der bedingungslosen Kapitulation, habe ich noch spät nachts auf einem der grün gestrichenen eisernen Gartenstühle zwischen blühenden Oleandertöpfen auf dem kleinen Vorplatz von Santa Marta in der Vatikanstadt gesessen, links der Brunnen an der grün überwachsenen Wand mit der marmorweißen Madonna, rechts der große Schatten der Peterskuppel. Zerschmettert und ergeben habe ich zum Nachthimmel und seinen Sternen aufgeschaut. ...
Neun Jahre, Weizsäcker ist tot, ein Teil von Deutschland steht wieder auf kräftigen Beinen – und die Welt ist so gnadenlos wie je.

16. Mai.
Zu den Freuden meiner hiesigen Existenz gehört jeden Morgen der Blick von meinem kleinen Eßzimmer in die mit Eichen, Buchen und Tulpenbäumen bewachsene Waldschlucht – ein Stück Wildnis mitten in Washington. Jetzt im Frühjahr beobachte ich dann kurz die zahlreichen Robins, Amseln mit kupferbrauner Brust und schieferblauer und schwarzer Oberseite, oder den karminroten Kardinal mit seinem Schopf und dem nicht sonderlich melodiösen Schlag. Daneben kann ich mir leisten, immer Blumen in meiner Wohnung zu haben. Wenn ich nachts nicht schlafen kann, stehe ich zuweilen auf, um mich an ihren Farben und Düften zu erfreuen. Jetzt zum Beispiel habe ich im Eßzimmer einen kleinen Gardenienstrauß, an dem ein paar Tage lang bis zu elf Blüten offenstanden, dunklen Flieder, der um diese Jahreszeit schon aus dem kühleren Norden kommt, und ein Dutzend roter Rosen in einer schwarzen Vase.[266]

Am 21. Mai fliegt Kessel für zwölf Tage nach Europa zur Berichterstattung im Auswärtigen Amt. Eine Fülle von Gesprächen mit Kollegen und Freunden, darunter ein Abendessen mit Richard von Weizsäcker und seiner Frau. Den Himmelfahrtstag verbringt er in Düsseldorf-Benrath mit Hilde Lavergne und ihrer Schwester Gerda Neuhaus, deren Mann Gerhard Neuhaus und den vier Kindern des Ehepaars. Hierzu im Tagebuch: *Boccia, Croquett im Garten, heiter, harmonisch, beglückend.*[267] Am nächsten Tag führt er im Auswärtigen Amt mit Vollrath von Maltzan, dem Leiter der Handelspolitischen Abteilung, ein längeres Gespräch. Sein Eindruck davon: *Offenbar nimmt der Wunsch zu, mich in Bonn zu haben, ohne daß man mir eine entsprechende Einflußmöglichkeit garantieren könnte.* Dann dreiviertelstündiges *angenehmes Gespräch* mit Hallstein.

Auf dem Rückflug von Bonn nach Washington besucht Kessel zunächst seinen Freund Nostitz im Haag und bleibt dann noch zwei Tage in Paris. Er trifft dort außer deutschen Kollegen seine alten Gesprächspartner im Interimsausschuß, den belgischen Nato-Botschafter de Staercke und den Holländer Vredenburgh, der weiterhin stellvertretender Nato-Generalsekretär ist. Kessel im Tagebuch: *Alles kreiste um die Europäische Verteidigungsgemeinschaft und die Möglichkeit ihrer Verwirklichung. Bei den Banaleren ein gewisser Zweckoptimismus, eine Euphorie, bei den Verantwortlichen und Klugen ... das Bewußtsein, daß die Zeit drängt und eine Epoche – wahrscheinlich eine der besten, die ich erlebt haben werde – zu Ende geht. Auch bei den Klügsten nur ein abstraktes Wissen um die Ereignisse in Ostasien und daher kein Bewußtsein von der tragischen Bedeutung, die das dortige Geschehen für uns gewinnen kann.*[268] Auch im Urteil über die Kollegen in Paris ist Kessel selbstbewußter geworden. Denn in Washington haben die Ereignisse in Ostasien ein ganz anderes Gewicht als in London oder Paris, den Hauptstädten von zwei Staaten, die im Begriff sind, von ihrer Rolle als Großmächte Abschied zu nehmen.

Nachträglich meldet sich dann aber doch Skepsis gegenüber Gewalttouren, wie es die Reise nach Europa war: *Im Garten von Benrath zwischen schönen Frauen und reizenden Kindern schien noch einmal die Zeit stillzustehen und einen Nachsommer Stifterscher Art hervorzuzaubern. Im Tuileriengarten und vor den Bildern im Louvre – 25 Minuten hatte ich Zeit – war ganz Europa mir gegenwärtig. Aber das waren in zwölf Tagen kurze Augenblicke, wenige Minuten, wo ich die positiven Seiten, das Geschenk, das uns die Technik anbietet, zu genießen vermochte. Gehetzte, überanstrengte und neurasthenische Wesen – das ist es, was die Technik aus uns gemacht hat.*[269]

Wenige Wochen später vertraut sich Kessel wieder dem Heft mit dem schwarzen Wachstuchdeckel an, das für ihn nun nicht mehr ein Tagebuch ist, weil die Eintragungen seltener geworden sind. Was er schreibt, sind nicht nur Stimmungen dunkler Stunden, sondern Widerspiegelungen einer tiefen Trauer darüber, daß er an der Gestaltung der deutschen Außenpolitik in Bonn nicht mitwirken kann. Schon in den Pariser Jahren hatte ihn das bedrückt. In Washington kehren die trüben Gedanken wieder und begleitet ihn stets. In Bonn war es am ehesten Maltzan gewesen, der ihm Mut zu machen versucht hatte, Maltzan, den Adenauer aus dem engeren Kreis seiner Berater auf den Posten des Leiters der Handelspolitischen Abteilung im Auswärtigen Amt abgedrängt hat.

Viel Hoffnung bleibt ihm nach der Rückkehr nach Washington nicht: *Ich hänge leidenschaftlich an meinem Beruf und bin ganz von ihm erfüllt, in den letzten Monaten mehr als je. Und doch überkommt mich hin und wieder das Gefühl, ich müsse aussteigen, ich müsse mich gerade jetzt, auf dem Höhepunkt von ihm trennen – wenigstens eine Zeitlang, um zur Ruhe zu kommen, Einkehr zu halten, mich an den Zügel zu nehmen – zum Beispiel mit dem Rauchen – und ein Privatleben zu haben, was in meiner jetzigen Stellung ausfällt. So mag ein älter werdender Mann sich von seiner Geliebten trennen wollen, die er nicht heiraten kann. Solange ich es gesundheitlich aushalte, muß ich wahrscheinlich dabei bleiben, alles andere ist Unsinn. Denn als Privatmann würde ich zwar den Ärger mit Bonn los, das heißt mit Adenauer, der mich nicht leiden kann und den ich bewundere und dabei unausgesprochen mißbilligend in seine Schranken weise, was er irgendwie merkt. Ich würde d i e s e n Ärger los, aber nicht die sonstigen Belastungen: das Gefühl, daß wir, die wir die Dinge mit Maß behandeln und den Krieg vermeiden möchten, in einer verlorenen Schlacht stehen und daß ein Verhängnis über uns waltet. Ich habe die letzten Wochen genossen, es ging mir besser, und meine Arbeit war ungewöhnlich interessant. Neben der Frage, ob Amerika in Indochina eingreifen würde (was glücklicherweise vermieden wurde), ging es darum, auf die Anerkennung der deutschen Souveränität und irgendeine Alternative zur Europäischen Verteidigungsgemeinschaft loszusteuern. Wir haben in dieser Beziehung Fortschritte gemacht.*

Aufzeichnungen wie diese, die ja kein Tagebuch sind, verfälschen wahrscheinlich die Perspektive, weil sie einseitig sind. Das, was ich an Vitalität besitze und an Fröhlichkeit (›die Welt gehört den Fröhlichen‹, hat Friedrich der Große einmal gesagt), versuche ich auf meine engere Umgebung auszustrahlen, diesen Blättern vertraue ich meine Erschöpfung an.[270] Im Juni ist Kessel zweimal am Wochenende in Rehobot Beach am Atlantik. Er will sich von dem Klima Washingtons erholen, das ihm so schlecht bekommt. Anfang Juli verbringt er vier freie Tage in Bedford Springs in Pennsylvania. Hier fühlt er sich wohl: *Ein großes, altmodisches, aber modernisiertes Badehotel, das an Entsprechendes in Deutschland erinnert, mit Nebengebäuden, Clubhaus inmitten eines eigenen Geländes von 4000 Morgen in einem Waldtal der Allegheny Berge gelegen. Der Blick schweift über einen wunderbar gepflegten, mit schönen Einzelbäumen bestandenen Wiesengrund, der in einen Golfplatz verwandelt ist, auf sanfte Höhenzüge mit schönstem Laubwald, verblauende Kulissen, die sich voreinander schieben. Man versteht hier erneut, daß Pennsylvania die frühen Siedler anlockte, erinnert die Landschaft doch in vielem – nicht in allem – an europäisches Mittelgebirge.*

Kessel badet mit den deutschen Kollegen, die mit ihm hier das Wochenende verbringen, in einem See am Waldrand und streift auf Pfaden und Wanderwegen durch den Wald. Er hat Blumen gesammelt und Vögel beobachten können. Am meisten freut er sich über die *aufregend schönen und aufregend großen Schmetterlinge*. Unter den Tagfaltern ist da ein Segelfalter, samtschwarz, mit lichtblauen Streifen am Flügelende und den Flügelspornen.

Von einem Nachtfalter notiert er: *Abends auf der Hotelterrasse sahen wir zweimal eine Art Nacht-Pfauenauge, so groß wie meine Hand, sein Leib weiß mit korallenfarbenem Pelz, die allgemeine Farbe der Riesenflügel auf ein Grau mit blutroter Untermalung abgestimmt und mit lichten, hellblau umrahmten Halbmonden geschmückt. Ich rettete einen, der sich an der weißlichen Kugel der Terrassenlampe zugrunde richten wollte, indem ich meine Hand unter seinen Leib schob. Er saß dann minutenlang halb benommen, halb erlöst – vertrauend still auf meinen Fingern mit gebreiteten Flügeln, von meinen Begleitern bestaunt, von mir mit tiefem Entzücken bewundert. Ich war wieder ein zehnjähriger Schmetterling-sammelnder Junge. Das Leben in der Fremde, das Verlassensein in Washington und die Aufregungen dieses Postens hatten sich gelohnt: Ich hatte den Schmetterling meiner Knabenträume auf meiner Hand sitzen gehabt.*[271]

Doch auch die Erinnerung an den Nachtfalter schenkt nur auf kurze

Zeit Trost. Zwei Wochen später vertraut Kessel dem schwarzen Wachstuchheft an, was ihm an seinem Posten so viel Kraft kostet: Er spürt, daß er in dem politischen Spiel zwischen Bonn und Washington nicht richtig eingesetzt wird. Das hat nichts mit der Bewertung seiner Fähigkeiten zu tun. Kessel seufzt: Wären die Amerikaner in den diplomatischen Methoden zu Hause und gingen nicht nur bürokratisch vor, dann würden sie ihre Wünsche nicht über ihren Hochkommisar Conant in Bonn vorbringen lassen, der bei Adenauer wenig gilt, sondern gelegentlich hierzu auch den Weg über die deutsche Diplomatische Vertretung in Washington wählen. Und umgekehrt: *Statt mit Conant nur Alltagsgeschäfte zu betreiben könnte der Alte sein ungewöhnliches, ja gelegentlich beängstigendes Prestige ausnutzen, um über uns hier in unauffälliger Form einen ganz unmittelbaren Einfluß auf die amerikanische Weltpolitik auszuüben.* Doch leider geschieht beides nicht: Die Amerikaner sind *zu bürokratisch-phantasielos, der Alte ist zu mißtrauisch. Er will alles selber machen.*[272]

Der Sommer 1954 bringt eine Entscheidung, die Kessel seit langem erwartet hat, jedoch in unerwarteter Form. Der Radikalsozialist Mendès-France, seit Juni französischer Ministerpräsident, legt das Vertragswerk über die Bildung einer Europäischen Verteidigungsgemeinschaft dem Parlament zur Ratifizierung vor. Auf eine Stellungnahme seiner Regierung zur Befürwortung der Verteidigungsgemeinschaft hat er verzichtet. Am 30. August beschließt das Parlament mit einer Mehrheit von mehr als 50 Stimmen, es werde über die zur Ratifizierung vorgelegten Verträge nicht einmal die Debatte eröffnen. Damit ist der vier Jahre zuvor von einer französischen Regierung ersonnene Plan einer Verteidigungsgemeinschaft der sechs Montanunion-Staaten gescheitert. In Wahrheit hat die Ablehnung des in Frankreich stets ungeliebten Vertragswerks die Dinge jedoch nur in Bewegung gebracht. Kaum zwei Monate später beenden die drei Westmächte mit den Pariser Verträgen für das Gebiet der Bundesrepublik das Besatzungsstatut. Und die fünfzehn Mitgliedsstaaten der Nato protokollieren eine Einladung an die Bundesrepublik zur Mitgliedschaft im Atlantischen Bündnis. Auch das französische Parlament stimmt nun plötzlich der deutschen Mitgliedschaft zu.

Für Adenauer allerdings ist die Ablehnung des Vertrags über die Verteidigungsgemeinschaft der Sechs ein harter Schlag. Bis zuletzt hatte er den Standpunkt vertreten, für diesen Vertrag gebe es keinen Ersatz. Unmittelbar nach der Ablehnung durch die französische Kammer wird

Kessel nach Bonn zitiert. Am 1. September trifft er mittags in Düsseldorf ein. Vom Flugplatz bringt ihn sein Freund Noebel nach Bonn. Von dort fährt er mit einem Dienstwagen des Auswärtigen Amts mit Sigismund von Braun, seinem alten Freund aus gemeinsamen römischen Jahren, nach Baden-Baden. Braun ist dorthin als Leiter des politischen Referats der Diplomatischen Vertretung in London bestellt. Aus Paris ist Gebhard von Walther schon eingetroffen. Das Auswärtige Amt ist durch Hallstein, Blankenhorn und den Professor Ophüls vertreten.

In der ersten außenpolitischen Krise, die Adenauer als bedrohlich ansieht, tritt etwas Merkwürdiges ein: Nicht die Leiter der Vertretungen der Bundesrepublik in Paris, London und Washington, die inzwischen den Titel »Botschafter« tragen, Hausenstein, Schlange-Schöningen[273] und Krekeler, hat der Kanzler zur Berichterstattung nach Baden-Baden geholt, sondern drei Berufsdiplomaten aus dem alten Auswärtigen Amt. Kessel notiert im Wachstuchheft[274]: *In Baden-Baden Ausbrüche des Unwillens gegen Mendès-France auf seiten Adenauers, die in scharfen Formulierungen von Hallstein und Ophüls ihr Echo fanden. ... Walther, Braun und ich wiegelten ab, von Blankenhorn sekundiert. Ich selber tat mich dabei nicht sehr hervor, überzeugt, daß die Erregung Adenauers und seiner Ratgeber von selber abflauen werde. Aufgrund meiner amerikanischen Eindrücke und meiner Einschätzung der voraussichtlichen Haltung der britischen Regierung fand ich, wir könnten es uns leisten, ein paar Tage böse zu sein.*

Das trägt Kessel von den Freunden Walther und Braun den Vorwurf ein, er sei zu optimistisch. Von einem Interview mit der Londoner *Times*, in dem Adenauer seinem Unwillen freien Lauf gelassen hat, notiert er jedoch, es sei auch ihm zu weit gegangen, vor allem wegen der persönlichen Spitzen gegen Mendès-France, die es enthält. Kessel hält sie für unklug und zum Teil auch für unberechtigt.

Als Schönstes bleibt ihm von dem unerwartetem Besuch in Deutschland die Autofahrt von Bonn nach Baden-Baden in Erinnerung, *die Schlösser von Heidelberg und Montabaur, der Limburger Dom. ... Auf den Feldern standen letzte Garben, und in den Bauerngärten rankten die Dahlien in Purpur und Gold mit violetten und rosa Astern zu ihren Füßen. Es war das Deutschland der Kinder-, Märchen- und Sagenbücher. Die Sorgen lösten sich in goldenen Dunst auf wie die Gewitterwolken über dem Odenwald.* Zurück in Washington, hält Kessel fest, es gebe nun endlich Gespräche über Alternativen zur gescheiterten Verteidigungsgemeinschaft der Europäer, *die man schon vor Jahresfrist insgeheim hätte beginnen können und sollen.*[275]

Am 14. September bricht er für fünf Wochen nach Deutschland auf. Zunächst geht es nach Oberstdorf. Dort versucht er den zu niedrigen Blutdruck, Kreislaufstörungen, Untergewicht und Schlaflosigkeit zu kurieren. Dann am Monatsende ein kurzes Intermezzo in Bonn, wo er vor den deutschen Botschaftern, Gesandten und Generalkonsuln aus Südostasien einen Vortrag über die amerikanische Asienpolitik hält. Darauf noch einmal zwei Wochen Kur in Oberstdorf, anderthalb Tage in München, das Kessel *schlechthin bezaubernd* findet, und vor dem Rückflug ein Wochenende bei den Freunden in Düsseldorf.

Das politische Klima in Deutschland ist für ihn überraschend unbehaglich: *Viel Nörgelei und Unzufriedenheit, für die angesichts des ständig angestiegenen Wohlstands kein rechter Grund ersichtlich war.* Mit dem oft fast seismographischen Sinn für Veränderungen der Atmosphäre stellt er Betrachtungen über eine geistige Krise an, deren Symptome erst ein Jahrzehnt später sichtbarer werden, bis sich die Spannungen schließlich in der Studentenrevolte von 1968 entladen. Gefahren sieht er in zweierlei Richtung: *Wir sind formlos und allzu oft unfair. Die Auseinandersetzung droht also zu einer Zerreißprobe mit schlimmsten Auswüchsen zu werden. Es ist nicht etwa, wenigstens in der jetzigen Phase noch nicht, der Nationalismus, der drohend sein Haupt erhebt, sondern der Nihilismus, die Entwurzelung, das ›ohne mich‹, der Mangel an Maßstäben.*[276]

Im schwarzen Wachstuchheft findet sich drei Wochen später über Adenauer ein Satz, der überrascht: *Ich bin absolut Anhänger seiner Außenpolitik.*[277] Nie zuvor und wohl auch niemals danach hat sich Kessel über Adenauer so rückhaltlos zustimmend geäußert. Was ist geschehen? Der Kanzler war Ende Oktober drei Tage in Washington, um dann nach New York zu fliegen und den Ehrendoktor der Columbia-Universität entgegenzunehmen. Unmittelbar davor hatte er die Pariser Verträge unterzeichnet. Die Bundesrepublik ist jetzt Mitglied der Westeuropäischen Union. Für ihr Gebiet beenden die Verträge das Besatzungsregime. Damit ist für Westdeutschland die staatliche Souveränität wiederhergestellt, weitgehend jedenfalls. Einschränkungen regelt ein Truppenvertrag. Die Nato-Partner haben zugleich ihre Einladung an Deutschland zur Aufnahme in das westliche Bündnis protokolliert, und die drei Westalliierten haben ihre Garantien für den Westsektor von Berlin bekräftigt. Der Optimismus Kessels bei der Krisensitzung in Baden-Baden hat sich damit als berechtigt erwiesen, und ebenso seine in den Berichten an das Auswärtige Amt oft wiederholte Prognose, zur Überwindung des Stillstands in der Verteidigungsfrage werde sich vor allem England als hilfreich erweisen. Adenauer jedoch ist es, der nach dem Scheitern der Verteidigungsgemeinschaft der Sechs die Chancen der Stunde genutzt hat. Kessel erkennt das ohne Vorbehalt, ja mit Bewunderung an.

Auch in der Ostpolitik wird endlich eine Lockerung der westdeutschen Haltung erkennbar. Zur Frage der Aufnahme diplomatischer Beziehungen zwischen Bonn und Moskau hat Kessel schon im Mai aufgrund einer Weisung des Auswärtigen Amts mit dem stellvertretenden Unterstaatssekretär Robert Murphy gesprochen. Er konnte berichten, auch in dieser Frage habe man in Washington volles Vertrauen zur Bundesregierung.[278] Kurz zuvor hatte der Leiter der Deutschlandabteilung im State Department, Lyon, bereits Kessel gegenüber den Standpunkt vertreten, es werde ja einmal zu Gesprächen zwischen Bonn und Moskau kommen. Für den Bundeskanzler werde es ein großer Erfolg sein, wenn Moskau die Bundesrepublik anerkenne.[279] Von seiner Zustimmung zur Außenpolitik Adenauers nimmt Kessel die Deutschlandpolitik allerdings aus, für Deutsche ist die Wiedervereinigung ja auch nicht eine außenpolitische Frage.

Nach dem Besuch Adenauers in Washington hält Kessel im schwarzen Wachstuchheft fest: *Erlebte ihn hier in Washington, nahm an zwei Abendessen (eines von Dulles, das andere von Adenauer gegeben) sowie an einem Buffet-Dinner bei Krekeler teil und ebenso an einem Frühstück im Weißen Haus. Verhandelt wurde nichts Wichtiges. Der Alte war wieder in ganz großer Form, ein Grandseigneur, der seine Menschenfeindlichkeit hinter Charme zu verbergen vermag. Für die Amerikaner ist er zu einer Art mythischer Figur geworden, sie verehren und lieben ihn. Er ist für sie ›Mr. Germany‹, das deutsche Volk nur ein Anhängsel. Zweifellos ist er ein großer Mann, höchstwahrscheinlich der Größte, den ich kenne. Und doch wird erst die Geschichte über ihn zu urteilen haben. Seine Menschenverachtung und seine patriarchalische Herrschsucht verhindern das Heranwachsen eines Nachfolgers, oder, besser gesagt, eines Teams, einer Elite. Ich bin absoluter Anhänger seiner Außenpolitik, frage mich aber, ob seine Herzlosigkeit die Innenpolitik und die Frage der Wiedervereinigung richtig zu sehen vermag und ob er nicht Giftstoffe anhäuft, die gefährlich sind.*[280]

Mit Adenauer und Krekeler war Kessel zum erstenmal im Weißen Haus. Es hat ihm gefallen: *Wohlproportionierte Räume, würdig und bescheiden – wenn auch nicht sonderlich geschmackvoll, aber auch ohne Geschmacklosigkeiten eingerichtet. Die (militärischen) Adjutanten sahen mit Liebenswürdigkeit und Humor auf genaue Ordnung. Das Frühstück (etwa 20 Männer) – verlief zwanglos und bescheiden, aber durchaus würdig.*[281]

Für den Besuch des Kanzlers in Washington war der Termin freilich nicht glücklich gewählt. Am Tage nach seinem Aufbruch sollten Kongreßwahlen stattfinden. Noch zehn Tage später zieht Kessel es vor, über die durch die Wahlen veränderte Lage nicht an das Auswärtige Amt zu berichten. Er sendet seine Informationen zunächst nur an Blankenhorn. Vielleicht sei es schon möglich, einige Prognosen zu stellen. Doch zunächst sei alles noch so vage und unsicher, daß er es vorziehe, nur einen Privatbrief zu schreiben.

Zum Ausgang der Wahlen teilt Kessel dem Freund mit, die Amerikaner hätten in erster Linie diejenigen Kandidaten gewählt, die gemäßigte Anschauungen vertreten. Der gemäßigte Flügel beider Parteien werde gut mit dem Präsidenten zusammenarbeiten. Eisenhower trete ja selber immer mehr für Mäßigung ein. Damit sei die große Zeit McCarthys vorbei. Die Vorstellung, die amerikanische Regierung sei von kommunistischen Agenten unterwühlt, sei im Verblassen. Es bestehe begründete Aussicht, daß Eisenhower für seine außenpolitische Linie eine gesicherte Mehrheit im Kongreß finden werde.

Es folgt die entscheidende Aussage zur Außenpolitik der Vereinigten Staaten: *Diese außenpolitische Linie (des Präsidenten) hat, das ist nicht mehr zu übersehen, im letzten Jahr eine entscheidende Änderung, und zwar nicht nur in taktischer Hinsicht, erfahren. In den ersten zwölf Monaten der Eisenhower-Regierung war sehr viel von einer Befreiung der unterdrückten Völker, einem Zurückrollen des Eisernen Vorhangs, von augenblicklicher Vergeltung und ähnlichen Dingen die Rede. Heute hört man davon nichts mehr. Eisenhower hält eine Rede nach der anderen über die guten Aussichten für einen lang andauernden Frieden. ›Coexistence‹ ist geradezu zu einem Modewort geworden, und man wird sogar allmählich und vorsichtig die Anerkennung Rotchinas ansteuern, wenn Peking selbst Mäßigung an den Tage legt.*[282]

Wie so häufig in der amerikanischen Geschichte ist also das Pendel des politischen Klimas in weniger als zwei Jahren in eine entgegengesetzte

Richtung geschlagen. Einen Monat später berichtet die Diplomatische Vertretung, was der amerikanische Botschafter in Moskau, Charles Bohlen, gerade in Washington mitgeteilt hat: Man sollte selbst in Perioden höchster Spannung jederzeit darauf gefaßt sein, plötzlich von den Machthabern im Kreml in ein Gespräch gezogen zu werden, auch in ein Gespräch von höchster Bedeutung. Dem State Department hat Bohlen bei seinem Aufenthalt in Washington auch berichtet, die Russen könnten auf die Ratifizierung der Pariser Verträge – und damit auf die Aufnahme der Bundesrepublik in die Nato – vielleicht laut und heftig reagieren. Sie würden aber die Tür zu Verhandlungen nicht zuschlagen.[283]

Unterdessen ist Kessel in etwa dreißig Stunden von New York nach Buenos Aires geflogen, und zwei Tage später weiter nach Montevideo. Die Hauptstadt Argentiniens und ihre Bewohner findet er farblos. Die Plakate mit dem Bild des Diktators Perron und der verstorbenen Evita erinnern ihn an das faschistische Rom der frühen dreißiger Jahre. *Aber die Korruption ist ganz offensichtlich ein mäßigendes Element, man kann sich freikaufen aus dem Gefängnis.* Jörg Kastl, Kollege und Freund aus der gemeinsamen Zeit in Paris, ist jetzt in Buenos Aires auf Posten. Mit ihm geht Kessel abends zunächst in ein italienisches Restaurant. Später, in einer Bar, fühlt er sich in das Berlin um 1930 versetzt: *Ein deutscher Jude saß am Klavier und spielte in jener einmaligen Mischung aus Präzision und verhaltener Sentimentalität die Schlager jener Jahre. Und da alle Anwesenden Deutsche waren und deutsch sprachen, kam ich mir vor wie einer, der einen Film oder ein Schauspiel sieht, die ihn vor fünfundzwanzig Jahren fasziniert haben.*[284]

Montevideo, das Hauptziel der Reise, gefällt ihm besser als Buenos Aires: *Kleinstädtisch, laut und schmutzig, aber nicht ohne Charme.* Nach Montevideo hat Hallstein als Staatssekretär des Auswärtigen Amts die deutschen Botschafter und Gesandten aus Lateinamerika zu einer Konferenz gebeten. Kessel hat den Auftrag, vor den Kollegen über das Verhältnis der Vereinigten Staaten zu den 21 lateinamerikanischen Republiken zu sprechen. Er notiert hierzu im Tagebuch: *Die Konferenz artete unter Hallsteins Leitung zu einem Seminar oder gar Schulbetrieb aus. Trotzdem lernte ich eine Menge. Entbehrte aber sehr, mich nicht genügend bewegen, nicht genügend sehen zu können.*[285]

Über den aktuellen Anlaß hinaus findet das Referat, das Kessel auf der Konferenz in Montevideo hält, bei deutschen Diplomaten Beachtung. Der *Gute Kamerad* druckt es im Wortlaut ab. *Guter Kamerad* – so heißt nach altem Brauch der Wilhelmstraße immer noch das auf gelbem Papier vervielfältigte Heft, das Berichte der Botschaften von besonderer Qualität und allgemeinem Interesse allen deutschen Auslandsvertretungen zugänglich machte. Die Aufnahme eines Berichts in den Informationsdienst gilt als Auszeichnung für den Verfasser. Interne Vorträge oder Referate werden kaum je abgedruckt. An den Vortrag von Kessel über das Verhältnis der Vereinigten Staaten zu den lateinamerikanischen Ländern aber wird sich mancher jüngere deutsche Diplomat noch lange erinnern – weil der Text so anschaulich ist.

Kessel beginnt mit dem Hinweis, er habe in Washington mit Beamten des State Departments, Journalisten und anderen politisch interessierten Amerikanern gesprochen. Er habe immer die gleiche Antwort erhalten: Die Zeit des Dollar-Imperialismus sei endgültig vorüber. Man pflege eine Politik der guten Nachbarschaft und kämpfe gemeinsam mit den Schwesterrepubliken für die Erhaltung der Freiheit. All das habe schön geklungen, meint Kessel, ja etwas zu schön. Doch wenn es so gut bestellt sei um die Einheit zwischen Lateinamerika und den Vereinigten Staaten, wollten die Lateinamerikaner an der unvorstellbaren Prosperität der nördlichen Nachbarn teilnehmen. Die Lateinamerikaner aber lebten sozusagen im Hinterhof: *Der Yankee blickt aus dem Fenster seines Palastes wohlwollend auf dieses bunte Völkchen, er nimmt Anteil an ihrem Tun und Treiben, er mag sie gern. Und wenn er hört, daß es einem von ihnen wirklich schlecht geht, springt er ein, schickt den Hausarzt oder einen Briefumschlag mit Geld.*

Wenn man das Gemeinsamkeit nenne, sei alles in Ordnung, ist Kessels Befund. Doch er fürchtet, die Lateinamerikaner seien mit einer solchen Gemeinsamkeit nicht ganz zufrieden. Und er untersucht vorurteilslos, ob es in der Zeit, über die er berichtet, in der Mitte der fünfziger Jahre also, wirklich eine tiefere Gemeinsamkeit geben könne. Seine Antwort ist ein eindeutiges *Nein*. Er gibt dabei zu bedenken, daß die Vereinigten Staaten von ihrer neuen weltweiten Aufgabe ohnehin fast überwältigt sind.[286] Im Rundbrief an die Freunde äußert er sich noch persönlicher. Dort zitiert er das Wort eines seiner Kollegen von der Botschaft in Rio de Janeiro: *Südamerika ist der Kontinent der Zukunft – und wird es noch lange bleiben.*[287]

Von Montevideo fliegt er nach Chile, um seinen alten Freund Botho von Wussow wiederzusehen, den einzigen Kollegen aus dem alten Auswärtigen Amt, der wie Kessel zum inneren Kreis der Verschwörer vom

20. Juli gehört und nach dem gescheiterten Staatsstreich die Hinrichtungswelle im Ausland überlebt hat. Zum letztenmal hatten sich die beiden Freunde 1947 in Rieden gesehen. Wussow war dann nach Chile zurückgekehrt. Dort hatte er vor dem Krieg glückliche Jahre verbracht. Jetzt hat er in Santiago ein Delikatessengeschäft. Es geht ihm besser, als Kessel erwartet hat – *wenn er es auch schwer hat*, wie es im Tagebuch heißt. Am zweiten Abend sind die Freunde bei dem deutschen Botschafter Campe, *der sich Mühe gab, nicht nur ein pompöser, fauler Botschafter zu sein.*[288]

Tagsüber Ausflüge mit Wussow in die Umgebung. Kessel saugt die Eindrücke der Landschaft tief in sich ein, *italienisch fruchtbare Täler und italienisch verkarstete Höhenzüge, beides von einem Hauch wilder Fremdheit übergossen – und als Folie dahinter die riesigen Schneegipfel der Anden.* Unvergeßlich bleibt auch bei dem Heimflug der Sonnenuntergang über dem Meer. Nach einer Zwischenlandung auf dem Flugplatz von Guayaquill, dem Hafen von Quito, legt Kessel sich schlafen. Für Langstreckenflüge gibt es in der Ersten Klasse der Propellermaschinen noch Schlafplätze, die Feldbetten ähneln. Bei einer Unterbrechung der Reise in Miami am frühen Morgen unternimmt er einen Spaziergang. Fast 24 Stunden dauert die Flugreise von Santiago nach Washington.[289]

Ein Jahr nach der Übernahme des Postens in den Vereinigten Staaten hat er manches erreicht, was weder im Tagebuch noch in den Berichten an das Auswärtige Amt einen Niederschlag findet. Erfolge hat er vor allem bei einer Aufgabe, die er sich selber gestellt hat und bis zur Heimkehr nach Deutschland fortsetzen wird: Er ist zum Erzieher junger deutscher Diplomaten geworden. Wie wesentlich der Beitrag des politischen Denkers Albrecht von Kessel zu einer neuen Ostpolitik war, von der manches dann später Willy Brandt verwirklichen sollte, blieb selbst manchen Freunden und Weggefährten verborgen. Die Leistungen des Erziehers Kessel hingegen sind im Kreis seiner Freunde nie strittig gewesen. Nicht wenige sehen sogar das, was er in Washington als Mentor und Vorbild erreicht hat, als seinen größten Erfolg im Lebenswerk an.

Eine gute Voraussetzung hierfür war die Harmonie an der Spitze der Vertretung in Washington, die im Mai 1955 den Rang einer Botschaft erhielt. Kessel hat bis ins hohe Alter stets Dankbarkeit für seinen Vorgesetzten in Washington, den Botschafter Heinz Krekeler bewahrt. Der hatte mehr Sinn für das Politische im Diplomatenberuf als der zugleich hochgebildete und übersensible Hausenstein. 1906 in Westfalen geboren, war Krekeler vier Jahre jünger als Kessel. Die Vereinigten Staaten hatte er schon 1925 als Student kennen gelernt. Ein Vorfahre, Karl Krekeler, war Mitbegründer der Farbenfabriken Friedrich Bayer und Co. Für ein Berliner Unternehmen der chemischen Industrie unternahm Heinz Krekeler zahlreiche Reisen nach England und Nordamerika. Nach dem Krieg wurde er freidemokratischer Landtagsabgeordneter, dann auch Stellvertretender Vorsitzender des Landesverbandes seiner Partei in Nordrhein-Westfalen. Vom Juni 1951 an hatte er zunächst ein Jahr lang als Generalkonsul in New York die erste Vertretung der Bundesrepublik in den Vereinigten Staaten geleitet und kam dann als deutscher Geschäftsträger nach Washington.

Damals hat er in Paris ein längeres Gespräch mit Kessel geführt. Dessen Grundgedanken leuchteten ihm ein, mochten sie auch in mancher Hinsicht recht eigenwillig erscheinen und mit der von Adenauer betriebenen Politik nicht ganz in Einklang zu bringen sein. Für die Einigung Europas trat auch Kessel in Paris ohne Vorbehalt ein. Es waren Zeiten eines hoffnungsvollen Beginns. Der Schuman-Plan hatte schon zur Gründung der Montanunion geführt. Eine Hegemonie Frankreichs in Europa hielt Kessel trotz wachsender Zweifel noch immer für möglich, ja er bejahte ein französisches Übergewicht, falls es der preußischen Hegemonie im Bismarckreich gliche. Zugleich aber forderte er, Deutschland müsse auf seinen eigenen Belangen bestehen, wobei ihm als Vorbild Bayern vorschwebte. Bayern hatte ja seit 1870 und auch noch nach der Gründung der Bundesrepublik Deutschland stets beherzt die eigenen Interessen vertreten.[290]

Alledem stimmte Krekeler zu. Und Kessel hat nie bezweifelt, daß er seine Ernennung zum Gesandten in Washington nicht zuletzt Krekeler verdankte. Bei näherem Kennenlernen sei er zu der Überzeugung gelangt, daß sich da hinter einer äußeren, eher formelhaften Fassade ein höchst sensibler und daher auch verletzlicher Charakter verbarg. Dankbar blickte Kessel später auf den *unbegrenzten Anstand* des Missionschef zurück, der für keinerlei Intrigen zugänglich gewesen sei.[291]

In den vier gemeinsamen Jahren bestand Krekeler darauf, daß Kessel jede Einzelheit der Berichterstattung und des Dienstes innerhalb der Vertretung mit ihm besprach. Bescheidenheit ist gerade bei sensiblen Naturen ein Zeichen höherer Klugheit. Krekeler wußte, daß es der Botschaft nur nützlich sein konnte – und damit auch letztlich ihm selbst –, auf den Rat des erfahrenen Diplomaten Kessel zu hören. Und der bescheinigt später seinem langjährigen Chef, er habe das Diplomatenhandwerk so gründlich gelernt, daß man schließlich meinen konnte, man habe es mit einem Karrierediplomaten großen Stiles zu tun.[292] Von den Außenseitern, die Adenauer 1950 mit der Leitung der deutschen Vertretungen in Frankreich, England und den Vereinigten Staaten betraute, hat er 1955 nur Krekeler nach der Umwandlung der drei Diplomatischen Vertretungen in Botschaften auf seinem Posten belassen. Nach einer fast achtjährigen Dienstzeit in den Vereinigten Staaten wurde Krekeler noch für weitere sechs Jahre als Mitglied der Euratom-Kommission nach Brüssel entsandt.

Schon im ersten Rundbrief an die Freunde hatte Kessel die gute Zusammensetzung der Botschaft gelobt.[293] Seinem Jugendfreund Harry von Tieschowitz schrieb er in jener Zeit: *Der Kreis der Botschaft s e h r erfreulich.* Doch gleich folgte der Zusatz, für die Mitarbeiter sei er eben Chef. Nur von Bruno E. Werner, dem Kulturreferenten der Vertretung, gingen für ihn menschliche oder geistige Anregungen aus.[294] Kessel hat sich in den ersten Monaten in Washington sehr vereinsamt gefühlt. Einen freimütigen Gedankenaustausch mit den jungen Legationssekretären konnte er zunächst nicht erwarten. Im Alter hat er notiert, mit den jungen Kollegen in der politischen Abteilung habe er bei der ersten Begegnung Mitleid empfunden. Sie alle, nun etwa dreißigjährig, hatten im Krieg an den verschiedensten Fronten gekämpft, waren dann in Gefangenschaft geraten und hatten danach, oft in Dachstuben oder Kellerräumen hungernd und im Winter frierend studiert. Dann mußten sie sich für die Aufnahmeprüfung zum diplomatischen Dienst in aller Eile weitere Kenntnisse aneignen, vor allem eine gewisse Geläufigkeit in der englischen und französischen Sprache. Von dem gemeinsamen Schulbetrieb für die Attachés in dem weltabgelegenen Speyer hielt Kessel nicht viel: *Eine merkwürdige Art der Ausbildung, denn sie birgt die Gefahr in sich, den Typus eines Klassenprimus heranzuziehen, statt weltläufiger und gewandter junger Diplomaten.*

Als eine seiner wichtigsten Aufgaben sieht Kessel es an, den jungen Kollegen zu helfen, ihnen zu zeigen, daß es auch in der modernen Welt human zugehen kann. Er denkt an die eigene Kindheit auf dem schlesischen Gut. In dem fragmentarischen Entwurf seiner Erinnerungen an Washington hält er fest, er habe unbewußt ein Gebot befolgt, das ihm seine Eltern von frühester Jugend an eingehämmert hätten: Später einmal werde es Menschen geben, die für ihn arbeiten müßten, Menschen wie seine Eltern und wie er selbst, auch wenn sie ärmer seien. Er werde sich dann um sie kümmern müssen und für sie sorgen. Das werde eine große Verantwortung für ihn bedeuten. Die Lebensregel wendet Kessel in Washington an. Er gibt den jungen Diplomaten, was einer seiner Mitarbeiter später *einen Vorschuß an Vertrauen* genannt hat. *Mir scheint es nur natürlich, daß, wenn man jemand helfen will, Vertrauen die Vorbedingung ist*, meinte Kessel hierzu im Rückblick.[295] Das Wertvollste, das er den jungen Diplomaten zu bieten hat, erwähnte er nicht: das persönliche Vorbild in der Beherrschung des diplomatischen Handwerks, im Lebensstil und in der Gesinnung.

Wir wissen ziemlich genau, wie er, sobald er sich nach eigenem Geschmack einrichten konnte, in Washington in seiner Wohnung gelebt hat. Eine Küche, eingebaute Schränke im Kolonialstil und Schlafzimmermöbel sind in dem solide möblierten Appartement schon vorhanden. Doch er setzt eigene Akzente, etwa mit der dunkelbraunen Anrichte aus Walnußholz, toskanisch wahrscheinlich, im Stil der italienischen Spätrenaissance. Und darüber hängt in einem schweren dunklen Rahmen eine kolorierte Radierung, die man nicht leicht vergißt. Es ist eine Vedute mit der Toteninsel San Michele aus dem Venedig der Tiepolos. Unbeeindruckt von der ernsten Kulisse nimmt auf dem stillen Wasser eine Bauernfamilie in ihrer Gondel ihre einfache Mahlzeit ein. Bei aller schwebenden Heiterkeit der leicht ungelenken Gestalten ist die alte Radierung doch wie ein Gruß aus einer anderen Welt. Kessel hat das Blatt in einem Antiquitätengeschäft in München gekauft. Es erinnert ihn an die letzten gemeinsamen Tage mit dem unvergessenem Freund Adam von Trott. Noch im Mai 1944, nur zwei Monate vor dem 20. Juli, hatte er sich mit Trott ja noch einmal in Venedig getroffen.

Als Lehrstück und zur Eröffnung des Gedankenaustauschs mit den jungen Kollegen gibt Kessel in seiner Wohnung *ein einfaches aber stilvolles Essen bei Kerzenschein, mit einer Blumendekoration auf dem Tisch*. Sie sollen gleich lernen, wie man für ein offizielles Essen den Tisch arrangiert. Nach der Mahlzeit leitet Georg Federer auf Kessels Wunsch die Diskussion. Es gibt reichlich Whisky, und es geschieht, was der Gastgeber erhofft hat: Die jungen Gäste sprechen offen von ihren Sorgen. *Was da an Skepsis, Ratlosigkeit, ja Verzweiflung zum Ausdruck kam, war menschlich ergreifend*, wird sich Kessel noch im Alter erinnern. Bei weiteren Gesprächen weist er vorsichtig darauf hin, man müsse sich von den Lasten der Erinnerungen an die bösen Zeiten befreien.[296]

Erst Kessel gliedert die politische Abteilung der Vertretung in Washington in Referate. So beobachtet nun ein Legationssekretär das Verhältnis der Vereinigten Staaten zu Lateinamerika, ein anderer die Beziehungen zum Fernen Osten, ein weiterer befaßt sich mit den Staaten, die sich im Ost-West-Konflikt um eine neutrale Haltung bemühen. Für ihr Aufgabengebiet entwerfen die jungen Diplomaten selbst die Berichte an das Auswärtige Amt. Kessel läßt dabei auch mancherlei durchgehen, was nicht unbedingt seinem Stil oder seinen Auffassungen entspricht. Ihm liegt vor allem daran, den jungen Kollegen das Gefühl zu vermitteln, sie wirkten an einer wichtigen Aufgabe mit.

Vier deutsche Diplomaten, die es weit bringen sollten, haben schon in Paris wesentliche Anregungen von Kessel empfangen: Paul Frank, später Staatssekretär im Auswärtigen Amt und im Bundespräsidialamt, Franz Krapf, zeitweise Leiter der Ostabteilung im Auswärtigen Amt und Botschafter in Tokio, Jörg Kastl, der seine Laufbahn als Botschafter in Moskau beschließt und Hans Heinrich Noebel, zuletzt Botschafter in Wien. Von Kessels Schülern in Washington leitet Axel Herbst später die Wirtschaftsabteilung des Auswärtigen Amts und vertritt die Bundesrepublik ein Jahrzehnt lang bei der Europäischen Gemeinschaft in Brüssel. Auch Helmut Sigrist, Hartmut Schulze-Boysen und Johann-Christian Lankes können als Botschafter manches von dem gebrauchen, was ihnen Kessel in Washington beigebracht hat.

Eine Laufbahn wie diejenige des Karrierediplomaten George Frost Kennan, der die Vereinigten Staaten als Botschafter in Moskau vertrat, dann an der Universität von Princeton lehrte und später Botschafter in Belgrad war, ist in Deutschland bis heute kaum denkbar. Ein Professor der Rechtswissenschaft kann Beamter im Auswärtigen Amt und damit auch Diplomat werden. Vor allem Adenauer liebte es, wichtige Posten im Auswärtigen Dienst Professoren anzuvertrauen. Doch ein Berufsdiplomat, der nicht schon vor dem Beginn seiner Laufbahn im Auswärtigen einen Lehrstuhl an einer deutschen Universität innehatte, wird einen hauptberuflichen Forschungsauftrag in der Mitte des Lebens kaum mehr erhalten. Gerade das wäre für Albrecht von Kessel ein Arbeitsfeld für die späteren Lebensjahre gewesen, meint dessen Neffe Wolfgang von Buch. Als Vorbild mag ihm dabei George Kennan vorgeschwebt haben.

Kessel lernt Kennan im Sommer 1955 am Institute for Advanced Study in Princeton kennen. Damit beginnt ein von gegenseitiger Achtung getragener Gedankenaustausch, der auch nach der Rückkehr Kessels nach

Deutschland fortgesetzt wird. Aus dem Wachstuchheft: *Gestern bin ich mit dem ebenso netten wie gescheiten Ehepaar Watson – er ist englischer Botschaftsrat, sie Amerikanerin aus Massachusetts – nach Princeton gefahren, um George Kennan zu besuchen. Princeton, eine Zugstunde südlich von New York, ist eine stille Landstadt mit schönen Gärten, in denen Villen, oft aus weißgestrichenem Holz, unter alten Bäumen liegen. Das Universitätsgebäude, der sogenannte Campus, beherbergt in seinen in gutem neugotischen Stil gebauten Dormitorien etwa 3000 Studenten. Kennan war auf einem Rundgang unser Führer – alles machte einen sehr wohlhabenden, aber auch sehr gediegenen Eindruck, zum Beispiel die großen Sporthallen oder das wunderbare, ganz moderne Bibliotheksgebäude. Die Studenten sehr verschiedenartig – neben angelsächsischen Aristokraten aus New England gescheit aussehende New Yorker Juden und auch einige ausgesprochene Gangstertypen.*

Wir begannen bereits mittags heftig zu diskutieren – Kennan, Watson und ich – über politische Prinzipen im allgemeinen und streiften dabei auch das Grenzgebiet zur Religion. Dann gingen wir ins Campus. Anschließend besuchte ich von fünf bis halb acht Ernst Kantorowicz, den Verfasser von Friedrich II. von Hohenstaufen.[297]

Auch die Begegnung mit Kantorowicz ist wichtig für Kessel, hatte er doch selbst einst wie der nach Amerika emigrierte Historiker dem Kreis um Stefan George nahegestanden. Und im Dankbrief an Kennan heißt es: *Die Atmosphäre in Ihrem Hause hat mich in so vieler Beziehung an glücklichere Tage in meiner engeren Heimat erinnert, das heißt: ich habe mich bei Ihnen zu Hause gefühlt.*[298]

Zu der inzwischen stillschweigend begrabenen These von John Foster Dulles, der Eiserne Vorhang müsse *zurückgerollt* und die Völker Osteuropas müßten vom Kommunismus befreit werden, hat Kennan seine Gegenposition schon früh mit Nachdruck vertreten, offensichtlich auch im Gespräch mit Kessel und Watson. Kennan fordert eine Neutralisierung der Satellitenstaaten Moskaus und eine Wiedervereinigung Deutschlands. Die Nichtaufnahme Westdeutschlands in die Nato, ja später, sobald die Bundesrepublik Mitglied des Atlantikpakts geworden ist, deren Austritt aus dem westlichen Bündnissystem, sind für Kennan wichtige Bausteine in dem Gedankengebäude, das einer Entspannung im Konflikt der Vereinigten Staaten mit der Sowjetunion gilt.

Hier allerdings ist Kessel ganz anderer Meinung, wie schon sein erster Brief an Kennan verrät: *Über unser Gespräch zu dritt denke ich natürlich immer noch nach. Daß ich Ihre Sorgen und Vorbehalte verstehe und teile, brauche ich als Mensch, der im östlichen Mitteleuropa geboren ist, wohl nicht zu sagen. Nach allem aber, was ich in der Vergangenheit erfahren habe und gegenwärtig beobachten kann, ist es für die s e e l i s c h e und damit für die menschliche Gesundheit des deutschen Volkes entscheidend, daß sich der ›Mann auf der Straße‹ bei uns als gesellschaftsfähig anerkannt und in der Familie der westlichen Völker aufgenommen fühlt. Man braucht deswegen die anderen Aufgaben, die uns als Bewohner Mitteleuropas gestellt sind, nicht außer acht lassen, ja d a r f das nicht einmal tun. Es gehört ja gerade zu den tragischen Elementen unserer historischen Situation, daß wir heute wie früher das eine tun und das andere nicht lassen dürfen. Möge der Himmel meinem Volk helfen, dieser Aufgabe nüchtern und mit Anstand und Weisheit gerecht zu werden.*[299]

Im Spätherbst erwiderte Kennan den Besuch. Er kommt zu Kessel in dessen Wohnung in Washington. Kessel beginnt das Gespräch mit dem Hinweis auf eine Zeitungsmeldung, die einen Brief von Kennan zitiert hat. Kessel bemerkt dazu scherzhaft, damit habe Kennan ihm einen schlechten Abend bereitet. Denn nach einem Diner seien die verschiedensten Menschen auf ihn zugestürzt und hätten bemerkt, *nun habe ja sogar Kennan zugegeben, daß die Deutschen aus dem westlichen Lager ausschwenken würden.* Kennan erwidert *sichtlich betroffen,* er sei doch immer gegen die Pariser Verträge und gegen den Eintritt Deutschlands in die Nato gewesen. Für den Frieden in der Welt gebe es nichts Wichtigeres als eine Stabilisierung der Verhältnisse in Mitteleuropa durch die Wiedervereinigung Deutschlands. Dagegen sei es gleichgültig, ob Deutschland der Nato angehöre oder nicht. Deutschland werde auch ohne militärische Bindungen immer im Lager des Westens stehen.

Kessel hält Kennan darauf seine schon in dem Brief vom Januar dargelegte These entgegen: Für die Deutschen sei es notwendig gewesen, daß sie durch ein formelles Bündnis mit dem Westen wieder ein Gefühl der Sicherheit und ein moralisches Selbstvertrauen gewännen. Auch sei es wohl sicher, daß die Russen gar nicht beabsichtigten, um den Preis eines Austritts der Bundesrepublik aus der Nato die Wiedervereinigung Deutschlands zuzulassen. Kennan ist auch hier anderer Ansicht.

Bis dahin ist die Begegnung wenig fruchtbar verlaufen. Ausführlich hält Kessel jedoch in einer Aufzeichnung für Botschafter Krekeler fest, was ihm Kennan zur inneren Lage in der Sowjetunion gesagt hat: Bis zum

Ausbruch des Zweiten Weltkriegs habe Stalin mit seinen gefürchteten ›Reinigungen‹ jede Konsolidierung in der Gesellschaft verhindert. Damals seien berufliche Erfolge für den einzelnen nur durch *völlige Ergebenheit und durch rücksichtsloses Denunzieren der Kollegen* möglich gewesen. Im Krieg habe Stalin diese Methode aufgeben müssen. Nach dem Krieg sei er aus Gesundheitsgründen gar nicht mehr in der Lage gewesen, zu seinem früheren System zurückzukehren. Und seither hätten sich in der Sowjetunion außerhalb der Partei neue Gesellschaftsschichten gebildet, wie das Militär, die industriellen Manager oder die Beamten. In Moskau gebe es wieder eine Jeunesse dorée, die sich deutlich von der übrigen Bevölkerung abhebe. Schon an der Spitze sei der kommunistische Staat jetzt von geschlossenen Gruppen mit unterschiedlichen Interessenrichtungen durchsetzt. An die Stelle der Alleinherrschaft Stalins sei eine Oligarchie getreten. Als deren Exponenten fühlten sich Männer wie Bulganin, Chruschtschow und Malenkow. Kennan meine, der gesellschaftliche Wandel in Moskau könne auch zu einer Änderung der sowjetischen Außenpolitik führen. Dies aber nur dann, wenn es dem Westen gelinge, die sowjetische Führung vor die Wahl verschiedener Möglichkeiten zu stellen, die den Interessen der wichtigsten gesellschaftlichen Gruppen entsprächen.[300]

Schon unmittelbar nach dem ersten Gespräch mit Kennan hat Kessel Gelegenheit zu einer längeren Unterredung mit Allan Dulles. Er hat den langjährigen Chef der Central Intelligence Agency und ehemaligen Verbindungsmann der amerikanischen Dienste zum deutschen Widerstand in der Schweiz immer geschätzt. Um so enttäuschter ist er von dem, was ihm Allen Dulles über Rußland erzählt: Auch die Amerikaner tappten im Dunkeln, soweit es um die innenpolitischen Entwicklungen in der Sowjetunion und die Pläne der sowjetischen Machthaber gehe. Was Allan Dulles über die Sowjetunion sagt, hält sich im Rahmen des schon Bekannten: Malenkow sei noch der erste Mann im Staat. Doch habe sich Chruschtschow in letzter Zeit stark in den Vordergrund gespielt. Die Schwerindustrie und Rüstungsindustrie würden wieder stärker auf Kosten der Produktion von Konsumgütern gefördert. Dann das vernichtende Resümee Kessels: Im übrigen schien Allan Dulles keinerlei Vorstellung davon zu haben, wie man einmal mit Moskau in ein wirklich ernsthaftes Gespräch eintreten könne.[301]

Anfang Februar 1955 trägt Krekeler das alles in Bonn Hallstein vor. Ende Februar ist dann Kessel in Bonn und wieder nach einer Kur Anfang

April. Aus Washington schreibt ihm Federer am 7. April, er habe mit Coburn Kidd vom Deutschlandreferat des State Departments und mit dem britischen Botschaftsrat Watson gesprochen. Beide Diplomaten, der Amerikaner und der Engländer, hätten ihn mehrfach gefragt, was die Bundesrepublik zur deutschen Wiedervereinigung vorschlagen werde. Er habe darauf im Sinne der Sprachregelung aus Bonn erwidert, soweit ihm bekannt, wünsche die Bundesregierung an dem früher in London erarbeiteten Eden-Plan festzuhalten. Dieser Plan hatte freie Wahlen für eine gesamtdeutsche Nationalversammlung vorgesehen, die sowjetischen Interessen jedoch völlig unberücksichtigt gelassen. Damit hatte der Westen schon 1954 bei den Berliner Vierergesprächen keine Erfolge erzielt.[302] Federer schreibt, sowohl Kidd wie Watson hätten durchblicken lassen, daß sie den Eden-Plan nicht für flexibel genug hielten, um mit den Sowjets in ein ernsthaftes Gespräch zu kommen. Höchstens als Ausgangspunkt für weitere Gespräche sei der Plan noch geeignet.

In seinem Brief teilt Federer weiter mit, er habe erwidert, daß es für die Bundesrepublik nicht leicht sei, Vorschläge zu machen, die den Sicherheitsbedürfnissen der Sowjetunion entgegenkämen. Das könne bei den Westmächten leicht zu dem Verdacht führen, Bonn wolle nach der Ratifizierung der Pariser Verträge langsam vom Westen abrücken. Kidd und Watson hätten dennoch mehrfach betont, daß man von der Bundesrepublik Vorschläge erwarte. Mit der Ratifizierung der Pariser Verträge betrachteten die Amerikaner und Engländer die Bundesrepublik Deutschland als souveränen und voll entscheidungsfähigen Partner. Für die Wiedervereinigung Ideen zu haben und vorzutragen sehe man daher als gutes Recht, ja fast als Pflicht der Deutschen an.[303]

Kessel hat über den Brief Federers offenbar zunächst mit Blankenhorn gesprochen. Der besteht darauf, den Text selber zu sehen, worauf Kessel den Brief dem alten Kollegen und Freund mit der fast ironischen Notiz übergibt: *H. Botschafter Blankenhorn gehorsamst vorgelegt. K. 14/4.* Was Federer schreibt, bekräftigt, was Kessel in Bonn schon Ende Februar vorgetragen hatte: Mit der Ratifizierung der Pariser Verträge, die am 5. Mai 1955 in Kraft treten sollen, sei in der Deutschlandpolitik die Zeit reif für neue Initiativen der Bundesregierung. Eine Wiedervereinigung, wie sie jüngst die Sowjetunion noch einmal angeboten hat, also unter Verzicht auf die Ratifizierung der Pariser Verträge und damit auch unter Verzicht auf das Recht der Mitgliedschaft in der Nato, kommt für Kessel nicht in Betracht. Er hat sich jedoch seine eigenen Gedanken gemacht und teilt sie zunächst mündlich Blankenhorn mit. In einer handschriftlichen Notiz, die Kessel für seinen eigenen Gebrauch nach der Rückkehr nach Washington am 31. Juli verfaßt hat, hält er ausdrücklich fest: *Blankenhorn ließ sich den Vorschlag schriftlich geben.*[304] Wie bereits frühere Aufzeichnungen Kessels zur Deutschlandpolitik ist das Schriftstück weder datiert, noch nennt es den Namen des Autors. Blankenhorn hat es jedoch offensichtlich zur Unterrichtung des Bundeskanzlers erbeten. In den Handakten Kessels aus dem Jahre 1955 hat sich eine Kopie im Nachlaß erhalten.[305] Der Text ist in eine Einleitung, ein als *Vorschlag* bezeichnetes Kernstück und eine Begründung des Vorschlags gegliedert. Konsequent wird der Grundgedanke entwickelt, wenn Angebote an Moskau erfolgreich sein sollten, müßten sie zunächst die Interessen des Verhandlungspartners berücksichtigen. Das wird mit Einsichten begründet, die Kessel vor allem in Washington gewonnen hat.

Die Einleitung beginnt mit einer eindringlichen Warnung: *Wenn die Bundesregierung den Vereinigten Staaten und Großbritannien kein Rezept zur Entspannung und zum Abbau des kalten Krieges im mitteleuropäischen Raum liefert, das heißt: keinen k o n s t r u k t i v e n Plan zur Wiedervereinigung vorschlagen kann, werden die Alliierten selbständig vorgehen. ... Die Gefahr, daß man sich auf unserem Rücken einigt, das heißt: den Status quo zu einem Definitivum werden läßt, ist, wie neutrale Beobachter täglich berichten, sehr gewachsen.*

Wörtlich heißt es dann in dem als *Einleitung* bezeichneten ersten Abschnitt der Aufzeichnung Kessels:

Ein Vorschlag der Bundesregierung für die Wiedervereinigung muß, gleichviel, ob er von Moskau akzeptiert wird oder nicht, in j e d e m Fall folgende Bedingungen erfüllen:

1). Er muß in der Bundesrepublik wie in der Sowjetzone als e r n s t h a f t e r Versuch zur Wiedervereinigung, als ein mit Risiken und Opfern verbundenes realistisches Angebot an Moskau angesehen werden.

2). Er muß von den Westmächten als ehrlicher Versuch angesehen werden, unter Wahrung der Prinzipien der Pariser Verträge zur Entspannung der Weltlage beizutragen.

3). Er muß von den Neutralisten in allen Ländern (in Frankreich, bei der britischen Labour-Partei und auch bei Nehru[306]*) als konstruktiver und ehrlicher Beitrag zur Erhaltung des Weltfriedens betrachtet werden.*

Gelingt es, einen derartigen Vorschlag auszuarbeiten und von den Westmächten akzeptieren zu lassen, so kann die westliche Welt der Sowjetunion die außenpolitische Initiative, die diese seit Jahren besitzt, entreißen und selber in die Offensive übergehen.

Eine Neutralisierung oder Neutralität Deutschlands, die den Rückzug der amerikanischen Truppen aus Deutschland voraussetzt, ist für Kessel undenkbar. Denn sie müßte in Amerika zu gefährlichen Reaktionen, ja letztlich zu einer forcierten Aufrüstung führen und damit die Kriegsgefahr erhöhen. Auch ein Rückzug der Amerikaner hinter den Rhein und der Roten Armee hinter die Oder-Neiße-Linie wäre gefahrvoll. Die Russen würden eine Anerkennung dieser Linie als definitiver Grenze verlangen. Das aber käme einer Anerkennung des sowjetischen Satellitensystems gleich. Weil die Russen ihre Zone nicht räumen würden, solange noch Amerikaner auf deutschem Boden stehen, müsse sich ein deutscher Vorschlag auf eine Herabsetzung der beiderseitigen Besatzungstruppen und damit zunächst auf eine Übergangslösung für wenige Jahre beschränken.

Zur Wiedervereinigung Deutschlands und zur internationalen Entspannung schlägt Kessel eine fünfjährige Übergangslösung vor, die von den Vereinten Nationen garantiert und kontrolliert werden soll: Die Sowjetunion solle freie und von den Vereinten Nationen kontrollierte Wahlen in ganz Deutschland gestatten und die aus solchen Wahlen hervorgegangene Regierung – mit Sitz in Berlin – anerkennen. Im Einverständnis mit den Westmächten solle die deutsche Mitgliedschaft in der Nato während der fünfjährigen Übergangszeit ruhen. Die künftige deutsche Regierung solle mit den vier Besatzungsmächten Truppenverträge abschließen. Sie müsse aber voll souverän sein, abgesehen von der Kontrolle durch die Vereinten Nationen, und zum Schutz von Sicherheit und Ordnung eine Freiwilligenarmee von 150000 Mann aufstellen. Gleichzeitig sollten sich die deutschen Besatzungsmächte verpflichten, die Zahl der auf deutschem Boden stationierten Truppen massiv herabzusetzen: die Amerikaner und Russen auf je 5 Divisionen, die Engländer auf 2 Divisionen. Die Franzosen sollten sich, falls sie auf einer weiteren Besetzung deutscher Gebiete bestehen, mit einer Division begnügen. In der fünfjährigen Übergangszeit sollten sich die beteiligten Mächte einschließlich Deutschlands über einen Friedensvertrag einigen.

Zur Begründung führt Kessel zunächst an, der Vorschlag werde *die gesamte deutsche Bevölkerung davon überzeugen, daß die Bundesregie-*

rung alles in ihren Kräften stehende tut, um das Problem der Wiedervereinigung zu lösen. ... Die Bevölkerung der Sowjetzone würde durch diese Initiative der Bundesregierung aus ihrer Lethargie erwachen und in ihrem Widerstandswillen bestärkt werden. Nach einem kurzen Blick auf das Echo, das von einem solchen Vorschlag von Regierung und Öffentlichkeit in den Vereinigten Staaten, in England und Frankreich zu erwarten wäre, kommt Kessel kurz auf die sowjetische Haltung zu sprechen: *Rußland würde die von ihm offenbar sehr ernst genommene Bedrohung durch die deutschen Nato-Divisionen erst einmal los.* Es könne darauf hinweisen, daß es seine Zone weiter besetzt halten werde. So könne es jeden deutschen Überfall verhindern.

Hat Kessel selber an einen Erfolg seines Vorschlags geglaubt? Die Frage mag seltsam erscheinen, ist aber doch legitim. Die Antwort kann nur eine doppelte sein: Weniger, als es die Lektüre der Denkschrift am Anfang verspricht, und doch mehr, als sie dem Leser am Ende verrät. Hatte ihr Verfasser soeben noch ausgeführt, welche offensichtlichen Vorteile sein Vorschlag auch für die Sowjetunion biete, so folgt bald darauf der ernüchternde Hinweis: *Trotzdem dürfte die Sowjetunion nicht bereit sein, auf den oben skizzierten Vorschlag einzugehen, und zwar unter anderem deswegen, weil sich in Moskau keiner der derzeitigen Machthaber in eine solche Führungsrolle heraufgespielt hat, daß er es wagen kann, seinen Namen für einen solchen weltpolitisch entscheidenden Kompromiß herzugeben.* Weshalb dann aber der beträchtliche Aufwand, für eine solches Angebot die drei Westalliierten zu gewinnen, um es dann als gemeinsame Position des Westens den Russen schmackhaft zu machen? Kessel beschränkt sich auf eine knappe Begründung, die freilich gerade in ihrer Kürze überzeugt: *Lehnt Moskau dieses Angebot aber ab, so wird es in den Augen der Neutralisten, Pazifisten und Kommunisten in Europa und Asien ungemein an Prestige verlieren – ein Ziel, das unbedingt anzustreben ist.*

Kessels Gedanken sind vermutlich weitergegangen, als er in seiner Aufzeichnung verrät. Was er als Hauptgefahr für Deutschland ansieht, ist eine Erstarrung der Teilung, also eine Zementierung der Fundamente des Eisernen Vorhangs für einen sehr langen Zeitraum. Sein Vorschlag enthält immerhin Elemente, die auch für die Sowjetunion verlockend sein müssen: vor allem den Hinweis, Bonn und die Westmächte könnten bereit sein, als Gegenleistung für freie Wahlen in der Sowjetzone die Mitgliedschaft Westdeutschlands in der Nato für fünf Jahre ruhen zu lassen. Mit Moskau ernstlich über die Zukunft Deutschlands zu verhandeln, und das im vollen Einvernehmen mit den westlichen Bundesgenossen, war das nicht einen hohen Preis wert?

Gewiß, wenn man wie Kessel davon überzeugt ist, daß es genug befähigte Diplomaten im westdeutschen Auswärtigen Amt gibt, um mit Aussicht auf Erfolg Verhandlungen mit Moskau zu beginnen. Die Österreicher hatten ja am Konferenztisch sogar den Abzug aller Besatzungstruppen aus ihrem Land durchsetzen können, freilich um den Preis künftiger Neutralität. Für Deutschland wäre ein solcher Preis zu hoch. Die Vereinten Nationen, deren Kontrollen und Garantien Kessel in seinem Vorschlag eine Schlüsselstellung einräumt, sind in der Mitte der fünfziger Jahre in ihrem Prestige noch unbeschädigt. Schon im März 1953 hatte die sowjetische Führung als Zeichen der Bereitschaft zu einer gewissen Entspannung dem westlichen Vorschlag zugestimmt, den Schweden Dag Hammarskjöld zum Generalsekretär der Vereinten Nationen zu wählen. Nur eines ist für Kessel undenkbar: daß die Bundesrepublik in der Deutschlandpolitik weiter fast tatenlos bleibt, daß sie hilflos zusieht, wie sich die Teilung Deutschlands immer weiter verfestigt, schon durch den unaufhaltsamen Ablauf der Zeit, ja schließlich auch mit stillschweigender Zustimmung der Westalliierten.

Über das Schicksal seines Vorschlags hat Kessel Einzelheiten in einer handschriftlichen Notiz niedergelegt, die er für den eigenen Gebrauch nach der Rückkehr in die Vereinigten Staaten verfaßt hat. Als er Ende Februar von einer Kur in Oberstdorf nach Bonn kam, *sprach alle Welt (einschließlich Blankenhorn und Löns) davon*, er müsse und werde politischer Direktor werden. Blankenhorn, bisher Leiter der Politischen Abteilung im Auswärtigen Amt, war im Februar 1955 schon für den Posten des deutschen Botschafters bei der Nato vorgesehen. Löns, der Leiter der Personalabteilung, hatte das Vertrauen Kessels während der Botschafterkonferenz in Montevideo gewonnen und blieb ihm seither wohlgesinnt. Also Nachfolger von Blankenhorn sollte er werden?

Kessel zu der neuen Enttäuschung: *Es ist dies der Posten, den ich anstrebe als Endziel meiner Laufbahn. ... Gleichwohl war ich von Anfang an skeptisch bis ablehnend, sah keine Möglichkeit wirklicher Einflußnahme angesichts der Kombination Adenauer/Hallstein, zu der Brentano*[307] *als eher unbekannter, aber wohl kaum positiv zu bewertender Faktor hinzukam, während Blankenhorn als mir befreundeter Partner sich nach Paris zur Nato absetzte.*

Weiter hält Kessel in seiner handschriftlichen Aufzeichnung fest: *Ich wollte keineswegs einen mir so wichtig scheinenden Posten nur dem Namen nach bekleiden und stellte daher unverblümte Forderungen, die mir einen dem äußeren Schein und der inneren Verantwortung entsprechenden Einfluß sichern sollten. Trotz meines fast dreisten Auftretens blieben mir Blankenhorn und Löns gewogen, wogegen ich den unsichtbaren Widerstand Hallsteins von vornherein zu spüren bekam. Statt mir offen mitzuteilen, das Projekt habe sich zerschlagen, hat man mich schließlich auf unschöne Weise ›torpediert‹ – wer dieser ›man‹ war, läßt sich nur vermuten.*

Hier muß Kessel in einem nicht mehr erhaltenen Teil der Notiz ausgeführt haben, wem er die Entscheidung, ihn nicht nach Bonn zu berufen, am ehesten zugetraut hat. Im dritten und letzten Abschnitt berichtet er, was ihm in Bonn widerfuhr: *Ich hatte im Februar einige Gedanken zur Wiedervereinigung entwickelt, die in erster Linie die Gefahr einer Neutralisierung Deutschlands umschiffen sollten (keine sofortige Räumung Deutschlands, Einführung einer fünfjährigen Zwischenperiode usw). Der Vorschlag war neu und vielleicht zu kühn, aber durchaus mit der bisher verfolgten Politik vereinbar und wahrscheinlich für unsere westlichen Alliierten akzeptabel. In jedem Fall sollte er dazu dienen, Bonn zum Nachdenken anzuregen und die doktrinäre Starrheit aufzulockern – welcher Zweck auch ›über meine Leiche‹ erreicht wurde. Ebenso glaube ich aufgrund von ausführlichen Gesprächen mit Wehner und Erler, mit diesem Vorschlag die unglückliche Sympathie der SPD für eine Neutralisierung erheblich abgeschwächt zu haben. ... Im übrigen besprach ich ihn, eines gewissen Risikos bewußt, mit den verschiedensten Personen innerhalb und außerhalb des Amts.*

Als ich Bonn kurz nach Ostern verließ, war alle Welt überzeugt, mich binnen kurzem wiederzusehen. Noebel veranschlagte die Chancen mit 80 Prozent, ich mit höchstens 40 Prozent. Wenige Wochen später erschien in der ›Welt‹, sichtlich inspiriert, eine Notiz, wonach ich, ›ohne das Amt von meinen Plänen zu unterrichten‹, diese Pläne mit Außenstehenden besprochen hätte. Infolgedessen habe man mich nicht zum Politischen Direktor ernannt. Das Ganze erschien mir perfide und töricht: In der Demokratie darf auch der Beamte eigene Ideen haben und sie gegenüber Außenstehenden äußern, sofern sie nicht zur Politik seiner Regierung im Widerspruch stehen. Aber selbstverständlich ist das in Bonn nicht der Fall, die Umgebung Adenauers erlaubt nur noch die langwei-

ligste Paraphrasierung der vom ›Alten‹ bereits öffentlich ausgesprochenen Gedanken.³⁰⁸

Wer hat wohl die Meldung in die *Welt* lanciert, Kessel werde nun doch nicht zum Politischen Direktor des Auswärtigen Amts ernannt? Noch am 29. April hatte der Pressedienst *Politik und Wirtschaft* gemeldet: *Gesandter Albrecht von Kessel, Deutsche Botschaft Washington, wird genannt als eventueller Nachfolger Blankenhorns, Leiter der Politischen Abteilung des Auswärtigen Amts.* Die Verantwortung für die Entscheidung, daß Kessel dann doch nicht als Nachfolger Blankenhorns Abteilungsleiter im Auswärtigen Amt werden sollte, lag allein beim Kanzler. Die taktlose Pressemeldung möchte man daher am ehesten *dem lieben Herrn Globke* zutrauen, wie Adenauer den Staatssekretär im Kanzleramt gelegentlich nannte. Es blieb nicht immer unbemerkt, daß Globke in seinem Büro Journalisten empfing und ihnen vertrauliche Informationen zuspielte.

Nach der Rückkehr nach Washington halten Kessel jedoch zunächst ganz andere Dinge in Atem. Am 26. April schreibt er *streng vertraulich und persönlich* an Blankenhorn, der nach wie vor in Bonn ist: *Wie Du weißt, vermehren sich die Gerüchte, die Sowjets wollten den Herrn Bundeskanzler demnächst nach Moskau einladen.* Kessel hält es für möglich, daß das Gerücht nur ein neuer sowjetischer Beitrag zum Nervenkrieg ist. Dennoch müsse man darauf vorbereitet sein, daß eine solche Einladung eines Tages tatsächlich erfolgt. Auch könne man die Einladung dann nicht von vornherein ablehnen. Das wäre schon wegen der Verantwortung für die Zukunft Deutschlands nicht möglich. Denn die Bundesrepublik Deutschland habe die Pflicht, in jeder nur möglichen Weise zum Abbau der Spannungen zwischen West und Ost beizutragen. Doch solle der Kanzler nicht einfach nach Moskau reisen, bevor man dort das Terrain abgetastet hat.

Es folgen Vorschläge zur Vorbereitung der Reise: Falls die Einladung eintrifft, *so sollte man sie zwei Tage lang unbeantwortet lassen, in dieser Zeit die Westalliierten konsultieren und dann den Sowjets mitteilen, der Kanzler wünsche zur Vorbereitung eines etwaigen Besuchs einen Sonderbotschafter nach Moskau zu schicken.* ›S o n d e r botschafter‹ deshalb, *weil das Ersuchen um Aufnahme regulärer diplomatischer Beziehungen zu sehr nach einer Ablehnung der Einladung aussehen würde und ein solches Ersuchen überhaupt nicht von uns ausgehen sollte. Ein Sonderbotschafter könnte zunächst das Terrain abtasten und einige Wochen*

Zeit gewinnen, ehe man sich auf die riskante Reise einlasse. Kessel reagiert mit den Hinweisen an Blankenhorn auf die zunächst nur durch Gerüchte entstandene Lage mit der Präzision eines Schachcomputers. Er wiederholt gegenüber Blankenhorn zwar noch einmal, daß er noch nicht an die Einladung nach Moskau glaubt. *Aber darauf vorbereitet zu sein kann in keinem Fall schaden.* In Washington sei man mehr und mehr der Ansicht, daß die Dinge in Europa in Fluß kommen, heißt es am Ende des Briefs.[309]

Daß Erfolge bei Verhandlungen mit der Sowjetunion über eine deutsche Wiedervereinigung noch denkbar sind, zeigt gerade in jenen Wochen der dann am 15. Mai unterzeichnete Staatsvertrag mit Österreich. Anfang Mai weist Botschafter Krekeler in einem von Kessel entworfenen Bericht darauf hin, daß der amerikanische wie der britische Botschafter in Moskau einen Klimawechsel in der Sowjetunion festgestellt hätten, der nicht mehr zu übersehen sei. Über die Hintergründe oder Gründe für den Klimawechsel sei man, wie die Amerikaner offen zugeben, nur auf Vermutungen angewiesen. Bei den Verhandlungen über den österreichischen Staatsvertrag rechne jedoch kaum jemand mehr mit Schwierigkeiten. Man frage sich nur noch, was wohl die Absichten Moskaus gegenüber Deutschland sind.[310]

In den folgenden Tagen beginnen sich die Ereignisse zu überstürzen. Am 6. Mai wird Kessel im State Department mitgeteilt, daß die Schweiz der Einberufung einer Gipfelkonferenz der westlichen Großmächte mit den Sowjets in Genf zugestimmt hat. Von den Amerikanern, Engländern und Franzosen geht eine gleichlautende Note nach Moskau, um die Sowjetunion für die Zeit vom 18. bis 21. Juli nach Genf einzuladen. Für den 16. und 17. Juni planen die Außenminister Dulles, McMillan und Pinay ein Treffen in New York. Sollten die Außenminister bei ihren Beratungen auch auf die Deutschlandfrage kommen, werde man mit Adenauer Kontakt aufnehmen. Der Kanzler werde sich dann ja ohnehin in den Vereinigten Staaten aufhalten, erfahren die Amerikaner von Kessel.[311]

Am 7. Juni trifft in Bonn die Einladung der Sowjetunion an Adenauer ein. Darin heißt es, daß die Gespräche in Moskau *zur Lösung des gesamtnationalen Problems des deutschen Volkes – der Wiederherstellung der Einheit des demokratischen deutschen Staates beitragen sollen.*[312] Noch am gleichen Tag läßt Außenminister Dulles an Botschafter Krekeler durch das Deutschlandreferat des State Departments eine Stellungnahme der Vereinigten Staaten zu der sowjetischen Einladung übermitteln: Die Einladung sei ein weiterer Beweis für die Vernünftigkeit der bisher verfolgten Politik. Die zeitliche Behandlung, das Timing, sei im Hinblick auf die delikate Natur der russischen Einladung *von äußerster Bedeutung.* Damit wird der Wunsch des amerikanischen Außenministers angedeutet, Adenauer möge sich auch zeitlich in der weiteren Behandlung der Einladung nach Moskau zunächst mit den Amerikanern abstimmen. Dann wird Dulles noch deutlicher: Er hoffe, daß der Bundeskanzler, bevor er eine endgültige Entscheidung treffe, Gelegenheit nehmen werde, mit ihm, Dulles, und eventuell auch mit McMillan und Pinay zusammenzutreffen, sei es in Washington oder in New York. Das klingt fast wie ein Befehl der westlichen Führungsmacht: Adenauer soll nichts gegenüber Moskau ohne Absprache mit Washington unternehmen. Der letzte Satz der Stellungnahme von Dulles ist nur eine höfliche Floskel: Der Außenminister versichert, er habe *das vollste Vertrauen zum Herrn Bundeskanzler, wie immer auch dessen Entscheidung ausfallen möge.* Ein von Kessel entworfener Bericht über die amerikanische Stellungnahme geht sogleich mit einem citissime-Telegramm, der höchsten Dringlichkeitsstufe, an das Auswärtige Amt in Bonn.[313]

Noch in seiner persönlichen Notiz nach der Rückkehr nach Washington hatte Kessel die Hoffnung geäußert, seine Aufzeichnung zur Deutschlandpolitik vom Februar[314] habe schließlich doch dazu gedient, die doktrinäre Starrheit in Bonn aufzulockern. Aber nichts spricht dafür, daß die Bundesregierung den Westalliierten zur Vorbereitung der Gipfelkonferenz in Genf Vorschläge vorgelegt hätte, die Moskau zur Aufnahme eigentlicher Verhandlungen über die Zukunft Deutschlands hätten verlocken können. Der von Kessel entworfene Plan ist offensichtlich im Kanzramt in einer tiefen Schublade oder im Reißwolf verschwunden. Die Genfer Gipfelkonferenz (18.–23. Juli 1955) hat denn auch keinerlei Fortschritte in der Behandlung der Deutschlandfrage erbracht. Schlimmer noch: Am 26. Juli, nur drei Tage nach dem Gipfeltreffen in Genf, verkündet Chruschtschow in einer in Berlin gehaltenen Rede als Standpunkt Moskaus den Grundsatz: *Man kann die deutsche Frage nicht auf Kosten der Interessen der Deutschen Demokratischen Republik lösen.*[315]

Ohne auch nur eine Spur von Bitterkeit zu verraten, zieht Kessel in seinem Bericht an das Auswärtige Amt über die Ereignisse der Genfer Konferenz die Bilanz: Die Sowjets sind in erster Besetzung erschienen, nicht nur Bulganin, sondern auch Chruschtschow war dort. Sie haben damit und durch ihr ganzes Auftreten bewiesen, daß sie eine wirkliche Entspannung wünschen. Neben anderen *undurchsichtigeren Gründen*, wie Kessel sie in dem Bericht vorsichtig nennt, haben zwei Erkenntnisse die Russen hierzu bewogen: Trotz aller Schwierigkeiten ist die große Allianz des Westens unter Einschluß der Bundesrepublik im Frühjahr zustande gekommen. Und entgegen den Erwartungen sowjetischer Theoretiker hat die Rezession in den Vereinigten Staaten nicht zu einer schweren Wirtschaftskrise Amerikas und der westeuropäischen Industrieländer geführt. Vielmehr hat eine neue Hochkonjunktur in den Vereinigten Staaten begonnen.

Der Westen hat in Genf die Wiedervereinigung Deutschlands als den entscheidenden Faktor für jede echte und dauerhafte Entspannung anerkannt, hebt Kessel in seinem Bericht hervor. Was die Vereinigten Staaten und Großbritannien betreffe, sei es stets ein Irrtum gewesen, daß der Westen gegen die Wiedervereinigung sei. *Es besteht aber ein Unterschied, ob man die Wiedervereinigung als ein erfreuliches Nebenprodukt der Beendigung des Kalten Krieges ansieht oder sie zum entscheidenden Faktor für die Entspannung macht*, fährt Kessel fort. Das geschehe jetzt vor allem bei den Engländern, gewiß nicht aus Deutschfreundlichkeit, sondern aus klarer Erkenntnis der geographischen und historischen Gegebenheiten. *Es wird daher – immer von Washington aus gesehen – einerseits ein ständiges und genaues Beobachten und eventuelles freundliches Mahnen am Platz sein, nicht aber ein zu starkes Durchblickenlassen unseres wachen Mißtrauens, das als Echo auch Mißtrauen auf seiten unserer neuen Verbündeten hervorrufen würde.*

Die sowjetischen Machthaber seien in Genf härter und störrischer gewesen, als ihre Verhandlungspartner erwartet hätten. Daraus schließt Kessel, die Russen hätten mit ihrem Verhalten zu erkennen gegeben, daß sie vorerst für die Entspannung keinen Preis zahlen wollen. Wahrscheinlich hätten sie den Hintergedanken, daß sie, wenn sie erst einmal die Entspannung von den Westmächten umsonst erhielten, später mit Deutschland ein Sonderabkommen treffen könnten, womit das Gleichgewicht dann doch noch zu ihren Gunsten verschoben würde. Es folgt ein skeptischer Nachsatz: Gerade von außenpolitisch erfahrenen, nüchternen und realistischen Amerikanern sei deutschen Diplomaten in den letzten Wochen immer wieder die Frage gestellt worden: *Sind wir Amerikaner überhaupt in der Lage, mit den Sowjets zäh, geduldig und raffiniert genug zu verhandeln?*[316]

Auf die bevorstehende Reise Adenauers nach Moskau geht Kessel in seinem Bericht über die Genfer Gipfelkonferenz mit keinem Wort ein. Zur großen Politik schweigt er in der Berichterstattung dann überhaupt eine Weile. Der Amerikareferent im Auswärtigen Amt, Georg von Lilienfeld, versucht ihn zu einer ausführlicheren Berichterstattung zu ermuntern, erhält aber nur eine ironische Antwort: Wichtige Gesprächspartner im State Department seien wochenlang unterwegs gewesen oder wegen der unbeschreiblichen Hitze nicht ansprechbar. Der bisherige Deutschlandreferent Cecil Lyon, mit dem sich Kessel ausgezeichnet verstand, habe andere Aufgaben erhalten. *Sein Nachfolger Reinstein bemüht sich zwar, seinen guten Willen zu beweisen. Er versteht indessen von Politik soviel wie ich von höherer Mathematik. Und das will viel heißen.* Es wäre doch wohl untunlich gewesen, nach Bonn zu telegraphieren: *Hiesige politische Kreise entweder abwesend oder vor Hitze zusammengebrochen, daher keine Berichterstattung möglich,* schreibt Kessel scherzhaft dem Kollegen in Bonn.[317]

Inzwischen hat er in Cooperstown einige Urlaubstage verbracht und sich seine Trauer über das üble Spiel der Bonner Intrigen von der Seele geschrieben – auf dem Briefpapier des Hotels The Otesaga.[318] Auf dem gleichen Papier hält er eine Woche später, nun wieder in Washington, seine Erinnerungen an Cooperstown am Glimmersee fest, in einer Gegend, mit deren Schilderung der ›Lederstrumpf‹ beginnt. Mit dem berühmten Indianerbuch sind für ihn schönste Erinnerungen verbunden, hatte ihm doch schon als Kind seine Mutter in Schlesien aus dem ›Lederstrumpf‹ vorgelesen.[319] Von dem Hotel gibt es nur Lobendes zu berichten: *Es ist groß, aber altmodisch-gemütlich. Die Amerikaner sprachen leise und liefen nicht von morgens bis in die Nacht halb nackt umher, so daß einem ein bei älteren Menschen meist reizloser Anblick erspart blieb.* Zweimal am Tag hat er in dem See gebadet, manchmal noch ein drittes Mal bei Mondschein gegen Mitternacht. Vormittags wandert er an den bewaldeten Höhenzügen über dem See entlang, abends geht er über den Golfplatz spazieren. Das alles gibt ihm Zeit zu nachdenklichen Selbstgesprächen. Im Hotel spricht er mit niemand, außer ab und zu mit Kellnern und Kellnerinnen. In Erinnerung bleibt auch der halbwüchsige Fuchs, der ihm auf der breiten, aber wenig belebten Fahrstraße begegnet, *so zutraulich, daß er erstaunt verhoffte, als ich ihn auf drei Schritte Entfernung anrief.*

Vier lose Blätter vom Briefpapier des Hotels füllt Kessel mit Betrachtungen zum technischen Fortschritt. Mehr als die Frage, wie sich der Kalte Krieg wohl beenden lasse, fesselt die Zeitungen nun die erste internationale Genfer Konferenz über die friedliche Nutzung der Atomenergie. In zwei Jahren werden die Amerikaner oder die Russen als erste einen fußballgroßen Erdsatelliten in den Weltraum schießen. In fünf Jahren wird man Atomenergie zum gleichen Preis wie mit Kohle erzeugen. Wird die Kohle dann wertlos werden? fragt Kessel. Und was geschieht mit Kohlezentren wie Essen und Pittsburgh? Die Zeitungen prophezeien gar schon: Es wird möglich sein, auch das Wetter zu kontrollieren. Werden wir also in Zukunft über die Gestaltung des Wetters auf nationaler Ebene demokratisch abstimmen, auf internationaler Ebene darüber verhandeln? Und wenn das Zeitalter der elektronisch geleiteten vollautomatischen Fabrik heraufkommt, wer wird die Arbeiterschaft, deren Ernährung dann ein Leichtes sein wird, physisch und vor allem psychisch beschäftigen? Die Prophezeiungen sind den Zeitungen entnommen, die Fragen aber stellt Kessel sich selbst und hält sie auf dem Blatt fest. Und *wie man auch immer den Wert dieser Prognosen beurteilen mag: Sofern auch nur ein Bruchteil von ihnen sich bewahrheitet, schreitet der Turmbau von Babel rüstig fort.*[320]

Im November reist Kessel innerhalb von elf Tagen von Washington über Denver nach San Francisco, von dort über Los Angeles nach Santa Fe, wo er drei Urlaubstage verbringt. Nach einem kurzen Aufenthalt in Atlanta kehrt er nach Washington zurück. In Denver erfreut ihn eine unbefangene, fast heitere Atmosphäre, wie später auf den weiteren Stationen der Reise nach Westen. Auf der Straße Lachen und Singen. In Denver begegnet Kessel auch zum ersten Mal echten, nicht eigens für den Fremdenverkehr ausstaffierten Indianern. Es sind untersetzte Gestalten mit mongolischen Gesichtszügen und breiten Wangen. Sie wirkten in ihrer Monteur- oder Farmertracht nicht gerade dekorativ, notiert er enttäuscht. Er tröstet sich dann aber damit, daß sie zu den südlichen Indios gehören, von denen er später in Neu Mexiko ganze Scharen antreffen wird. Die großen Häuptlinge seiner Kindheitsträume hatten zu den nördlichen Stämmen gehört.[321]

Auch von San Francisco hat er eine Enttäuschung erwartet. Doch sie bleibt aus. Es ist für ihn die schönste und angenehmste Stadt Amerikas. Liebevoll beschreibt er sie für die Freunde daheim: *Auf einer schmalen Halbinsel mit steilen Hügeln angelegt, empfängt sie aus dieser Begegnung eine Konzentration, die an europäische Städte erinnert. ... Der*

Brücke über das Golden Gate kann man den Preis des schönsten modernen Bauwerks schwer verweigern. Mennigrot gestrichen schwingt sie sich zart und leicht über den breiten Meeresarm. *Man könnte sogar von Zärtlichkeit sprechen, da sie in sich selbst zart geschwungen ist. Das Leben in der Stadt hat einen südlichen Hauch. Das Gefühl, der Welt in ihrer Gesamtheit verbunden zu sein, ist stark. Man blickt nicht nur auf Ostasien, sondern bringt auch dem unendlich fernen und kleinen Deutschland ein unterrichtetes Interesse entgegen.*

Ganz anders wirkt auf Kessel Los Angeles. Es ist für ihn die Neue Welt – neu in ihrer für ihn abschreckendsten Form: *Keine Stadt, sondern eine Häusermasse wie hingeschüttet über Ebene und Hügel,* die er *Tankstellenlandschaft* nennt. *Gewiß gibt es auch hier Menschen, human und anregend – in welcher materiell gemästeten Umgebung gäbe es sie nicht in unserer Zeit der Heimatlosigkeit, wo der Mensch wie eine Möwe Ausschau halten muß nach dem, was der Sturm auf den Strand wirft?*

Vom Flug nach Las Vegas, einem Zwischenstopp auf der Flugreise nach Santa Fe, hält Kessel fest: *Ein südlicher Wintertag, glasklar und spröde, und vom Flugzeug aus, das die Sierra überfliegt, sehe ich eine Bergkette nach der anderen bis in die fernste Ferne aufsteigen, Felsen ohne Krume und Gras messerscharf in reinste Luft geschnitten. Zwischen den Ketten liegen rosige oder gelbliche Nebelbänke. Wenn wir uns ihnen nähern, bestehen sie aus feinstem Sand: Es ist die große Wüste, in der die tödliche Trockenheit einen nebelhaften Verlust an Schwere vorgaukelt. Äußerste Einsamkeit, am Hang von einem Saumpfad, in der Senkung von abstrakter Autostraße durchschnitten.*

Und hierzu notiert der einsame Reisende im Zwiegespräch mit sich selbst: *Beim Anblick dieser beiden Wege drängt es sich auf, wie wenig die Rechnung der letzten zwei Menschenalter aufgegangen ist: Auf dem Saumpfad zogen Pioniere und Abenteurer von Gefahr zu Gefahr, alle gleichermaßen gewillt, mit dem Tod um eine Spanne erfüllten Lebens zu spielen. Auf der Autostraße gleitet der moderne Mensch dahin – in seinem hundertpferdigen Wagen, im Sommer tiefgekühlt, im Winter geheizt. Gefahren sind ausgeschaltet, andere Fahrer werden ihm bei Pannen helfen. Ein Flugzeug wird ihn auffinden, wenn er sich töricht verirrt. Komfort soll die Stelle der Gefahr einnehmen, der Tod ist ein dummer Zufall, der a n d e r e Menschen befällt. Aber in den früher vom Bewußtsein der Gefahr und des Todes eingenommenen seelischen Raum, in diese nunmehr leere Stelle, ist nicht der Komfort, sondern die allgegenwärtige Lebensangst eingezogen. In Paris und New York, in London und Rom bekennt man die Angst – tut man es aus masochistischem Snobismus oder weil man glaubt, daß, wenn die Angst überall im Sinne der demokratischen Gleichheit anerkannt werde, man in gemeinsamer Sicherheit zu einer Herde zusammenrücken könne? Es gibt bisher wenige, die zu bekennen wagen, das Einhandeln gefährlicher Tragik gegen neurasthenische Angst sei ein schlechter Tausch gewesen.*

In Santa Fe gönnt Kessel sich drei Tage Urlaub. *Alles erschien mir von kindlicher Großartigkeit. Vielleicht hatte mich ob der Höhe (mehr als zweitausend Meter) eine leichte Trunkenheit befallen*, vermerkt er selbstkritisch zu dem Aufenthalt. Spanier mit mexikanischem Einschlag, Indios, die aus ihren Siedlungen in die Stadt kommen und Angelsachsen, die ihrem Amerikanismus abgesagt haben, malen, dichten, jagen und Pferde züchten, das alles ist nach seinem Geschmack. In Atlanta hat der deutsche Konsul den Bürgermeister, einen *schlauen und vergnügten Politiker*, einen Bankier, zwei führende Geschäftsleute und den englischen Konsul mit dem deutschen Gesandten aus Washington im Country-Club zum Mittagessen geladen. Kessel fühlt sich wohl, und im Blick zurück auf die Reise, die ja auch eine Art dienstlicher Inspektion gewesen sein muß, ist er wieder zufriedener mit seinem Beruf, zugleich voll Anerkennung über die Leiter der deutschen Konsulate, die er auf der Reise besucht hat. Und doch klingt unterwegs fast überall durch: Das Heimweh nach Europa bleibt. Kessel findet San Francisco auch deshalb so schön, weil es ihn an die alten Städte Europas erinnert.

Soweit aus den erhaltenen Handakten ersichtlich[322], hat er sich zu Grundsatzfragen der deutschen Außenpolitik und zur Wiedervereinigung Deutschlands von Washington aus im Herbst 1955 nicht mehr geäußert. Warum auch? Hatten doch Adenauer und seine Umgebung ihm noch vor wenigen Monaten deutlich gezeigt, daß seine Gedanken zu diesen Fragen in Bonn unerwünscht seien. Den Besuch Adenauers im September in Moskau feiert die westdeutsche Öffentlichkeit als großen Erfolg für den Kanzler, ja als Meisterstück der Verhandlungskunst. Aber hat Adenauer sich damals wirklich der Lage gewachsen gezeigt? Die Einladung nach Moskau hatte er am 7. Juni 1955 erhalten, drei Wochen nach Abschluß des österreichischen Staatsvertrags. Die sowjetische Führung hatte ihn zu Gesprächen gebeten, die *zur Wiederherstellung der Einheit des demokratischen deutschen Staates* beitragen sollten.[323] Ein gewisser Spielraum zu Verhandlungen schien damals noch vorhanden zu sein. Daß seine Reise nach Moskau gerade in der Deutschlandpolitik ein Mißerfolg war, hat die Öffentlichkeit kaum bemerkt. Denn es war dem Kanzler ja gelungen, die deutschen Kriegsgefangenen aus sowjetischer Dauerhaft zu befreien. Und das war ein denkwürdiger großer Erfolg. Für die Aufnahme diplomatischer Beziehungen mit Moskau war die Zeit reif.

Drei Tage nach dem Abschluß der Verhandlungen mit dem westdeutschen Bundeskanzler traf in Moskau eine Delegation der Deutschen Demokratischen Republik ein. Schon nach knapp einer Woche wurde mit ihr ein Vertrag abgeschlossen, mit dem die Sowjetunion dem deutschen Satellitenstaat die volle Souveränität zuerkannte, mit Ausnahme der Einschränkungen, die sich aus internationalen Abkommen ergaben und somit ganz Deutschland betrafen. Doch schon ein Jahr später sollte der Einmarsch sowjetischer Truppen in Ungarn der Welt zeigen, wie labil damals die Souveränität der Satelliten im Schatten der Sowjetunion war.

* * *

Das Jahr 1956 wird der Welt Veränderungen von historischer Tragweite bringen: Nach innenpolitischen Gärungen kommt in Polen wieder der frühere kommunistische Parteichef Władysław Gomułka an die Macht. Ihm gelingt es, den Interessen des eigenen Landes gegenüber der Sowjetunion mehr Gewicht zu verleihen. In Budapest hingegen rücken nach dem ungarischen Volksaufstand vom Oktober sowjetische Truppen ein. Mit dem Abbruch der britisch-französischen Militärintervention am Suez-Kanal findet die Rolle Englands als Weltmacht ein Ende. Doch das sind alles Entwicklungen, die ihren Höhepunkt erst in der zweiten Jahreshälfte erreichen. In der deutschen Vertretung, die schon im Mai 1955 den Rang einer Botschaft erhielt, beginnt für Kessel das Jahr mit gewohnter Routine. Im März unternimmt er eine Urlaubsreise nach Trinidad. Im April lädt Krekeler den amerikanischen Botschafter in Moskau, Charles Bohlen, in seine Residenz zum Lunch ein, zu einem offiziellen Mittagessen, einem *Frühstück* in dem damals noch üblichen Sprachgebrauch der deutschen Diplomatie. Kessel nimmt daran teil und erhält den Auftrag, in einem Chiffrierbrief über das vertrauliche Gespräch nach Bonn zu berichten. Denn für die Beobachtung der Sowjetunion bleibt Washington auch nach der Aufnahme diplomatischer Beziehungen zwischen

Moskau und Bonn ein wichtiger Posten. Krekeler fliegt unterdessen nach Bonn und trägt seine Eindrücke mündlich Brentano vor, der nun schon seit zehn Monaten Bundesminister des Auswärtigen ist.

Das Gespräch der beiden deutschen Diplomaten mit Bohlen läßt bereits erschreckend deutlich erkennen, wie sehr sich in der Deutschlandpolitik die sowjetische Haltung verhärtet hat. An gesamtdeutsche Wahlen über den Kopf der Ostberliner Regierung hinweg ist nicht mehr zu denken. Chruschtschow, nun eindeutig der starke Mann im Kreml, hat im Gespräch mit Bohlen die sowjetische Hauptbedingung für eine Wiedervereinigung Deutschlands genannt: Es müßten darüber Verhandlungen mit den *beiden Deutschland* stattfinden. Chruschtschow habe betont, die sowjetische Regierung sei gar nicht in der Lage, zur Lösung der deutschen Frage einen anderen Weg einzuschlagen, berichtet Botschafter Bohlen. Die Wiedervereinigung sei für Moskau nicht mehr ein strategisches, sondern ausschließlich ein politisches Problem.

Bohlen kommt bei dem Frühstück mit Krekeler und Kessel mehrfach auf eine bezeichnende Äußerung Chruschtschows zurück, ja er macht sich den Standpunkt des sowjetischen Machthabers uneingeschränkt selber zu eigen: Die Regierung der Sowjetunion könne ein Satellitenregime *wie dasjenige von Pankow* nicht einfach fallen lassen. Mit *Pankow* bezeichnet Kessel im Sinne des Bonner Sprachgebrauchs jener Zeit die Ostberliner Regierung. Botschafter Bohlen wird eher *Ostberlin* oder *Ostdeutschland* gesagt haben. Nach Ansicht von Bohlen gibt es keinen Kaufpreis, den die Bundesregierung zahlen könnte, um Moskau noch zu einer Preisgabe der Regierung in Ostberlin zu bewegen. Erst auf eine Zwischenfrage von Kessel äußert der Amerikaner, er schließe die Möglichkeit *eines erst personellen und mit der Zeit auch institutionellen Umbaus des Pankow-Regimes* nicht aus. Sowohl Botschafter Krekeler wie Kessel sei aufgefallen, daß Bohlen im Lauf der letzten Jahre an Souveränität und politischer Kontur gewonnen habe, heißt es am Schluß des Berichts. Mit anderen Worten: Was Bohlen als Auffassung Chruschtschows darstellt, bewerten auch Krekeler und Kessel als zutreffende Beurteilung des sowjetischen Standpunktes. Es ist also eine völlig neue Lage entstanden.[324]

Seine eigenen Gedanken hierzu hat Kessel in einem Brief an Georg von Lilienfeld, den Amerikareferenten des Auswärtigen Amts, zusammengefaßt. Denn eine weitere Reise Adenauers in die Vereinigten Staaten steht für den Juni bevor. Kessel hofft, daß Lilienfeld einiges aus seinem Brief in die Schriftsätze einfließen lassen wird, die dem Kanzler vor seiner Reise vorgelegt werden.

Die sowjetische Regierung hat angekündigt, 1,2 Millionen Soldaten zu demobilisieren. Was das bedeutet, wird selbst innerhalb der Regierung der Vereinigten Staaten unterschiedlich bewertet. Kessel weist darauf hin, daß sich in Moskau seit Jahren eine ähnliche Wandlung des strategischen Denken wie bei den Amerikanern vollzieht. Auch für die Sowjets werden Atom- und Wasserstoffbomben verfügbar und als Träger hierfür Überschallflugzeuge und Raketen. Damit lassen sich in einer Umwandlung des militärischen Apparats strategische Erkenntnisse verwirklichen, die von den Russen seit Jahren erarbeitet wurden. Kessels Fazit: *Es scheint mir daher besser, von einer U m r ü s t u n g und nicht von einer Abrüstung zu sprechen.* Moskau stimme diese Maßnahmen so ab, daß damit die Sowjetunion politisch wie wirtschaftlich für sich sehr nützliche Erfolge erziele.

Kessel meint, es könne eine dankbare Aufgabe für Adenauer sein, in New York vor Journalisten *off the record*, also als Hintergrundinformation, eine solche Bewertung der Lage zu bieten. Aus seiner Analyse ergeben sich jedoch auch für die deutsche Politik wichtige Folgerungen: Man sollte die Vorgänge in der Sowjetunion nicht dramatisieren, also auch nicht die sowjetische Umrüstung. Denn damit spiele man genau das Spiel der Russen. Man sollte auch nicht auf innere Schwierigkeiten in der Sowjetunion zählen. Es gelte vielmehr, sich darauf einzustellen, daß die Sowjetunion zur Zeit nicht an eine Politik mit kriegerischen Mitteln denkt. Das schließe freilich nicht aus, daß sie hierzu zurückkehren könnte, falls sich dafür eine günstige Lage ergibt. Auf die Nato-Streitkräfte einschließlich des deutschen Beitrags könne der Westen daher nicht verzichten. Das defensive Verhalten des Westens auf militärischem Gebiet dürfe man nicht mit militärischer Schwäche verwechseln. Die Offensive des Westens müsse jedoch politisch geführt werden. Und hier kommt Kessel zum Kernpunkt seiner Argumentation: Diese Verlagerung der Gewichte wirke sich besonders auf die Frage der deutschen Wiedervereinigung aus. Denn die sowjetisch besetzte Zone Deutschlands sei für die Sowjets militärisch kaum mehr bedeutsam. Während noch 1945–1949 die Zone Teil eines defensiv wie offensiv benötigten strategischen Glacis der Sowjetunion gewesen sei, habe ihr Besitz jetzt in erster Linie eine politische und wirtschaftliche Bedeutung. Eine Lösung des Problems könne daher nur auf diesen Gebieten gesucht werden.

Sehr vorsichtig vertritt Kessel sodann den Standpunkt, man solle *bei allem gesunden Mißtrauen* Ansatzpunkte für ein politisches Gespräch mit den Sowjets zu entdecken versuchen. Die Schwierigkeit liege darin, eine gute Mischung aus wachsamem Zweifel und beweglichem Entgegenkommen zu finden. *Man – das heißt die Bundesregierung und somit der Kanzler – solle auf jeden Fall vermeiden, aus wahltaktischen Gründen den Zeitpunkt zu verpassen, an dem man die Erkenntnis verwirklichen muß, daß die Politik von 1956 nicht mehr die von 1954 sein kann.* Und als Zusammenfassung des vorher Gesagten: *In dieser Haltung des Westens scheint mir eine der Gefahren der Zukunft zu liegen, der man entgehen muß.* Mit diesem Hinweis erinnert Kessel daran, daß 1954 das Bemühen des Westens, der sowjetischen Herrschaft in weiten Gebieten Europas eine Politik militärischer Stärke des Westens gegenüber zu stellen, grundsätzlich berechtigt war. Jetzt aber sei die Stunde für politische Argumente und damit auch für politische Gespräche mit Moskau gekommen.[325]

Mit seinem Brief an Lilienfeld versucht Kessel, auf die politische Vorbereitung der Amerikareise Adenauers Einfluß zu nehmen. Heikler ist ein weiterer Vorstoß: Am 29. Mai schreibt Kessel an Hallstein: Amerika befindet sich im Wahlkampf. Die internationale Politik verschwinde für die Amerikaner *bis weit hinauf in die höchsten Regierungs- und Parteistellen hinter einem Nebelschleier, der vom Staub des Wahlkampfs erzeugt wird*. Die meisten Amerikaner seien zur Zeit ebenso überempfindlich gegenüber jeder Kritik, sei sie auch noch so gemäßigt, wie gegenüber wohlgemeinten Ratschlägen. *Sie erwarten Geduld und Nachsicht und sind dankbar, wenn man ihnen diese beiden Eigenschaften entgegenbringt.* Der folgende Satz in dem Brief an Hallstein ist eine in Worte der Anerkennung gekleidete Mahnung: *Ich habe nicht den geringsten Zweifel, daß der Herr Bundeskanzler diese beiden Eigenschaften –* also Geduld und Nachsicht gegenüber den vom eigenen Wahlkampf geplagten Amerikanern *– immer anklingen lassen wird, und sage seinem Besuch deshalb einen großen Erfolg voraus. Er wird zu spüren bekommen, wie sehr sich die Stellung der Bundesrepublik in diesem Lande im Lauf der letzten Jahre konsolidiert hat.*[326]

Aus amerikanischer Sicht freilich sind im Frühjahr 1956 die deutsch-amerikanischen Beziehungen nicht mehr ganz so gut wie zuvor. Die einseitige weitere Annäherung der Bundesregierung an Frankreich beginnt den Amerikanern auf die Nerven zu fallen. Kessel ist das bekannt, und sein Freund Blankenhorn wird es ihm aus Paris als Botschafter bei der Nato bald nachdrücklich bestätigen. Auch das persönliche Verhältnis zwischen Dulles, dem amerikanischen Außenminister, und dem deutschen Bundeskanzler ist nicht mehr so gut wie früher.[327] Der amerikanische Wahlkampf bietet Kessel Gelegenheit, in höflichste Formen zu kleiden, was ungeschminkt deutlich so heißen könnte: Die Amerikaner mögen es nicht, daß Adenauer sie kritisiert oder ihnen gar Ratschläge erteilen will. Sollte er das dennoch versuchen, anstatt mit geduldiger Nachsicht zu argumentieren, so könnte sein Besuch in den Vereinigten Staaten als Mißerfolg enden. Um dieser Gefahr vorzubeugen, entschließt sich Kessel zu der überaus vorsichtig formulierten Warnung an Hallstein. In der Höflichkeit aller Äußerungen, die sich auf den Kanzler beziehen, erinnert der Brief fast an den Stil orientalischer Höfe. Wenn er es für zweckmäßig hält, beherrscht Kessel also auch diese Klaviatur.[328]

Zum Besuch des Bundeskanzlers in den Vereinigten Staaten hat Kessel danach nichts mehr zu bemerken. Um so mehr beschäftigen ihn die Entwicklungen in Polen. Schon in den Riedener Jahren hatte er in seinen Außenpolitischen Briefen mit Nachdruck erwähnt, daß nirgendwo im Ostblock die Kluft zwischen der Moskau-hörigen Regierung und der Bevölkerung so tief sei wie in Polen.[329] Nun gärt es dort. Kessel ist darüber in Washington gut informiert.

Die Geschichtsbücher nennen als Tag des Aufstands von Arbeitern der Stalinwerke in Posen den 28. Juni.[330] Schon am 11. Juni hält Kessel jedoch in einer Aufzeichnung fest, was ihm der schwedische Gesandte von Post in Washington aus Berichten der schwedischen Gesandtschaft in Warschau vorgelesen hat: In den polnischen Ministerien für Sicherheit und für Justiz hat es Umbesetzungen gegeben, im Sejm hat Ministerpräsident Cyrankiewicz eine Rede gehalten, die nicht mehr vor allem aus doktrinären Parolen bestand, sondern sich mit Tatsachen und mit einer Kritik an eigenen früheren Handlungen befaßte. Zunächst nur als Gerücht in Warschau, das freilich falsch sein könne, erwähnt Kessel auch, Władysław Gomułka, ehemals Generalsekretär der Polnischen Arbeiterpartei und Stellvertretender Ministerpräsident, solle im Politbüro wieder einen Posten erhalten. Gomułka war 1951 als *Nationalist* und *Titoist*, also als Anhänger eines von Moskau unabhängigen Kurses verhaftet, im Frühsommer 1956 aber wieder aus der Haft entlassen worden.

Kessel aus dem Gespräch mit dem schwedischen Gesandten von Post: *In Warschau wie im ganzen Land treten die widersprechendsten Strö-*

mungen zutage. So gibt es zum Beispiel Politiker und Beamte, die plötzlich gegenüber Ausländern erklären, Polen sei ein Teil Europas und ein westliches Land. Diese Gespräche erweckten eher den Verdacht, daß sie von oben her angeordnet worden seien, um den westlichen Diplomaten Sand in die Augen zu streuen. Auf der anderen Seite begegne man aber einer zweifellos echten und spontanen Kritik an dem gegenwärtigen Regime und einem offenen Eintreten für die Freiheit. In dieser Beziehung tun sich die Intellektuellen besonders hervor und die Schriftsteller um die Zeitschrift ›Nova Cultura‹. Es läßt sich nicht mehr leugnen, daß die Volksmassen von Unruhe ergriffen sind und Kritik an der Vergangenheit sowie an der regierenden Clique üben. Unter den Kommunisten wird angesichts der Erfolge Titos der Ruf nach einem ›polnischen Tito‹ immer lauter. Auf der anderen Seite äußern sich gerade Anti-Kommunisten etwas besorgt über die rasche Entwicklung: Es bestehe die Gefahr, daß es wegen der unvorsichtigen Haltung anti-kommunistischer Bevölkerungskreise zu schweren Rückschlägen komme.

Die Schlußfolgerung Kessels aus den Berichten des schwedischen Gesandten in Warschau: Der Gesamteindruck sei, *daß sich in Polen eine Entwicklung vollzogen hat, die man nicht mehr völlig zurückdrehen kann, daß es aber andererseits besser ist, die Dinge nicht zu schnell voran zu treiben, um nicht eine scharfe Reaktion der doktrinären Kommunisten hervorzurufen.*[331]

Ein Pressefoto in den Illustrated London News vom 7. Juli 1956 zeigt die Dramatik des Geschehens: Demonstranten der Stalinwerke strömen auf das Gelände der Internationalen Handelsmesse in Posen und entrollen dort die weiß-rote polnische Fahne. Ihr weißes Feld ist vom Blut eines erschossenen Demonstranten getränkt. Einen Tag nach dem Posener Aufstand unternimmt Kessel den wohl ungewöhnlichsten Schritt seiner Karriere, er wendet sich an den Botschafter Polens in Washington, Josef Lipski, mit einem persönlichen Brief:

Hochverehrter Herr Botschafter,

erlauben Sie mir, Ihnen zu schreiben, mit welcher Bewunderung und Sympathie unsere Gedanken zu Ihren Landsleuten gehen, die sich in echt polnischer Tapferkeit für die Freiheit eingesetzt haben. Ich bin gerade auf der Abreise nach Europa, darf mir aber erlauben, Sie einmal anzurufen, wenn ich wieder zurück bin.

In alter Verbundenheit bin ich mit den angelegentlichsten Empfehlungen (Unterschrift)[332]

Kessel richtet den Brief an die Privatanschrift des Botschafters. Er hat auch nicht das Briefpapier der Botschaft verwandt. Im Briefkopf steht nur *Albrecht von Kessel, Gesandter.* Zwischen Bonn und Warschau bestehen keine diplomatischen Beziehungen. Kessel hat offenbar Botschafter Krekeler nicht gefragt, ob er nach dem Posener Aufstand an Botschafter Lipski einen kurzen persönlichen Brief schreiben darf. Doch er verheimlicht seinem Chef diesen Brief nicht. Im Gegenteil: Das Konzept bringt Kessel *nach Abgang*, also nachdem der Brief schon abgesandt ist, Botschafter Krekeler und zwei Beamten der politischen Abteilung der Botschaft zur Kenntnis.

Erst eine gute Woche später antwortet Botschafter Lipski in englischer Sprache: Der Brief habe ihn erst mit Verspätung erreicht, weil er kürzlich die Wohnung gewechselt habe. Der polnische Botschafter in seiner Antwort: *Ich bin tief berührt und spreche meinen aufrichtigen Dank für Ihre Worte der Sympathie und Anerkennung für meine Landsleute aus, die sich erhoben, um für die Sache der Freiheit zu kämpfen.* Mit dem Wunsch für einen angenehmen Aufenthalt Kessels in Europa verbindet der polnische Diplomat die Hoffnung, den deutschen Kollegen nach dessen Rückkehr nach Washington zu sehen.[333]

Ein solcher Briefwechsel über die geistigen Stacheldrahtverhaue des Eisernen Vorhangs hinweg war nur sinnvoll, ja überhaupt denkbar, weil Kessel und der polnische Botschafter sich kannten. *In alter Verbundenheit*, mit diesen Worten nimmt Kessel auf frühere Begegnungen ausdrücklich Bezug. Er muß Botschafter Lipski in den dreißiger Jahren in Berlin oft begegnet sein, als er im Auswärtigen Amt zunächst im Protokoll und dann im Büro von Staatssekretär Ernst von Weizsäcker tätig war. Lipski war von 1933 bis 1939 als Botschafter Polens in Berlin, einer der großen europäischen Diplomaten jener düsteren Epoche. In aller Bitterkeit hat er erlebt, wie der Hitler-Staat von lebhaften Beteuerungen der Sympathie für den polnischen Nachbarn mehr und mehr zu erpresserischen Drohungen überging, bis schließlich mit dem Angriff Hitlers auf Polen der Zweite Weltkrieg ausbrach.

Kaum einen Monat nach dem Posener Aufstand verstaatlicht der ägyptische Diktator Gamal Abdel Nasser die Allgemeine Gesellschaft des Suezkanals. Es ist heute kaum mehr vorstellbar, wie folgenschwer sich der Konflikt um den Kanal auf die Stellung der Kolonialmächte im Nahen Osten ausgewirkt hat. Im Oktober 1954 hatte Nasser als Ministerpräsident Ägyptens mit England den Abzug aller britischen Truppen aus der Kanalzone innerhalb von zwanzig Monaten vereinbart. Die Engländer erfüllten pünktlich ihre Verpflichtungen aus dem Vertrag. Nur einen Monat später verkündete Nasser am 26. Juli 1956 die Verstaatlichung des Suezkanals. Die Gebühren der Schiffahrt für die Durchquerung des Kanals sollten künftig den Bau des Nil-Staudamms bei Assuan finanzieren.

Der Diktator begründete die Enteignung der britisch-französischen Suezkanal-Gesellschaft mit der Weigerung der Vereinigten Staaten, den Bau des Hochstaudamms südlich von Assuan zu finanzieren. Die Amerikaner wiederum hatten ihre Kreditzusagen für das Projekt mit der Begründung zurückgezogen, Ägypten habe mit der Tschechoslowakei, einem Land des Ostblocks, den Kauf moderner Waffen vereinbart. Drei Monate nach der Enteignung drangen israelische Truppen bis zum Suezkanal vor. Am 31. Oktober begannen England und Frankreich eine Luftoffensive gegen Ägypten und besetzten eine Woche später mit Luftlandetruppen Port Said. Die mit Israel insgeheim abgestimmte britisch-französische Militärexpedition wurde jedoch mit politischem Druck der Vereinigten Staaten und gleichzeitigen Drohungen der Sowjetunion zum Stillstand gebracht. Am 22. Dezember verließen die letzten Soldaten Englands und Frankreichs Ägypten.

Noch im ersten Nachkriegsjahrzehnt war nicht etwa Saudi-Arabien, sondern Ägypten das reichste arabische Land im Nahen Osten. Während des Zweiten Weltkriegs und noch in der Nachkriegszeit hatte die ägyptische Baumwolle dem Land am Nil Reichtum gebracht, während in Saudi-Arabien der Ölexport noch in den Anfängen steckte. Doch mit dem Suez-Abenteuer Nassers begann die Verarmung Ägyptens. Eine Welle der Kapitalflucht, hohe Rüstungsausgaben, eine verfehlte sozialistische Wirtschaftspolitik und ein fast explosives Wachstum der Bevölkerung im Niltal lähmten die wirtschaftliche Entwicklung. Zugleich geriet Ägypten in Abhängigkeit von der Sowjetunion, die bald auch sein wichtigster Waffenlieferant war.

Die Enteignung der Suezkanal-Gesellschaft war ein eindeutiger Rechtsbruch. Verschärft wurde der Affront gegen England und Frankreich, die Schutzmächte der Suezkanal-Gesellschaft, durch Hinterlist, hatte doch Nasser fast unmittelbar nach der vertragsgemäßen Räumung der Kanalzone von britischen Truppen unter dem Jubelgeschrei der ägyptischen Massen die Enteignung verkündet. Seltsamerweise hat damals selbst die *Frankfurter Allgemeine Zeitung* Verständnis für den ägyptischen Diktator gezeigt. In der Anlage einer Aufzeichnung für einen ungenannten Kollegen in Bonn übt Kessel an den Kommentaren der Zeitung Kritik: *Zu hoffen, daß es nicht zu kriegerischen Entwicklungen kommt, ist ein berechtigtes Anliegen, ja eine Pflicht jedes vernünftigen Deutschen. Es aber so hinzustellen, als ob Nasser ein Unschuldslamm sei und Frankreich und England nur, weil sie böswillige Reaktionäre sind, das Beachten gewisser Regeln im internationalen Verkehr fordern, ist doch eine zu vereinfachende Betrachtungsweise. ... Der Stärkeverfall der westeuropäischen Mächte wird auch unsere Verhandlungsposition gegenüber dem Osten nicht unberührt lassen.*[334]

Merkwürdig wirkt im Rückblick auch die Haltung Washingtons während des Suezkonflikts. Der ägyptische Diktator hatte ja die Enteignung der Kanalgesellschaft mit der Weigerung der Amerikaner begründet, den Assuan-Staudamm zu finanzieren. Dennoch hat Washington in der von pausenlosen Beratungen begleiteten Krise nie eindeutig für England und Frankreich Stellung genommen. Außenminister Dulles distanzierte sich vielmehr nachdrücklich von den beiden wichtigsten Bundesgenossen der Vereinigten Staaten.

Die Deutsche Botschaft in Washington hat hierüber ungeschminkt deutlich berichtet: Auf einer Pressekonferenz habe Dulles auf die Frage eines Journalisten erklärt, *es bestehe zwischen den Vereinigten Staaten einerseits und England und Frankreich andererseits ein gewisser Unterschied, der sich auf grundsätzliche Angelegenheiten beziehe. Es handele sich um das Problem des Kolonialismus. Der Wechsel vom Kolonialismus zur Unabhängigkeit sei im Fortschreiten und werde sich in Zukunft fortsetzen, vielleicht für die nächsten 50 Jahre. Daher könnten sich die Vereinigten Staaten weder mit den Kolonialmächten noch mit denjenigen Nationen, die so rasch als möglich ihre Unabhängigkeit zu erreichen trachteten, hundertprozentig identifizieren. Später hat Dulles das ihm vorgelegte Protokoll der Pressekonferenz geändert. Doch waren seine ursprünglichen Bemerkungen bereits in alle Winde geeilt. Es ist ferner festzustellen, daß die Bemerkungen von Dulles über den Kolonialismus nicht nur in ihrer Substanz, sondern auch in ihrer Formulierung für England und Frankreich schwer erträglich sind. Obendrein hat Dulles nochmals erklärt, die Vereinigten Staaten führten keinerlei Wirtschaftskrieg gegen Ägypten, so daß also das Abrücken von den Verbündeten mit einer beruhigenden Erklärung gegenüber Ägypten gepaart ist.*[335]

Ergänzend zu dem Bericht der Deutschen Botschaft an das Auswärtige

Amt schreibt Kessel an Lilienfeld, die Suezfrage werde *wohl bald durch ein Begräbnis zweiter Klasse liquidiert werden.*[336] So beiläufig, wie es Kessel erwartet, endet der Suez-Konflikt dann aber doch nicht. Zurückbleiben wird davon gegenüber den Vereinigten Staaten tiefe Bitterkeit bei den Engländern und Franzosen. Hatten sie mit Recht die Erklärungen von Außenminister Dulles als kränkend empfunden, so sind bald darauf die Amerikaner verstimmt. Denn London und Paris hatten die Regierung in Washington von ihren Vorbereitungen einer Militärintervention am Suezkanal mit keinem Wort unterrichtet.

Während sich die Differenzen unter den westlichen Führungsmächten verschärfen, wächst auch in Osteuropa die Spannung. In Polen übernimmt am 20. Oktober wieder Gomułka das Amt des Generalsekretärs der kommunistischen Partei. Drei Tage später bricht in Ungarn ein Volksaufstand aus. Der aus der kommunistischen Partei Ungarns ausgestoßene Imre Nagy, der schon 1953 Ministerpräsident war, tritt wieder an die Spitze von Partei und Regierung. Er fordert, daß Ungarn aus dem Warschauer Pakt ausscheiden soll. Am 4. November erzwingt Moskau mit dem Einmarsch sowjetischer Truppen die Bildung einer pro-sowjetischen Regierung durch Janos Kádár. Schon am 10. November haben die Russen den ungarischen Volksaufstand niedergeschlagen.

Welch ein düsteres Schauspiel bietet in diesen Wochen die Weltgeschichte von Washington aus. Für Kessel kommt noch die Sorge über die sich immer mehr vergiftende Debatte um einen Kurswechsel in der Verteidigungspolitik der Vereinigten Staaten hinzu. Ein nie in die Tat umgesetzter Referentenentwurf, der sogenannte Redford-Plan, hatte im Juli 1956 Vorschläge für eine massive Reduzierung der kontinentalen Streitkräfte der Vereinigten Staaten in Europa enthalten. Zum Ausgleich hatte das Arbeitspapier die Stationierung von Atomwaffen in Europa empfohlen. In abgeschwächter Form werden im Herbst ähnliche Gedanken der Planung für eine Umrüstung der Vereinigten Staaten zugrundegelegt.

Im State Department weist man Kessel bald diskret darauf hin, daß es bei einem Gespräch des betagten amerikanischen Senators Green mit dem Bundeskanzler zu einem Eklat gekommen sei. Kessel hält davon im Entwurf eines persönlichen Briefs an Brentano fest: *Der erste Teil des Gesprächs habe einerseits die Nato, andererseits das Eingreifen Englands und Frankreichs im Nahen Osten behandelt. Dieser Teil des Gesprächs sei noch einigermaßen friedlich verlaufen. Nachher aber sei* der Herr Bundeskanzler auf die amerikanische Umrüstung und die Atomwaffen zu sprechen gekommen. *Dabei sei seine Kritik über das übliche Maß hinausgegangen und habe einen höchst aggressiven Ton gegen die Vereinigten Staaten angenommen.*[337]

Vermutlich ist dieser Text an Brentano nie abgesandt worden. Im Konzept eines weiteren Briefs an den Außenminister geht Kessel dann noch ausführlicher auf die deutsch-amerikanischen Beziehungen ein. Auf dem Höhepunkt der Suez-Krise, allerdings noch vor der britisch-französischen Militärintervention, habe das Weiße Haus die Anregung nach Bonn übermittelt, der Kanzler möge sich *unmittelbar mit Präsident Eisenhower – sei es telegrafisch oder telefonisch – in Verbindung setzen und ihm seine Sympathie und seine Unterstützung bei der Erhaltung des Weltfriedens versichern.* Adenauer habe auf die amerikanische Anregung nicht reagiert. Das habe Präsident Eisenhower persönlich *nachhaltig verstimmt.* In seinem Gespräch mit Senator Green habe der Kanzler auch die amerikanische Haltung zur Ölversorgung Europas scharf kritisiert. Kessels Schlußfolgerung: *Hätten wir in dieser kritischen Periode, statt Vorwürfe zu erheben, eine ausgleichende Rolle zwischen Washington, London und Paris gespielt, so wären wir automatisch in den Kreis der sogenannten ›Großen Drei‹ eingerückt. Es wäre in Zukunft nicht mehr möglich gewesen, zwischen Washington, London und Paris Gespräche zu führen, ohne uns zu beteiligen. Wir haben mit unserer teils äußerst negativen, teils passiven Haltung diesen Weg verbaut.*[338]

Mit der Entsendung von Polizeitruppen der Vereinten Nationen in die Zone des Suezkanal und der Einwilligung Englands und Frankreichs, bedingungslos ihre Positionen in Ägypten zu räumen, endet der Konflikt um den Suezkanal. England und Frankreich haben eine schwere Niederlage hinnehmen müssen. Im Januar 1957 tritt Anthony Eden als britischer Ministerpräsident deshalb zurück.

Eine gemeinsame Niederlage haben die westlichen Demokratien inzwischen in Ungarn erlitten. Hierzu berichtet Kessel, schon zu Beginn der Krise in Budapest habe sich das State Department an die Deutsche Botschaft mit der Bitte gewandt, *die Bundesregierung möge der amerikanischen Regierung gegebenenfalls Anregungen zur Behandlung der ungarischen Frage übermitteln.*[339] Es sei *immerhin ein Novum* gewesen, *daß die Weltmacht ihren jüngsten und verhältnismäßig schwachen Alliierten um einen Rat bat*, schreibt Kessel hierzu an Blankenhorn. *Wir mußten mehr als vierzehn Tage auf eine Antwort von Zuhause warten, die dann so nichtssagend war, daß man sie uns auch innerhalb von zwölf Stunden hätte geben können.*[340] Doch nicht nur die Lethargie Bonns gegenüber den Leiden der Ungarn ist für Kessel enttäuschend. Auch die Haltung der Amerikaner angesichts des sowjetischen Einmarschs in Ungarn wird von Botschafter Krekeler und Kessel als bedrückend empfunden. In einem als *geheim-citissime* eingestuften Telegramm berichtet Krekeler, Kessel habe im State Department die Frage gestellt, welche Schritte die amerikanische Regierung zugunsten von Ungarn in Moskau unternommen habe. Die Antwort habe gelautet: *Die amerikanische Regierung habe keinerlei Schritte in Moskau unternommen, sondern überlasse dies den Neutralen, d.h. insbesondere den Indern und den Schweden.* Krekeler berichtet weiter: *So sehr hiesige öffentliche Meinungen sich einer bloßen Rückkehr zur Politik des Kalten Krieges widersetzt, wird auch sie heftig reagieren, wenn ihr bewußt wird, daß diese passive amerikanische Politik die Gebote der Menschlichkeit verletzt.* Der Botschafter bittet mit seinem Bericht der höchsten Dringlichkeitsstufe darauf um Genehmigung, im Namen der Bundesregierung die Regierung der Vereinigten Staaten zu diplomatischen Interventionen zugunsten Ungarns in Moskau zu drängen.[341]

Offensichtlich hat Bonn auf diese Anregung ebensowenig reagiert wie auf einen noch gewichtigeren früheren Vorschlag. In einem von Kessel entworfenen und von Botschafter Krekeler unterzeichneten Bericht war ausgeführt worden, in verschiedenen Gesprächen von Botschaftsmitgliedern mit amerikanischen und ausländischen Diplomaten hätten sich *folgende Gedankengänge herausgeschält*: Eisenhower solle *an Bulganin in ernstester Form einen Appell richten, die Unterdrückung der osteuropäischen Völker zu unterlassen. Er, Eisenhower, sehe seine Lebensaufgabe darin, über die Zwischenphase der friedlichen Koexistenz zu einem stabilen Frieden zwischen West und Ost, d.h. insbesondere zwischen den Vereinigten Staaten und der Sowjetunion zu gelangen. ... Durch das brutale Vorgehen der Sowjetunion in Ungarn und die drohende Haltung in allen übrigen Satellitenstaaten werde diese Politik aufs Spiel gesetzt. Die Gefahr eines neuen Kalten Krieges stehe vor der Tür. Ein solcher Kalter Krieg aber werde diesmal noch viel gefährlicher sein als in den letzten zehn Jahren. Es würden sich Kräfte in Bewegung setzen, die die Staatsmänner vielleicht nicht mehr kontrollieren könnten. Er, Eisenhower, sehe sich daher genötigt, die russischen Staatsmänner vor einer Politik zu warnen, die diese Entwicklung heraufbeschwören, wenn nicht unver-*

meidlich machen würde. Wenn der Herr Bundeskanzler mit dem ganzen Prestige, das ihm hierzulande (in den Vereinigten Staaten) *zur Verfügung steht, den Präsidenten* (Eisenhower) *bäte, einen solchen Brief an Bulganin zu richten, so würde dieser Appell hier zweifellos größten Eindruck machen und als deutscher Beitrag zur Überwindung der gegenwärtigen Krise angesehen werden.*[342] Auch auf diesen Vorschlag der Botschaft hatte Bonn nie reagiert.

In Ungarn sei die Lage verzweifelt, sagt der jugoslawische Gesandte Primozic in einem Gespräch mit Kessel Anfang Dezember. Auch in Polen sei die Situation noch sehr prekär. Gomułka versuche mit Geschick und Energie, eine Explosion zu verhindern.[343] Der Höhepunkt der Krise in Warschau, der zeitweise auch das State Department mit besonderer Sorge erfüllt hatte, ist inzwischen jedoch schon überschritten.[344] Zugleich behutsamer, zäher und klüger als der glücklose Nagy, der für Ungarn einen Austritt aus der von Moskau geschmiedeten Militärallianz, dem Warschauer Pakt, gefordert hatte, versteht es Gomułka selbst unter erheblichem sowjetischem Druck, Polen eine gewisse Selbständigkeit wieder zu sichern. Als bedeutsam für die gesamte Entwicklung der osteuropäischen Staaten wird sich in späteren Jahren das Abkommen des neuen Regimes mit der kommunistischen Kirche in Polen vom 7. Dezember 1956 erweisen. Es gibt der Kirche wieder das Recht, ihre Ämter selbst zu besetzen und in den Schulen wie bei den Streitkräften seelsorgerisch tätig zu sein. Gestärkt geht aus den Gärungen innerhalb der kommunistischen Staaten auch der jugoslawische Staatschef Tito hervor.

VI

Der Präsident der Vereinigten Staaten Dwight D. Eisenhower empfängt 1958 in Washington den Regierenden Bürgermeister von Berlin Willy Brandt (rechts), den Kessel begleitet.

Von Geheimkontakten mit Polen bis zum Aufbruch nach Bonn

Schon im Juni 1956 hatte Kessel mit seinem Brief an den polnischen Botschafter Josef Lipski bewiesen, wie wichtig ihm die Kräfte in Polen waren, die für mehr Unabhängigkeit von Moskau eintraten. Zu einer Lockerung der erstarrten Positionen im Ost-West-Konflikt konnten nur sachliche Gespräche führen – Gespräche westlicher Diplomaten mit der Sowjetunion, aber auch, jeweils zum geeigneten Zeitpunkt, mit den von Moskau dominierten osteuropäischen Staaten. Diesen Standpunkt hatte Kessel seit Jahren vertreten. Dabei blieb für ihn unzweifelhaft, daß es im deutschen Interesse liege, nur im vollen Einklang mit den westlichen Verbündeten Kontakte der Bundesregierung zu kommunistischen Staaten zu knüpfen. Kessel ist noch im Spätsommer 1956 der Ansicht, es sei zu früh, zur Frage der Wiedervereinigung mit der Sowjetunion ein Gespräch aufzunehmen.[345] Doch zu Polen und den übrigen von Moskau dominierten osteuropäischen Staaten bestehen in jener Zeit keine diplomatische Beziehungen. Ein Gedankenaustausch mit einzelnen dieser Staaten scheint jedoch gerade nach den innenpolitischen Krisen in Polen und Ungarn vom Herbst 1956 geboten.

Auch Blankenhorn sieht das so als Botschafter in Paris bei der Nato. In seinen Briefen an Kessel häufen sich die Klagen über den *alten Herrn*, wie er Adenauer in der Korrespondenz nennt. Der Kanzler deute offizielle Erklärungen der Staaten des Warschauer Pakts und Chinas völlig falsch, fürchtet Blankenhorn. *Er glaubt, daß die Satellitenstaaten nun schon hundertprozentig wieder auf einen neuen neostalinistischen Kurs zurückgeschaltet sind, daß man also mit einer Freiheitsbewegung nicht mehr zu rechnen braucht und deshalb auf die ›Politik der Stärke‹ zurückgehen müsse. Daß wir und der Westen aber neue Initiativen entwickeln müssen, um zumindest psychologisch dieser Welt in ihrem Kampf mit dem sowjetischen Kommunismus zu helfen, will ihm nicht einleuchten.*[346]

Inzwischen sind unter strengster Geheimhaltung, aber mit ausdrücklicher Zustimmung von Außenminister von Brentano, erste Gesprächskontakte zwischen Kessel und der polnischen Botschaft in Washington zustande gekommen. Kessel hat in den Jahren des Widerstands gegen Hitler gelernt, worauf es bei der Geheimhaltung vor allem ankommt:

Man muß den Kreis der Mitwisser aufs engste begrenzen und möglichst wenig schriftlich festhalten. Solche Umsicht erschwert freilich die Rekonstruktion des Sachverhalts im historischen Rückblick. Das wichtigste Dokument zur Eröffnung geheimer Gespräche, die Kessel 1957 mit einem Mitglied der polnischen Botschaft in Washington führt, fehlt in den Akten des Auswärtigen Amts und ebenso in den Handakten Kessels, die nach seinem Tod in das Archiv des Auswärtigen Amts überführt worden sind. Nur ein Briefwechsel über die Beförderung dieses Papiers zwischen Kessel und dem Legationsrat I. Klasse Peter Limbourg, den Kessel aus gemeinsamen Pariser Tagen gut kennt, hat sich in den Archivbeständen des Auswärtigen Amts erhalten.³⁴⁷

Limbourg ist nun Persönlicher Referent des Außenministers. Wie der freundschaftliche Ton des Briefwechsels zeigt, besteht zwischen Kessel und dem jungen Legationsrat weiterhin ungestörtes Vertrauen. *Lieber Limbourg!* schreibt Kessel am 23. Januar 1957 nach Bonn, *Ich wäre Ihnen dankbar, wenn Sie diesen Brief dem Herrn Außenminister persönlich übergeben würden. Es handelt sich um eine Angelegenheit, die auf einer Verabredung zwischen ihm und mir beruht. Mit herzlichen Grüßen, auch an Ihre Frau, Ihr Kessel.* Die Antwort: *Lieber Herr von Kessel, Ihr mit Schreiben vom 23. Januar 1957 übersandter* (sic), *an den Herrn Bundesminister gerichteten Brief, habe ich ihm persönlich ausgehändigt. Mit herzlichen Grüßen und auf ein frohes Wiedersehen in Washington bin ich wie stets Ihr Limbourg.*³⁴⁸

Der handschriftlich verfaßte Brief Kessels an den Außenminister befindet sich im persönlichen Nachlaß Brentanos im Bundesarchiv in Koblenz und ist wie das Schreiben Kessels an Limbourg auf den 23. Januar 1957 datiert. In gestochen klarer Schrift berichtet Kessel von einem Gespräch, zu dem ihn Brentano im November 1956 ermächtigt hatte. Die Begegnung Kessels mit dem polnischen Botschaftsrat Jaroszek findet am 18. Januar 1957 im Hause des jugoslawischen Gesandten Primozic bei einem Frühstück zu dritt statt. Kessel charakterisiert den polnischen Diplomaten als *gescheiten, lebendigen jungen Mann von etwa 35 Jahren.* Das Gespräch wird auf Englisch geführt und kreist immer wieder um den polnischen Wunsch, zwischen Warschau und Bonn sollten volle diplomatische Beziehungen hergestellt und Botschafter ausgetauscht werden.

Kessel weist darauf hin, daß aus deutscher Sicht Länder wie Polen, Jugoslawien und Ungarn Bestandteile Europas sind. Man müsse gemeinsam versuchen, die unheilvolle Spaltung Europas zu überwinden. Seine beiden Gesprächspartner gehen darauf nicht unmittelbar ein. Doch ist im Verlauf der Begegnung immer wieder zu spüren, wie sehr sie darunter leiden, daß der Westen ihre Völker nicht als vollwertige Mitglieder der europäischen Völkerfamilie ansieht. Weiter berichtet Kessel: *Es bestand im übrigen Einigkeit darüber, daß die Sowjetunion in diesem Sinn nicht zu Europa gehöre.*

Der polnische Botschaftsrat führt aus, vor allem an der Aufnahme diplomatischer Beziehungen mit der Bundesrepublik sei seiner Regierung gelegen. Er kommt hierauf immer wieder zurück. Kessel erwidert, nach seinem Eindruck sei man nach den jüngsten Ereignissen in Deutschland daran interessiert, Polen wirtschaftlich zu helfen und politisch entgegenzukommen. Die deutsche Außenpolitik sei nicht doktrinär bezüglich der Regierungssysteme in anderen Ländern. Zweimal im Verlauf des Gesprächs äußert der polnische Diplomat, *seine Regierung trete, wie überraschend dies angesichts der damit verbundenen Risiken erscheinen möge, für die deutsche Wiedervereinigung ein, und zwar im Interesse des Weltfriedens.* Am Schluß des Gedankenaustauschs kommt der polnische Botschaftsrat noch einmal auf die Frage diplomatischer Beziehungen zurück. Als *rein persönliche Auffassung* erwidert Kessel darauf, *die Angelegenheit dürfe weder verschleppt noch überstürzt werden. Man solle daher weder mit Jahren noch mit Wochen rechnen.* Vor den Bundestagswahlen vom Herbst 1957 solle die Frage besser nicht öffentlich diskutiert werden. Nach einer klärenden Rückfrage leuchtet das auch dem polnischen Botschaftsrat ein. *Das Gespräch verlief bis zum letzten Augenblick aufs Angenehmste,* berichtet Kessel dem Außenminister und bittet um Weisung, wie er sich in der Sache weiter verhalten soll.[349]

Brentano hat den Bericht Kessels gelesen und mit seiner Unterschrift als *gesehen* bestätigt. Zu der erbetenen schriftlichen Weisung, wie Kessel sich gegenüber seinem polnischen Gesprächspartner weiter verhalten solle, hat sich der Außenminister jedoch offensichtlich nicht durchringen können. Keiner der Teilnehmer an dem ersten Sondierungsgespräch hatte dem Bericht Kessels zufolge die Frage der damaligen Grenze zwischen Polen und der Deutschen Demokratischen Republik – der Oder-Neiße-Linie – berührt. Von einer später von Kessel erwähnten Abrede zwischen ihm und dem polnischen Botschaftsrat Jaroszek, die polnische Regierung werde bei Verhandlungen über einen Austausch von Botschaftern einen offiziellen *deutschen* (also westdeutschen) Grenzvorbehalt akzeptieren, ist in dem Bericht an Brentano noch nicht die Rede.[350] Tatsächlich haben jedoch sowohl Kessel wie sein polnischer und jugoslawischer Gesprächspartner bereits bei dem ersten allgemeinen Gedankenaustausch die kritische Frage bewußt umgangen, sie also *ausgeklammert*, wie es im diplomatischen Sprachgebrauch heißt.

In die folgenden Wochen fällt ein höchst ungewöhnliches Gespräch: Kessel besucht den sowjetischen Botschaftsrat Striganov in dessen Botschaft. Seine Eindrücke von der Begegnung hält er in einer als *geheim* eingestuften Aufzeichnung fest.[351] Striganov, der in politischen Angelegenheiten den Botschafter vertrete, habe ihn, Kessel, nachdem er seinerseits mehrere Aufforderungen zu einer Begegnung bereits abgelehnt hatte, zu einem Mittagessen unter vier Augen in die sowjetische Botschaft eingeladen. Er habe die Einladung angenommen. Eine Absage wäre ein Affront gewesen, und hierzu habe kein Anlaß bestanden, seit die ungarische Frage *etwas in den Hintergrund getreten* sei.

In seiner Aufzeichnung beschreibt Kessel zunächst den äußeren Rahmen der Begegnung: *Das Frühstück fand in einem im viktorianischen Stil möblierten Salon statt. Die mit grünem und rotem Seidendamast bezogenen Goldsessel waren beiseite geschoben, so daß in der Mitte Platz für einen kleinen Tisch war, wie man ihn in Restaurants findet. Seine besondere Note erhielt der Raum dadurch, daß die auf die 16te Straße gehenden französischen Fenster durch fest geschlossene Läden und zugezogene Vorhänge abgedunkelt waren. Es erschien mir dies symptomatisch für die Atmosphäre gewollter Isolierung und tiefen Mißtrauens, die die hiesige Sowjetbotschaft erfüllt. ... Striganov, ein untersetzter Mann von 40 Jahren, der wie ein verbissener Volksschullehrer wirkt, genießt bei den Amerikanern, Engländern und Franzosen den Ruf, daß ein Gespräch mit ihm unmöglich ist, weil er sich mürrisch und hölzern darauf beschränkt, immer die gleichen doktrinären Formeln zu wiederholen.*

Mit Kessel kommt es aber doch zu einem Gespräch, weil der deutsche Gast geduldig auf die mißtrauischen Fragen des sowjetischen Botschaftsrats eingeht. In einem Bericht an das Auswärtige Amt, der allgemeiner als die geheime Aufzeichnung gehalten ist, weist Kessel darauf hin, daß man *über die Gedanken eines Gesprächspartners oft mehr aus Fragen als aus den Antworten entnehmen könne. In der Antwort kann der erfahrene Unterhändler ausweichend sein. Als Fragender berührt er hingegen fast immer Themen, die ihm selbst wichtig sind und die somit Aufschluß darüber erteilen, wo die Schwerpunkte seiner Wißbegier liegen.*[352] Striganov fragt nach Kessels Meinung über die Absichten der Amerikaner und weist dabei auf scharfe Äußerungen von Dulles zum Ost-West-Konflikt hin. Kessel versucht zu erläutern, daß solche Worte in erster Linie für den innenpolitischen Gebrauch bestimmt sind. Striganov fragt darauf nach der Bedeutung von Euratom und erkundigt sich über den Gemeinsamen Markt der sechs europäischen Montanunion-Staaten.

Weiter hält Kessel in seiner Aufzeichnung fest: *Während Striganov meine politischen Argumente bezüglich der amerikanischen Regierung höflich, aber mit großer Skepsis aufgenommen hatte, schien er von meinen Ausführungen über Euratom und den gemeinsamen Markt beeindruckt und sichtlich erleichtert. Er fragte mich dann, wie man auf dem Wege zur Entspannung wirkliche Fortschritte erzielen könne. Ich erwiderte, ich könne nur noch einmal auf die Notwendigkeit zäher Geduld hinweisen. Im übrigen sei jede Konferenzdiplomatie von Übel. Striganov fragte mich sichtlich überrascht, was ich damit meine? Ich entgegnete, auf Konferenzen könne man keine vertraulichen Verhandlungen führen. Die ganze Atmosphäre sei persönlichen Gesprächen abhold. Um eine solche Konferenz schwirrten immer Hunderte von Journalisten herum, die Indiskretionen sammelten und durch deren Veröffentlichung die Atmosphäre verdürben. Ich hätte noch keine Konferenz erlebt, bei der nicht die amerikanischen und die russischen Blätter ganz unnötig scharfe Artikel publiziert hätten.*

Striganow hörte sehr aufmerksam zu, meine Argumentation war ihm offensichtlich neu und er sagte fast entschuldigend, seine Regierung habe doch gerade vorgeschlagen, daß die Außenminister an der Sitzung des Abrüstungsunterausschusses in London teilnehmen sollten. In gespieltem Entsetzen sagte ich, das sei wohl das unglücklichste Vorgehen, das man sich vorstellen könne. Wenn die Sowjetunion den Westmächten etwas zu sagen habe, so solle Herr Schepilow[353] sich die westlichen Botschafter kommen lassen und mit ihnen ein vertrauliches Gespräch führen. Nur so werde man weiter kommen. Striganov hörte das kopfschüttelnd an, wobei diese Geste mehr ein Erstaunen als eine Ablehnung darstellte.

Das Mittagessen Kessels mit dem sowjetischen Botschaftsrat war offensichtlich der erste Besuch, bei dem ein deutscher Diplomat zu einem politischen Gespräch die sowjetische Botschaft in Washington betreten hat.

Im Februar besucht der SPD-Vorsitzende Erich Ollenhauer die Vereinigten Staaten, für Kessel ein erfreulicher Besuch. Im Vorjahr hatten hochrangige Politiker der CDU ihren Besuch zunächst ankündigen lassen, dann aber fast in letzter Minute abgesagt, so der spätere Bundeskanzler Kiesinger, der Vorträge in Cleveland, San Francisco, Los Angeles und New Orleans halten wollte und dann doch nicht erschien. Auch eine Reise von Ludwig Erhard, dem Bundeswirtschaftsminister, mußte kurzfristig abgesagt werden. *Das Ausladen von Amerikanern, weil der Ehrengast nicht erscheint, ist in letzter Zeit häufig von uns geübt worden,* schreibt Kessel an Lilienfeld. *Es schafft Verärgerung und verdirbt unseren Kredit.*[354] Ollenhauer hingegen absolviert pünktlich sein Programm. Nach der Heimkehr dankt er herzlich für die *große Hilfe*, die Kessel ihm während des Aufenthalts in Amerika habe zu teil werden lassen. *Wenn meine Reise so reibungslos und so inhaltsreich verlaufen ist, so ist dies zum großen Teil Ihrer umsichtigen Arbeit zuzuschreiben.*[355]

Der Brief Ollenhauers erreicht Kessel in Washington unmittelbar vor dem Aufbruch nach Europa. *Diesmal flog ich nun wirklich in die Ferien und saß im Flugzeug, strahlend wie ein Schuljunge, dem zehn Wochen ein halbes Leben bedeuten,* berichtet er in seinem nächsten Brief an die Freunde.[356] Ein handschriftlicher erster Entwurf zu Notizen über die Urlaubsreise beginnt mit so persönlichen Tönen, wie man sie sonst nur selten in den hinterlassenen Schriften von Kessel antrifft: *In Orly auf dem Flugplatz empfingen mich zu meiner freudigen Überraschung Jacky und ihr junger ›amant‹. Leicht salopp und bunt gekleidet, braungebrannt und strahlend verleiteten sie mich zu der Frage, ob sie im Süden gewesen seien. ›Der Süden ist hier in Paris, wo wir Dich erwarten‹, erwiderte Jacky in einem Tonfall, daß ich erwartete, sie würde mir über die Zollschranken hinweg, denn ich war noch nicht abgefertigt, um den Hals fallen. Der Süden war wirklich über Paris hereingebrochen. Eine betörende Luft schlug uns entgegen, als wir in die Stadt hineinfuhren. In Luxembourg-Garten waren die Knospen am Aufbrechen.*

Am Abend des zweiten Tages, heißt es weiter in dem handschriftlichen Text, *mußten wir zu J. B. gehen, der mir durch Jacky, die er zeitweise als Sekretärin beschäftigte, eine Einladung hatte übermitteln lassen. Ich scheute dies Zusammensein,* offenbar in Erinnerung an frühere, etwas mühsame Gespräche. *Da ich ihn aber als einen noblen und mutigen Mann kannte, der in einer Zeit, als es Mode war, über alle Deutsche ohne Unterschied herzufallen, immer für seine ehemaligen Landsleute eingetreten war und mir ab 1950 bereitwillig geholfen hatte, so wollte ich ihn nicht durch eine Absage kränken. J. B., das muß der Schriftsteller Joseph*

Breitenbach gewesen sein[357], der seine Romane teils auf deutsch, teils auf französisch geschrieben hat.

Der Abend verläuft nicht nach Kessels Geschmack. In dem Lokal, in das J. B. zum Abendessen einlädt, sind die übrigen Gäste *verwüstete Kreaturen mit maskenhaft starren Gesichtern*. Und um das Übel vollzumachen, dringen bald darauf drei italienische Musikanten in das Restaurant ein, die von Tisch zu Tisch gehend, einen Höllenlärm vollführen. *Jacky rettete die Lage mit munterem Geplauder und erwiderte, als J. B. wissen wollte, wann wir uns kennengelernt und wie wir uns angefreundet hätten, mit verschmitzter Naivität: ›Ja, wissen Sie, der Teddy ist halt mein Lieblingsdiplomat.‹* Mit der Klage Kessels, *der Abend habe sich, ohne seinen Charakter zu ändern, über Gebühr hingezogen*, bricht die Skizze ab.[358]

Gegenüber den Freunden ist dann von Jacky und J. B. nicht mehr die Rede. Das Reisebild hebt nur noch das allgemeine hervor, jedoch mit einer sanft schwebenden Heiterkeit, die den Reisebildern aus der Neuen Welt fehlt. Nie zuvor hat sich Kessel in Frankreich so glücklich gefühlt: *Bei meiner Ankunft in Paris empfing mich ein vorzeitiger Frühling, dem Natur und Menschen sich wohlig hingaben. Das ganze Volk war auf der Straße, schlendernd, schwatzend, flirtend. Für jemanden, der aus Amerika nach Europa kommt und den ersten Blick auf die Menge wirft, ist der Eindruck stets der Gleiche: verbrauchte Kleidung, wenn auch oft geschmackvoller als ›Drüben‹. Und dann plötzlich entdeckt man die Gesichter. Wieso kann in diesem kleinen Europa, so fragt man sich, fast jedermann sich noch den Luxus eines Gesichts leisten, vergeistigt, tragisch, heiter oder zerwühlt? ›Drüben‹ geht man mit dem menschlichen Erleben sparsamer um.*

Auch ich beschloß, mir in Paris jeden Luxus geistiger und ästhetischer Natur zu leisten. Denn ich war ja, wie ich zu meiner eigenen Überraschung feststellte, zum erstenmal nicht als Sprachstudent oder in amtlicher Funktion in diese Stadt gekommen, sondern zu meinem reinen Vergnügen. Ich scherte mich also nicht um die Zeichen, sei es des Verfalls, sei es der bürgerlichen Festigkeit. Und wenn der technische Zustand des Hotellifts mein Mißtrauen erregte oder wenn mich angesichts der Preise ein leiser Schwindel befiel, so trug das zu meinem Wohlbefinden bei wie das rechte Gewürz zu einer Lieblingsspeise. Vor allem aber war ich entschlossen, meinen eigenen Maßstab der Freude und des Wohlgefallens an die Dinge anzulegen: Ich weiß, daß man im Zeitalter der Angst, und sei es nur aus Snobismus, über das Abendlied einer Amsel, die im Hinterhof auf einem knospenden Baum sitzt, hinweghören muß. Da aber der Panzer, den ich mir seit Jahr und Tag gegen Heimweh und Einsamkeit angelegt hatte, vor diesen wenigen Tönen dahinschmolz, sei diese Amsel dankbar erwähnt. Und daß die Front von Nôtre Dame für mich immer noch die schönste aller Kirchenfassaden ist, groß, rein und lieblich zugleich, ist gewiß ein Provinzialismus angesichts weltläufiger Preislieder auf indische Höhlentempel oder Maja-Pyramiden. Ich bin indessen ein Mensch, der noch das Naheliegende und Verwandte liebt, dem Fremden dagegen mit respektvoller Distanz gegenübersteht.[359]

Von Paris reist Kessel ins Wallis *in Klausur,* wie er es nennt. *Das heißt: ich verordnete mir 14 Tage Schweigen und Einsamkeit, eine Kur, deren sich die Politiker und Diplomaten, deren Leben sich in der Öffentlichkeit abrollt und deren Beruf im Umgang mit Menschen besteht, alljährlich unterziehen sollten. Die ersten zwei Tage ringt man nach Luft, und die Stille macht nervös. Dann setzt ein langsam ansteigendes Glücksgefühl ein, die Spaziergänge werden länger und ruhiger, die Gedanken langsamer und gesünder.* Der Schnee schmilzt, die Hotels in den Bergen schließen, und Kessel verbringt noch eine Woche am Genfer See.

Im Mai ist er dann in Berlin. Über die Eindrücke in der ehemaligen Hauptstadt, die er seit dem letzten Besuch im Dezember 1943 zum ersten Mal wiedersieht, berichtet kein Rundbrief mehr. Doch einigen der nächsten Freunde sendet er später ein Manuskript im knappen Umfang von anderthalb Blatt. An Stelle einer Überschrift stehen über dem Text nur die Worte *Berlin, Mai 1957.* Die Skizze, die einen Nachmittag an den Havelseen beschreibt, ist das persönlichste Zeugnis jener Leidenschaft, die sein gesamtes Wirken in den Nachkriegsjahrzehnten bestimmt: einer tiefen Liebe zur Heimat. *Patriotismus* nennt er nun öfter die geistige Haltung, die er vertritt. Schon in den *Außenpolitischen Briefen* hatte er dargelegt, wie tief die Kluft sei, die solche Vaterlandsliebe vom Nationalismus trennt.[360] Mit dem Skizzenblatt von einer Fahrt an die Havelseen spricht er aus, was ihn auf der Urlaubsreise vom fernen Washington bis nach Europa am tiefsten berührt hat: die Wiederbegegnung mit der verlorenen Heimat im Osten.

Berlin, Mai 1957
Ein fast sommerlicher Nachmittag lag über dem Land, als wir an die Havelseen hinausfuhren, und es war wie ein Atemholen, als mich die

Weite der östlichen Heimat umfing. Über die Gartenzäune hinweg, an den Wegrändern, die in den Grenzwald hineinführten, und auf dem dörflichen Anger verschenkte verwilderter Flieder sich in blühenden Wellen. Es war überhaupt etwas Großzügiges, etwas im bürgerlichen Sinn souverän Verwahrlostes an Häusern, Gärten und Wegen, zusammengehalten durch eine leichte Kargheit und Strenge – es war Preußen. Dieses Preußen, gegen das ich in meiner Jugend aufstehen mußte, als es reich und ›bürgerlich‹ werden wollte und nur laut und selbstgerecht wurde, und dem ich nachweine, seit seine phrasenlose Stoik und die ironische Gelassenheit seiner armen und ärmsten Söhne in der moralischen und geistigen Landschaft unseres Staates fehlen.

Wir ruhten auf einem bescheidenen Landungssteg aus und schauten nach den Segeln, die sich auf der Weite der Seen spielerisch blähten, um vor einer unsichtbaren Wand, der Sektorengrenze, zurückzuschrecken. Ein Schiffer mit verbogener Kapitänsmütze legte, von einem Hündlein begleitet, am Steg an. Auf unsere Fragen berichtete er höhnisch, aber resigniert, daß auf diejenigen geschossen werde, die diese fast unkenntliche Grenze im Wasser, im Schilf oder auf Waldwegen überschritten.

Ich begehrte innerlich auf: Warum findet sich unser Volk so gern bereit, das Sinnlose, das Widernatürliche anzuerkennen, wenn es nur ›von oben‹ in Verfahrensregeln gegossen ist? Ließe sich dies von den Siegermächten erzeugte Monstrum ›Berlin‹ auch nur einen Monat lang am Leben und in Ketten halten, wenn ein anderes Volk als das Deutsche hier etwas zu sagen hätte? Würden nicht an unserer Stelle Franzosen und Italiener, sei es aus Vernunft und Patriotismus oder auch nur aus Lässigkeit und Korruption, einmütig auf nichts anderes sinnen, als die Ketten, das Monstrum, die Verfahrensregeln, die Sektoren- und Zonengrenzen, die Ideologien und Perversitäten, kurz das Potsdamer Abkommen und den Kalten Krieg loszuwerden?

Doch verflogen die Gedanken vor dem Bild des Abends, der glänzend und voll Schwermut heraufzog. Wir horchten auf die Stimmen der Segler und Fischer, vom Wasser aufgenommen und weitergetragen, auf den klagenden Ruf der Wasserhühner und auf die kämpferische Strophe eines winzigen Rohrsängers, der seinen Herrschaftsbereich von der schwankenden Höhe eines Schilfstengels überwachte.

Am jenseitigen Ufer zog sich hinter dem Wannsee der Waldgürtel hin, mit seinen lichtgrünen Buchen und dunklen Föhren zwischen See und Stadt die Größe der Natur wahrend. Und als in der Stunde der Dämme-

rung die Seen in kaltem, milchigem Blau das letzte Licht an sich zogen, schien der Abgrund, der unser Leben zerrissen hat und über den nur wenige Stimmen, ja kaum die Antennen der Erinnerung gelangen, sich noch einmal zu schließen.[361]

Nach der Rückkehr nach Washington stehen für Kessel weiter die Beziehung zu Polen im Mittelpunkt. Unmittelbare Zeugnisse hierüber in den Akten sind eindeutig im Inhalt, im Umfang jedoch spärlich. In seiner Antwort auf eine Anfrage des Auswärtigen Amts hat Kessel jedoch 1960 wichtige Informationen im Rückblick zusammengefaßt: *Aus meiner amtlichen Tätigkeit ist Folgendes festzuhalten: Anfang 1957 suchten die Polen über die Jugoslawen Kontakt mit uns. Ich erhielt vom Minister, bei dem ich durch Krapf*[362]*, der gerade in Washington war, anfragen ließ, die Genehmigung zu Gesprächen. In den folgenden zwölf Monaten hatte ich häufigen Kontakt mit dem polnischen Botschaftsrat Jaroszek, dessen Botschafter*[363] *sich gegenüber H(errn) Krekeler sehr erfreut darüber äußerte. Aus anderen Bemerkungen ging eindeutig hervor, daß Warschau unterrichtet war. Unsere einfache Abrede ging dahin, die polnische Regierung werde einen offiziellen deutschen Grenzvorbehalt akzeptieren, ein Gespräch über die Grenze solle erst zu einem späteren Zeitpunkt stattfinden. Zu letzterem Punkt machte Jaroszek die Bemerkung, nach polnischer Auffassung sei so ein Gespräch nicht mehr nötig. Nach meinen Eindrücken war damals – 1957/58 – noch eine gewisse Revision der Oder-Neiße-Linie im Bereich des Möglichen, ja Wahrscheinlichen.*

Ich habe über das erste Gespräch dem Minister der Diskretion halber privatbrieflich und handschriftlich berichtet. Dieser Bericht vom Januar oder Februar 1957 sollte noch bei seinen Handakten sein. Über die weiteren Kontakte und Gespräche, die teilweise sehr aufschlußreich waren, habe ich ihm verschiedentlich mündlich berichtet. Er autorisierte mich anläßlich seines Besuchs in Washington im Mai oder Juni 57, dem Polen zu sagen, die Bundesregierung wolle die Frage der Aufnahme von Beziehungen nach den Wahlen, also im Herbst, wohlwollend prüfen – woraus dann nichts wurde.[364]

Ende Mai 1957 ist Brentano in Washington. Tatsächlich hat er damals Kessel *die Weisung* erteilt, wie es im deutschen diplomatischen Sprachgebrauch heißt, den dienstlichen Auftrag also, dem polnischen Gesprächspartner zur Aufnahme von diplomatischen Beziehungen mit Polen

Hoffnung zu machen. Nach der Begegnung mit dem polnischen Botschaftsrat Jaroszek hält Kessel den Inhalt seines Gesprächs in einer als *streng geheim* eingestuften Aufzeichnung fest. Der polnische Diplomat habe mit Befriedigung die Ankündigung entgegengenommen, daß man in Bonn die Frage diplomatischer Beziehungen zwischen Bonn und Warschau wohlwollend zu prüfen beabsichtige, und er habe sich hierfür bedankt. *Es bestand beiderseits Übereinstimmung darüber, daß meine Mitteilung keinen offiziellen Charakter trage und mit größter Diskretion behandelt werden müsse,* heißt es in der Aufzeichnung weiter.[365]

Auch der jugoslawische Gesandte Primozic kommt Kessel gegenüber im Juli wieder auf Polen zu sprechen. Aufgrund von Berichten jugoslawischer Diplomaten stellt er den Besuch Gomułkas in Ostberlin als Mißerfolg für die ostdeutsche Führung dar: *Ulbricht sei mit dem Verlauf dieses Besuchs gar nicht zufrieden gewesen, wobei ihn insbesondere folgende Punkte irritiert hätten: Gomułka hätte sich bei einer oder mehreren Gelegenheiten sehr prononciert an das ganze deutsche Volk gewandt; dies habe Ulbricht sehr übel genommen. Gomułka habe ferner von dem eigenen Weg Polens zum Sozialismus gesprochen und das Drängen Ulbrichts hierbei auch auf den sowjetischen Kommunismus als Vorbild zu verweisen, kategorisch abgelehnt. Schließlich hätten die Polen die wirtschaftlichen Wünsche Pankows abgeschlagen. Ulbricht habe ganz offen erklärt, der Besuch sei schlecht vorbereitet gewesen. Nach Aussagen von Primozic habe der Besuch seinen von Pankow beabsichtigten Zweck, nämlich die zwischen Pankow und Warschau bestehende Verstimmung zu beseitigen, nicht erfüllt.*[366]

Offensichtlich will die jugoslawische Diplomatie also nach wie vor die Bundesregierung zur Aufnahme diplomatischer Beziehungen mit Polen ermuntern. Auch in der Zentrale des Auswärtigen Amts in Bonn findet die Frage der Beziehungen zu Warschau im Spätsommer 1957 wieder Interesse. Ist das eine Folge der Gespräche, die Kessel mit Brentano geführt hat? Oder sind es Initiativen der Polen, die auf die deutsch-polnischen Beziehungen wieder mehr Aufmerksamkeit lenken? In einem Telegramm berichtet Kessel nach Bonn über die Haltung der amerikanischen Regierung zur Oder-Neiße-Linie, jedoch nicht aus eigener Initiative, sondern aufgrund einer Anfrage des Auswärtigen Amts. Einen Tag später nimmt er in einem Chiffrierbrief hierzu noch ausführlicher Stellung, wobei er auch auf die Haltung des Durchschnittsamerikaners, des *Manns auf der Straße* zur Oder-Neiße-Linie eingeht.[367]

In seinem Telegramm führt Kessel aus, die amerikanische Regierung halte unverändert an der These fest, daß die Oder-Neiße-Linie keine endgültige Grenze darstelle und die deutschen Ostgebiete nur unter polnischer Verwaltung ständen. Das amerikanische Interesse an der Entwicklung der deutsch-polnischen Beziehungen und damit auch an einer künftigen Regelung der Grenzfrage habe sich in den letzten Monaten belebt. Der Unterstaatssekretär im State Department, Murphy, und der Geheimdienstchef Allan Dulles hätten ihn gefragt, ob er an die Möglichkeit eines deutsch-polnischen Kompromisses glaube. Kessels Antwort: *Ich entgegnete, zur Zeit seien meiner Ansicht nach weder die deutsche noch die polnische Öffentlichkeit auf ein derartiges Kompromiß vorbereitet.*[368] *Die Behandlung des gesamten Komplexes bedürfe größter Geduld, wie sie etwa beim Aufbau der freundschaftlichen Beziehungen zwischen Frankreich und Deutschland von beiden Seiten geübt worden sei. Wichtig sei es für uns vor allem, nicht von unseren Verbündeten zu vorzeitigen Erklärungen über eine etwaige Kompromißbereitschaft gedrängt zu werden.* Solche Erklärungen seien innenpolitisch für die Bundesregierung gegenwärtig nicht tragbar und müßten die spätere Verhandlungsposition der Bundesrepublik gegenüber Polen aushöhlen.

Bei dem Gespräch mit Murphy, mit einem weiteren amerikanischen Diplomaten und mit Allan Dulles wird Kessel stets auf die Möglichkeit diplomatischer Beziehungen mit Polen angesprochen. Schon aus den Fragen gehe hervor, berichtet er an das Auswärtige Amt, daß die amerikanischen Gesprächspartner eine solche Entwicklung sehr begrüßen würden. Er habe geantwortet, obgleich die Frage schon in deutschen Zeitungen diskutiert werde, sei darüber nach seiner Kenntnis noch nichts entschieden.[369]

Weiter als in dem Telegramm holt Kessel in seinem chiffrierten Schriftbericht aus: *So spontan jeder Amerikaner Deutschlands Anspruch auf Wiedervereinigung bejaht, so unorientiert oder reserviert verhält sich der ›Mann auf der Straße‹ in der Frage der Oder-Neiße-Linie und damit der deutschen Ostgebiete.* Dem politisch nicht vorgebildeten Amerikaner sei nicht klar, daß Deutschland 1945 nicht in zwei, sondern in drei Teile zerschnitten worden sei. Komme man im Gespräch auf die sieben bis acht Jahrhunderte deutscher Geschichte in den Ostgebieten, so wolle der *Mann auf der Straße* in den Vereinigten Staaten mit historischen Daten nichts zu tun haben, *beginnt doch sein Geschichtsbild, sofern er überhaupt eines hat, frühestens mit dem Tage, an dem seine Vorfahren* oder er selber in diesen Kontinent einwanderten. Spricht man ihm gar vom ›Recht auf Heimat‹, so ist ihm der Begriff ›Heimat‹ unvertraut, da er ja keine Verwurzelung im Boden kennt. Ein besonderes Symptom hierfür ist die amerikanische Binnenwanderung, die alljährlich in die Millionen geht. Das führt dazu, daß der Durchschnittsamerikaner mit Begriffen wie Geschichte und Heimat wenig oder nichts anzufangen weiß.

In der Bundesrepublik fordern inzwischen die Landsmannschaften eine breite Informationskampagne über den deutschen Anspruch auf die Ostgebiete. Eine solche Kampagne hätte jedoch, wie Kessel berichtet, nach übereinstimmender Ansicht sachverständiger Amerikaner nur eine negative Wirkung. Der Durchschnittsamerikaner würde die Kampagne als neuen deutschen *Drang nach Osten* mißdeuten: *Eine weitgestreute Propaganda für die Revision der Oder-Neiße-Linie wird im g e g e n w ä r t i g e n Z e i t p u n k t die amerikanischen Massen nicht überzeugen und die Amerika-Polen, deren Stimmgewicht bei den Wahlen im industriellen Norden entscheidend sein kann, zu wahrscheinlich sehr erfolgreichen Gegenaktionen veranlassen.*

Zur Haltung politisch gut unterrichteter Amerikaner führt Kessel dann aus: *Wir haben die amerikanische Regierung und die politisch führenden Kreise auf unserer Seite, wenn wir die Revision der Oder-Neiße-Linie mit Zähigkeit und Geduld betreiben und in vertraulichen Gesprächen eine Kompromißbereitschaft bezüglich der Wiederherstellung der Grenzen von 1937 durchblicken lassen. In dem Gespräch mit diesem politisch unterrichteten Personenkreis kommt immer wieder zum Ausdruck, wir sollten doch Polen gegenüber dieselben Methoden einschlagen, wie wir sie gegenüber Frankreich und Israel angewandt hätten. Um Frankreichs Verständnis und Wohlwollen hätten wir bereits geworben, als gewisse Franzosen noch von einer Internationalisierung der Ruhr geträumt hätten. Mit acht bis neun Jahren Geduld hätten wir uns das Vertrauen, ja die Freundschaft der Franzosen erworben und – was fast noch erstaunlicher sei – die Saar sei wieder deutsch. Was Israel anbelange, so habe doch nichts unserem moralischen Prestige in der zivilisierten Welt mehr genützt als die in den Wiedergutmachungsabkommen ›investierten‹ Milliarden. Die kulturellen und historischen Werte der Ostgebiete, das ›Heimatrecht‹ der Vertriebenen, die Wiedergutmachung des dem polnischen Volk zugefügten Unrechts sei, so meinten unsere historisch und politisch gebildeten Freunde, doch wohl den gleichen po-*

litischen Milliardenbetrag wert. *An dieser Argumentation ist sicher eines richtig: Wenn wir diese Methoden einschlagen, so wird die öffentliche Meinung in diesem Lande die zukünftige Revision der Oder-Neiße-Linie genauso begrüßen, wie seinerzeit die Rückkehr der Saar. Und die Amerika-Polen werden jedes Kompromiß*[370]*, das wir mit Polen eines Tages auszuhandeln vermögen, ohne Widerspruch akzeptieren.*[371]

Es besteht kein Anlaß zu unterstellen, Kessel hätte mit seinen Ausführungen über den Standpunkt der *historisch und politisch gebildeten Freunde* in den Vereinigten Staaten nur den eigenen Standpunkt wiedergegeben. Gewiß hat er Gespräche in dem von ihm erwähnten Sinne geführt. Der Gedanke, mit Mitteln einer Größenordnung, wie sie die Zahlungen an Israel vorsahen, den Weg zu einem Ausgleich mit Polen zu öffnen, ist jedoch auch für Kessel bezeichnend. Schon in dem ersten Sondierungsgespräch mit dem polnischen Botschaftsrat Jaroszek hatte er auf die finanzielle Leistungskraft der Bundesrepublik hingewiesen und dabei erwähnt, sogar England nehme zeitweilig Finanzhilfe der Bundesrepublik in Anspruch. Warum dann nicht auch Polen?

Am 15. September erringt Adenauer bei den Bundestagswahlen mit 50,2 Prozent der Stimmen seinen größten innenpolitischen Sieg. Am 3. Oktober weist Kessel in einem von ihm als *streng geheim* eingestuften Chiffrierbrief den Bundesaußenminister auf Möglichkeiten hin, die der Wahlsieg aus der Sicht Washingtons dem Bundeskanzler eröffne. Gleich zu Beginn sagt Kessel, *eine zunehmende Besorgnis über die Entwicklung der amerikanischen Außenpolitik* veranlasse ihn, an Brentano zu schreiben: *Der Gegenstand meiner Sorge ist der sich stetig verstärkende Eindruck, daß die amerikanische Außenpolitik sich mit dem Status quo in Europa abfindet. Eine solche Politik der Resignation gegenüber der Sowjetunion ist geeignet, die Wiedervereinigung aufs schwerste zu gefährden.*

Der Diagnose folgt ein Vorschlag zur Therapie: *Der mit Erleichterung und ehrlicher Freude aufgenommene Wahlsieg des Herrn Bundeskanzlers eröffnet ihm jede Möglichkeit, sich in die Erörterung über neue Wege der amerikanischen und damit atlantischen Außenpolitik einzuschalten und sie zu beeinflussen. Was immer er für den gesamtdeutschen oder europäischen Bereich vorschlagen mag, wird hier aufmerksam und positiv aufgenommen werden. Dulles verehrt ihn als Freund und als den großen europäischen Staatsmann. Die oppositionellen Kreise werden ihm danken, wenn er mit einer Initiative dazu beiträgt, einen Ausweg aus einer Lage zu finden, die sie als gefährlich betrachten. Ich glaube, daß der Zeitpunkt gekommen ist, wo wir auf die amerikanische Außenpolitik stärker Einfluß nehmen sollten, um einer uns allen unerwünschten Entwicklung vorzubeugen. Wir sind, so meine ich, gegenwärtig hierzu in einer besonders günstigen Position.*[372]

Noch im Herbst 1957 glaubt Kessel, Dulles verehre Adenauer als *Freund*. Animositäten, wie die nach außen stets sorgsam verdeckte persönliche Abneigung, die Dulles und Adenauer für einander empfinden, dringen zunächst nur selten über den engsten Kreis der Akteure hinaus.[373] Adenauer ist nach dem Wahlsieg damit beschäftigt, sein neues Kabinett zusammenzusetzen, eine Aufgabe, die sich auch diesmal als ebenso schwierig wie zeitraubend erweist. Inzwischen türmen sich gegenüber den Bemühungen Kessels um die Anknüpfung von Beziehungen zwischen Warschau und Bonn dunkle Wolken am Horizont auf.

Gomułka ist in Belgrad bei Tito gewesen. Dabei kam der Gedanke auf, Jugoslawien könne doch auch diplomatische Beziehungen zu Ostberlin aufnehmen, wie sie Polen schon unterhält.[374] Damals scheint es zwischen der Botschaft der Bundesregierung in Belgrad und der jugoslawischen Regierung zu Mißverständnissen gekommen zu sein. Bei einem Aufenthalt in Bonn hat der deutsche Botschafter in Belgrad, der Freidemokrat Karl-Georg Pfleiderer, den Eindruck gewonnen, auf die Anknüpfung diplomatischer Beziehungen zwischen Belgrad und Ostberlin werde Bonn nicht zwangsläufig mit dem Abbruch der Beziehungen zu Belgrad reagieren. Pfleiderer meint, es gebe in dieser Frage Gegensätze zwischen Brentano und Hallstein, und er hofft, daß sich der Minister gegenüber dem Staatssekretär durchsetzen werde. Im State Department in Washington ist man zunächst nicht glücklich über die Aussicht, die Bundesregierung könne die Beziehungen zu Jugoslawien abbrechen und damit in dem wichtigsten nicht von Moskau abhängigen kommunistischen Land jeglichen Einfluß verlieren.

War die Drohung der Regierung Adenauer je sinnvoll, außer der Sowjetunion jeden Staat mit dem Abbruch der eigenen diplomatischen Beziehungen zu bestrafen, der es wagte, seinerseits mit der Deutschen Demokratischen Republik Botschafter auszutauschen? Dieser alsbald als *Hallstein-Doktrin* bekannt gewordene Grundsatz ist vor dem jugoslawischen Exempel nie angewandt worden. Es hatte dazu auch kein Anlaß bestanden. Als Pfleiderer zum zweiten Mal nach Bonn fuhr, um dort seinen Standpunkt vorzutragen, mußte er feststellen, daß sich Hallstein mit seinem harten Kurs gegenüber Brentano durchgesetzt hatte. Pfleiderer starb an einem Herzanfall in Bonn. Nach seinem Tod ist es nicht mehr zu einem klärenden Gespräch eines deutschen Diplomaten oder Politikers mit dem jugoslawischen Staatschef Tito gekommen. Das aber wäre in der kritischen Lage unumgänglich gewesen. So trieb die Bonner Diplomatie dem von ihr zuvor nur milde den Jugoslawen angedrohten Abbruch ihrer Beziehungen zu Belgrad eher hilflos als entschlossen entgegen.[375]

Kessel hat von der Hallstein-Doktrin nie viel gehalten. Aus seiner Sicht war es nicht zweckmäßig, die Regierung in Ostberlin von den westlichen Demokratien mehr und mehr zu isolieren. Um wenigstens in fernerer Zukunft die Teilung Deutschlands zu überwinden, mußte es vielmehr die Aufgabe der Regierung in Bonn sein, allmählich mit den Regierenden in Ostberlin ins Gespräch zu kommen. Aber mochte das auch seine persönliche Auffassung sein, so hat er in der deutsch-jugoslawischen Krise den Standpunkt des Auswärtigen Amts dennoch ebenso umsichtig wie loyal gegenüber den Amerikanern vertreten. An den Texten von vier Telegrammen an das Auswärtige Amt lassen sich seine in Washington unternommenen Demarchen während einer Woche verfolgen. Vom 10. bis zum 16. Oktober 1957 hat er die vier Berichte mit dem Vermerk *für Staatssekretär* und der höchsten Dringlichkeitsstufe *citissime* nach Bonn gesandt, die ersten drei als *streng geheim* eingestuft, den vierten als *geheim*.

Am 8. Oktober erhält Kessel, der jetzt als Geschäftsträger die volle Verantwortung für die Botschaft in Washington trägt, zur deutsch-jugoslawischen Krise einen Drahterlaß, also eine telegrafisch übermittelte Weisung. In seiner Antwort teilt er zwei Tage später in knappster Form den Vollzug des ihm erteilten Auftrags mit: Er hat Robert Murphy, den Unterstaatssekretär im State Department aufgesucht, ihn um Schritte der Amerikaner in Belgrad zugunsten der Bundesrepublik Deutschland gebeten und dabei die Argumente des Auswärtigen Amts zur Frage diplomatischer Beziehungen zu Ostberlin dargelegt. Murphy hatte zuerst gefragt, wie Bonn gegenüber Jugoslawien reagieren werde, falls Jugoslawien das *Pankow-Regime* anerkenne. Kessel, ausweichend: *Ich erwiderte, wir seien dabei, dies zu prüfen.* Murphy habe darauf gefragt: *Sie werden doch nicht die diplomatischen Beziehungen zu Jugoslawien abbrechen?* Kessel erläutert die Haltung der Bundesregierung, fügt dann aber behutsam ausweichend hinzu, im einzelnen könne er die Frage Murphys nicht beantworten, er wisse da nicht Bescheid.

Der amerikanische Unterstaatssekretär teilt Kessel daraufhin mit, was ihm jüngst der jugoslawische Botschafter in Washington, Mates, gesagt hat: Die Bundesrepublik erwäge offenbar, Beziehungen mit Warschau aufzunehmen, obwohl Warschau doch Pankow anerkannt habe. Man glaube deshalb in Belgrad, Jugoslawien könne seinerseits Pankow anerkennen, wenn Bonn Beziehungen zu Polen aufgenommen hätte. Hierzu Kessel: Die Bundesregierung sei von dem Grundsatz, zu keinem Staat Beziehungen aufzunehmen, der seinerseits Ostberlin anerkenne, nur in einem einzigen Fall – bei der Sowjetunion – abgewichen, und dies nur, weil die Sowjetunion in Deutschland Besatzungsmacht sei. Sollte die Bundesrepublik eines Tages Beziehungen zu Polen aufnehmen, so werde das unter dem gleichen Gesichtspunkt geschehen, da Polen de facto Besatzungsmacht sei. Denn die Bundesregierung sehe die Ostgebiete ja als zu Deutschland gehörig an. Dies Argument solle den Jugoslawen eindringlich klargemacht werden, *damit sie wüßten, daß eine Anerkennung Warschaus durch uns Belgrad nicht zu einer Anerkennung Pankows berechtige und eventuell sehr unangenehme Folgen für Jugoslawien haben könne.*

In seiner Antwort auf weitere Telegramme aus Bonn weist Kessel einen Tag später darauf hin, daß er inzwischen in Gesprächen mit drei führenden amerikanischen Diplomaten um Unterstützung der Bundesrepublik gegenüber Belgrad gebeten hat. Er meint daher, die Möglichkeiten der Botschaft seien erschöpft, falls man nicht den Eindruck übertriebener Nervosität erwecken wolle. Kessel kommt dann noch einmal auf seine mit der polnischen Botschaft geführten Sondierungsgespräche zurück: Aus seiner Sicht sei die Aufnahme diplomatischer Beziehungen zwischen Bonn und Warschau nach wie vor wünschenswert. Der Austausch von Botschaftern mit Polen müsse die Position der Bundesregierung *bezüglich Pankow* – also die Hallstein-Doktrin – nicht zwangsläufig gefährden.[376]

Inzwischen sind in Bonn die Würfel gefallen. Auf Weisung des Auswärtigen Amts spricht Kessel mit dem Leiter der Europa-Abteilung im State Department, Elbrick. Er unterrichtet den Amerikaner davon, daß die Bundesregierung die Beziehung zu Jugoslawien abbrechen werde. In einer schon vor dem Gespräch vorbereiteten Erklärung informiert der amerikanische Diplomat Kessel von dem Standpunkt der Vereinigten Staaten: *Es sei natürlich Sache der Bundesregierung, die Entscheidung zum Abbruch der diplomatischen Beziehungen mit Jugoslawien selber zu fällen. Die amerikanische Regierung sehe indessen keine Alternative zum Abbruch.* Erhalte *die Bundesregierung die Beziehungen zu Belgrad aufrecht, so würde das wohl eine Kettenreaktion auslösen, das heißt, zahlreiche andere Staaten würden das Sowjetzonen-Regime anerkennen. Außerdem würde eine Aufrechterhaltung der Beziehungen als Zeichen unserer Entmutigung über die bisherige Wiedervereinigungspolitik ausgelegt werden. ... Die amerikanische Regierung sei daher bereit, die Politik hinsichtlich des Abbruchs der Beziehungen zu Belgrad zu unterstützen und rate jedenfalls von einem derartigen Schritt nicht ab.*[377]

Kessel kennt seine Pflichten. Er ist ja in jenen Wochen deutscher Geschäftsträger in Washington, und er weiß, daß es nicht die Aufgabe eines Missionschefs im Ausland sein kann, in Tagen der Krise mit der Zentrale über Grundsatzfragen zu streiten. Mag er auch die Hallstein-Doktrin schon von ihrem Ansatz her für abwegig halten, so ist doch der Konflikt zwischen Belgrad und Bonn gewiß nicht der rechte Augenblick, hierüber mit der Zentrale eine Debatte zu führen. Kessel tut, was er kann, um in Washington die Unterstützung der Vereinigten Staaten zugunsten der Bundesrepublik zu mobilisieren. Den Amerikanern gefällt die Anwendung der Hallstein-Doktrin auf Jugoslawien nicht, dennoch stimmen sie einem solchen Schritt leicht knurrend zu.

Der Abbruch der Beziehungen zwischen Bonn und Belgrad ist jedoch für Kessel kein Anlaß, jede Hoffnung auf diplomatische Beziehungen der Bundesrepublik zu Polen endgültig zu begraben. Noch am 14. Dezember verfaßt er ein nun wieder von Botschafter Krekeler unterzeichnetes Telegramm. Es ist nur als vertrauliche Verschlußsache eingestuft, soll also im Auswärtigen Amt einem größeren Empfängerkreis zur Kenntnis gelangen. Von den streng geheimen Sondierungsgesprächen, die Kessel mit der polnischen Botschaft in Washington geführt hat, ist in dem Bericht nicht einmal andeutungsweise die Rede. Berichtet wird nur, was der amerikanische Journalist Joseph Harsh, ein Polenkenner, nach seiner Rückkehr von einer Reise nach Warschau in Washington mitgeteilt hat: *Die Polen hätten sich damit abgefunden, eines Tages über eine Revision der Oder-Neiße-Linie sprechen zu müssen. Natürlich würden sie niemals das oberschlesische Industriegebiet herausgeben. Auch werde es aus Prestigegründen für sie schwer sein, auf Breslau zu verzichten. Dagegen würden sie zweifellos bereit sein, Stettin zurückzugeben und auch die deutschpolnische Grenze auf der Höhe von Berlin weiter nach Osten zu verlegen. Für die Polen sei es jedoch eine Lebensfrage, daß die Grenzfrage ausgeklammert bleibe, solange noch sowjetische Tanks in Mitteldeutschland und in Polen ständen.* Doch seien *alle Polen davon überzeugt, daß ihre Existenz von einem guten Verhältnis zu Deutschland abhänge und daß eine Hilfe in ihrer fast verzweifelten wirtschaftlichen Lage in erster Linie von Deutschland kommen müsse.*[378]

Das ist für Kessel das Ende seiner Berichterstattung über polnische Angelegenheiten an das Auswärtige Amt. Brentano hat seine Ankündigung nicht wahr gemacht, nach den Bundestagswahlen vom Herbst 1957 die Frage diplomatischer Beziehungen zu Polen wohlwollend zu prüfen. Falls er nach den Wahlen das heikle Thema gegenüber Adenauer überhaupt angerührt hat, so hat er hierfür vom Kanzler wohl nur eine kräftige Abfuhr erhalten.

Wäre es schon in den fünfziger Jahren zu den damals von den Polen so dringlich erbetenen Beziehungen zwischen Bonn und Warschau gekommen, was wäre dann wohl geschehen? Hätten die Polen dann tatsächlich die Oder-Neiße-Linie früher oder später noch revidiert und damit zumindest auf einen Teil der ihnen von Moskau zugewiesenen deutschen Gebiete verzichtet? Ein hoher Grad von Wahrscheinlichkeit spricht dafür. Doch mehr läßt sich im Abstand von Jahrzehnten nicht sagen. Hätte man sich damals in Bonn zu diplomatischen Beziehungen mit Warschau und zu einer wirkungsvollen Hilfe für die polnische Wirtschaft entschlossen, so hätte wenigstens aus damaliger Sicht die begründete Hoffnung auf eine Revision der Oder-Neiße-Linie bestanden. Brentano jedoch hat als Außenminister nach anfänglichen Ermutigungen für geheime Sondierungsgespräche später nicht einmal mehr den Versuch unternommen, die geheimen Kontakte mit Polen weiter zu pflegen.

Im Januar 1958 werden plötzlich die Karten für die Personalpolitik im Auswärtigen Amt neu gemischt. Die Kommission der Europäischen Wirtschaftsgemeinschaft hat den Staatssekretär des Auswärtigen Amts, den Professor Walter Hallstein, zu ihrem Präsidenten gewählt und damit selbst den Kanzler überrascht. Das bietet Brentano die Gelegenheit, die Spitze des Auswärtigen Amts nach seinem Geschmack neu zu besetzen. Wer kommt als Nachfolger für Hallstein im Amt des Staatssekretärs in Betracht? Adenauer hatte selbst schon geäußert, das müsse wohl sein alter Vertrauter Blankenhorn werden. Das erwartet auch Kessel. So diktiert er am 8. Januar 1958 ein kurzes als *geheim* eingestuftes Schreiben an den alten Freund und Kollegen mit der Anschrift *Herrn Botschafter Herbert Blankenhorn, Bonn, Auswärtiges Amt.* Offensichtlich nimmt er noch an, wenn der Brief in Bonn eintreffe, sei Blankenhorn schon Staatssekretär oder werde es bald darauf werden. So schreibt er: *Da ich nicht weiß, ob Herr Hallstein noch amtiert, möchte ich Dir ... Informationen übermitteln, die sich für die allgemeine Berichterstattung nicht recht eignen.* Und mit einer kaum verhüllten Anspielung auf die von Kessel erhoffte Beförderung Blankenhorns zum Staatssekretär schließt er den Brief mit den Worten: *Du sollst wissen, daß meine guten Wünsche in diesen Tagen zu Dir gehen.*

Die Anlage zu dem Brief enthält eine knappe, aber gewichtige Notiz, die ebenfalls als *geheim* eingestuft ist: *Die hiesige polnische Botschaft hat mich wissen lassen, daß die polnische Regierung nach wie vor – das heißt: auch nach unserem Abbruch mit Belgrad – Wert darauf legt, diplomatische Beziehungen mit uns aufzunehmen unter der Voraussetzung, daß es sich um v o l l e diplomatische Beziehungen, das heißt: um den Austausch von Botschaftern handele.* Auf einem Doppel des Anschreibens steht dann nur der knappe Vermerk: *nicht abgesandt.* Inzwischen ist klar: Blankenhorn wird nicht als Nachfolger Hallsteins Staatssekretär des Auswärtigen Amts.[379]

Noch am 16. Januar 1958 weist Kessel in einem persönlichen Schreiben Brentano auf Sondierungen der amerikanischen Diplomatie in Moskau hin. Brentano dankt hierfür am 1. Februar in einem höflichen, ja vielleicht allzu höflichen Brief, der nicht einmal andeutungsweise verrät, wie gleichgültig oder gar unerwünscht ihm der Rat Kessels inzwischen geworden ist. Denn inzwischen hat er schon über das weitere Schicksal Kessels entschieden: Für seine Verdienste in Paris und in Washington soll er nicht etwa einen ihm angemessenen Posten in der Zentrale des Auswärtigen Amts oder die Leitung einer wichtigen Botschaft erhalten. Vorgesehen hat jetzt Brentano vielmehr, Kessel fast ans Ende der Welt zu verbannen – als Botschafter nach Santiago de Chile. Schon wenige Wochen nach dem Aufbruch Hallsteins nach Brüssel hat Brentano seine Entscheidungen nicht nur über ein Revirement an der Spitze des Auswärtigen Amts, sondern auch über die Besetzung wichtiger Botschafterposten getroffen. Die einschneidende Umgruppierung im deutschen diplomatischen Dienst ist ein Versuch des Außenministers, das Auswärtige Amt nun endlich dem unmittelbaren Einfluß von Adenauer zu entziehen, ohne den Kanzler dabei all zu sehr zu verärgern.

Solange Hallstein in Bonn Staatssekretär war, hatte das Wort Brentanos im Auswärtigen Amt, seinem eigenen Ministerium, wenig Gewicht.

Überdies hatten Hallstein und Blankenhorn das Privileg, daß sie ihre Gedanken zur Außenpolitik unmittelbar dem Bundeskanzler vortragen durften. Das sollte nun anders werden. Für den freigewordenen Posten des Staatssekretärs ist Hilger van Scherpenberg vorgesehen, ein Berufsdiplomat aus dem alten Auswärtigen Amt, dem man es schon wegen seiner Farblosigkeit nicht übelnimmt, daß er Schwiegersohn des ehemaligen Reichsbankpräsidenten und Reichswirtschaftsministers Hjalmar Schacht ist. Scherpenberg erhält zwei Stellvertreter oder Unterstaatssekretäre. Anstelle der bisherigen zwei politischen Abteilungen werden drei geschaffen: Eine Westabteilung, eine Ostabteilung und eine Abteilung für Multilaterale Beziehungen.

Adenauer läßt in dieser Hinsicht seinem Außenminister freie Hand. Das aber ist nur die eine Seite der Medaille und hat wenig oder nichts mit der Ungnade zu tun, in die nun plötzlich Kessel gefallen ist. Ein Brief von Federer läßt die Hintergründe erkennen. Das Schreiben hat der Freund wegen seines vertraulichen Inhalts daheim seiner Frau aufs Tonband diktiert. Es beginnt mit einem Hinweis auf Äußerungen, mit denen Adenauer in Paris den Eindruck erweckt hat, er erwäge eine flexiblere Haltung gegenüber dem Osten.[380] Brentano und Hallstein hätten sich ihrerseits schon im Herbst massiv bei Adenauer über Blankenhorn beschwert, teilt Federer dem Freund mit, nicht nur über seine politischen Ansichten, sondern auch über sein *persönliches Verhalten*, sein Privatleben also. Die Beschwerden des Außenministers und des Staatssekretärs hätten Adenauer offenbar sehr beeindruckt, meint Federer. Der gemeinsame Vorstoß von Brentano und Hallstein habe den Kanzler schließlich dazu bewogen, dem Wunsch Brentanos nach einer radikalen Umgestaltung des Auswärtigen Diensts zuzustimmen. *Die Folge davon ist nicht nur, daß Blankenhorn nicht Staatssekretär wird, sondern daß alle, die im Verdacht stehen, zu seiner Gruppe zu gehören, wohl entfernt werden*, schreibt Federer. Er selbst ist für Montevideo als Botschafter vorgesehen, worüber er recht unglücklich ist.

Über Brentano berichtet Federer dem Freund nach Washington, der Kredit des Außenministers bei den Christdemokraten sei *gewaltig gesunken*. Dennoch könne er sich vielleicht noch eine ganze Weile halten, aber kaum länger als über die Wahlperiode, also nur noch bis zum Herbst 1961 – eine Prognose, die sich als zutreffend erweisen wird. Warum hat Adenauer zugestimmt, daß Brentano die eigene Machtposition im Auswärtigen Amt festigt? Federer nennt hierfür zwei Gründe: Einmal sei da die Abneigung (Federer schreibt *Angst*) des Kanzlers gegenüber außenpolitischen Experimenten. Ferner sei für Adenauer wie für seine beiden engsten Ratgeber, den Staatssekretär im Kanzleramt Globke und den Vorsitzenden der christdemokratischen Bundestagsfraktion Heinrich Krone der Gesichtspunkt wichtig, daß die nächsten Landtagswahlen *eine geschlossene CDU und eine unveränderte Außenpolitik verlangten*.

Seine detaillierten Informationen über die Interna im Kanzleramt verdankt Federer offensichtlich vor allem Eugen Gerstenmaier, dem ehemaligen Mitstreiter aus den Tagen des Widerstands, der seit 1954 Präsident des Bundestages und seit 1956 Mitglied des CDU-Präsidiums ist. Aber auch mit dem Leiter der Personalabteilung des Auswärtigen Amts, Josef Löns, hat Federer gesprochen. Löns, der Kessel schätzt, habe dabei versichert, er sei in die Personalplanung Brentanos *in keiner Weise eingeschaltet* gewesen. Brentano habe sich darüber vielmehr mit seinen jungen Leuten beraten, vor allem mit seinem Persönlichen Referenten Limbourg, und das Ergebnis dann den Abteilungsleitern des Auswärtigen Amts vorgetragen. Selbst den Leiter der Personalabteilung hat Brentano also vor vollendete Tatsachen gestellt. Löns hat sich später als Botschafter im Haag ungewöhnlich bitter über Limbourg geäußert.[381] Letztlich hatten die Verantwortung für den Rachefeldzug gegen alte Freunde von Blankenhorn, dem langjährigen Berater des Kanzlers, ja Adenauer selbst und Brentano zu tragen, nicht etwa der junge Limbourg.[382]

Wie eilig es Brentano damit hat, für Kessel einen Platz der Verbannung im fernen Chile zu sichern, ahnt auch Federer nicht. Schon am 28. Januar abends geht ein von Brentano unterzeichnetes Telegramm an die Botschaft in Washington ab. Es hat den Zustellhinweis *Für Gesandten von Kessel. Streng persönlich und vertraulich* und ist als *streng geheim* mit der Dringlichkeitsstufe *citissime* versehen. Der Außenminister telegraphiert dem Gesandten von Kessel: *Beabsichtige, Sie im Zuge allgemeinen Revirements am kommenden Mittwoch dem Bundeskabinett als Botschafter in Santiago vorzuschlagen. Bitte, mir umgehend, spätestens bis Mittwoch, 29. Januar, neun Uhr, drahtlich mitzuteilen, ob gewichtige Hindernisse bestehen. Brentano.* Die Antwort, die Kessel noch in der gleichen Nacht an das Auswärtige Amt sendet, ist sprechend in ihrer Kürze: *citissime Geheim für Bundesaußenminister. Auf Drahterlaß Nr. 61 vom 18. 1. 1958. Keine gewichtigen Hindernisse. Kessel.*[383]

Was er zu alledem denkt, läßt eine kurze persönliche Nachricht ahnen, die für einige nahe Freunde bestimmt ist. Er diktiert sie in seiner Wohnung: *Da ich an einer leichten, aber langwierigen Grippe erkrankt bin und keine Privatbriefe schreiben kann, möchte ich auf diesem Wege folgendes mitteilen: Vor etwa zehn Tagen erhielt ich vom Außenminister ein recht barsches Telegramm, er wolle mich zum Botschafter in Chile vorschlagen. Ich möge mein Einverständnis bis zum nächsten Morgen, das heißt: innerhalb von höchstens acht Stunden geben. Ich habe mein Einverständnis nicht verweigert, da ich in der kurzen Zeit nicht den schwerwiegenden Entschluß fassen konnte, mich nach dreißig Dienstjahren zur Disposition stellen zu lassen. Der Posten ist an sich klimatisch und landschaftlich sehr schön, und ich habe einige alte Freunde in Chile. Politisch ist die Sache ganz uninteressant, das heißt: man hat mich offensichtlich in eine mehr oder weniger angenehme Verbannung schicken wollen. Man wußte sehr genau, daß mein einziger Wunsch war, einen Posten in Europa zu erhalten. Alles weitere ist noch völlig im Dunkeln.*[384]

Kessel hat Urlaub beantragt und möchte die Schiffspassage für die Heimreise buchen. Doch die Zentrale des Auswärtigen Amts hüllt sich ihm gegenüber in Schweigen. Hat er inzwischen Löns, dem auch von dem Revirement betroffenen und ihm wohlwollenden Chef der Personalabteilung, einen Wink zukommen lassen, daß es unsinnig sei, ihn gegen seinen Willen nach Chile zu senden? Der für ihn bestimmte Posten ist noch nicht frei. Der Botschafter in Santiago, Carl von Campe, wird die dienstliche Altersgrenze von fünfundsechzig Jahren erst im April 1959 erreichen. Und es nicht üblich, Botschafter noch im letzten Jahr vor der Pensionierung zu versetzen. Hat man das im Büro von Brentano inzwischen bemerkt?

Etwas ist in Bonn jedenfalls bald in Bewegung geraten. Im März schreibt Kessel an seinen Kollegen Richard Hertz, der Gesandter in Seoul ist: *Mitte/Ende April erscheint Grewe als neuer Botschafter und Krapf als mein Nachfolger. Ich bin über beide Ernennungen sehr glücklich. Denn ich kann damit das, was ich an dieser Behörde aufzubauen versuchte, in gute Hände legen. Meine eigene Zukunft ist völlig im Nebel. Es hieß, ich sollte als Botschafter nach Chile gehen. Jetzt dringen Gerüchte an mein Ohr, es sei etwas anderes mit mir geplant, ohne das ich wüßte, was das ist. Ich fahre jedenfalls erst einmal Mitte Mai auf der Südroute nach Europa und hätte gar nichts dagegen einzuwenden, wenn ich dann einen längeren Krankheitsurlaub nehmen könnte.*[385] Von der Personalabteilung wird Kessel im April mitgeteilt, man wolle Botschafter von Campe noch ein Jahr auf seinem Posten belassen. Es sei beabsichtigt, für ihn, Kessel, einen anderen Posten zu finden.[386] Der mehrfach erbetene

Urlaub für die Heimreise nach Deutschland wird schließlich am 25. April genehmigt.[387]

Seit Anfang Januar 1958, dem Aufbruch von Botschafter Krekeler zur Euratom-Kommission in Brüssel, leitet Kessel als Geschäftsträger die Botschaft in Washington. In den folgenden Wochen kommen nach Washington der Regierende Bürgermeister von Berlin Willy Brandt, Franz Josef Strauß als Bundesverteidigungsminister und Ludwig Erhard, der weiterhin Bundeswirtschaftsminister und zugleich Vizekanzler ist. In Washington überall bestens eingeführt, kann Kessel für Brandt ein solides Programm vorbereiten, dessen Höhepunkt ein Gespräch mit Präsident Eisenhower im Weißen Haus ist.

Kessel berichtet darüber in einem Telegramm an das Auswärtige Amt: *Regierender Bürgermeister von Berlin, Brandt, wurde vorgestern von Dulles und gestern vom Präsidenten empfangen. Beide Unterredungen, bei denen ich zugegen war, dauerten je etwa eine halbe Stunde.* Dulles habe mit größtem Nachdruck versichert, *die Vereinigten Staaten würden mit allen Mitteln für die Einhaltung der mit der Sowjetunion geschlossenen Vereinbarung über den freien Zugang zu Berlin eintreten. Er bedauere es geradezu, daß die Sowjets trotz mancher geringfügiger Schikanen der amerikanischen Regierung keinen Vorwand gegeben hätten, um einmal in der Berliner Frage scharf mit ihnen umzugehen (to get tough).* Dulles habe darauf den Standpunkt vertreten, die Sowjetunion sei sicher nicht bereit, einen wesentlichen Preis für die Neutralisierung Deutschlands zu bezahlen. Er, Dulles, glaube, es wäre Moskau lieber, wenn ganz Deutschland der Nato beitrete, als wenn Deutschland völlig frei und unkontrolliert zwischen den beiden Mächten hin- und herschwanken könne. Brandt habe zu diesen Äußerungen von Dulles geschwiegen. Kessel gegenüber verbirgt Brandt später nicht, daß er die Thesen des amerikanischen Außenministers für unglaubhaft hält.

Erfreulicher verläuft das Gespräch mit Eisenhower. Hierzu Kessel: *Der Präsident, den ich sehr gealtert, aber frisch fand, erklärte unter anderem, er glaube, die Sowjets seien aufgrund von inneren Schwierigkeiten an Verhandlungen mit den Vereinigten Staaten interessiert. Die Methoden jedoch, die sie einschlügen, um zu solchen Verhandlungen zu kommen, seien nicht geeignet, das vorhandene Mißtrauen aufzuheben. Die Ausführungen Eisenhowers hätten, auch wenn sie nur sehr genereller Art waren, eine gewisse Flexibilität erkennen lassen, während Dulles im Ton völlig negativ war.*[388]

Die Aufgabe, Willy Brandt als Regierenden Bürgermeister von Berlin in Washington zu begleiten, muß für Kessel eine der erfreulichsten dienstlichen Pflichten jener Jahre gewesen sein. Über seine eigene Haltung zur Sozialdemokratie hat er schon 1954 im Tagebuch festgehalten: *Die wirklichen Konservativen in der heutigen Bundesrepublik werden im allgemeinen einen gewissen Zug zur Linken, das heißt, zur Sozialdemokratie haben, als Gegengewicht gegen die restaurativen, auf das ›Kleinst-Deutsche‹ gerichteten Neigungen des rheinisch-katholischen Konformismus.*[389]

Nach der Rückkehr nach Berlin findet Brandt in einem Dankschreiben an Kessel ungewöhnlich freundliche Töne: *Mein Dank für alles, was Sie für mich und Senator Klein*[390] *während unseres Aufenthalts in Washington getan haben, kommt infolge einer ziemlichen Arbeitsüberlastung, die zum Teil auch mit meinen Geschäften als Bundesratspräsident zusammenhängt, etwas spät, aber nicht weniger herzlich. Es ist mir ein aufrichtiges Bedürfnis, Ihnen zu sagen, daß die Art und Weise, in der Sie meinen Besuch vorbereitet und unterstützt haben, mit dazu beigetragen hat, daß die Öffentlichkeit und die amtlichen Stellen diesen Besuch nicht als einen Mißerfolg bezeichnen. Mein Dank erstreckt sich auf die Einladung bei Ihnen, aber auch auf die Einführung in amerikanische Kreise, vor allem auf die Einführung beim Präsidenten der Vereinigten Staaten.*[391]

Egon Bahr, der Weggefährte und engste Vertraute von Brandt, hat es im Alter als ein besonderes Verdienst von Kessel bezeichnet, daß dieser *die weißen Flecken in der Außenpolitik der Bundesregierung* so früh erkannt habe. Bahr hat dabei wohl vor allem an das Fehlen eigener Initiativen der Bundesregierung gegenüber Moskau und den Satellitenstaaten in den fünfziger Jahren gedacht.[392] Schon bei der ersten Begegnung mit Brandt in Washington wird Kessel die Kernfragen der Sicherheit Westberlins und damit der Ostpolitik der Bundesregierung kaum ausgespart haben. Worum seine Gedanken damals vor allem kreisten, belegen eher Notizen zu einem ganz anderen Besuch.

Im März ist Franz Josef Strauß als Bundesminister der Verteidigung zum ersten Mal in Washington. Wieder hat Kessel die Aufgabe, die Gespräche eines deutschen Gasts vorzubereiten. Diesmal steht auch ein Besuch bei Allan Dulles, dem Chef der Central Intelligence Agency, auf dem Programm. Kessel setzt hierfür zu einigen besonders heiklen Fragen einen handschriftlichen Sprechzettel auf. Dessen deutsche Fassung beginnt mit einem Satz, der gewiß nicht für Allan Dulles bestimmt war, sondern vor allem Strauß ermutigen sollte, gegenüber dem amerikanischen Geheimdienstchef auch schwierige Themen zur Sprache zu bringen: *Allan Dulles und seine Mitarbeiter sind keine ›kalten Krieger‹, sondern machen sich Gedanken und sind für Anregungen dankbar.* Für das Gespräch von Strauß mit Allan Dulles hat dann eine englische, wesentlich ausgefeiltere Fassung des Entwurfs gedient, an deren Formulierung wohl auch Strauß selbst mitgewirkt hat.

Ins Deutsche läßt sich der Text etwa so übertragen: *Wir sollten darüber nachdenken, ob es nicht besser ist, wenn Bundeskanzler Adenauer noch persönlich eine neue Ära der Beziehungen Deutschlands zum Osten einleitet, anstatt einen solchen Schritt anderen, vielleicht nur mittelmäßigen und fanatischen Politikern zu überlassen. Natürlich ist Deutschland zu schwach, um ernsthafte Verhandlungen mit Moskau zu beginnen. Doch wir könnten die Absichten der Sowjets erforschen, schwache Stellen ausfindig machen und das Mißtrauen überwinden. Andererseits könnten wir sehr wohl mit Polen verhandeln. Ich nehme an, daß Moskau auf polnisch-deutsche Gespräche mit weniger Mißtrauen blicken würde als auf amerikanisch-polnische Gespräche. Diese würden von den Sowjets als Verrat angesehen werden.*[393]

Auch Strauß sendet nach der Rückkehr nach Deutschland einen warmherzigen Dankbrief an Kessel.[394] Schon in der Zeit der Verhandlungen über eine Europäische Verteidigungsgemeinschaft hatte sich zwischen dem noch im alten Preußen aufgewachsenen Diplomaten und dem bayerischen Politiker ein Vertrauensverhältnis gebildet. Kessel hatte damals versucht, wenigstens bei Strauß Überlegungen für den Fall anzuregen, daß der Vertrag über die Europäische Verteidigungsgemeinschaft von den Franzosen nicht ratifiziert würde. Im Memoirenentwurf heißt es dazu: *Angesichts seiner starken Stellung innerhalb der Unionsparteien ... fühlte ich mich verpflichtet, wenigstens ihn von dem Festhalten an der Formel ›Zur Europäischen Verteidigungsgemeinschaft gibt es keine Alternative‹ abzubringen und zum Nachdenken über eine Art von Auffangsstellung zu veranlassen. Zuerst fiel er, der mit vollen Segeln angereist war, aus allen Wolken. Nach einem intensiven Gespräch hatte ich ihn überzeugt. Er dankte mir fast überschwenglich – auch noch viele Jahre später – und ich beschwor ihn, mich nicht zu verraten, was er zusagte und auch hielt.*[395]

In der zweiten Märzhälfte 1958 kommt Ludwig Erhard nach Washington. Nicht als Bundeswirtschaftsminister, jedoch als Vizekanzler, der als designierter Nachfolger Adenauers gilt, führt auch er ein Gespräch mit Allan Dulles. In seinem Telegramm an das Auswärtige Amt berichtet Kessel darüber nur, der amerikanische Geheimdienstchef habe versichert, er nehme die jüngsten Entwicklungen in Saudi-Arabien *nicht tragisch*. Kronprinz Feisal hat gerade seinen älteren Bruder, König Saud, entmachtet und als Ministerpräsident die Regierungsgeschäfte selbst übernommen. Feisal sei zwar *nicht so proamerikanisch wie sein Bruder Saud*, habe Allan Dulles gegenüber Erhard bemerkt. Aber Feisal sei auch nicht antiamerikanisch. Denn er lasse seine eigenen Kinder in den Vereinigten Staaten erziehen. Sonst hat Kessel zum Amerikabesuch Erhards an das Auswärtige Amt nichts zu berichten.[396]

Die letzte außenpolitische Grundsatzfrage, mit der er sich in Washington in seiner Berichterstattung befaßt, ist der Beginn der Vorbereitungen auf eine weitere Konferenz der vier wichtigsten Siegermächte des Zweiten Weltkriegs. Sie soll, wie die Genfer Konferenz vom Juli 1955, auf höchster Ebene stattfinden, als *Gipfelkonferenz* also, wie man solche Begegnungen nun schon allgemein nennt. Das State Department wünscht vorsichtige und gründliche Vorbereitungen für das Treffen. Kessel hört Klagen, *einige Nato-Mächte*, vor allem England, wollten die Vorgespräche beschleunigen. Am schwierigsten sei das Problem, wie die Amerikaner mit den Russen zu vernünftigen vorbereitenden Gesprächen gelangen könnten.[397] Den Amerikanern geht es, wie Kessel später im State Department erfährt, bei ihren Sondierungen vor allem darum, daß sich die Russen auf der Gipfelkonferenz bereit finden sollen, über einen weiten Fächer von Themen zu diskutieren – falls die Konferenz überhaupt stattfinden werde, wie man im State Department skeptisch bemerkt. Auch über die Deutschlandfrage müsse man dann eingehend sprechen. Greifbare Ergebnisse seien allerdings nur zur Frage der Abrüstung zu erwarten.[398]

Auch die Russen haben schon Interesse an einer zweiten Genfer Gipfelkonferenz der vier Staats- und Regierungschefs erkennen lassen. Tatsächlich findet eine solche Konferenz aber nie statt. Im Frühjahr und Sommer 1959 werden sich nur die Außenminister der vier Siegermächte des Zweiten Weltkriegs zweimal in Genf zu mehrtägigen Beratungen treffen. Als Beobachter werden an der Außenministerkonferenz dann auch Diplomaten der Bundesrepublik und der Deutschen Demokratischen Republik teilnehmen. Von den Tagen im Frühjahr 1958, in denen Kessel als Gesandter in Washington seine letzten politischen Berichte verfaßt, ist bis zum Genfer Treffen der vier Außenminister der Weg aber noch weit. Wie Adenauer und sein Außenminister, Heinrich von Brentano, den Posten im fernen Chile einschätzten, bleibt nicht lange verborgen: Santiago gilt bei ihnen als Abstellgleis für Unbequeme, die man gut versorgt, aber zugleich möglichst weit von Bonn entfernt wissen will. Nachfolger von Botschafter von Campe in Chile soll nun der Vortragende Legationsrat Hans Strack werden. Diplomat schon im alten Auswärtigen Amt, hat er sich als Leiter des Nahostreferats des Bundesministeriums für Wirtschaft bei der Anknüpfung von Beziehungen zu den arabischen Staaten verdient gemacht. Zugleich aber hat er durch Kritik an dem Wiedergutmachungsabkommen mit Israel den Unwillen des Kanzlers erregt. Plötzlich behauptet dann ein Mitglied des ägyptischen Generalkonsulats in Frankfurt am Main, Strack habe Geld und Geschenke im Wert von dreitausend ägyptischen Pfund angenommen. In jener Zeit ist das ein ziemlich hoher Betrag. Das Gerichtsverfahren, mit dem Strack die Rehabilitierung betreibt, wird bald als *Diplomatenprozeß* bekannt. Es wird sich über sechs Jahre hinziehen. Schließlich findet man den Verleumdeten mit dem Posten im fernen Chile ab.[399]

Über den Abschied Kessels von den Vereinigten Staaten heißt es in einer Personalnotiz im Archiv des Auswärtigen Amts, er sei am 17. Mai 1958 von Washington auf Urlaub abgereist. Chile kommt für ihn nicht mehr in Betracht. Er wird also von Washington nicht auf einen neuen Posten im Ausland versetzt, auch nicht in die Zentrale des Auswärtigen Amts, sondern fährt zunächst einfach nach Deutschland auf Urlaub. Schon Ende April hat Professor Grewe als Missionschef die Leitung der Vertretung in Washington übernommen. Es besteht kein Zweifel darüber, daß Kessel auf diesen Posten nicht zurückkehren wird.

Am 7. Mai befaßt sich die Morgenbesprechung der Botschaft mit seinem bevorstehenden Aufbruch. Der Text der Abschiedsworte eines Kollegen hat sich ohne Namen des Verfassers erhalten, ein freundliches Gedenken an die gemeinsame Dienstzeit. Der Redner weist auf die *geschlossene Persönlichkeit* Kessels hin. Sie habe erzieherisch auf die Jüngeren unter den Kollegen gewirkt, fordernd auf die Älteren. Und immer habe man dabei etwas vernommen, was sonst bei Männern von solcher Prägung meist nicht so stark hörbar werde: *den Schlag des Herzens.*[400]

Am 9. Mai feiern dann im Haus des Kulturreferenten Bruno Werner, den Kessel besonders schätzt, die Kollegen mit ihm ein Abschiedsfest, nach altem Brauch mit scherzhaften Versen für den scheidenden Freund. Auch an Kessels *Kindergarten* wird dabei erinnert, an seine Bemühungen, den jungen Diplomaten der deutschen Botschaft von seiner reichen Berufserfahrung möglichst viel zu vermitteln. Die meisten von ihnen werden ihr Leben lang stolz darauf sein, daß sie in Washington einst dem Kindergarten des Gesandten von Kessel angehört hatten.[401]

VII

Ein Plädoyer für Osteuropa und Abschied vom diplomatischen Dienst

Nach der Heimkehr nach Deutschland erhält Kessel bis zum Jahresende Urlaub. In einer Personalnotiz im Archiv des Auswärtigen Amts heißt es nur knapp, man habe ihn *mit Wirkung vom 15. Juni 1958 in das Auswärtige Amt abgeordnet, zeitweilig dem Leiter der Arbeitsgruppe Genf zugeteilt.*[402] Den Urlaub verbringt Kessel in München. Die neue Tätigkeit beginnt Anfang Januar 1959 in Bonn. Kessel ist Stellvertretender Leiter der Arbeitsgruppe des Auswärtigen Amts, die den Beitrag der Bundesrepublik zur Genfer Außenministerkonferenz vorbereitet. Leiter der Arbeitsgruppe ist Ferdinand Duckwitz. Ihm untersteht seit Anfang 1958 die Ostabteilung im Auswärtigen Amt.

Die Begegnung mit Duckwitz ist der Beginn einer Freundschaft, die für Kessel wesentlich wird. Auch manchen alten Freund trifft Kessel in Deutschland wieder, vor allem in Bonn. Dennoch ist das Jahr nach der Heimkehr für ihn eine bittere Zeit. Eigene Aufzeichnungen hierüber hat er nicht hinterlassen. Einem Brief an Hans Arnold sind jedoch wichtige Aufschlüsse zu entnehmen. Arnold ist der junge Kollege an der Botschaft in Washington, der im Februar 1958 Willy Brandt bei dessen Besuch in den Vereinigten Staaten begleitet hat. Als bekannt setzt Kessel in seinem Brief an Arnold voraus, daß Brentano ihm schon unmittelbar nach der Rückkehr aus den Vereinigten Staaten die Leitung der Botschaft in Oslo anbot.

Das Schreiben ist auf den 11. August 1959 datiert[403] und faßt die Erinnerung an schmerzliche Erfahrungen aus dem ersten Jahr nach der Heimkehr zusammen: *Gewiß, vorigen Mai war ich bereit, nach Oslo zu gehen*, schreibt er an Arnold. *Inzwischen hat sich aber einiges geändert: Die Weltpolitik und unsere Situation darin haben sich erheblich verschlechtert. Ich habe nicht nur die skandalöse Kanzler- und Präsidentenkrise miterlebt und das erbärmliche Verhalten vieler CDU-Häuptlinge. Ich habe auch sonst zuviel hinter die Kulissen geblickt. Die führenden*

Schichten von ›Weimar‹ haben ihren Staat mit Geist und Stil zugrunde gerichtet. Diejenigen von ›Bonn‹ tun es mit Egoismus, Materialismus und Klüngelei. Eine Analogie mit der Nazizeit besteht nicht, die liegt erst im Kommenden. ›Bonn‹ hat das Recht und die Pflicht, repräsentative Vertreter ins Ausland zu schicken: Berger[404] und Löns[405], für den ich, wie Du weißt, etwas übrig habe, sind echte Repräsentanten. Ich könnte das Ausland nur über Bonn täuschen. Es geht nicht um Oslo – Paris oder London müßte ich erst recht ablehnen. Lediglich hier, ›en famille‹ und im Verborgenen blühend, wäre ich bereit gewesen, weiter zu wirken. Br(entano) hat das – verständlicherweise – nicht gewollt.

Wieviel Bitterkeit spricht doch aus diesen Zeilen. Aber wird damit nicht ein zu düsteres Bild gezeichnet? Viele ältere Westdeutsche denken an das erste Jahrzehnt der Bundesrepublik unter der Kanzlerschaft Adenauers wie an eine fast paradiesische Landschaft zurück. Vergessen ist längst, was Kessel *die skandalöse Kanzler- und Präsidentenkrise* nennt, die Bekanntgabe Adenauers, er wolle als Bundespräsident die Nachfolge von Theodor Heuss nach dessen zweiter Amtszeit antreten, vergessen auch die folgende Kehrtwendung des Kanzlers, sein Verzicht auf das höchste Staatsamt. Der alte Fuchs hatte daran plötzlich wieder jegliches Interesse verloren. Denn seine Berater hatten ihn davon überzeugt, daß der Bundespräsident in Deutschland keine politische Macht ausüben kann. Auf Vorschlag Adenauers wird nun der rustikale, aber ehrenwerte und charakterlich untadelige Bundeslandwirtschaftsminister Heinrich Lübke im Juli 1959 zum Bundespräsidenten gewählt. Das führt zu Hohn und Empörung über den Zynismus des Kanzlers. In die Erinnerung der Nation hat sich die Episode jedoch kaum eingeprägt. Kessel aber leidet unter dem unwürdigen Schauspiel, ist für ihn doch die Bonner Republik ein Staat fast ohne Symbole. Wenigstens das Amt des Staatsoberhaupts sollte ein glaubwürdiges Symbol der westdeutschen Republik bleiben. Aber übertreibt Kessel nicht maßlos, wenn er den sittlichen Verfall der westdeutschen Republik mit dem Untergang der Weimarer Republik vergleicht? Kaum ein Jahrzehnt später, während der 1968er Studentenrevolte, ist auch der von Adenauer geschmiedete westdeutsche Staat vom Chaos nicht mehr weit entfernt.

So bedrückend das Jahr nach der Heimkehr für Kessel auch ist, so fruchtbar wird es für ihn. Ist es nicht oft erst der Schmerz, der große Gedanken gebiert? In seinem Urlaub verfaßt Kessel im Herbst 1958 die Denkschrift: *Möglichkeiten und Grenzen der deutschen Außenpolitik /*

Ein Versuch.[406] 136 Schreibmaschinenseiten füllt der Text. Schon vom Umfang her ist diese Aufzeichnung des Gesandten von Kessel ein ungewöhnliches Dokument. Die Reinschrift beginnt mit einem Vorwort, das auf den vertraulichen Charakter des Inhalts hinweist: *In der Darstellung sind nur allgemein bekannte Tatsachen verwandt, gleichwohl würden Indiskretionen über die vorgeschlagene Taktik den Zweck dieser Arbeit zunichte machen.* Beigefügt ist ein Hinweis für den vielbeschäftigten eiligen wie auch für den faulen Leser: *Der Darstellung ist ein ausführliches Inhaltsverzeichnis – eine Art Kurzfassung – beigefügt.* In der Denkschrift sind Erfahrungen und Einsichten zusammengefaßt, die Kessel in Washington gewonnen hat. Der Analyse der Lage folgen Ratschläge, die der Verfasser bescheiden als *Anregungen* vorträgt. Anregungen sind ja auch dem Beamten im aktiven Dienst nicht nur erlaubt, sie sollten sogar erwünscht sein, sofern sie neue Gesichtspunkte bieten. Daran läßt es Kessel nicht fehlen.

Die Denkschrift beginnt mit einer Prüfung der Ausgangslage, einem Rückblick auf die Jahre 1948 bis 1955. In den Augen von Kessel waren sie eine besonders glückliche Zeit innerhalb einer von Krisen bedrohten Epoche. Zwar sei zunächst auch noch die Tschechoslowakei dem Kommunismus anheimgefallen. Doch seien das Scheitern der Berliner Blockade und das Ende des Koreakriegs Wendepunkte zum Besseren gewesen. In Korea sei es gelungen, den Krieg zu lokalisieren. Das habe die Hoffnung gestärkt, daß sich die westöstlichen Spannungen politisch und nicht etwa nur militärisch lösen lassen. Dann aber, so führt Kessel aus, habe man für Gespräche mit Moskau über eine Neuordnung Mitteleuropas den rechten Zeitpunkt versäumt. Nach der Wahl Eisenhowers zum Präsidenten der Vereinigten Staaten hätten die Amerikaner erwartet, daß Eisenhower sein Wahlversprechen *Friede und Wohlstand* erfüllt. In Deutschland habe dem Ruf nach Wiedervereinigung, die nur unter Risiken und Opfern zu verwirklichen gewesen sei, der Wunsch entgegengestanden, *die Früchte des Wirtschaftswunders nicht durch sogenannte Experimente – das heißt neue Ideen oder gar Opfer – zu gefährden.*[407]

Die Hauptgefahr für die Zukunft sieht Kessel in der wachsenden Neigung der Deutschen wie auch der Amerikaner, Engländer und Franzosen, den Status quo beizubehalten, und damit den gegenwärtigen Zustand der Teilung Deutschlands und Europas im völkerrechtlichen und politischen Sinn. Auch auf die Suez-Krise und die Fehler der Amerikaner in dem Konflikt geht Kessel mit erfrischender Offenheit ein.

Moskau sei es damit gelungen, die gemeinsame Front der Westmächte aufzubrechen. Im Vergleich zu den Ereignissen, die sich zur gleichen Zeit in Europa abspielten, sei die Suez-Krise jedoch selbst auf ihrem Höhepunkt eine Bagatelle gewesen. Kessel erinnert daran, daß die westliche Welt die *Befreiung der Satellitenstaaten* zehn Jahre lang auf ihr Programm gesetzt und unter Eisenhower und Dulles sogar zum Dogma erhoben habe. Es folgt die bittere Frage: Was hat Amerika, die Vormacht der westlichen Welt, zugunsten von Ungarn unternommen? Kessel verzichtet darauf, auf die selbst gestellte Frage mit einem harten *gar nichts* zu erwidern. Hätte er in seiner Denkschrift ausgebreitet, was tatsächlich 1956 mit Ungarn geschah, so hätte man ihm einen leichtfertigen Umgang mit dienstlich gewonnenen geheimen Informationen vorwerfen können. Aber die Frage, mit der er einem zu deutlichen Vorwurf ausweicht, ist deutlich genug: *Hat etwa der Westen verlernt, in politisch-diplomatischen Kategorien zu denken und versteht er nur noch – abgesehen von der militärischen Planung – mit den Kulissen von Doktrinen und, schlimmer noch, von public relations, das heißt: mit Propaganda zu arbeiten – Kulissen, die der Sturmwind jeder ernstlichen Krise umbläst?*[408]

Auch die westlichen Verbündeten warten schon auf deutsche Anregungen, und dies vor allem wegen des internationalen Ansehens des Kanzlers: *Nur von ihm, von niemandem sonst, wäre die amerikanische Regierung und Öffentlichkeit gewillt Ratschläge entgegenzunehmen.* Ohne eine Initiative des Kanzlers werde bis zu den nächsten Präsidentschaftswahlen in den Vereinigten Staaten nichts mehr geschehen, *nichts und wieder nichts.*

Es folgt die entscheidende Aussage der Denkschrift: Deutschland habe *bei aller gebotenen Reserve, ja Bescheidenheit,* die Pflicht, *zu einer politischen Wiedergutmachung beizutragen,* und das heißt für Kessel: *zur Herstellung eines wenigstens annehmbaren Zustandes in den jetzt durch unsere Mitschuld geteilten und in seinem östlichen Bereich aus den früheren Zusammenhängen gerissenen Europa.* Denn Europa werde *ohne die aktive Teilnahme der Polen und Ungarn, der Tschechen, Rumänen und Bulgaren immer nur ein nicht ausbalancierter krankhafter Organismus bleiben.* Für den Analysten Kessel reicht dieses Europa schon 1958 nicht nur bis zum Eisernen Vorhang, sondern, *trotz allem, von der polnischen Ostgrenze bis Gibraltar.*[409]

Kessel möchte mit seiner Denkschrift für eine neue Politik Gedanken vortragen, *die in Washington, London und Paris für einen engsten Kreis (und nach Möglichkeit anfangs nur mündlich) vorzubringen wären.* Hierfür möchte er zunächst außenpolitischen Beratern des Kanzlers eine Diskussionsgrundlage schaffen. Als Bilanz seines kritischen Rückblicks stellt Kessel in der Denkschrift drei Forderungen auf:

1. *Die westliche Welt muß, statt den Status quo zu verteidigen, neue Ideen entwickeln. Sie muß die Initiative ergreifen, wenn sie nicht gegenüber Moskau und Peking hoffnungslos ins Hintertreffen geraten und immer schwächer werden will.*

2. *Die Bundesrepublik muß trotz gewisser Bedenken ihren Beitrag an Ideen und Anregungen zu dieser Initiative leisten.*

3. *Für die Bundesrepublik als europäische Kontinentalmacht haben diese Anregungen in erster Linie um eine anzustrebende Neuordnung Gesamteuropas mit Einschluß der Wiedervereinigung zu kreisen.*[410]

Schon mit dieser Analyse der Lage deutet Kessel auf sein Hauptthema hin: auf die zentrale Bedeutung der Wiedervereinigung Deutschlands. Sie kann, wie er von Paris und Washington aus immer wieder dargelegt hat, nicht allein von den Deutschen gefördert werden, sondern nur im größeren Rahmen einer Neuordnung Europas. Daß die Deutschen eines Tages wieder in einem gemeinsamen Staat leben können, liegt nicht nur im deutschen Interesse, sondern im Interesse aller Länder Europas und auch der Vereinigten Staaten. Denn ohne die deutsche Wiedervereinigung läßt sich die widernatürliche Teilung Europas, eine Folge des Ost-West-Konflikts der Nachkriegszeit, nicht überwinden.

Anregungen steht über dem zweiten Teil der Denkschrift als Titel. In Wahrheit ist dieser Hauptteil im Umfang von 80 Schreibmaschinenseiten ein Leitfaden diplomatischen Handelns. Kessel geht hier nicht nur auf die gemeinsamen Interessen Deutschlands und der Großmächte ein, sondern immer wieder auch ausführlich auf die Methoden der klassischen Diplomatie. Schon das ist höchst ungewöhnlich. In der üblichen *Aufzeichnung*, der kurzgefaßten internen Denkschrift des deutschen Auswärtigen Diensts, besteht zwischen den Verfassern und Empfängern, den Vorgesetzte und Kollegen das stillschweigende Einvernehmen, daß man über eine gemeinsame Sprache verfügt. Aber ist das nach dem Zweiten Weltkrieg immer noch so? Sind die Methoden der Diplomatie noch die gleichen wie in der Zeit Bismarcks oder wenigstens in der Weimarer Republik?

Kessel glaubt nicht daran. Und wie sollte er auch? Die Amerikaner zweifeln gelegentlich selbst daran, ob sie ernsthaften Verhandlungen mit den Russen gewachsen sind. Und die Diplomaten der Sowjetunion haben einen völlig anderen Stil auf dem internationalen Parkett als die Vertreter der führenden westeuropäischen Staaten. Als Erzieher junger Diplomaten der Nachkriegszeit wie in seiner Denkschrift vom Herbst 1958 weist Kessel immer wieder auf die klassischen Methoden der europäischen Diplomatie hin. Dabei geht es ihm nicht um äußerliche Formen der Höflichkeit und des politischen Stils. Durch die widernatürliche Teilung Europas sieht er den Frieden bedroht. Der Status quo, die Erhaltung des künstlichen und höchst labilen Gleichgewichts zwischen den Machtblöcken, bietet keine Sicherheit für die Zukunft, zumal die Sowjetunion jede Gelegenheit nutzt, um zu ihren Gunsten das Gleichgewicht zu verschieben. Und das atomare Wettrüsten erhöht ständig die Gefahr.

In der Weimarer Republik hatte die Kunst der klassischen Diplomatie noch in Deutschland geblüht. Mit dem Zweiten Weltkrieg und der Teilung Deutschlands durch den Eisernen Vorhang ist die Tradition fast abgebrochen. Wenn Kessel im Herbst 1958 seine Gedanken zur Zukunft Europas in einer Denkschrift zusammenfaßt, weiß er, daß selbst die Grundregeln des diplomatischen Handwerks den Beratern des Kanzlers fast unbekannt sind. Unter den Diplomaten vom alten Auswärtigen Amt ist es nur Blankenhorn, der als Berater Adenauers das diplomatische Instrumentarium völlig beherrscht. Doch er hat inzwischen allen Einfluß verloren. Hallstein hat mit seinem zu einseitig auf Rechtsfragen gerichteten Denken als Staatssekretär des Auswärtigen Amts eher Unheil gestiftet. Und das wirkt dort auch nach seinem Ausscheiden fort. Mag er auch nicht der eigentliche Erfinder der sogenannten Hallstein-Doktrin sein, so ist diese These doch ganz ein Kind seines Geists. Als Unterhändler hat er nur auf Konferenzen mit westeuropäischen Staaten Erfolge erzielt. Osteuropa und die Sowjetunion sind dem hochbegabten Juristen stets ein Buch mit sieben Siegeln geblieben. Scherpenberg, der Nachfolger Hallsteins im Auswärtigen Amt, hat noch das alte Amt in der Berliner Wilhelmstraße gekannt. Doch als Staatssekretär wirkt er in Bonn in den Alltagsgeschäften oft überanstrengt. Daß er zur Außenpolitik der Bundesrepublik eigene Gedanken entwickelt hätte, ist nicht bekannt.

Und Brentano? Als Außenminister ist er zunächst ein Fremdling auf dem Gebiet der Diplomatie. Kessel rechnet es ihm hoch an, daß Brentano ihm die Möglichkeit bot, in Washington wenigstens erste Sondierungsgespräche mit den Polen zu führen. Und noch in den späten fünfziger

Jahren ist er in seinem Urteil über Brentano deutlich milder als in der Kritik an dem Kanzler.[411] Vielleicht hat Kessel noch im Herbst 1958 gehofft, wenigstens Brentano werde gegenüber seinen Gedanken zur Ostpolitik und zur Wiedervereinigung aufgeschlossener sein als Adenauer oder Hallstein. Doch Brentano hat sich gegenüber Adenauer nie durchsetzen können. So muß für ihn das harte Wort des französischen Moralisten La Rochefoucauld gelten: *Schwäche ist der einzige Fehler, der sich nicht korrigieren läßt.*

Ist es da nicht geradezu tollkühn, was sich Kessel mit seiner Denkschrift vom Herbst 1958 vornimmt? Sie soll zunächst einen sehr kleinen Kreis aus der Umgebung des Kanzlers und von der Spitze des Auswärtigen Amts für neue Gedanken gewinnen und damit für eine völlige Umkehr in der deutschen Außenpolitik. Dann soll die deutsche Diplomatie vorsichtig, aber beharrlich die Amerikaner hiervon überzeugen und darauf die beiden anderen Hauptverbündeten im Nordatlantikpakt, England und Frankreich. Und schließlich sollen die Amerikaner mit Zustimmung Englands und Frankreichs und im vertrauensvollen Gedankenaustausch mit Bonn ebenso vorsichtig wie unauffällig Gesprächskontakte mit Moskau anknüpfen. Diese Kontakte sollen zu Verhandlungen mit der Sowjetunion über eine Umgestaltung Europas führen. Das Ziel ist eine Überwindung der Teilung Europas, das dann kein Eiserner Vorhang mehr trennt. Auch das in zwei Staaten getrennte Deutschland wird in dem neuen Europa wieder vereint.

So verkürzt zusammengefaßt wirken die für die Berater des Kanzlers bestimmten Anregungen Kessels unrealistisch. Wie zufrieden ist man doch in Bonn mit dem in der Außenpolitik schon Erreichten. Kann es überhaupt sinnvoll sein, sich gegen einige Lieblingsideen des amerikanischen Außenministers John Foster Dulles und des Präsidenten Eisenhower zu wenden, ja für das gesamte westliche Bündnis einen neuen Kurs gegenüber dem Machtbereich der Sowjetunion zu empfehlen? Große Gedanken sind stets unbequem. Der Autor weiß, daß es vor allem darauf ankommt, die Leser zunächst grundsätzlich für seinen Standpunkt zu gewinnen. Hierbei geht er sehr umsichtig vor.

Ausgangspunkt aller Überlegungen, ja das Fundament der von Kessel empfohlenen Außenpolitik ist die Freundschaft zwischen Deutschland und den Vereinigten Staaten. Amerika ist der wichtigste Verbündete. Doch in allen Gesprächen müssen sich die Deutschen ihrer Grenzen bewußt bleiben. Der Nato-Rat hatte 1957 von den Amerikanern verlangt, sie müßten bei allen ihren außenpolitischen Unternehmungen zunächst die europäischen Partner befragen. Kessel hält diese Forderung für übertrieben: *Auf einer Pflicht zur Konsultation dürfen wir nur bezüglich des Nato-Gebietes bestehen, und auch da nur mit der Einschränkung, daß kein dringender militärischer Notstand, etwa ein schwerer Zwischenfall in Berlin, vorliegt, bei dem ein Zeitverlust tödlich sein könnte.*[412] Kommt es außerhalb des Nato-Gebiets zu gefährlichen Krisen, dann sollten die Europäer ihre Bedenken gegen die Taktik der Amerikaner schon äußern, bevor krisenhafte Spannungen eintreten. Zur Methode folgt dann der Hinweis, im privaten wie im staatlichen Leben sei es oft klüger, durch leise Fragen eher theoretischer Natur eine mögliche Entwicklung rechtzeitig abzuklären, als angesichts einer Krise zu versuchen, einen Rat zu erteilen: *Der Fragesteller kann, wenn er nicht plump vorgeht, immer behaupten, er wolle sich nur unterrichten und etwas lernen.*[413]

Doch das sind alles nur Vorbemerkungen. Sie sollen zu der Hauptaussage Kessels hinleiten: Das entscheidende Thema für die deutschen Beziehungen zu Washington muß *weder Deutschland selber, noch Europa, noch der Nahe oder Ferne Osten sein, sondern die Sowjetunion.*[414] Ohne eine politische Entspannung werde der Rüstungswettlauf weitergehen. Vor allem aber: *Wenn Amerika nicht die politische Initiative zu einem Zeitpunkt und an einem Frontabschnitt seiner Wahl ergreift, bindet es die politischen Kräfte der Gegenseite nicht.*[415] Die Sowjetunion habe in den letzten Jahren stets den Zeitpunkt und Schauplatz bestimmt, an dem sie im Nahen oder im Fernen Osten aktiv wurde. An der Zentralfront des Kalten Krieges, *die nach wie vor in Europa liegt*, brauche Moskau bisher einen politischen Vorstoß der Amerikaner nicht zu befürchten. Und hier folgt, knapp zusammengefaßt, der Kernpunkt einer neuen Außenpolitik für die Bundesrepublik, wie sie Kessel empfiehlt: *Die entscheidende Aufgabe der deutschen Außenpolitik wäre es also, die europäischen Verbündeten für eine gemeinsame Einflußnahme auf Washington zu gewinnen, damit die amerikanische Regierung ein Gespräch mit Moskau nicht über asiatische, sondern europäische Probleme führt.*[416]

Dann zur Methode: Kessel erläutert zunächst, warum es sinnlos ist, wenn die Amerikaner ähnlich wie im Sommer 1955 mit einer offiziellen Note die Sowjetunion zu einer weiteren Gipfelkonferenz einladen, die sich mit der Wiedervereinigung und der Lage in den Satellitenstaaten zu befassen hätte. *Die Mühe, die wir mit unseren amerikanischen Freunden haben*, stöhnt Kessel, *beruhe darauf, daß man ihnen klarmachen müsse, warum ein solches Vorgehen von den Russen nur als Provokation aufgefaßt würde – während es doch gerade darauf ankommt, mit ihnen nüchtern und sachlich ins Gespräch zu kommen. Die Mehrzahl der Amerikaner verwechselt ... public relations (sprich: Propaganda) mit Politik.*[417] Dieser Irrtum sei auch in anderen Ländern verbreitet, vor allem auch in der Sowjetunion. Die Amerikaner aber seien naiv davon überzeugt, daß jedermann die Grundsätze von der Freiheit des Menschen als Dogma und Richtschnur für sein eigenes Handeln annehmen müsse. Daß die sowjetischen Machthaber von ganz anderen Idealen und Dogmen ausgehen, sehen die Amerikaner nicht ein. Dann folgt die Warnung: Bevor geprüft wird, wie ein Gespräch zwischen Washington und Moskau geführt werden sollte, gilt es zu klären, welche Methoden ein solches Gespräch von vornherein zu einem Fehlschlag verurteilen müßten. Und dann, klipp und klar, die Forderung: *Eine Diskussion über die beiderseitigen Dogmen muß ein für allemal unterbleiben, sonst schaffen wir eine Atmosphäre des Religionskrieges, in der Mord und Brandschatzung als Gott wohlgefälliges Werk getarnt werden kann.* Hierzu folgt ein historischer Rückblick: *Zwischen den beiden christlichen Konfessionen ist es erst zu einer ›friedlichen Koexistenz‹ gekommen, als jede Partei der anderen den Glauben an ihr Dogma, wenn auch widerwillig und unter stillem Protest, freistellte.*[418] Das gilt erst recht für eine Epoche, in der sich die zwei Weltmächte mit Atomwaffen rüsten: *Dieses Stillschweigen über Dogmen, das sollte die Geschichte uns gelehrt haben, ist die Voraussetzung für jede friedliche Koexistenz, die ihrerseits die Voraussetzung für unser aller Überleben ist.*[419]

Wir vergessen zu leicht, wie nahe manchmal die Welt in den ersten Nachkriegsjahrzehnten einem Atomkrieg der Weltmächte und damit dem Untergang war. Während der Kuba-Krise etwa hing das Schicksal der Menschheit zeitweise an einem seidenen Faden. Daher der sanft drängende sittliche Ernst, mit dem Kessel kluge Verhandlungen der Amerikaner mit der Sowjetunion fordert. Hierfür empfiehlt er bewährte, aber im Zeitalter der Gipfelkonferenzen fast vergessene Methoden. Auf dem Weg zu Entspannung kommt man mit internationalen Konferenzen nicht weiter. Wie aber lassen sich dann überhaupt noch Gesprächsfäden mit Moskau anknüpfen?

Der Vorschlag Kessels ist so ungewohnt, daß er die von ihm empfohlene Methode über vier Textseiten hinweg in allen Einzelheiten erläutert. Sein Grundgedanke: Zunächst soll ein junger und noch unbekannter amerikanischer Diplomat in Moskau mit einem etwa gleichaltrigen russischen Kollegen völlig unbefangen über die Beziehungen zwischen den Vereinigten Staaten und der Sowjetunion sprechen. Dem jungen Unbekannten solle man bei der Wahl seiner Themen freie Hand lassen. Jüngere Menschen sprechen vorurteilsloser, schreibt Kessel, und sie sind eher geneigt, *sich von einem interessanten Gespräch weiter vorwärts tragen zu lassen als alte Routiniers.*[420] Kommt nichts bei den Kontakten heraus oder gibt es nur Ärger, kann man den jungen Diplomaten leichter desavouieren als einen alten Herrn mit Rang und Namen. Werden bei dem unverbindlichen Gedankenaustausch hingegen Fortschritte erzielt, sollte ein amerikanischer Botschaftsrat beiläufig seinen russischen Kollegen darauf ansprechen. Dann wird das Gespräch von Stufe zu Stufe auf höhere Ebenen gehoben. Schließlich könnte ein leitender Beamter vom State Department in Moskau anfragen, ob es nicht an der Zeit sei, den Außenministern beider Seiten amerikanisch-sowjetische Geheimverhandlungen vorzuschlagen.[421]

Das klingt für den Laien im Diplomatenhandwerk alles höchst ungewohnt, ja vielleicht phantastisch. Kessel aber weiß, wovon er spricht. Er hat bei der von ihm vorgeschlagenen Methode wohl ein Beispiel im Sinn, das welthistorische Bedeutung erlangte: Als britische Truppen 1898 den Oberlauf des Weißen Nils unter die Herrschaft Englands zu bringen suchten, stießen sie südlich der Ortschaft Kodok am Nil bei Faschoda auf französische Kolonialtruppen unter dem Kommando des Kapitäns Marchand. In ihrer Afrika-Politik international isoliert, zogen sich die Franzosen vom Niltal zurück. Das Aufsehen, das der Zusammenprall der beiden Kolonialmächte am Weißen Nil damals erregt hat, ist als Faschoda-Krise in die Geschichte der Kolonialzeit eingegangen. Der französische Außenminister Delcassé hat in den folgenden Jahren jedoch nicht nur an die kolonialen Interessen Frankreichs gedacht. Sein Ziel ist fortan ein Bündnis mit England, es soll Frankreich vor der Bedrohung durch Deutschland schützen.

Nach dem Faschoda-Zwischenfall entsendet Delcassé als Botschafter Frankreichs nach London den berühmten Paul Cambon, der zuletzt von Konstantinopel aus die deutsche Orientpolitik beobachtet hatte. Die britisch-französischen Gespräche über Kolonialinteresse der beiden Großmächte werden darauf in London völlig lautlos geführt, nicht etwa von Cambon mit dem britischen Außenminister, sondern immer nur von jungen zweiten oder dritten Sekretären der französischen Botschaft mit gleichrangigen Diplomaten vom Foreign Office. Schon im folgenden Jahr ist völliges Einvernehmen der beiden zuvor bitter verfeindeten Kolonialmächte über den Sudan erzielt. Im Sudan-Vertrag vom März 1899 verzichtet Frankreich auf das obere Niltal. England erkennt die französische Herrschaft über das gesamte Gebiet im Westen der sudanesischen Provinzhauptstadt Darfur bis zum Tschad-See an.[422]

Fünf Jahre später schließen England und Frankreich ein Abkommen, das als entente cordiale (»herzliches Einvernehmen«) für Europa schicksalhaft wird. Darin sichern sich die beiden Großmächte gegenseitige Unterstützung in der Kolonialpolitik zu. 1907 zu einem Dreierbündnis mit Rußland erweitert, wird die von Delcassé und Paul Cambon zunächst für die Kolonialpolitik ausgehandelte Versöhnung Frankreichs mit England zu einer gemeinsamen Front gegen Deutschland im Ersten Weltkrieg den Weg bahnen.

Von alledem steht in der Denkschrift Kessels kein Wort. *Ein junger Mann muß sprechen* – nämlich zu Beginn von amerikanischen Sondierungen in Moskau, mit diesem Stichwort beginnt der Hinweis auf die Methode, gerade die schwierigsten und wichtigsten Verhandlungen zunächst auf unterster Ebene scheinbar beiläufig anzuknüpfen. Dann wirbt Kessel bei seinen deutschen Lesern für Vertrauen in die Vereinigten Staaten: Nur die amerikanische Weltmacht habe genügend Gewicht, um das westliche Bündnis gegenüber der Sowjetunion zu vertreten.[423]

Die Engländer verfügen, auch wenn ihnen in der Suez-Krise Fehler unterlaufen sind, *noch immer über einen unersetzlichen Schatz an Geschichtsbewußtsein, an Erfahrungen weltpolitischer Natur und an diplomatischem Geschick.*[424] Und die deutsch-französische Verständigung, ja Freundschaft, ist für Kessel *nicht nur die einzige wirklich positive Entwicklung, die in den letzten dreißig Jahren auf dem europäischen Kontinent stattgefunden hat. Sie ist zugleich das Fundament für eine fortschreitende Einigung Europas.*[425] Mit besonderem Nachdruck weist die Denkschrift jedoch auf die Pflege der Beziehungen zu den kleineren europäischen Staaten hin. Hier bezieht sich Kessel ausdrücklich auf drei unerreichte Meister der Diplomatie: *Metternich, Talleyrand und Bismarck haben es sich auf dem Höhepunkt der Macht immer angelegen sein lassen, den Kleinstaaten und ihren Vertretern besonders gefällig zu sein.*[426] England und Frankreich haben sich jahrhundertelang durch ihre zuvorkommende Behandlung und Unterstützung kleinerer Staaten eine feste Klientel geschaffen. *Ihre als unabhängig und gerecht geltende Stimme zählt im Europäischen Rat und bei den Vereinten Nationen als meinungsbildender Faktor ebensoviel, wenn nicht mehr als die sogenannten ›Großen‹.*[427]

In Asien sieht Kessel keine eigenen politischen Aufgaben für Deutschland. Doch er deutet an, daß die Amerikaner dort nicht immer eine glückliche Hand haben. Auch in den Vereinigten Staaten gebe es Stimmen, die den Standpunkt vertreten, man könne im Ost-West-Konflikt von den Nationen Asiens nicht mehr erwarten, als daß sie neutral bleiben und nicht in das kommunistische Lager überwechseln. Wenn Eisenhower nach Ablauf seiner Amtszeit zurücktrete und mit ihm Dulles von der Bühne verschwinde, werde Washington seine negative Einstellung zum Neutralismus revidieren. Dulles sei überzeugt, man könne die Menschheit in schwarze und weiße Schafe aufteilen. *Diese Aufteilung wird, wenn nicht alles täuscht, in zwei Jahren ein Ende finden, und zwar zuerst in Asien,* sagt Kessel voraus.[428] Zum Abschluß des Rundblicks auf die Vereinigten Staaten, auf Westeuropa und Asien kommt er noch einmal auf seine Forderung zurück, *daß die Vereinigten Staaten, wenn sie erst einmal des defensiven Abwartens, der schlechten Kompromisse und der halben Rückzüge müde sind, in Europa zur politischen Offensive übergehen müssen und nicht in Asien.*[429]

Die Sicherheit Deutschlands und aller europäischen Staaten wie auch Amerikas erfordert eine grundsätzliche Neuordnung Europas. Und dazu gehört die Wiedervereinigung Deutschlands. Der einzig gangbare Weg zur Neuordnung innerhalb der durch den Krieg in zwei Lager gespaltenen Völkerfamilie führt über geduldige Geheimverhandlungen zwischen den Vereinigten Staaten und der Sowjetunion. Ein Verzicht auf solche Verhandlungen hätte zwangsläufig ein immer bedrohlicheres Wettrüsten der beiden Weltmächte zur Folge. Daß dieses Wettrüsten letztlich nicht zu einem Atomkrieg zwischen den Vereinigten Staaten und der Sowjetunion führen wird, sondern schon mehr als drei Jahrzehnte später zum wirtschaftlichen Zusammenbruch der Sowjetunion, konnte Kessel nicht ahnen.

Gerade in den späten fünfziger Jahren wirkte die sowjetische Wirtschaft auf westliche Beobachter vital. Und daß der Ost-West-Konflikt schließlich mit der Selbstauflösung der Sowjetunion sein Ende fand, ist kein überzeugendes Argument gegen die ständige Forderung Kessels, durch Ost-West-Gespräche und einen europäischen Ausgleich die Gefahr eines Atomkriegs zu bannen. Das Wettrüsten der sechziger, siebziger und achtziger Jahre des zwanzigsten Jahrhunderts hat letztlich nicht nur für die russische Wirtschaft einen zu hohen Preis gefordert. Die russischen Atomwaffen bleiben ein unheilvolles Erbe der zerborstenen sowjetischen Weltmacht.

Das Kernstück in der Denkschrift Kessels vom Herbst 1958 ist das Kapitel über die *östliche Welt*. Der Autor vermeidet den Ausdruck *Ostblock*. Er beginnt mit einigen grundsätzlichen Aussagen über Rußland, jenes uns heute noch so fremdartige Riesenreich, das bis zum Ersten Weltkrieg unmittelbar an Schlesien, die Heimat Kessels, gegrenzt hatte: *Wer sich in den Osten begibt, der vor 1914 an der preußisch-russischen Grenze begann, ... muß wissen, daß das gesamte Leben und Lebensgefühl dort nach anderen Koordinaten ausgerichtet ist als das unsere. Die westlichen Vorstellungen von Logik, von Raum und Zeit sind dort nicht etwa von böswilligen Menschen oder Systemen außer Kraft gesetzt worden, sondern sie haben nie gegolten. Die Oberschicht zur zaristischen Zeit mag sie als eine Art Schminke getragen haben. Wer Dostojewski liest, weiß, wie dünn dieser Firnis zu allen Zeiten war. Wer also mit der östlichen, das heißt im engeren Sinn mit der russischen Welt zu tun hat, lasse Descartes und Euclid mit ihren Begriffen von Logik zu Hause und schaue nicht auf seine Uhr, sondern auf den Kalender. ...*

Die zweite Grundregel, die es zu beachten gilt, ist, daß ein russisches Nein immer nur bedingt gilt. Wenn ein Angelsachse sagt ›Ich glaube nicht‹, so kommt das einer deutlichen Ablehnung gleich. Und es wäre ein diplomatischer Taktfehler, auf die Angelegenheit nochmals zurückzukommen, es sei denn unter vielerlei Umwegen. Schleudert einem ein Russe ein wütendes Nein entgegen, so spreche man am nächsten Tag unbefangen erneut darüber und erkläre, man habe sich wohl verhört. Bleibt er bei seinem Nein, so gehe man Woche um Woche, Monat um Monat dagegen an, wenn nötig jahrelang. Gegenüber seinen Zornesausbrüchen bleibe man leise, gelassen und von äußerster Höflichkeit, aber gebe die Sache nie verloren. Eine generationenlange Erfahrung lehrt, daß dies sich lohnt.

Und wie steht es mit dem russischen Ja? Auch dieses ist bedingt, wenn es nicht in ganz klaren eindeutigen Worten schriftlich niedergelegt ist.

Der Begriff des gentlemen agreement hat den Russen nie etwas gesagt, und die Amerikaner sollten gelernt haben, daß Worte wie Freiheit, Unabhängigkeit, Demokratie und Wahlen seit jeher in Rußland einen fundamental anderen Sinn haben als im Westen. ... Man verlasse sich demnach bei den Russen nicht auf mündliche Abreden und nicht einmal auf Verträge, deren Text von hochtönenden abstrakten Begriffen strotzt. Man halte sich pragmatisch an Realitäten und finde dafür einen präzisen, eindeutigen Ausdruck, wie das bei Wirtschaftsabkommen der Fall – und allerdings auch leichter ist.

Und schließlich solle man im Auge behalten, *daß wenn man mit Moskau einen Vertrag abschließen will, es nicht um Prinzipien und Ideen, sondern um ein Geschäft geht. Man frage also so früh wie möglich nach dem Preis – und hüte sich, selber ein Angebot zu machen. Denn es könnte zu hoch sein. Wenn Moskau einen Preis nennt, der anfangs bestimmt um dreihundert Prozent überhöht ist, dann drehe man nicht enttäuscht um, sondern biete lächelnd ein Zehntel. Den Russen wird das freuen, auch wenn er ein eisiges Gesicht zeigt. Denn er ist im tiefsten ein Orientale und liebt das Feilschen.*[430]

Gilt das nicht auch noch für unsere Zeit? War es nicht immer eine Schwäche der Bonner Republik, daß man am Rhein so wenig von Rußland verstand? Die Einleitung zu dem Kapitel über die *östliche Welt* in der Denkschrift hat ein Schlesier verfaßt, dessen Ahnen über Generationen den Herrschern Preußens gedient haben. Und wie eng waren die Geschicke des preußischen Staats einst mit der Geschichte Rußlands verbunden. Unabhängig von den Modeströmen der Zeit betrachtet Kessel die künftigen Aufgaben deutscher Außenpolitik, wie sie von Bonn aus zu leisten wären. Doch er ist noch, freilich nicht lange mehr, Diplomat im Dienst der Bundesregierung. Die Denkschrift ist sein letzter Versuch, die außenpolitischen Berater des Kanzlers für seine Sicht zu gewinnen.

Das zwingt gelegentlich zu Kompromissen. Der Standpunkt Kessels, eine Aufnahme voller diplomatischer Beziehungen zwischen Bonn und Warschau sei im deutschen Interesse geboten, erfordert eine Auseinandersetzung mit der Hallstein-Doktrin. Als *sogenannte Hallstein-These* wird sie mehrfach erwähnt. Die Bundesregierung vertrete *sehr zu recht* den Standpunkt, *sie sei die einzig frei gewählte Vertretung des deutschen Volkes und daher berechtigt, für Gesamtdeutschland zu sprechen*, schreibt Kessel, und dies gewiß mit Überzeugung.[431] Er interpretiert dann jedoch die mit dem Namen Hallsteins verbundene These auf seine Art, in dem er sie auf einen Sonderfall beschränkt: Wenn einer der Staaten, mit dem die Bundesrepublik bereits Beziehungen unterhält, nachträglich auch noch die Regierung in Ostberlin anerkennt, begeht ein solcher Staat im Sinne der Hallstein-These einen unfreundlichen Akt und muß mit dem Abbruch der diplomatischen Beziehungen durch die Bundesrepublik rechnen.

Dieses *Argument* wie Kessel es nennt, habe *viel für sich*. Denn *wer zu Bonn Beziehungen unterhält und nachträglich Pankow anerkennt, trägt auf zwei Schultern*. Hier spricht für einen Augenblick freilich kaum noch der politische Denker Kessel, sondern ein Unterhändler, der seinen Leser für die eigne Sache zu gewinnen versucht. Die Hallstein-Doktrin ist inzwischen zum offiziellen Standpunkt der Bundesregierung geworden. Sie von vornherein als Irrweg abzutun, würde dem Plädoyer des Autors schaden. So argumentiert er, und dies wiederum mit triftigen Gründen, weshalb die These Hallsteins für den Fall einer Aufnahme diplomatischer Beziehungen zwischen der Bundesrepublik und Polen nicht gilt – oder jedenfalls nicht gelten sollte, wenn man das wohlverstandene deutsche Interesse zugrunde legt. Wie der Text der Denkschrift verrät, hat Kessel für seine Argumentation Brentano gewonnen. Er schreibt: *Bei Polen aber, und darauf hat der Bundesaußenminister gelegentlich hingewiesen, liegen die Dinge anders: Zwischen Bonn und Warschau bestanden keinerlei Beziehungen, als Polen Pankow im Augenblick seiner ›staatlichen‹ Entstehung anerkannte.*[432]

Und wie es ein geschickter Unterhändler stets tun sollte, wenn es um eine zentrale Frage der Verhandlungen geht, gibt Kessel nun nachträglich sogar einem ungenannten advocatus diaboli zunächst recht, der den Standpunkt der Gegenseite vertritt: *Gleichwohl kann nicht geleugnet werden, daß eine Aufnahme von Beziehungen zwischen Bonn und Warschau die ganze zu einem Dogma erhöhte sogenannte Hallstein-These, daß eine Anerkennung von Pankow gleichbedeutend mit dem Abbruch der Beziehungen zu Bonn sei, aushöhlt. ... Die Aufnahme von diplomatischen Beziehungen zu Polen müßte also schon Vorteile versprechen, die den möglichen Zusammenbruch der sogenannten Hallstein-These kompensieren.*[433]

An welche Vorteile Kessel dabei vor allem denkt, wird er am Ende seines Plädoyers für den Austausch von Botschaftern zwischen Bonn und Warschau darlegen. Zunächst wird jedoch dem Leser erläutert, warum

Polen ein kommunistischer Staat eigener Art ist. Seit den Ereignissen vom Herbst 1956 sei zu bezweifeln, daß die Mehrheit der Bevölkerung kommunistisch gesinnt ist. Die Regierung sei kommunistisch, man lasse aber im Innern die Zügel wesentlich lockerer als in Jugoslawien oder gar in der Sowjetunion. Außenpolitisch sei Polen in den letzten Jahren nie für den kommunistischen Imperialismus und die Weltrevolution eingetreten. Wenn sich die Regierung in Warschau also auf den Glauben an die kommunistische Heilslehre beschränke, so sei dies eine Glaubenssache und nicht ein Element der Politik. Kessel zieht daraus die Schlußfolgerung: *In Europa sollte wieder, wie zur Zeit Friedrichs des Großen, jeder nach seiner eigenen Façon selig werden dürfen,* allerdings nur, *sofern er daheim bleibt* – also auf den Staat übertragen: sofern dieser Staat nicht den Nachbarn militärisch bedroht.[434]

Daß Polen dem Ostblock angehört, sei ein Argument für die Aufnahme von diplomatischen Beziehungen, nicht ein Argument dagegen. Läge Polen als neutrales Land etwa im Nahen Osten, so wäre es ziemlich uninteressant. Das gleiche müßte für Deutschland gelten, wenn es nicht in Mitteleuropa läge und ein Mitglied der Nato sei. Erst dadurch, daß die beiden Länder Mitglieder gegnerischer Blöcke sind, gewinne ein Gespräch zwischen ihnen weltpolitische Bedeutung und sei ein Beitrag zur allgemeinen Entspannung.[435] In der Bundesrepublik, so räumt der Autor der Denkschrift dann allerdings ein, sei man auf ein ernsthaftes Gespräch mit Polen noch nicht vorbereitet. Das gelte vor allem für die Flüchtlingsverbände. Wie das Beispiel der Beziehungen zu Frankreich zeige, könne die Bundesregierung mit Entschlossenheit aber die Öffentlichkeit von der Notwendigkeit einer propolnischen Politik überzeugen.[436]

Für Kessel liegt es im deutschen Interesse, Wiedergutmachung an Polen zu leisten. Die tausendjährige deutsche Geschichte sei *oft tragisch und unglücklich,* aber bisher niemals *im Menschlichen unwürdig* gewesen. *Erst die zwölf Jahre des Hitler-Regimes haben unserem Volk nicht nur politisches Unglück beschert – das wäre noch zu ertragen –, sondern es auch im menschlichen Bereich sein Gesicht verlieren lassen.* Doch *für die Polen, die nächst den Juden am meisten unter den Methoden des Hitler-Regimes gelitten haben, wurde noch nichts getan.*[437] Man wende nicht etwa ein, daß auch polnischerseits seit 1945 manche Untat begangen wurde. *Wer als Deutscher sein Volk liebt und auf dessen Geschichte stolz sein will, weiß, daß eine solche ›Aufrechnung‹ dem Stolz, der Liebe einen Todesstoß versetzt. ... Wenn also einer Wiedergutmachung gegen-*

über der polnischen Nation das Wort geredet wird, so geschieht das nicht, um die Polen von jeder Schuld freizusprechen und ihnen ein Almosen zu geben, sondern um unser deutsches Gesicht, unsere Würde und unseren Stolz wiederherzustellen.[438] Der Gedanke ist kühn, aber konsequent: Eine deutsch-polnische Aussöhnung würde die deutsche Wiedervereinigung fördern. Aus der Sicht des Jahres 1958 ist das zunächst der einzige gangbare Weg, der Wiedervereinigung als dem Hauptziel deutscher Politik näherzukommen. *Wenn wir die Weltlage richtig sehen, ... so kann die deutsche Wiedervereinigung nicht mehr als isoliertes Problem, sondern nur im Rahmen einer europäischen Gesamtlösung gelöst werden.*[439] Mit Moskau könne Bonn nicht verhandeln, dazu sei der deutsche Partner zu schwach. Mit *Pankow* könne man zur Zeit nicht einmal sprechen. *Wir müssen also Umwege gehen. ... Wenn wir eine propolnische Politik betreiben, vor allem, in dem wir Polen wirtschaftlich helfen, so wird sich seine Stellung im Ostblock automatisch kräftigen. Damit würde ein vorbereitender Zug zugunsten einer gesamteuropäischen Regelung getan sein.*[440] Das ergibt als Schlußfolgerung: *Die Aussöhnung mit Polen würde also Opfer materieller und psychologischer Art erfordern, zugleich aber, wie keine andere außenpolitische Initiative im Rahmen unserer Kräfte, den Weg freimachen für eine aktive Wiedervereinigungs- und Ostpolitik.*[441]

Fast schon als Nachwort zu dem großen Plädoyer für eine Aussöhnung zwischen Warschau und Bonn läßt Kessel Anregungen zu dem von ihm empfohlenen Gespräch zwischen den Vereinigten Staaten und der Sowjetunion folgen. Hier nun erwähnt er in aller Offenheit, was gegen seine gesamte Argumentation zu sprechen scheint oder ihr vielmehr im harten Raum der politischen Realitäten den Boden entziehen könnte: *Ob der derzeitige amerikanische Außenminister zu echten Verhandlungen mit Moskau bereit wäre, ist schwer zu entscheiden.*[442] Der Leser wird dazu neigen, diese Frage nicht offenzulassen, sondern mit einem klaren *Nein* zu beantworten. Auch bei Kessel überwiegt schließlich die Skepsis: *Zuweilen gewinnt man den Eindruck, daß er (der amerikanische Außenminister) auf ein Wunder, eine göttliche Fügung wartet, die dieses ›Gespräch mit dem Teufel‹ überflüssig machen würde. Seine recht negative Haltung wird von Eisenhower wohl nicht geteilt, doch rafft sich dieser weniger und weniger zu eigenen Initiativen auf.*[443]

Als Heilmittel in dieser mißlichen Lage empfiehlt Kessel, was er unter dem Stichwort *die Amerikaner antreiben* darlegt. Amerika müsse mit den Methoden der Geheimdiplomatie die wahren Absichten der sowjetischen Machthaber zu erkunden versuchen. Falls dem Kreml an einer Fortdauer des kalten Krieges gelegen sei, müsse der Westen seinerseits den kalten Krieg mit subtileren Methoden als bisher aktivieren. Sollte der Kreml hingegen eine friedliche Koexistenz anstreben, so müsse man den sowjetischen Diplomaten bedeuten, daß dies nur durch eine Gesamtregelung in Europa zu verwirklichen sei. Dabei gelte es zu erkunden, welche Vorstellungen die Regierung in Moskau hierzu habe.[444]

Noch einmal kommt Kessel dann auf das Ansehen Adenauers bei den westlichen Regierungschefs und Völkern zurück: Dem Kanzler werde niemand vorwerfen, er treibe Schaukelpolitik, wenn er neue Wege beschreite.[445] Und schließlich, am Ende aller Analysen und Argumente für eine neue Außenpolitik beschreibt Kessel den eigenen Standpunkt: *Wir haben keine Schocktherapie empfohlen, nichts läge uns ferner als das, noch ein neuartiges Heilmittel, das Wunderkuren ermöglicht.* Abgesehen von der Anregung, eine propolnische Politik zu betreiben, habe er nur *wie ein alter Hausarzt, der die ganze Völkerfamilie seit langem beobachtet, im Grunde nichts anderes empfohlen als die Rückkehr zu einem seit Menschengedenken bewährten Mittel, zu einer ideenreichen, in ihrer Bewegungsfreiheit nicht durch Dogmen gehemmten Geheimdiplomatie.*[446]

Die Frage liegt nahe: Haftet den Vorschlägen Kessels für eine neue Außenpolitik der Bundesregierung und der Vereinigten Staaten, ja der gesamten westlichen Bündnisgemeinschaft bei aller Sachkenntnis des Autors nicht doch etwas Utopisches an? Der amerikanische Außenminister Dulles ist, wie Kessel selbst einräumt, hierfür kaum zu gewinnen. Aber Kessel weist darauf hin, daß Dulles nur noch zwei Jahre im Amt bleiben wird. Tatsächlich wird Dulles allerdings kaum mehr als ein halbes Jahr noch sein Amt ausüben können, er stirbt im Mai 1959. Adenauer hat auf alle Vorschläge, die Kessel ihm in den vergangenen Jahren in seinen Berichten aus Washington wie über seinen Freund Blankenhorn zukommen ließ, stets geschwiegen. Wie sollte es da möglich sein, auch nur die Berater des Kanzlers, eher ängstliche Naturen, für einen neuen Kurs zu gewinnen? War da der für Diplomaten höchst ungewöhnliche Kraftakt, eine so umfangreiche Denkschrift zu verfassen, nicht von vornherein zum Scheitern verurteilt?

Kessel hätte solche Einwände wohl nur mit einem Lächeln quittiert.

Und er hätte dann vielleicht an ein Wort Wilhelms von Oranien erinnert, das auch ein Wahlspruch der jüngeren Generation des Widerstands war. Seinen Erinnerungen an die geheime Opposition gegen Hitler, der *Verborgenen Saat* hatte er das Wort des Oraniers vorangeschickt:
POINT N'EST BESOIN D'ESPÉRER POUR ENTREPRENDRE
NI DE RÉUSSIR POUR PERSÉVERER
Auf deutsch etwa: »Nicht Hoffnung braucht man, um tätig zu werden, noch den Erfolg, um standhaft zu sein.«[447]

Kein Tagebuch gibt Auskunft über das Leben von Kessel in der Zeit nach der Heimkehr. Aus den Jahren 1958 und 1959 hat sich von ihm nicht einmal ein Terminkalender erhalten. Seine große außenpolitische Denkschrift hat er in München verfaßt. Für die zweite Hälfte des Jahres 1958 hatte ihm das Auswärtige Amt Urlaub gewährt, nicht zuletzt wohl wegen seiner schwachen Gesundheit. So erlebt er den Ausbruch einer neuen Berlinkrise in München. Manche seiner Vorschläge für Geheimverhandlungen der Vereinigten Staaten mit Moskau werden zumindest für die unmittelbare Zukunft angesichts der verschärften Spannungen im Ost-West-Konflikt gegenstandslos.

Am 10. November hat Chruschtschow in einer Rede im Moskauer Sportpalast mit ungewöhnlicher Schärfe vor einer angeblichen westdeutschen Kriegstreiberei gewarnt. Zu Berlin heißt es dann in der Rede: *Offenbar ist die Zeit gekommen, daß die Staaten, die das Potsdamer Abkommen unterzeichnet haben, auf die Überreste des Besatzungsregimes in Berlin verzichten und es damit ermöglichen, eine normale Lage in der Hauptstadt der Deutschen Demokratischen Republik herbeizuführen. Die Sowjetunion wird ihrerseits der souveränen Deutschen Demokratischen Republik jene Funktionen in Berlin übertragen, die noch sowjetische Stellen ausüben.*[448] Der Ankündigung folgt der fast spielerisch unverbindliche Nachsatz: *Ich glaube, daß dies richtig wäre.* Das stellt die vorhergegangenen Drohungen schon fast wieder ein wenig in Frage. Am 14. November teilt Chruschtschow in einer Rede vor Absolventen der sowjetischen Militärakademie mit, daß die Sowjetunion ein besonderes Dokument über den Status von Berlin vorbereite.[449] Erstaunt und erschreckt stellen die Westalliierten jetzt erst fest, daß sie nach dem Krieg über den Status von Berlin mit den Russen keine schriftlich fixierten Verträge geschlossen haben. Am 27. November unterrichtet schließlich eine sowjetische Note die Westalliierten in aller Deutlichkeit von den Forderungen Moskaus: Nach einer Übergangsfrist von sechs Monaten soll der Vier-Mächte-Status Berlins enden und Westberlin zur Freien Stadt erklärt werden, ohne besondere Beziehungen zur Bundesrepublik. Die sowjetischen Truppen wollen sich dann aus dem Ostsektor von Berlin zurückziehen.

Noch bevor die russische Note vorliegt, hat Kessel schon seine Überlegungen zu der plötzlich verschärften Lage in einem handschriftlichen *Vermerk* zusammengefaßt, wie eine solche Aufzeichnung in der Sprache des Auswärtigen Amts heißt. Er sendet den Schriftsatz mit einem Begleitbrief[450] an seinen Freund Jörg Kastl im Auswärtigen Amt. *Ich bin von Zweifeln zerrissen*, schreibt er. *Einerseits habe ich aufgrund meiner US-Erfahrungen bestimmte Vorstellungen, wie sich die Berlinkrise entwickeln könnte. Andererseits ist es natürlich leicht überheblich, wenn ich von München aus, unorientiert wie ich bin, mit Ratschlägen hereinplatze. Immerhin habe ich meine Ideen zu Papier gebracht.*[451] Kessel regt an, Kastl möge mit Werner Rouget, dem stellvertretenden Leiter des Referats *Sowjetunion* in der Ostabteilung des Auswärtigen Amts sprechen, und die beiden sollten seine Gedanken *höheren Orts* zur Sprache bringen. *Vielleicht könnt Ihr unter Berufung auf mich mit Etzdorf sprechen*, schreibt Kessel nachträglich noch auf den Briefkopf. Kastl könne die Gedanken, wenn er mag, aber auch als seine eigenen ausgeben. *Ich habe, wie Du weißt, keine Autoren-Eitelkeit* – ein Satz, der fast für das meiste gilt, was Kessel in jenen Jahren in der Deutschlandpolitik und Ostpolitik unternimmt.

Kastl antwortet Kessel zwei Tage später[452], er habe die Vorschläge Kessels, wohlweislich in einem Schriftsatz als eigene Gedanken getarnt, dem für Fragen der Deutschen Wiedervereinigung zuständigen Referenten Rudolf Fechter übergeben. Der Vorschlag Kessels, Kastl und Rouget sollten seine Gedanken Hasso von Etzdorf vortragen, dem Leiter der von Brentano im Januar geschaffenen Abteilung *West II* im Auswärtigen Amt, hält Kastl für nicht praktikabel. Etzdorf ist ein Mann, der noch von der Diplomatie der Wilhelmstraße geprägt ist und sich im Widerstand verdient gemacht hat. Doch für Situationen weltpolitischer Spannung wie die von Chruschtschow entfesselte neue Berlinkrise ist er weder flexibel noch kaltblütig genug. Und Kastl meint, Etzdorf sei *zu empfindlich*, so dringlich die Sache auch sein mag, also kaum bereit, sich die Gedanken Kessels von dem jungen Legationsrat Kastl erläutern zu lassen.

Auch zu Duckwitz hat Kastl *noch keinen rechten Zugang*, wie er an Kessel schreibt. Er berichtet dem Freund nach München, Etzdorf habe den Tag nach dem Eingang der sowjetischen Note im Auswärtigen Ausschuß des Bundestages verbracht und sei äußerst sorgenvoll. Kessel hat empfohlen, sofort einen Stufenplan zu entwerfen, um für unerwartete Entwicklungen in Berlin gerüstet zu sein, und er hat für einen solchen Plan selbst schon die wesentlichen Vorschläge kurz zusammengefaßt. Nach einer solchen Planung für Notfälle hat nun auch schon der Sozialdemokrat Carlo Schmid im Auswärtigen Ausschuß den Bundesaußenminister gefragt, berichtet Kastl. Aber Brentano habe dazu nur geschwiegen.

In Bonn ist man über die jüngsten Äußerungen von Foster Dulles vor Journalisten verstimmt. Denn der amerikanische Außenminister hat von der Möglichkeit unmittelbarer Kontakte der Amerikaner mit Vertretern der Ostberliner Regierung gesprochen. Beamte der Deutschen Demokratischen Republik sollten in bestimmten Fällen als Gehilfen (agents) von Moskau bei der Kontrolle des Zugangs zu Berlin tätig werden können.[453] Ohne eine Gegenleistung zu fordern bietet Dulles damit bereits an, was der Westen höchstens am Ende der Verhandlungen gegen solide und kontrollierbare Zugeständnisse der Russen hätte einräumen dürfen. Im folgenden halben Jahr wird es Kessel zu seinem Kummer immer wieder erleben: Seine in Washington erworbene intime Kenntnis der amerikanischen Diplomatie und ihrer Taktik im Ost-West-Konflikt, ja seine gesamten Erfahrungen im Auswärtigen Dienst sind in Bonn nicht gefragt. Anfang Januar 1959 beginnt er seine Tätigkeit als Vertreter von Duckwitz in der Arbeitsgruppe Genf. Den Gedanken an eine weitere Gipfelkonferenz haben die Großmächte längst fallengelassen. Jetzt sollen sich die Außenminister der Vereinigten Staaten, Englands, Frankreichs und der Sowjetunion in Genf über Berlin und über die Zukunft Deutschlands beraten.

Könnte der neue Auftrag für Kessel nicht bald zu einer ständigen Aufgabe in der Zentrale des Auswärtigen Amts führen? Brentano wünscht gerade das nicht. Er holt vielmehr im Januar 1959 die Zustimmung des Bundeskabinetts dafür ein, daß Kessel als Botschafter nach Oslo gehen soll. Von diesem Plan hatte Kessel ja schon bald nach seiner Rückkehr aus Washington im Mai 1958 erfahren. Nun sitzt er im Auswärtigen Amt, nimmt an Sitzungen teil und gewinnt zum ersten Mal einen Einblick in das innere Gefüge der Bonner Ministerialbürokratie. Nicht selten ist er der Verzweiflung nahe. Das läßt der Entwurf einer Anzeige ahnen, der sich auf einem Blatt Briefpapier in seinem Nachlaß erhalten hat:[454]

> **Zukünftiger Botschafter in Norwegen von s. Posten gelangweilt, sucht ›Double‹ zur ständigen Vertretung. Neigungen zur Muße, Takt, gute Manieren u. Sprachkenntnisse (Englisch perfekt) sowie Konformismus ohne Ansehen Partei u. Konfession erforderlich, Spezialkenntnisse überflüssig. Zur Erfüllung Repräsentationspflichten wird nach Abzug Inlandsgehalts volles Botschaftergehalt zugesichert. Angebot mit Bild (große Nase, 186 cm, 56 Jahre).**
> **Angebote erbeten unter Kennwort: Preuße, Patriot, Protestant.**

Sehr komisch, was Kessel da schreibt. Doch Komiker sind oft traurige, ja verzweifelte Menschen. Das Kennwort faßt zusammen, was Kessel in Bonn am meisten vermißt: Preußen ist durch Beschluß der Alliierten 1947 sang- und klanglos untergegangen, und niemand am Rhein fragt mehr danach. Patriotismus, jene tiefe Liebe zum ganzen Deutschland, wie er sie empfindet, kann er bei den Politikern, in deren Hand in Bonn die Entscheidungen liegen, nicht mehr entdecken. Und die Christen evangelischer Konfession stehen bei Adenauer, soweit es um die Besetzung von Schlüsselpositionen in Politik und Verwaltung geht, ohnehin niedrig im Kurs.

Erfreulich und für die Zukunft bedeutsam ist jedoch für Kessel schon in den ersten Wochen der Arbeit in Bonn die Begegnung mit Georg Ferdinand Duckwitz. Der ist eine der eigentümlichsten Gestalten, die in den ersten zwei Jahrzehnten der Republik Einfluß im Auswärtigen Amt ausgeübt haben. Bis zu seinem Tod im Jahre 1973 bleibt der gebürtige Bremer mit Kessel in Freundschaft verbunden. Von seinem persönlichen Nachlaß im Archiv des Auswärtigen Amts sind die Tagebücher und Taschenkalender bisher für die Benutzung gesperrt. Doch schon der Lebenslauf, den das Archiv des Auswärtigen Amts aus den Nachlaßpapieren erarbeitet hat, läßt auf einen höchst ungewöhnlichen Werdegang schließen. Das Studium (Jura und Nationalökonomie) hat Duckwitz schon im zweiten Jahr abgebrochen, *aus persönlichen Gründen*, wie es im Lebenslauf heißt. Zwei Jahre später ist er dann Angestellter in Bremen, unter anderem bei Kaffee Hag. Von 1928 bis 1933 leitet er die Kaffee Hag AG in Dänemark und ist von 1933 bis 1935 Skandinavienreferent der Außenhandelsabteilung im Außenpolitischen Amt der

NSDAP, der *Nationalsozialistischen Deutschen Arbeiterpartei* Hitlers. 1935 wird ein *Austrittsgesuch* genehmigt – aus dem Außenpolitischen Amt oder aus der Partei? Vom November 1939 bis Mai 1945, also während der gesamten Kriegszeit, ist Duckwitz Schiffahrtssachverständiger an der Deutschen Gesandtschaft in Kopenhagen. Was nicht im Lebenslauf steht: Im Krieg hat er entscheidend an der Rettung der Juden in Dänemark mitgewirkt, wofür ihm nach dem Krieg König Frederick VIII. das Komturkreuz des Daneborg-Ordens verleiht.[455] Seit 1950 im Auswärtigen Amt, vertritt Duckwitz von 1955 bis 1958 die Bundesrepublik als Botschafter in Kopenhagen und wird dann von Brentano mit der Leitung der neugeschaffenen Ostabteilung des Auswärtigen Amts betraut.

Untersetzt, in jener Zeit mit noch schwarzem, aber schütterem Haarwuchs, hat Duckwitz im Auftreten zugleich etwas Bulliges und Herrenmäßiges, das imponiert. Fernerstehende reden ihn gelegentlich mit *Herr von Duckwitz* an, was er sich höflich verbittet. In seinem oft schwierigen Leben hat er die Gabe erworben, die Einflußreichen in Gesellschaft und Staat wie mühelos für sich zu gewinnen. Unter den Abteilungsleitern im Auswärtigen Amt ist Sigismund von Braun in den späten fünfziger Jahren als Protokollchef die glanzvollste Gestalt, blond, souverän, strahlend. Noch fast vier Jahrzehnte später erinnert er sich an die erste Begegnung mit Duckwitz. *Ich kannte ihn gar nicht. Doch am Ende des Gesprächs sagte er mir: Sie dürfen ruhig ›Ducky‹ zu mir sagen.* Was zur Folge hat, daß Duckwitz den berühmten Sigismund von Braun, den Bruder des Raketenbauers Wernher von Braun, von vornherein mit *Sigis* anreden darf.[456]

Als Leiter der Ostabteilung schließt er Freundschaft auch bald mit Johannes Graf Welczeck, der noch dem alten Auswärtigen Amt angehört hatte. Sein Vater war der letzte deutsche Botschafter vor dem Krieg in Paris. Der Sohn bleibt noch in den sechziger Jahren lange einfacher Legationsrat, was sonderbar ist, gilt Welczeck doch in mancher Hinsicht als vorbildlich, im gesellschaftlichen Umgang wie in der Bewertung außenpolitischer Fakten. Von ihm kann Duckwitz viel lernen. Jüngere Diplomaten von niedrigem Rang, seien sie nun begabt oder unbegabt, interessieren ihn zumindest in jener Zeit kaum. Auch Jörg Kastl hat ja im Herbst 1958, wie er Kessel schrieb, zu Duckwitz *noch keinen rechten Zugang* gefunden.[457]

Tut man dem Hanseaten aus Bremen Unrecht, wenn man vermutet, er sei zur Außenpolitik nicht reich an eigenen Gedanken gewesen? Das könnte so sein, selbst manche der erfolgreichsten Diplomaten ragen ja kaum als politische Denker hervor. Duckwitz jedoch hat die seltene Gabe, in die Zukunft weisende Gedanken seiner Kollegen früher als andere in ihrem vollem Wert zu erkennen, sich zu eigen zu machen und, soweit es die Umstände erlauben, sie in die Tat umzusetzen. Da ist Kessel, der ja geradezu überquillt von Ideen, für Duckwitz genau der richtige Mann. Und Kessel geht es, soweit sich solche Selbstlosigkeit überhaupt mit der Menschennatur vereinbaren läßt, immer zunächst um die Sache, nicht um Urheberrechte an klugen Gedanken. *Ich habe, wie Du weißt, keine Autoren-Eitelkeit*, hatte er ja in der Berlin-Krise vom Spätherbst 1958 an Kastl geschrieben.[458]

Schon in den ersten Monaten des Jahres hat Kessel für seine Sicht einer künftigen Ostpolitik Duckwitz völlig gewonnen. Das gilt auch für ein Kernstück seiner Gedanken zur Neuordnung Europas, die Aussöhnung mit Polen. So schreibt Duckwitz scherzhaft zu einem Zeitungsartikel, dessen Lektüre Kessel ihm brieflich empfohlen hat, aus Genf nach Bonn an den neu gewonnenen Freund: *Den Artikel über Warschau kannte ich bereits, da ich es aus Angst vor Dir nicht mehr wage, irgendwelche Lektüre, die Polen betrifft, mir nicht zu Gemüte zu führen.* Man duzt sich also inzwischen, und mit einem *lieber Teddy* hat Ducky den Brief begonnen.[459] Kessel hatte am 12. Juni seinen Brief noch *lieber Duckwitz* geschrieben und das *Sie* strikt aufrechterhalten. *Durch Besuch von Duckwitz in Bonn überholt* steht auf der Reinschrift seines Schreibens.[460]

Zum Glück hat Kessel auch den nicht abgesandten eigenen Brief aufbewahrt, nicht nur die Antwort von Duckwitz. In dem auf den 12. Juni 1959 datierten Briefkonzept heißt es: *Vor einigen Tagen war ich bei Herrn von Broich und habe ihm erklärt, ich sähe mich nicht in der Lage, Oslo oder irgendeinen anderen Auslandsposten anzunehmen.*[461] *Ich wäre bereit, noch solange meine derzeitige Arbeit im Amt fortzusetzen, bis diese Phase der Konferenzen einen vorläufigen Abschluß gefunden hätte.* Kessel gehört ja noch zu der von Duckwitz geleiteten *Arbeitsgruppe Genf*. Die vier Außenminister haben bereits in Genf vom 11. Mai bis zum 20. Juni in einer ersten Verhandlungsphase über Deutschland und Berlin gesprochen, wie zu erwarten, ohne Ergebnis. Auch in einer zweiten Phase der Gespräche vom 13. Juli bis 5. August wird es zu einer Übereinkunft der Westalliierten mit den Russen nicht kommen. Kessel schreibt am 12. Juni an Duckwitz, was er ihm dann auch mündlich mitteilen wird: Er möchte Duckwitz noch zur Verfügung stehen, damit der seinen Sommerurlaub antreten kann. Anschließend werde er dann beantragen, sich zur Disposition stellen zu lassen.

Im Gespräch mit Georg von Broich-Oppert, der nun die Personalabteilung im Auswärtigen Amt leitet, hat Kessel gebeten, den Staatssekretär des Auswärtigen Amts und den Außenminister noch nicht von seiner Entscheidung zu unterrichten, daß er im Ausland überhaupt keinen Posten mehr annehmen wird. Er möchte seinen Entschluß lieber dem Staatssekretär und dem Minister persönlich vortragen. Am 12. Juli erfährt Kessel dann aber vertraulich, auf Weisung des im Januar 1959 mit den Aufgaben eines Unterstaatssekretärs betrauten Karl-Heinrich Knappstein bereite der Stellvertretende Leiter der Personalabteilung, Alexander Hopmann, ein Schreiben vor, mit dem Brentano Kessel dazu drängen will, als Botschafter doch noch nach Oslo zu gehen.[462]

Brentano dankt in dem Brief für die Arbeiten, die Kessel im Zusammenhang mit der Vorbereitung der Genfer Konferenz geleistet habe. Weiter schreibt er: *Nachdem diese Arbeiten zunächst als abgeschlossen angesehen werden können, muß die Frage ihrer weiteren Verwendung geklärt werden.* Brentano weiß also genau, daß Kessel nicht mehr bereit ist, nach Oslo zu gehen. Dennoch erinnert er daran, daß schon am 14. Januar das Kabinett zugestimmt hat, Kessel mit der Leitung der Botschaft in Oslo zu beauftragen. Schließlich heißt es nur kühl: *Ich beabsichtige ... das Agrément nunmehr für Sie einholen zu lassen und bitte Sie, sich bereit zu halten, alsbald nach Eingang des Agréments Ihren Dienst in Oslo aufzunehmen.* Die Einholung des Agréments ist der förmliche Akt, mit dem das Auswärtige Amt die Zustimmung der Regierung Norwegens zur Entsendung des neuen Botschafters nach Oslo einholen muß.[463]

Kessel hat dann doch noch mit Brentano gesprochen. Brentano hat von dem Gespräch Duckwitz erzählt, und Duckwitz teilt Kessel nun in seinem Brief mit, was er darüber von Brentano erfuhr: *Nach Eurer Unterredung, die, wie er mir versicherte, in freundschaftlicher und urbaner Form verlief, hat sich bei ihm der Eindruck verstärkt, daß es im Interesse beider Seiten besser ist, wenn er Deinem Wunsch, das Amt zu verlassen, entspricht.* Duckwitz will es darauf gegenüber Brentano *sowohl von der Sache als auch von der Person her* als unbedingt erforderlich bezeichnet haben, daß Kessel im Auswärtigen Amt bleibt, hat jedoch mit seinem Plädoyer keinen Erfolg. *Das Einzige, was ich noch erreicht habe, ist, daß er Dich noch vor dem endgültigen Weggang zu sehen wünscht. Nicht nur um der ganzen Angelegenheit einen versöhnlichen Ausklang zu geben, sondern auch um über Deine eventuelle zukünftige Tätigkeit mit Dir zu sprechen. Mir erschien dies im Hinblick auf eine spätere Entwicklung vorteilhaft zu sein. Denn der Kontakt zwischen Dir und dem Amt darf und soll nicht abreißen.*[464]

Wie nachdrücklich sich Duckwitz gegenüber Brentano dafür eingesetzt hat, daß Kessel im Auswärtigen Amt bleiben muß – also in der Zentrale, in der man ihn ja nicht haben will – bleibt der Phantasie des Lesers überlassen. Am interessantesten ist in dem Brief von Duckwitz der folgende recht gewundene Satz: *Ich habe – dies betrachte aber bitte nur für Dich selbst bestimmt – den Eindruck gewonnen, daß mal wieder irgendwelche anderen Kräfte am Werk waren, die das Ausscheiden des Herrn von Kessel gar nicht ungern sehen und die nicht vergessen können oder wollen, daß man es mit einem relativ unbequemen Mann zu tun hat, der für diese Eigenschaft bereits die nötigen Beweise geliefert hat.*[465]

Ein *relativ unbequemer Mann* ist Kessel im Dienst des Bonner Auswärtigen Amts nun wirklich niemals gewesen, falls *unbequem* auf einen Mangel an Verbindlichkeit oder gar Höflichkeit im Umgang mit Vorgesetzten und Kollegen hindeuten sollte. Doch er hat über die schwierigsten Fragen nachzudenken gewagt, und selbständig sogar. Das stört, denn es geschieht in jener Epoche bürgerlicher westdeutscher Restauration im Staatsdienst sonst eher selten. Was der für die eigene Person stets vorsichtige Duckwitz in umständliche Umschreibungen einzuhüllen versucht, ist im Inhalt klar: Adenauer ist es, der Kessel höchstens noch auf einem abgelegenen und für die deutsche Außenpolitik bedeutungslosen Posten ertragen will, in Santiago de Chile etwa oder in Oslo. Der Versetzung nach Oslo hat der Kanzler ja schon im Januar im Kabinett zugestimmt.

In dem fragmentarischen Kapitel des Memoirenentwurfs über die Dienstzeit in den Vereinigten Staaten hat Kessel notiert, von *glaubhafter Seite* sei ihm der bezeichnende Ausspruch Adenauers berichtet worden: *Die Telegramme von dem Kessel lese ich ja gern – aber seine politischen Ansichten!*[466] Es liegt nahe, hinter der *glaubhaften Seite* Blankenhorn zu vermuten, vielleicht war die Quelle aber auch Felix von Eckart, der geistreiche Chef des Bundespresseamts, der sich gut mit Kessel verstand.

Nach der letzten Begegnung mit Brentano nehmen die Dinge dann ihren Lauf: *Auf Veranlassung von Hopmann die Versetzung des H. v. Kessel in den einstw. Ruhestand z. 1.10.1959 einleiten. Dank und Anerkennung aussprechen. Keine weitere Begründung. Kessel ist einverstanden* hält ein Aktenvermerk vom 30. Juli fest.[467] Und noch am gleichen

Tag notiert Hopmann, der Stellvertretende Leiter der Personalabteilung, der das besondere Vertrauen Brentanos genießt: *Herr Gesandter von Kessel hat sich damit einverstanden erklärt, daß er mit Ablauf des 30. September 1959 aus innerdienstlichen Gründen in den einstweiligen Ruhestand versetzt wird.*[468]

Damit ist die Entscheidung gefallen. Im August beginnt Kessel über seine zukünftige Tätigkeit als freiberuflicher Journalist Gespräche zu führen. In seinem Brief an Hans Arnold vom 11. August erwähnt er, es sei vorgesehen, daß er vom 1. Oktober an wöchentlich eine Spalte in der Wochenzeitung *Die Zeit* schreiben soll. Es folgen Worte, die wenigstens ahnen lassen, wie tief ihn der Abschied nun doch bewegt: *Die Ostgebiete sind uns nicht eine freundliche Geste an Polen, die Wiedervereinigung ›keine Messe‹, das heißt weder Willen noch Opfer wert. Daß die Amerikaner bereit sein könnten, ›für Berlin zu sterben‹, ist uns im Grunde peinlich. Dies alles bin ich nicht mehr bereit mitzumachen oder gar zu vertreten. Ich bin ein liberaler Patriot, ich liebe mein Volk, verdammt und begnadet, minderwertig und genial, wie es nun einmal ist. Dieses Volk kann ich nur vertreten, zu ihm kann ich nur sprechen, wie es mir wirklich zumute ist, wenn ich ›Bonn‹ Lebewohl sage und in die Innere Emigration gehe.*[469]

Am 1. September gibt Kessel in Bonn sein Ausscheiden vor Journalisten bekannt. Das Presse-Echo ist groß. Die Tageszeitung *Die Welt* berichtet: *Der Gesandte hat den Dienst quittiert, weil er die Politik der Bundesregierung im Ausland nicht mehr vertreten zu können glaubt. Seit langem weiß man in Bonn, daß zwischen ihm und seinen Vorgesetzten in der Frage der deutschen Ostpolitik erhebliche Meinungsverschiedenheiten bestehen. Kessel gilt als Sachverständiger für Ostprobleme. Er stammt aus Schlesien. Er hat sich immer für eine biegsamere, geschmeidigere deutsche Ostpolitik eingesetzt. ... Als er schließlich einsah, daß seine Stimme vergeblich blieb, ... zog er die Konsequenzen. In seinen Augen ist der Zeitpunkt für eine neue richtungsweisende Ostpolitik bereits versäumt. Über seinem Verzicht steht das Wort: Zu spät!*[470]

Auch die *New York Times* geht in einem Bericht ihres Bonner Korrespondenten ausführlicher auf die Entscheidung Kessels ein. Es habe im Sommer Vermutungen gegeben, Außenminister von Brentano habe die Zustimmung des Kanzlers dafür gewonnen, Polen und der Tschechoslowakei einen Nichtangriffspakt anzubieten. Doch Druck von den Vertriebenen-Organisationen habe den Kanzler veranlaßt, seine vorläufige

Zustimmung zu einer solchen Geste zurückzuziehen. Kessel habe den Standpunkt vertreten, der Westen werde später seine Unterstützung für den Wunsch Deutschlands vermindern, daß die Grenze mit Polen revidiert werden muß. Kessel sei der Ansicht, gegenüber Polen bleibe für Deutschland nur die Möglichkeit, mit Warschau unmittelbar zu verhandeln.[471] Die Londoner *Sun* berichtet aus Bonn, der Schritt Kessels sei ein Schritt gegen den außenpolitischen Kurs Adenauers, der keine Beziehungen zu den Satelliten der Sowjetunion wünsche.[472] Auch die Londoner *Times*[473] beschäftigt sich mit der Entscheidung Kessels, den Auswärtigen Dienst zu quittieren. Eine Meldung der Deutschen Presseagentur über den Schritt Kessels übernehmen auch zahlreiche deutschsprachige Zeitungen der Schweiz, darunter die *Neue Zürcher Zeitung*.[474]

Puppi Sarre, die Freundin aus glücklichen Vorkriegsjahren und Gefährtin in Tagen des Widerstands, schreibt aus ihrem selbstgewählten Exil in Ascona: *Mein geliebter Teddy, die Zeitungen hallen wider von Deinem Namen voller Respekt und voller Anerkennung. Es ist trotzdem ein schwerer Entschluß, mein Teddy, die Hoffnung aufzugeben, auf dem alten einmal gewählten Weg Deine Ziele zu erreichen, Dein Leben zu erfüllen. Ich glaube nicht, daß einer Deiner Freunde so ausschließlich wie Du für ›die Sache‹ lebt, so leidenschaftlich wie Du ›Politiker‹ ist, wie Du es bist. Und ich habe mich oft gefragt, warum wohl das Schicksal Dir den Weg so schwer machte. Du hast mit bewunderungswürdigem Gleichmut, mit Deiner bezaubernden heiteren Ruhe die lange Zeit des Wartens getragen. Du wirst vielleicht aufatmen, daß nun der Entschluß endgültig ist. Und ich weiß, daß Du ohne Bitterkeit ihn getroffen hast. Aber schwer ist's doch, soviel gewohnte Bindungen zu lösen und neue zu knüpfen. Ich möchte Dir sagen, daß ich an Dich denke und ganz fest weiter glaube, daß nichts umsonst war und das sich einmal das uns allen heute Unverständliche zu einem höheren Sinn fügen wird.*[475]

Vor dem Trubel, den die Meldungen über seinen Abschied vom diplomatischen Dienst ausgelöst haben, flieht Kessel in die Schweiz. Dort gönnt er sich einige erholsame Tage am Thuner See, einer Landschaft, mit der ihn schon Erinnerungen aus der Schulzeit verbinden. Von Thun schreibt er an Jörg Kastl, den Freund, der auch in diesen schweren Wochen sein besonderes Vertrauen besitzt: *Die letzten Tage im Amt waren mühselig. Ich machte noch einen kurzen Sprechzettel für Konny/Ike (Adenauer/Eisenhower) zurecht, der Überraschung und Wohlgefallen hervorrief, aber bestimmt nicht bis ins Palais gelangte, man ist ja so umständlich,* wobei die Umständlichkeit nur eine Kulisse vor der Ängstlichkeit ist. *Im übrigen war es eine für mich peinliche Zeit, taten- und gefühllos.* Also ein Papier für das Gespräch Adenauers mit Eisenhower bei einer gerade wieder bevorstehenden Reise des Kanzlers in die Vereinigten Staaten darf er noch vorbereiten, zweifelt aber mit Recht daran, daß der von ihm verfaßte Schriftsatz je ins Palais Schaumburg, den Amtssitz des Kanzlers, gelangen wird.

Kessel hat jedoch auch Erfreuliches an den Freund zu berichten: Der Verleger Axel Springer hat ihn im Hotel am Thuner See anrufen lassen und gefragt, wann er ihn sehen könne. Mit dem Echo in den Zeitungen ist Kessel zufrieden. So schreibt er mit bitterer Selbstironie und nicht ohne Wehmut, aber doch mit einem Funken von Hoffnung: *Vielleicht kommt doch etwas mehr heraus als nur eine pathetische Geste des armen irren Teddy. Zum mindesten bin ich vorerst interessant und will das zur Sicherung meiner Existenz (Wohnung + Dackel) ausnutzen.*[476]

VIII

Journalist in Krisenzeiten

Nach Tagen der Ruhe am Thuner See nimmt Kessel sein nächstes Ziel mit Tatkraft in Angriff: Zur deutschen Außenpolitik will er sich als Journalist äußern. Schon im August hat ihm der Verlag der *Zeit* zugesagt, er könne dort wöchentlich eine Spalte veröffentlichen.[477] Der erste Beitrag von ihm erscheint in der *Zeit* am 16. Oktober 1959. Kessel hat die undankbare Aufgabe übernommen, nachträglich noch über das Gipfeltreffen von Eisenhower und Chruschtschow in Camp David zu berichten. Inzwischen ist er schon in Hamburg und hat mit Axel Springer, dem Verleger von *Bild* und der *Welt* gesprochen. Der ist mehr als der Verlag der *Zeit* daran interessiert, Kessel auf Dauer als Autor zu gewinnen, und zwar für *Die Welt*, das Flaggschiff seines aufstrebenden Zeitungsimperiums. Am 21. Oktober, gut eine Woche nach dem Versuchsballon in der *Zeit*, erscheint in der *Welt* auf der Seite drei zum ersten mal eine Kolumne von Kessel. Am gleichen Tag schreibt er an Kastl: *Seit vierzehn Tagen bin ich in Hamburg, das mir gut gefällt und imponiert. ›Die Welt‹ hat mir jeden Mittwoch eine eigene Spalte auf Seite drei eingeräumt mit dem Titel ›In dieser Woche / Von unserem diplomatischen Mitarbeiter‹, also anonym.* Anfang November wird Kessel für vier Wochen in die Vereinigten Staaten fliegen, für das kommende Jahr ist eine Reise nach Indien geplant. Wegen der Amerikareise wird es in den kommenden Wochen die Beiträge in der *Welt* nicht immer geben.[478]

Die wöchentliche Mittwochs-Kolumne auf der Seite drei, dem besten Platz der Zeitung für solche Beiträge, wird bis zum Jahresende immerhin neunmal gedruckt. Schon im November gibt die Redaktion die Idee wieder auf, daß Texte Kessels anonym bleiben sollen. *Albrecht von Kessel* steht jetzt am Ende von jedem seiner Artikel. Insgesamt wird die Kolumne beinah sechs Jahre lang ziemlich regelmäßig erscheinen, nur im ersten Jahr unter dem wenig glücklichen Stichwort *In dieser Woche*. Denn bald herrscht Einvernehmen darüber, daß Kessel in seinen Kommentaren auch langfristige Entwicklungen behandeln soll, nicht nur das jüngste Geschehen. Dafür schickt die Redaktion jedem Artikel den Hinweis voran, ihr diplomatischer Mitarbeiter äußere hier wöchentlich seine persönliche Meinung. Das ist eine höfliche Distanzierung vom Standpunkt des Autors und bei solchen Beiträgen nicht ungewöhnlich.

Aller Anfang ist schwer. Auch einem souveränen Stilisten wie Albrecht von Kessel fällt der Übergang vom Diplomatenberuf zur journalistischen Arbeit nicht leicht. Aber berichtet nicht der Journalist wie der Diplomat, soweit es um Außenpolitik geht, in gleicher Sache und in dem Bestreben, für den Leser möglichst verständlich zu sein? Gewiß, doch die Schärfe des Urteils, die in dem internen Bericht eines Botschafters an seine Regierung manchmal angebracht ist und dann sehr deutlich formuliert werden darf, ist nicht immer für die Zeitung geeignet. Das muß Kessel schon bei seinem ersten Beitrag erfahren. Er geht auf Meldungen aus Washington ein, wonach Adenauer entschlossen sein soll, von der Tagesordnung der nächsten amerikanisch-sowjetischen Gipfelkonferenz die Frage der deutschen Wiedervereinigung absetzen zu lassen. Dies sei unglaubhaft, schreibt Kessel, denn *es würde bedeuten, daß Konrad Adenauer ... jetzt nicht mehr weiß, was er tut.* Zum letzen Teil des Satzes notiert Kessel im Manuskript nur knapp *geändert.*[479] Die Redaktion der *Welt* fand die Formulierung zu scharf.

Anfang November fliegt Kessel in die Vereinigten Staaten. Der Springer-Verlag trägt die Kosten der Reise und ermöglicht es ihm, mehrere Wochen in Washington und New York mit alten Freunden und Bekannten zu sprechen. In seiner Kolumne befaßt sich Kessel zunächst mit dem geheimen Briefwechsel zwischen Adenauer und Chruschtschow. Es ist inzwischen bekannt, daß Chruschtschow auf ein persönliches Schreiben Adenauers geantwortet hat. Nichts weiß man hingegen über den Inhalt der beiden Dokumente. Adenauer hat mit seinen engsten Beratern im Kanzleramt den Brief an Chruschtschow selber verfaßt und gleichzeitig angeordnet, der Text dürfe nicht einmal dem Außenminister und dem Staatssekretär im Auswärtigen Amt bekannt werden.[480] Kessel geht in seiner Kolumne auf den Sachverhalt nicht unmittelbar ein. Doch er erläutert, ein Regierungschef müsse das eigene Außenministerium über seine Korrespondenz mit einer fremden Regierung stets unterrichten. In Moskau allerdings sei eine solche Unterrichtung des Außenministeriums durch Chruschtschow offensichtlich nicht üblich.[481] In seinen weiteren Kommentaren aus Washington behandelt Kessel dann so unverfängliche Themen wie die Frage, was die Amerikaner ganz allgemein von den

Deutschen halten.[482] Die wichtigste Begegnung bei seinem Aufenthalt in Washington verschweigt er jedoch zunächst seinen Lesern: das Gespräch, das er in der Wohnung des deutschen Journalisten Jan Reifenberg mit einem Mitglied der polnischen Botschaft geführt hat.

Im November 1960 hat er auf eine Anfrage des Auswärtigen Amts hierüber genaueres mitgeteilt: *Vor genau einem Jahr war ich – schon als Journalist – in Washington. Als die Polen hörten, daß ich wieder da sei, bat mich der polnische Botschaftsrat um eine Unterredung, die im Haus des jungen Reifenberg*[483] *(dessen Mutter Polin ist und der deshalb polnisch spricht) stattfand. Ich kannte diesen Botschaftsrat, namens Dobredzielski (für die Orthographie komme ich nicht auf!) noch nicht. Er setzte mir eingehend auseinander, wie seine Regierung sich seit Anfang 1957 immer wieder und auf den verschiedensten Kanälen um die Aufnahme von diplomatischen Beziehungen mit ›Deutschland‹ – so nannte er uns, während er die SBZ (die ›Sowjetische Besatzungszone Deutschlands‹) als DDR bezeichnete mit einem erkennbar verächtlichen Unterton – bemüht habe, leider immer vergeblich. Im übrigen war er sichtlich beunruhigt über die Reden der Vertriebenen-Funktionäre, die doch deutlich auf einen Krieg zusteuerten, worüber ich ihn beruhigen konnte. Am Schluß seiner Ausführung stellte ich ihm die präzise Frage, ob die polnische Regierung bereit sei, einen offiziellen deutschen Grenzvorbehalt entgegenzunehmen. Er antwortete wörtlich: ›Ja, dazu ist meine Regierung nach wie vor bereit.‹*[484]

Auf diese Aussage eines ranghohen Mitglieds der polnischen Botschaft in Washington kann sich nun auch der Journalist Kessel berufen. Die Mitteilung des polnischen Diplomaten, daß Polen bei Verhandlungen mit der Bundesregierung über den Austausch von Botschaftern nach wie vor zu einem förmlichen Grenzvorbehalt bereit sei, hebt er sich für eine Gelegenheit auf, in der er auf die Frage der deutsch-polnischen Beziehungen grundsätzlich eingehen kann. Ein altgedienter erfahrener Journalist hätte genauso gehandelt.

Doch in anderem Zusammenhang kommt Kessel gleich auf die Beziehungen der Bundesrepublik zu den osteuropäischen Staaten zu sprechen. Er berichtet in seiner Kolumne, wie kritisch die Amerikaner die einseitige Orientierung der Außenpolitik Adenauers auf das Frankreich de Gaulles sehen. Einer seiner amerikanischen Gesprächspartner habe ihn gefragt, ob die Deutschen im Ernst glaubten, die Wiedervereinigung *isoliert betreiben zu können, das heißt, getrennt von jeder Beeinflussung der Lage im mittel- und osteuropäischen Raum?* Zweimal habe man ihn, Kessel, spontan darauf angesprochen: *Die amerikanische Regierung habe der unsrigen klar zu verstehen gegeben, daß sie die Aufnahme von diplomatischen Beziehungen zu Warschau und Prag begrüßen würde. Die Grenzfrage mit Polen stehe dem nicht im Wege, man könne sie einer späteren Regelung vorbehalten.* Das Fazit der in den Vereinigten Staaten geführten Gespräche könnte lauten, schreibt Kessel, man habe ihm dort gesagt: *Eure französische, eure westeuropäische Politik in allen Ehren, sie ist gut und sollte nicht geändert werden. Indessen ist sie nicht sonderlich interessant für die neue Entwicklung, für den Versuch einer Entspannung zwischen Ost und West. Wenn eure Weltkarte gewissermaßen an der Zonengrenze aufhört, wie stellt ihr euch die Zukunft und insbesondere die Wiedervereinigung vor?*[485]

Mit der Reise nach Washington hat Kessel seinen persönlichen Stil für die wöchentliche Kolumne gefunden. Er rechnet schon mit einer Gemeinde regelmäßiger Leser, und er darf das auch. Denn was er schreibt, verrät Aufrichtigkeit und Kompetenz. Zur deutschen Außenpolitik hat Kessel Informationen zu bieten, die man sonst nirgendwo in den Zeitungen findet. Er scheut sich nicht, in seiner Kolumne auch unbekümmert auf frühere Beiträge hinzuweisen oder einen Ausblick auf künftige Artikel zu bieten, etwa zur Haltung der Amerikaner gegenüber der deutschen Wiedervereinigung: *Über meine Eindrücke hierzu werde ich das nächste Mal berichten*[486] oder *Wie ich neulich schrieb*.[487] Die Redaktionen lieben solche Hinweise nicht, auch Kessel wird bald darauf verzichten. Aber zunächst gibt solche Unbekümmertheit der Kolumne fast die Atmosphäre eines Rundbriefs an Freunde, und die Leser schätzen das auch.

Ohne unmittelbaren Bezug auf das aktuelle Geschehen behandelt Kessel im März 1960 in seiner Kolumne eine Grundsatzfrage: Welchen Nutzen bringt der Bundesrepublik die sogenannte Hallstein-Doktrin?[488] Deutlicher als ehemals in seinen Aufzeichnungen für das Auswärtige Amt erläutert er nun, daß er diese Grundregel der Außenpolitik Adenauers nicht nur für nutzlos, sondern für geradezu schädlich hält. *Wo immer auf der Welt die Bundesrepublik sich außenpolitisch bestätigt, geschieht dies weitgehend im Zeichen der sogenannten Hallstein-Doktrin,* beginnt die Argumentation. Und Kessel präzisiert: *Das heißt, daß wir mit einem Staat, der Pankow anerkannt hat, keine Beziehungen aufnehmen können und zu einem Staat, der sich jetzt entschlösse, das Zonenregime anzuerkennen, die Beziehungen abbrechen müßten. Unsere Politik in*

Afrika besteht... fast ausschließlich in dem Kampf um die Durchsetzung und Aufrechterhaltung dieser Doktrin. Auch den Bundesgenossen in der Nato müsse die Bundesregierung ständig *im Ohr liegen, daß sie dafür sorgen, daß die Vertreter von Pankow nicht über irgendeine Hintertreppe in einen der zahlreichen internationalen Verbände, in eines der ungezählten Komitees, die den Vereinten Nationen unterstehen, hineinschlüpfen.... Es wird somit von der Bundesregierung ständig ein großer diplomatischer Apparat in aller Welt unterhalten und finanziert, um die Hallstein-Doktrin zu verteidigen.* Lohnt sich das eigentlich?

Kessel geht dann auf die Entstehungsgeschichte der seltsamen Doktrin ein: Sie geht darauf zurück, daß die Bundesrepublik seit ihren Anfängen den Anspruch erhebt, für das ganze deutsche Volk zu sprechen. Sie tut das mit vollem Recht, denn nur sie ist aufgrund von freien Wahlen zustande gekommen, nur sie ist der Ausdruck des Volkswillens. Dieser Anspruch ist ebenso legitim wie die Folgerung, die sich daraus ergibt: Wer den gesamtdeutschen Anspruch der Bundesregierung bestreitet und das Pankow-Regime anerkennt, begeht damit, wie es in der Diplomatensprache heißt, einen unfreundlichen Akt gegenüber der Bundesrepublik Deutschland. Die Bundesregierung müsse sich vorbehalten, daraus die ihr nützlich erscheinenden Konsequenzen zu ziehen. Gegen eine solche Formulierung, die den Rechtsstandpunkt aufrechterhält, aber nicht festlegt, welche Konsequenzen die Bundesregierung aus einer Verletzung ziehen würde, wäre nichts einzuwenden.

Dann aber folgt das entscheidende Argument gegen die mißbräuchliche Anwendung eines grundsätzlich zunächst zutreffenden Standpunkts: *Leider haben wir aus diesem Grundsatz oder, besser gesagt, aus dieser Spielregel eine Doktrin, ja einen Glaubenssatz gemacht, der besagt, daß wir Beziehungen zu einem Staat, der Pankow anerkannt hat oder anerkennen will, nicht aufnehmen können oder abbrechen müssen. Damit haben wir in weiten Teilen der Welt die politische Bewegungsfreiheit verloren und uns in unserer eigenen Schlinge gefangen. Denn in vielen Fällen wäre uns der Abbruch der Beziehungen zu einem Land ausgesprochen unangenehm, und die betreffende Regierung, die das weiß, kann aus dieser Lage Profit ziehen.* Nicht ohne Ironie merkt Kessel sodann an, der Professor Hallstein lege neuerdings Wert auf die Feststellung, daß nicht er der Urheber der nach ihm genannten Doktrin sei. Doch so glimpflich entläßt Kessel den langjährigen Staatssekretär des Auswärtigen Amts aus der Verantwortung nicht: *Immerhin hat er* (Hallstein) *sie mit doktrinärer Schärfe und Intoleranz vertreten und jede Frage nach ihrem praktisch-politischen Wert als Häresie verdammt.*

Zur Bewertung des Sachverhalts holt Kessel darauf etwas weiter aus als ehemals in seinen Schriftsätzen für das Auswärtige Amt. Dort hatte er als Mitglied der *Arbeitsgruppe Genf* noch im Sommer 1959 in einem internen Vermerk sinngemäß die gleichen Fragen gestellt, auf die er nun in seiner Kolumne in der *Welt* die Antwort erteilt. In dem Vermerk[489] hatte im Schlußteil nur knapp gestanden:

Es sollte nachgeprüft werden, ob und inwieweit die sogenannte Hallstein-These einen praktischen Beitrag zu den Hauptzielen der deutschen Außenpolitik darstellt, nämlich:

a) der Vermeidung des Dritten Weltkrieges,
b) der Förderung der Europäischen Einigung,
c) dem Vollzug der Wiedervereinigung.

Als Journalist weiß Kessel inzwischen, daß man die Leser nicht erschrecken darf. Angesichts einer bis an die Zähne bewaffneten Sowjetunion haben die Verantwortlichen für die Ostpolitik im Auswärtigen Amt nicht nur das Recht, sondern die Pflicht, die Gefahr eines Atomkriegs, der zwangsläufig ein Dritter Weltkrieg sein würde, ständig in ihre Erwägungen einzubeziehen. In seiner Kolumne spricht Kessel die gleichen Gedanken aus wie ehemals in seinem Vermerk für die *Arbeitsgruppe Genf* im Auswärtigen Amt, jedoch mit milderen Worten: *Dreierlei Ziele, so will uns scheinen, muß jede deutsche Außenpolitik, die diesen Namen verdient, zwangsläufig verfolgen: Die Erhaltung des Friedens, die Überwindung der deutschen Teilung und die Einigung ganz Europas.* Und während er dem Vermerk für das Auswärtige Amt nur die Frage gestellt hatte, welchen Beitrag die Hallstein-Doktrin zur Verwirklichung dieser Ziele leisten könne, erteilt er in seiner Kolumne die Antwort ungeschminkt deutlich: *Wir vermögen beim besten Willen nicht zu entdecken, welchem dieser drei Ziele die sogenannten Hallstein-Doktrin gedient hat oder noch dienen soll. Denn auch die Wiedervereinigung wird nicht davon abhängen, ob irgendein Staat in Asien oder Afrika das Ostberliner Regime anerkennt oder nicht und ob Bonn darauf mit dem Abbruch der Beziehungen oder mit einer weniger scharfen Maßnahme antwortet.*

Also Schluß mit der Hallstein-Doktrin? Eine radikale Kehrtwendung wäre unklug, meint als erfahrener Diplomat Kessel. Mit den von ihm dargelegten Gedanken solle *nicht empfohlen werden, die Hallstein-Dok-*

trin jetzt in aller Eile über Bord zu werfen. In aller Deutlichkeit weist er auf die unglückliche Rolle Hallsteins bei der Verteidigung dieser Grundregel der Außenpolitik Adenauers hin. Zugleich tritt Kessel für eine vorsichtige und flexible neue Außenpolitik ein: *Da Professor Hallstein es vermocht hat, den Kanzler, die Bundesregierung und das Parlament auf diese Doktrin, die nicht die seine ist, so eindeutig und geradezu feierlich festzulegen, wäre der Prestigeverlust einer totalen Schwenkung allzu groß. Aber es ist an der Zeit, eine unhaltbare Position vorsichtig abzubauen und unsere Bewegungsfreiheit wieder zu gewinnen.*

Auf der Pariser Gipfelkonferenz vom Mai 1960 begegnen sich noch einmal Eisenhower und Chruschtschow. De Gaulle ist Gastgeber, für England nimmt Premierminister Harold MacMillan teil. Die Konferenz endet mit einem Fiasko. De Gaulle habe in den hektischen Tagen in Paris seine Rolle überaus glanzvoll gespielt, kommentiert Kessel das Ereignis.[490] Unmittelbar vor der Konferenz haben die Russen jedoch ein amerikanisches Spionageflugzeug über sowjetischem Territorium entdeckt. Das bietet Chruschtschow den Anlaß, die Rolle des Beleidigten zu spielen, wie Bismarck eine solche Taktik einst nannte. Doch ein Chruschtschow äußert seinen Zorn explosiver, als es ein Bismarck getan hätte, der mit kühler Berechnung den Beleidigten spielte.

Im Rückblick auf die gescheiterte Gipfelkonferenz erinnert Kessel an John Foster Dulles. Für den ein Jahr zuvor verstorbenen Außenminister der Vereinigten Staaten findet er noble Worte: *Niemand, der ihn gekannt hat, konnte sich der Ausstrahlung seiner Persönlichkeit entziehen, und auch derjenige, der seine puritanische Weltanschauung nicht teilte und seiner Politik mit Zweifeln gegenüberstand, mußte seiner Haltung jeden Respekt zollen. Denn seine Pflichttreue und seine Opferbereitschaft bis zum letzten Atemzug erinnerten an römische und altpreußische Tugenden, die heute weithin ausgestorben sind.* Trotz scharfer, die Welt bisweilen alarmierender Reden sei Dulles im Grunde defensiv, ja passiv gewesen, hält Kessel dann jedoch fest. *In seiner Amtszeit starb Stalin, wurde Berija beseitigt, Malenkow gestürzt, Bulganin und Molotow wurden kaltgestellt. Bei keiner dieser Gelegenheiten hat Dulles die Initiative zu einem politischen Vorstoß ergriffen, geschweige denn das militärische Gewicht seines Landes in die Waagschale geworfen.* Und das Fazit über den ehemaligen Außenminister der Vereinigten Staaten: *Die Größe von John Foster Dulles als Mensch ist unbestreitbar, über seine Politik wird erst die Zukunft befinden.*[491]

Kessel ist jetzt Journalist, mit Leidenschaft und mit Erfolg. Und gegenüber den meisten seiner Kollegen verfügt er über einen eminenten Vorteil: Er ist in Bonn wie in Washington, London oder Paris mit vielen Diplomaten bekannt, ja mit manchen befreundet und hat sich im diplomatischen Dienst Vertrauen erworben. So erfährt er auch weiterhin von seinen früheren Kollegen mehr als die meisten Journalisten, die über Außenpolitik in den westeuropäischen Demokratien berichten. Doch wissen wir ziemlich wenig darüber, wie Kessel die ersten Jahre nach seinem Ausscheiden aus dem diplomatischen Dienst verbracht hat. Ein Tagebuch hat er nach der Heimkehr nach Deutschland nie mehr geführt. Zum Glück sind zumindest die meisten Terminkalender aus den sechziger Jahren erhalten. Und manche Jüngere aus seiner Familie und dem Freundeskreis erinnern sich noch an die Zeit, die man als die Düsseldorfer Jahre bezeichnen könnte. Denn Kessel hat sich nun Düsseldorf als Wohnsitz gewählt.

Das ist in den sechziger Jahren eine höchst lebendige Stadt, nicht nur Sitz der Regierung von Nordrhein-Westfalen, sondern zugleich das Zentrum der westdeutschen Schwerindustrie. Hilde von Lavergne, die Freundin aus Berliner und Riedener Tagen, hat dort schon in den frühen fünfziger Jahren eine neue Heimat gefunden, und ebenso ihre jüngere Schwester Gerda Neuhaus, die seit 1955 geschieden und seit 1960 in zweiter Ehe mit Hans Henning von Dincklage verheiratet ist.

Außer den beiden Wangenheim-Töchtern leben in Düsseldorf der junge Rechtsanwalt Wolfgang von Buch, ein Sohn von Kessels älterer Schwester Anna, mit seiner Frau Sophie, einer geborenen Gräfin zu Dohna, sowie Heinrich von Buch, ein Vetter von Wolfgang. Kessels Schwester Anna stirbt schon im ersten Jahr nach seinem Abschied vom Auswärtigen Amt. Er hat jetzt eine Wohnung in Düsseldorf-Niederkassel, im Kaiser-Friedrich-Ring 43. In Bonn, der Stadt Adenauers, möchte er nicht leben, fährt aber nicht selten nach Bonn. Wenn er dort in den Gängen des Auswärtigen Amts auftaucht, wird er von den Jüngeren, die ihn noch kennen, mit Ehrfurcht, von den allzu sehr auf ihre Karriere Bedachten allerdings oft nur mit einem Kopfnicken begrüßt. Denn man weiß: Er hat dem Kanzler zu widersprechen gewagt. Bei ängstlichen Gemütern gilt er seither als Rebell.

Jede Woche eine politische Kolumne schreiben, das ist keine kleine Aufgabe. Die wesentlichen Informationen fallen Kessel mühelos in den Schoß. Um so schwieriger ist jedoch zunächst die Abstimmung mit der

Redaktion. Mehrfach hat Kessel vor allem im ersten Jahr auf das Belegexemplar eines Beitrags notiert, die Kolumne der Vorwoche sei nicht abgedruckt worden. Das spricht vor allem gegen die Redaktion. Wegen einzelner Manuskripte kann es immer wieder einmal Meinungsverschiedenheiten geben, zum Inhalt, aber auch zu Einzelheiten der sprachlichen Form. Doch eine Zeitung von Rang – und das ist die *Welt* schon in den sechziger Jahren – muß immer Mittel und Wege finden, um sich mit einem wichtigen Autor auch über schwierigere Manuskripte einig zu werden. Kessel läßt es seinerseits an der Bereitschaft nicht fehlen, immer mehr vom journalistischen Handwerk zu lernen. Heikle Fragen stimmt er am liebsten mündlich in Hamburg mit der Chefredaktion ab. Zehnmal reist er 1960 nach Hamburg, viermal bleibt er dort gleich drei Tage lang.

Kaum weniger Zeit als der Kolumne widmet Kessel Vorträgen im ersten Jahr nach dem Abschied vom diplomatischen Dienst. Er spricht vor Studenten, nimmt an Podiumsdiskussionen und Seminaren teil und knüpft dabei neue Kontakte. Insgesamt sechzehn Veranstaltungen sind im Taschenkalender für 1960 vermerkt, auf denen Kessel entweder selbst spricht oder an Diskussionen teilnimmt. Wie in der Kolumne geht es ihm auch bei den Vorträgen vor allem darum, für eine flexiblere Ostpolitik und für die Wiedervereinigung Deutschlands zu werben. Vortragsmanuskripte haben sich nicht im Nachlaß erhalten. Doch gibt es wenigstens eine präzise Inhaltsangabe: In der Düsseldorfer Volkshochschule tritt Kessel für die Aufnahme diplomatischer Beziehungen zwischen der Bundesrepublik und Polen ein und beklagt die Versäumnisse der vergangenen Jahre. Das geht aus einem Schreiben hervor, das ein Zuhörer an den Bundesaußenminister von Brentano gerichtet hat. Mit der Antwort wird das für Polen zuständige Referat in der Ostabteilung beauftragt. Sie fällt ausweichend und nichtssagend aus: Dem Auswärtigen Amt sei der Text des Vortrags, den Kessel gehalten hat, nicht bekannt, so daß *eine Stellungnahme nicht abgegeben werden kann.*[492]

Von alten Kollegen trifft Kessel 1960 zweimal Hasso von Etzdorf, den Leiter der Politischen Abteilung II (West) im Auswärtigen Amt, zweimal Blankenhorn, einmal seinen alten Freund Georg Federer, einmal sieht er Jörg Kastl, der 1959 an die Botschaft in Moskau versetzt worden ist. Nach der Dienstzeit in der Sowjetunion wird Kastl ein einjähriges Studienprogramm an der Harvard-Universität absolvieren, bevor er 1963 nach Bonn zurückkehrt. Auch mit Richard von Weizsäcker, dem späteren Bundespräsidenten, trifft sich Kessel einmal. Doch insgesamt sechs Termine sind im gleichen Jahr für Begegnungen mit Duckwitz vermerkt, dem Leiter der Ostabteilung im Auswärtigen Amt.[493]

Im April ist Kessel drei Tage in London, im Juli eine Woche in Paris. Die Reise nach England nimmt er zum Anlaß, vor allzu simpler Kritik an der Geschichte der europäischen Kolonialmächte zu warnen. *London ist immer noch eine Weltstadt, und um seine Paläste, durch seine Parks und Straßen weht der Wind all der Meere, die Großbritannien einst kontrolliert hat, und all der Kontinente, über deren Schlüsselpositionen noch vor kurzem die englische Fahne flatterte.* Kessel erinnert an die drei bis vier Jahrhunderte europäischer Kolonialgeschichte, auch an deren dunkle Kapitel: *Die Engländer haben ihren Anteil daran. Die brutale Ausplünderung Indiens begann vor zweihundert Jahren, und noch unter der Königin Victoria wurde der große indische Aufstand mit unerhörter Grausamkeit niedergeschlagen.* Doch Kessel warnt: *Selbstgefälligkeit ist ein billiges Gewand.* Und der *geschichtslos aufgewachsenen* jüngeren Generation in Deutschland empfiehlt er zur Lektüre die *Weltgeschichtlichen Betrachtungen* von Jakob Burckhardt, der *vor zwei Menschenaltern, als alle Welt dem Fortschrittsglauben erlag*, dem zwanzigsten Jahrhundert eine katastrophale Prognose gestellt habe.

Während Kessel das schreibt, feiert man das Jahr Afrikas. Ein Gebiet nach dem anderen wird zum unabhängigen Staat. Deutschland hat seine Kolonien schon unmittelbar nach dem Ersten Weltkrieg verloren. Hier, ist der Jubel über die neugewonnene Freiheit der Afrikaner, wie Kessel findet, gelegentlich zu provinziell. Er sieht den historischen Einschnitt anders als gemeinhin der westdeutsche Wohlstandsbürger: *Die englische Epoche der Weltgeschichte ist zu Ende gegangen, niemand weiß das besser als die Engländer selber. Aber mit welch unnachahmlicher Würde und Gelassenheit haben sie den Mantel der Herrschaft abgelegt, und mit welcher Weisheit und Geduld stehen sie denjenigen, die einst ihre Unterworfenen und später ihre Schützlinge waren, beratend zur Seite.*[494]

Der Aufenthalt in England findet in der Kolumne im Sommer noch mehrfach ein Echo. Immer wieder weist Kessel darauf hin, daß auch England zu Europa gehört. 1960 ist die britische Regierung an der Gründung der Efta, der Europäischen Freihandelszone beteiligt, die ein Gegengewicht gegen das Europa der Sechs bilden soll. In der Gemeinschaft dieser sechs Staaten wird England erst 1973 Vollmitglied werden. Als eine der Aufgaben Deutschlands sieht Kessel es an, im Ringen zwischen Frankreich und England um die Vorherrschaft in Europa zu vermitteln.[495] Aus Paris kann er dann berichten, die Formel de Gaulles von einem *Europa der Vaterländer* sei aus deutscher Sicht nur zu begrüßen. In einer auf die sechs Gründungsmitglieder beschränkten Europäischen Gemeinschaft müßte ein wiedervereinigtes Deutschland wie ein Sprengkörper wirken. *Die Alternative aber, entweder auf die Einigung Europas oder auf die Wiedervereinigung Deutschlands verzichten zu müssen, darf uns nicht zugemutet werden.*[496]

Im September bietet wieder Berlin Anlaß zur Sorge. Die Lage hat sich verschärft: Statt einer vorübergehenden Maßnahme hat Ost-Berlin eine Dauerregelung dekretiert. Jeder Westdeutsche, der in den Ostsektor von Berlin will, benötigt hierfür in Zukunft die Genehmigung der Volkspolizei. Die unglückliche Stadt wird also ohne die leiseste Rücksicht auf das Vier-Mächte-Statut noch brutaler als bisher in zwei Teile zerrissen. Und dann ein Blick in die Zukunft, der schon fast wie eine Vorahnung auf den Bau der Mauer klingt: *Außerdem steht zu befürchten, daß die Kontrolle, die die Volkspolizei heute im allgemeinen auf den Eintritt in den Ostsektor beschränkt, morgen auch auf den Austritt ausgedehnt wird. Damit wären der Flüchtlingsstrom nach Westberlin und alle Begegnungen zwischen Verwandten aus beiden Teilen Deutschlands unterbunden. Westberlin wäre nicht mehr ein Leuchtturm der Freiheit für die Unterdrückten des kommunistischen Blocks. Das ist eine Entwicklung, die man nicht ruhig hinnehmen kann.*

Kessel erläutert die Position Chruschtschows: *Er will alles haben oder nehmen, was er mit Drohungen, Erpressungen und Schikanen an sich bringen kann. Aber er will keinen Krieg. Doch für die Vereinigten Staaten und für das gesamte westliche Bündnis würde der Verlust von Berlin eine tödliche Lähmung bedeuten.*[497] Zwei Wochen später stellt Kessel fest, die Lage in West-Berlin sei stationär geblieben. Das sei keineswegs erfreulich. Ost-Berlin habe keine seiner widerrechtlichen Maßnahmen zurückgenommen. Der Großangriff auf Berlin werde allerdings erst später, also wohl nach den amerikanischen Präsidentenwahlen einsetzen. Das gehe aus der Rede hervor, die Chruschtschow vor den Vereinten Nationen gehalten hat.[498]

In der folgenden Woche geht Kessel grundsätzlich mit der Deutschlandpolitik Adenauers ins Gericht: Vor den Vereinten Nationen hat Chruschtschow gefordert, im nächsten Jahr müsse sich eine Gipfelkonferenz über Deutschland beraten. Doch in Bonn hat das zu wenig

Beachtung gefunden. Für eine solche Konferenz werden die Verbündeten Vorschläge von der Bundesregierung erwarten. Was hat sie den Westmächten für die Zukunft Deutschlands bisher vorgeschlagen? Die Antwort muß vernichtend ausfallen: *In den letzten sechs oder sieben Jahren haben wir in dieser Hinsicht nichts geboten. Von einigen harmlosen, aber auch wertlosen Konzessionen abgesehen, haben wir immer nur alte Ideen und Vorschläge neu formuliert und gruppiert. Ein Stückchen von diesem überholten Plan hier, ein Stückchen von jenem abgelehnten Vorschlag dort, das sollte in neuer Garnierung einen Fortschritt ermöglichen. So verfährt die sparsame Hausfrau mit den Fleischresten der Vortage und macht, wie man früher in Berlin sagte, daraus einen ›falschen Hasen‹. Leider war der falsche Hase unserer Wiedervereinigungsvorschläge schon im Sommer 1959 in Genf weder schmackhaft noch sättigend. Nur noch Spezialisten können sich in den verschiedenen Plänen, die wir seit 1954 entworfen haben, zurecht finden, und lediglich Juristen gewinnen ihnen noch Interesse ab.*

Wer hätte es wohl besser als Kessel gewußt, wie steril die Vorschläge aus Bonn für eine gemeinsame Deutschlandpolitik der Verbündeten in den fünfziger Jahren waren. Mit Bitterkeit blickt er zurück: *Seit Jahren vertreten unsere Verbündeten mehr oder weniger die Ansicht, die auf Anregung von Bonn gemachten Angebote an Moskau seien für die Sowjets unannehmbar. Wenn dann aber die Amerikaner oder Engländer bei uns anfragen, ob man sich nicht etwas Neues ... ausdenken könne, so trifft sie der Bannstrahl des Bundeskanzlers. Gewiß hat Adenauer recht, wenn er manche der Anregungen – wie die Neutralisierung Gesamtdeutschlands – für gefährlich hält. Das heißt aber noch nicht, daß es keinerlei Möglichkeit gäbe, die Wiedervereinigung ein Stück voranzubringen über jene sterile Bewegungslosigkeit hinaus, die uns und dem Westen zur Zeit auferlegt ist. Viel wäre schon gewonnen, wenn wir uns einmal überlegten, ob die Wiedervereinigung Deutschlands überhaupt isoliert betrieben werden kann, oder ob sie nicht in den Rahmen einer Gesamtregelung, nämlich den Versuch einer Wiedervereinigung Europas, hineingestellt werden muß.*

Die Wiedervereinigung Europas, das ist das entscheidende Stichwort. Und hier ist Kessel seiner Zeit weit voraus. Doch wünscht der Rheinländer und Katholik Adenauer etwa gar nicht eine Wiedervereinigung Westdeutschlands mit den überwiegend protestantischen Gebieten jenseits der Elbe? Als nun schon erfahrener Kolumnist weiß Kessel, daß er einen solchen Verdacht nicht einmal als denkbar andeuten darf. Das würde einen Sturm der Entrüstung entfesseln. Und wie ließe es sich auch ergründen, was der inzwischen hochbetagte Adenauer tatsächlich denkt? Wenigstens auf die Folgen der unguten Erstarrung weist Kessel jedoch mit unmißverständlicher Deutlichkeit hin: *Wenn der Bundeskanzler auf seinem bisherigen Standpunkt beharrt, daß selbst im Familienkreis der Verbündeten keine Erörterung neuer Ideen stattfinden darf, so müssen wir uns über die Folgen klar sein: Damit machen wir den Sowjets die Ablehnung der Wiedervereinigung allzu leicht, verlangen von unseren Verbündeten, daß sie etwas Aussichtsloses vertreten, und erwecken obendrein den Verdacht, daß wir selbst die Wiedervereinigung gar nicht ernsthaft wünschen. Und schließlich tragen wir überhaupt nichts zur Minderung der Ost-West-Spannung bei, wenn wir die Teilung Deutschlands als einen Zustand hinstellen, der gleichzeitig unerträglich und unheilbar ist.*[499]

Kessel weiß inzwischen ziemlich genau, was er der Redaktion der Welt an Betrachtungen zu Grundsatzfragen der deutschen Außenpolitik zumuten darf. Anders steht es um Artikel, in denen es um Details der Bonner Personalpolitik geht. Hier hat es im Sommer wohl Schwierigkeiten gegeben. Jedenfalls befinden sich im Nachlaß zwei Manuskripte, die offensichtlich Entwürfe für die wöchentliche Kolumne waren. In beiden Texten geht es um die Aufgabenverteilung zwischen Scherpenberg, dem Staatssekretär des Auswärtigen Amts, und dem im Sommer zum zweiten Staatssekretär ernannten Professor Karl Carstens. Die im Januar 1958 von Brentano mit seinem persönlichen Referenten Limbourg ausgeheckte Neuorganisation der Spitze des Auswärtigen Amts hat sich als Fehlschlag erwiesen. Die beiden damals zu Stellvertretern des Staatssekretärs ernannten Diplomaten erhalten Botschafterposten im Ausland. Professor Carstens, bisher Leiter der Abteilung Politik West I in der Zentrale des Auswärtigen Amts, soll die für ihn neu geschaffene Stelle eines zweiten Staatssekretärs einnehmen. Doch noch kurz bevor er das neue Amt antritt, bleibt zwischen den beiden Staatssekretären die Aufteilung der Aufgaben umstritten.

Hierzu schreibt Kessel, offensichtlich aufgrund von Gesprächen mit alten Kollegen, die das triste Schauspiel aus der Nähe beobachtet haben: *Für die Methoden, mit denen man in Bonn glaubt, Außenpolitik betreiben zu können, ist folgender Vorfall bezeichnend: Der als zweiter Staatssekretär des Auswärtigen Amts in Aussicht genommene Professor*

Carstens und Staatssekretär van Scherpenberg haben sich neulich über die Geschäftsverteilung unterhalten. Scherpenberg hat sich, so heißt es, in diesem Gespräch dagegen zur Wehr gesetzt, daß er politisch völlig kaltgestellt wird. Dies wäre in der Tat der Fall, wenn die drei politischen Abteilungen, wie vorgesehen, Carstens unterstellt würden und Scherpenberg nur die Abteilungen Handelspolitik, Personalien und Verwaltung, Kultur und Recht behielte. Das Gespräch zwischen Scherpenberg und Carstens endete, so hörte man, ergebnislos, worauf Brentano gebeten worden sei, eine Entscheidung zu fällen. Daraufhin habe Brentano erklärt, erst einmal ginge er auf Urlaub, dann Scherpenberg, dann Carstens (oder in umgekehrter Reihenfolge). Die Entscheidung brauche also erst im Oktober gefällt zu werden. Praktisch bedeutet dies, daß das Auswärtige Amt in seiner Spitze auf drei Monate lahmgelegt wird, weil der Außenminister nicht den Mut hat, eine Entscheidung zu fällen, die, wer die Verhältnisse kennt, ohnehin gegen Scherpenberg ausfallen muß, da Carstens als Jünger Hallsteins der Kandidat des Kanzlers ist, während Scherpenberg v i e l l e i c h t Erhard für sich mobilisieren kann.[500]

War die Redaktion zu ängstlich, um die Veröffentlichung dieser wohl kaum anfechtbaren Informationen zu gestatten? Oder war, wie sooft im Leben, Neid gegenüber dem vom Verleger Axel Springer begünstigten Verfasser der Kolumne im Spiel? Kessel kommt im Juli zweimal für vier Tage nach Hamburg. Soweit es überhaupt Differenzen gegeben hat, ist es ihm auch diesmal gelungen, wieder zu einem guten Einvernehmen mit der Redaktion zu gelangen. Vorläufig jedenfalls.

Fast genau ein Jahr nach der Veröffentlichung seines ersten Beitrags in der Welt befaßt er sich in der Kolumne zum erstenmal grundsätzlich mit den Beziehungen Deutschlands zu Polen. In den Vereinigten Staaten hat John F. Kennedy als Präsidentschaftskandidat der Demokraten den polnischen Parteichef Gomułka empfangen. Der republikanische Präsidentschaftskandidat Richard Nixon hat in einer Wahlrede Polen *den größten natürlichen Verbündeten des Westens* unter den vom Kommunismus beherrschten Nationen genannt. Kessel weist auf das Gewicht der Amerika-Polen bei den bevorstehenden Wahlen hin: *Daß Kennedy Gomułka empfangen hat, kann nur bedeuten, daß die Amerika-Polen in Gomułka weniger den Kommunisten als den Vorkämpfer der polnischen Sache sehen.* Nixon hat in seiner Wahlrede den Standpunkt vertreten, die einmütige Bereitschaft der Polen auf der ganzen Welt – somit auch der Polen in den Vereinigten Staaten – die neue Westgrenze des polnischen Staats zu verteidigen, also die Oder-Neiße-Linie, müsse die Haltung der Westmächte in dieser Frage beeinflussen. Auch de Gaulle tritt für die Anerkennung der Oder-Neiße-Linie als polnischer Westgrenze ein. Und Kessel fragt: *Wie ist es zu dieser katastrophalen Verschlechterung unserer internationalen Position in der Frage der deutschen Ostgrenzen gekommen?*

Was er dann in seiner Kolumne ausführt, sind für die deutsche Öffentlichkeit Enthüllungen im wahren Sinne des Worts: Die Hüllen verstaubter Geheimhaltung werden entfernt, damit der Leser zu einem klaren Urteil gelangt. Kessel schreibt: *Die polnische Regierung hat seit dem Herbst 1956 immer wieder, und zwar bis in die neueste Zeit hinein, erklärt, sie wünsche die Entsendung eines deutschen Botschafters nach Warschau und sei bereit, in diesem Zusammenhang einen offiziellen deutschen Grenzvorbehalt zu akzeptieren. Bonn hat der polnischen Regierung im Laufe der Jahre verschiedentlich Hoffnung gemacht, es werde auf diesen Wunsch eingehen. Im letzten Augenblick aber hat die Bundesregierung jedesmal davon Abstand genommen, so daß sich Warschau genasführt vorkommen mußte. In dramatischer Form geschah dies anläßlich der Genfer Außenministerkonferenz im vergangenen Jahr, wo deutscherseits die Absicht bestand, den Polen und Tschechen als ersten Schritt zur Aufnahme von diplomatischen Beziehungen einen Nichtangriffspakt anzubieten. Dabei mag dahingestellt bleiben, ob solch ein Pakt der beste Weg war, die Dinge in Fluß zu bringen.*

Das Entscheidende ist, daß auch dieser Plan im letzten Augenblick in Bonn torpediert wurde, und zwar in einer Art und Weise, die Warschau als besonders brüskierend empfinden mußte. Die hauptamtlichen Vertreter der Vertriebenen feierten das Scheitern dieses Planes als einen großen Sieg, hatten sie doch die Aufnahme von Beziehungen zu Polen immer abgelehnt.

Wer ist bei dieser feindseligen Haltung gegenüber Polen die treibende Kraft? Kessel deutet an, es seien *Exponenten einer Richtung, die der Wiedervereinigung nicht gerade positiv gegenübersteht.* Und weiter: *Wem aber schon die Wiedervereinigung schlecht ins abendländische Konzept paßt, dem sind die deutschen Ostgebiete selbstverständlich gleichgültig, und der ist bereit, eine Politik zu unterstützen, die sich mit den jetzigen Verhältnissen jenseits der Elbe und erst recht jenseits der Oder abfindet.* Kessel nimmt dann besonders den Abgeordneten Freiherrn von Guttenberg ins Visier, der im *Deutschen Ostdienst* verlangt hat, die Polen müßten *erst vom kommunistischen Joch befreit werden, ehe wir mit ihnen über das Heimatrecht der Vertriebenen sprechen könnten.* Doch wer außer den Polen selbst könnte in der Weltlage von 1960 Polen befreien?

Nicht ohne Trauer faßt Kessel die Erfahrungen der letzten Jahre zusammen: *Wir haben also die Hand, die Polen uns zur Verständigung entgegengestreckt hat, ohne einen Verzicht von uns zu verlangen, immer wieder zurückgestoßen. In Warschau ist man darüber verbittert und sieht voll Mißtrauen in die Zukunft. Und in den westlichen Hauptstädten versteht man uns nicht mehr. Die große Masse der Vertriebenen, die in engen und bedrängten Verhältnissen lebt, weiß von diesen Vorgängen nichts. Doch das ist ein anderes Kapitel.*[501]

Über mangelnde Resonanz braucht sich Kessel nicht zu beklagen. Der Herausgeber der *Zeit*, Bucerius, fragt bei ihm an: *Vielleicht haben Sie gehört, daß ich mit dem Auswärtigen Amt eine Korrespondenz über Ihren Artikel in der ›Welt‹ vom 26. 10. 1960 gehabt habe. Das Auswärtige Amt schreibt mir, daß Ihre Mitteilung, ›die polnische Regierung hat seit dem Herbst 1956 immer wieder und zwar bis in die neueste Zeit hinein erklärt, sie wünsche die Entsendung eines deutschen Botschafters nach Warschau und sei bereit, in diesem Zusammenhang einen offiziellen deutschen Grenzvorbehalt zu akzeptieren‹, nicht richtig sei.*[502] Man hat also einfach dementiert oder, auf gut deutsch gesagt, geschwindelt.

In der Ostabteilung des Auswärtigen Amts leitet der Vortragende Legationsrat I. Klasse Dr. Leopold Eberhard Georgius Krafft von Delmensingen das Referat, das für Fragen der Satelliten der Sowjetunion und damit auch für Polen zuständig ist. Er vertritt rückhaltlos die starre Haltung Adenauers gegenüber den von Moskau abhängigen Staaten. Wie viel ihm von den geheimen Sondierungsgesprächen bekannt ist, die Kessel 1957 mit einem Mitglied der polnischen Botschaft in Washington geführt hat, wird sich kaum mehr feststellen lassen. Doch noch am 3. August 1960, nur zweieinhalb Monate vor der Polen-Kolumne Kessels in der *Welt*, hat Duckwitz nach einem Gespräch mit dem Ersten Sekretär der kanadischen Botschaft in Bonn, Hooton, eine Aufzeichnung über die Frage der deutsch-polnischen Beziehungen verfaßt und auf dem üblichen Weg über den Staatssekretär dem Bundesaußenminister vorgelegt. Als Stellungnahme des Leiters der Ostabteilung hat dieses Papier besonderes Gewicht.

Der kanadische Diplomat hatte an einem Internationalen Kongreß der

Quäker in Warschau teilgenommen. Über die Eindrücke, die er dabei in Warschau gewann, hält Duckwitz in seiner Aufzeichnung fest: *In einem Gespräch mit Außenminister Rapacki, der zu einem Abendessen auf der Kanadischen Botschaft erschienen war und von dem Mr. Hooton den Eindruck eines westlich erzogenen kultivierten Mannes erhielt, wurde auch die Frage der deutsch-polnischen Beziehungen angeschnitten. Außenminister Rapacki erklärte, daß die polnische Regierung mehrere Male deutlich zu erkennen gegeben habe, daß sie bereit sei, mit der Bundesrepublik diplomatische Beziehungen aufzunehmen. Darüber hinaus habe die polnische Regierung zu verstehen gegeben, daß sie gegen eine Ausklammerung der Grenzfrage nichts einzuwenden habe. Diese Erklärungen und Hinweise seien von deutscher Seite nicht beantwortet worden. Die polnische Regierung denke nicht daran, sie zu wiederholen, sondern warte nunmehr, bis seitens der Bundesrepublik der erste Schritt getan werde.*

Nach einer Bemerkung über die Ängste, die manche Kundgebungen der Vertriebenenverbände in Polen erregten, habe der kanadische Diplomat, wie Duckwitz notiert, auf die *fast unglaubliche Unkenntnis über die Verhältnisse in der Bundesrepublik* bei seinen Gesprächspartnern in Warschau hingewiesen: *In Polen sei ein völlig verzerrtes und falsches Bild entstanden, das abzuändern die Regierung vermutlich wenig Veranlassung sehe. Dieses werde sich nach Ansicht nicht nur Mr. Hootons, sondern auch des kanadischen und des amerikanischen Botschafters in Warschau, mit denen er dieses Problem erörtert hat, erst dann ändern, wenn die Bundesrepublik durch eine eigene Vertretung in Warschau in der Lage ist, für sich selbst zu sprechen. Selbstverständlich, so fügte Mr. Hooton hinzu, sei angesichts der Verflechtung der polnischen und der sowjetischen Außenpolitik nicht zu erwarten, daß die polnische Politik durch die Tätigkeit einer deutschen Vertretung in Warschau in eine andere Richtung gelenkt werden könne. Aber es bestünden, so sagte er wörtlich, zahllose Möglichkeiten der Einwirkung auf die verschiedensten Kreise in Polen, die dem Ziel dienen könnten, das falsche Bild der Verhältnisse in der Bundesrepublik richtigzustellen. Er sei unter dem sehr starken Eindruck von Warschau abgefahren, daß die Errichtung einer offiziellen Vertretung im Interesse der Bundesrepublik liege und daß sie angesichts der kommunistischen Hetzpropaganda eine Notwendigkeit sei.*

Eine Kopie der vor allem zur Unterrichtung von Brentano verfaßten

Aufzeichnung hat Duckwitz dem ihm unterstellten Fachreferat zugeleitet. Krafft von Delmensingen hat als Referatsleiter die Kopie abgezeichnet. Er kalkuliert aber wohl richtig, wenn er vermutet, daß der Versuch von Duckwitz, Brentano für neue Gespräche mit den Polen zu gewinnen, wenigstens in näherer Zukunft folgenlos bleiben wird.[503] Anders steht es mit der Kolumne in der *Welt* vom 26. Oktober. Sie hat Staub aufgewirbelt. Und hier will Krafft von Delmensingen nicht untätig bleiben. Von dem Schreiben, das sein Referat am 10. November 1960 an Kessel gesandt hat, fehlt im Archiv des Auswärtigen Amtes bisher jede Spur. Aus der Antwort Kessels geht jedoch hervor, daß man ihn in dem nicht mehr auffindbaren Schreiben des Polenreferats nach den Quellen seines Artikels vom 26. Oktober gefragt hat. Wie es den Gegnern von unbequemen Mahnern, Ketzern und Rebellen nicht selten ergeht: In ihrem Eifer, den Widersacher dingfest zu machen, sammeln und bewahren die Verfolger Informationen, die ohne sie der Nachwelt nicht mehr zugänglich wären. Schon bei dem Versuch, die Gespräche Kessels mit dem polnischen Botschaftsrat Jaroszek vom Sommer 1957 zu rekonstruieren, hat sich die Antwort Kessels auf die Anfrage des Polenreferats als wertvolle Quelle erwiesen.[504] Nicht minder ergiebig ist in dem gleichen Schreiben der Bericht Kessels über sein Gespräch vom November 1959 mit dem polnischen Botschaftsrat Dobredzielski in Washington.

Als Quelle historischer Fakten ist die Korrespondenz zwischen dem von Krafft von Delmensingen geleiteten Referat der Ostabteilung des Auswärtigen Amts und Kessel somit überaus wertvoll. Die offenkundige Absicht der Anfrage war jedoch wenig erfreulich: Man hatte im Auswärtigen Amt Kessel aus der Veröffentlichung von Informationen, die ihm schon als Gesandten in Washington aus den Geheimkontakten mit dem polnischen Botschaftsrat zugänglich waren, einen Strick zu drehen versucht. An Gegnern fehlte es ihm ja in Bonn nicht. Doch von dem Gespräch, das er noch im November 1959 mit einem polnischen Diplomaten im Haus des deutschen Journalisten Jan Reifenberg führte, wußten seine Gegner im Auswärtigen Amt nichts, bis seine Antwort auf die Anfrage des Polenreferats über die Quellen seiner Kolumne vorlag.

Kessel ist umsichtig, aber ängstlich ist er nicht. Und auch als Journalist bleibt er bei aller Deutlichkeit der Kritik an der Außenpolitik Adenauers loyal gegenüber dem Auswärtigen Amt. Aufschlußreicher noch als seine Antwort auf die peinliche Anfrage des Polenreferats vom November 1960 ist eine persönliche Aufzeichnung über die Eindrücke, die er im

November 1959 in Washington und New York gewonnen hat. Kessel geht darin zum Schluß auch präzise auf die Gespräche ein, die er zur Frage diplomatischer Beziehungen zwischen Warschau und Bonn in den Vereinigten Staaten geführt hat.

In der Klarheit der Diktion schließt sich die Aufzeichnung an die Schriftsätze Kessels aus seiner Zeit als Gesandter in Washington an. Der Teil des Manuskripts, der sich auf die Beziehungen zu Polen bezieht, sei hier wegen seiner Bedeutung im Wortlaut zitiert: *Allen Gesprächen über Polen usw. bin ich ausgewichen. Nichtsdestotrotz haben mir Allan Dulles und ein jüngeres Mitglied des State Departments von sich aus fast gleichlautend erklärt: ›Wir haben es Ihrer Regierung g a n z k l a r gemacht, daß wir die Aufnahme von diplomatischen Beziehungen zu Warschau usw. begrüßen würden.‹ Ich habe darauf lediglich erwidert, das sei mir nicht bekannt. Die Entwicklung der Lage in Polen, so sagte mir Allan Dulles, gebe zu Besorgnis Anlaß; er zog daraus aber keinerlei Konsequenzen im Hinblick auf die Aufnahme von diplomatischen Beziehungen.*

Gleich nach meiner Ankunft hatte mir der Botschaftsrat an der polnischen Botschaft, Dobredzielski, auf zwei Kanälen sagen lassen, er würde dankbar sein, mit mir sprechen zu können. Ich habe mich in dem Haus eines gemeinsamen Bekannten eineinhalb Stunden mit ihm unterhalten und gebe nachstehend die wesentlichen Punkte wieder:
I. Auf meine Frage, ob Polen auf die Aufnahme von diplomatischen Beziehungen nach wie vor Wert lege, erwiderte er wörtlich: ›Meine Regierung würde die Entsendung eines deutschen(!) Botschafters begrüßen, wird aber nach den bisherigen Erfahrungen keine Fühler mehr ausstrecken.‹
II. Auf meine Frage, ob die polnische Regierung nach wie vor bereit sei, die Grenzfrage v o r e r s t auszuklammern, antwortete er mit einem Ja. Es bleibe bei der zwischen seinem Vorgänger und mir getroffenen Vereinbarung.
III. Er bezeichnete unseren Staat immer als »Deutschland« und gebrauchte nur ein einziges Mal die Ausdrücke »Bundesrepublik« und »DDR«.
IV. Es ist mir glaube ich gelungen, seine Befürchtungen, ja Ängste, bezüglich des ›Revanchismus‹ der Vertriebenen und ihrer Sprecher ein wenig zu zerstreuen. Ich habe allerdings keine Zweifel daran aufkommen lassen, daß mindestens die Hälfte von uns Vertriebenen heimkehren möchten. Er nahm das ohne den leisesten Protest entgegen.

Der Schluß der Aufzeichnung wirft ein bezeichnendes Licht auf die Scheu selbst führender deutscher Diplomaten in jener Zeit, sich mit dem Thema Polen die Finger zu verbrennen. Kessel kommt auf eine Unterredung vom November 1959 mit dem deutschen Botschafter in Washington, Professor Grewe, zu sprechen: *Herr Grewe, den ich selbstverständlich über die Äußerungen von Allan Dulles und über mein Gespräch mit dem polnischen Botschaftsrat unterrichtet habe, vertrat in beiden Punkten eine gegenteilige Auffassung: Die Amerikaner legten zur Zeit keinen Wert mehr auf deutsch-polnische Beziehungen, weil die Situation in Polen sich verschlechtert habe. Die Polen würden einen Vorbehalt bezüglich der Oder-Neiße-Linie niemals hinnehmen.* Und Kessel fügt als persönliche Bemerkung hinzu: *Ich muß in aller Loyalität auf diese Divergenz hinweisen, die sicher durch präzise Rückfragen bei den Amerikanern bzw. den Polen leicht geklärt werden könnte.*

Wie von dem Schreiben Kessels an das Polenreferat des Auswärtigen Amts vom 21. November 1960 fehlt auch von der Aufzeichnung über seine Eindrücke in den Vereinigten Staaten im Archiv des Auswärtigen Amts jede Spur. Der handschriftliche Entwurf, der vielleicht zugleich die einzige Reinschrift war, hat sich jedoch im Jugenheimer Kessel-Archiv erhalten. In seinem Schreiben an das Polenreferat des Auswärtigen Amts nimmt Kessel auf diese Aufzeichnung ausdrücklich Bezug: *Über dieses Gespräch mit dem polnischen Botschaftsrat Dobredzielski habe ich nach meiner Rückkehr aus den USA eine Aufzeichnung gemacht, die meines Wissens auch Herrn van Scherpenberg vorgelegen hat.*

Hat Botschafter Grewe aus Unwissenheit zur Frage der deutsch-polnischen Beziehungen und der Oder-Neiße-Linie die Informationen bestritten, die Kessel in jener Zeit von verläßlichen amerikanischen Gesprächspartnern in Washington erhielt? Mehr als ein Jahr später hat er jedenfalls seine unzutreffenden Äußerungen, die Kessel in der Aufzeichnung festhielt, selbst korrigiert. In einem vertraulichen Telegramm an das Auswärtige Amt berichtet er nun: *Unter dem Gesichtspunkt der bisherigen amerikanischen Polen-Politik würde, so meinte der Leiter des Office of Eastern European Affairs, seitens des State Departements jede Verbesserung des deutsch-polnischen Verhältnisses begrüßt werden.* Der amerikanische Diplomat *wies zwar darauf hin, daß es sich hierbei in erster Linie um eine bilaterale Angelegenheit handele, gab aber zu verstehen, daß nach amerikanischer Auffassung die Bedeutung einer solchen Entspannung über das deutsch-polnische Verhältnis insofern hinausgehe, als Polen zumindest in seinen innenpolitischen Verhältnissen der liberalste aller Satellitenstaaten sei.*[505] Nach der Kolumne über die Beziehungen zu Polen kommt Kessel in einem weiteren Beitrag eine Woche später noch einmal auf die Oder-Neiße-Linie zurück. Die Vereinigten Staaten haben ihre bisherige Haltung bekräftigt, die Frage der deutsch-polnischen Grenze könne erst beim Friedensschluß geregelt werden. Diesmal geht Kessel in der Kolumne vor allem auf unbedachte Reden von Festrednern der Vertriebenenverbände ein. Und er erinnert daran, wie eilig sich Adenauer jüngst nach einem Zusammenstoß zwischen Ludwig Erhard, dem Vizekanzler und Bundeswirtschaftsminister, und dem sowjetischen Botschafter in Bonn bereit gezeigt hat, eine spektakuläre Versöhnungsgeste zu machen. *Wer dagegen Polen provoziert, braucht vom Kanzler nichts zu befürchten, und die überaus scharfen Reaktionen Warschaus auf die bundesdeutschen Festredner machen Adenauer offenbar kein Kopfzerbrechen.* Kessel empfiehlt: *Es wäre für die internationale Lage, für unser Land und auch für die Vertriebenen das Allerbeste, wenn wir uns zu der altbewährten Methode durchringen könnten, zwar an die Ostgebiete zu denken, aber nicht ständig darüber zu reden. Die Vertriebenen würden sich damit als stoische Preußen einverstanden erklären. Und die Polen würden als Europäer Verständnis dafür haben, daß man die Heimat nicht vergißt und nicht verschenkt.*[506]

Mit der deutschen Ostgrenze und dem Verhältnis zu Polen hat sich Kessel in den kommenden Jahren in der Kolumne nur gelegentlich wieder befaßt. Doch nun ist es die allmählich dramatisch anschwellende Fluchtbewegung von Deutschen aus dem von Moskau dominierten zweiten deutschen Staat in den Westen, die ihn mit tiefer Sorge erfüllt. Am meisten gefährdet ist wieder Berlin. Kessel warnt: *Chruschtschow hat eindeutig genug erklärt, im nächsten Jahr müsse die Berliner Frage ›gelöst‹ werden. Es besteht kein Anlaß, daran zu zweifeln, daß er diese Erklärung ernst meint. Bei diesem Ringen um eine Lösung für Berlin wird es kaum ohne eine Krise abgehen. Dabei ist es gleichgültig, ob diese Krise sich durch Paukenschläge ankündigt oder auf leisen Sohlen herangeschlichen kommt. Eine Methode ist so gefährlich wie die andere. Wir müssen also psychologisch auf alles gefaßt und politisch sowohl auf den Paukenschlag wie auf die Salami-Taktik oder die ›weiche Welle‹ bis ins einzelne vorbereitet sein. Nur dann werden wir die Krise unbeschädigt überstehen.*[507] Der Wahlsieg Kennedys bei den amerikanischen Präsidentschaftswahlen sollte Anlaß zu einer grundsätzlichen Überprüfung der außenpolitischen Konzepte der Bundesregierung bieten, fordert Kessel. Denn *wenn wir ... auf der bisherigen Unbeweglichkeit und Ideenlosigkeit beharren, wird die neue amerikanische Regierung ihre Außenpolitik zwar nicht gegen, wohl aber ohne uns betreiben.*[508]

Unterdessen fliehen in die Bundesrepublik immer mehr Deutsche aus der *Zone*, wie Kessel jetzt dem westdeutschen Sprachgebrauch folgend meist das Gebiet der Deutschen Demokratischen Republik nennt. Sollen die Deutschen im Westen, wenn sich in der Zone die innenpolitische Lage verschärft, untätig zusehen und die Landsleute im Osten dem gleichen Schicksal überlassen wie vor vier Jahren die Ungarn? Oder sollen ihnen etwa die Westdeutschen zur Hilfe eilen, *in der Gewißheit, damit den Krieg auszulösen, wahrscheinlich den Dritten Weltkrieg?* Angesichts dieser Fragen fordert Kessel seine Leser auf, die Botschaft ernsthaft zu überdenken, die Anfang Dezember die evangelische Kirche *im ehemals preußischen Gebiet zwischen der belgischen Grenze und der Oder-Neiße* von allen Kanzeln verlesen ließ. Und er weist darauf hin, daß die Botschaft in der Zone die Überschrift trägt *Vom Bleiben in der DDR*, im Westen hingegen *Das Wort vom Zusammenbleiben der evangelischen Kirche in Deutschland.*

Aus dem kirchlichen Aufruf hebt Kessel für die Leser der *Welt* zwei Sätze hervor: *In der Zone erhalten nicht nur die Geistlichen die strenge Weisung auszuharren, sondern es werden auch die Ärzte ermahnt, im Lande zu bleiben, und ebenso die Eltern, ihre Kinder nicht aus Gründen des materiellen Fortschritts abwandern zu lassen. An uns im Westen ergeht die eindringliche Aufforderung, die Verhältnisse drüben nicht mit unseren politischen Maßstäben zu messen.* Und Kessel fügt die Bewertung hinzu: *Seit Jahren hat keine Botschaft, über alle Bereiche der Tagespolitik oder gar der parteilichen und konfessionellen Arithmetik hinausgehend, uns Deutsche insgesamt mit solch einem tragischen Ernst zur Ordnung gerufen. ... Nehmen wir nicht ... an jedem Monatsende schadenfroh zur Kenntnis, wie viele unserer Landsleute von drüben wieder einmal geflohen sind? Und stellen wir nicht selbstgefällig fest, daß wir für die Arbeitskraft dieser armen Verwandten, die den Krieg wirklich verloren haben, hier in der Bundesrepublik gute Verwendung haben und ihnen von unserem Überfluß leicht das tägliche Brot abgeben können?* Der Kolumnist erinnert darauf an die Not, die in den ersten Nachkriegsjahren auch weithin im Westen geherrscht hat: *Es ist noch keine zwanzig*

Jahre her, da konnte es für einen jeden von uns die Errettung von dem seelischen und körperlichen Zusammenbruch bedeuten, wenn wir auf einen Geistlichen gleich welcher Konfession trafen, der uns Trost spendete, auf einen Arzt, der uns anhörte und Mut zusprach, oder einen Buchhändler, der uns empfahl, die Gedichte des deutschen Barock zu lesen. Jetzt triumphieren wir, wenn wieder ein Arzt, ein Lehrer, ein Buchhändler es drüben nicht mehr aushalten kann. Müssen wir uns wirklich mit derlei primitiven Mitteln bestätigen, daß das Regime drüben abscheulich ist?[509]

Um Kessel wird es jetzt noch einsamer werden. Für sein leidenschaftliches Bemühen, die deutsche Wiedervereinigung wenigstens in einer ferneren Zukunft vorzubereiten, findet er immer weniger Verständnis. Die wirtschaftliche Lage der Bundesrepublik hat sich im vergangenen Jahrzehnt so erstaunlich verbessert, daß vor allem das westliche Ausland von einem Wunder spricht, von dem *deutschen Wirtschaftswunder*. Unterdessen sind die Zeitungen voll von Meldungen über den immer breiter anschwellenden Strom der Flüchtlinge aus dem zweiten deutschen Staat, der sich im Westen mit dem kärglichen Namen *Zone* begnügen muß. Und wie oft klingt dabei ein geheimer Jubel mit: Seht ihr, wir sind nicht nur die bessere Demokratie, sondern auch der reichere und bessere Staat.

Kessel weiß, wie wichtig die deutsche Mitgliedschaft in der Nato für das Selbstbewußtsein der Deutschen ist, vor allem für die seelische Gesundheit der Deutschen, die in der Bundesrepublik leben. Er hat das oft gesagt, auch im Dialog mit seinem amerikanischen Kollegen George Kennan, der einen Austritt der Bundesrepublik aus der Nato empfiehlt.[510] Aber was kann man, wenn einen das Schicksal in die von einer kommunistischen Diktatur regierten Zone verschlagen hat, anderes tun als einfach weglaufen? Die Flucht von Deutschen aus der Zone in den Westen, für die immer wieder vor allem Berlin als das Tor dienen muß, hat den trügerischen Schein einer Logik der Fakten für sich.

Am lautesten feiern die Zeitungen von Axel Springer die Massenflucht als Sieg der Demokratie. Die Bildzeitung tut sich dabei besonders hervor. Aber auch *Die Welt* bringt immer wieder Meldungen über die angebliche *Abstimmung mit den Füßen*. Kessel beunruhigt das tief. Der Redaktion der *Welt* wiederum mißfällt seine Kolumne vom 14. Dezember. Sie wird gedruckt, jedoch mit folgendem Text, der fortan jede Kolumne Kessels in der *Welt* begleiten wird: *Unser diplomatischer Mitarbeiter vertritt an dieser Stelle in jeder Woche seine persönliche Meinung zu Ereignissen,*

Entwicklungen oder Plänen, die ihm kommentarwürdig erscheinen. Mit der Kolumne vom 14. Dezember verschwindet zugleich der längst irreführende Titel *In dieser Woche.* Statt dessen erhält jeder Beitrag nun eine eigene Überschrift, die auf den Inhalt hinweist. Diesmal: *Die Mahnung der Kirche.*

Es wird Kessel kaum gestört haben, daß der Inhalt seiner Kolumne nun stets ausdrücklich als seine persönliche Meinung gekennzeichnet wird, die keineswegs immer mit den Ansichten der Redaktion übereinstimmen muß. Zugleich erfährt der Leser, daß Kessel sich hier zu Entwicklungen äußert, die ihm selbst wichtig sind. Damit wird bestätigt, daß auch die Auswahl der Themen bei ihm liegt. Es gibt jedoch Fragen, in denen sich sein Standpunkt radikal von den Auffassungen der Redaktion unterscheidet. Und hierzu wird Kessel auch künftig seine Meinung nicht in der Kolumne darlegen dürfen.

Er bittet um ein Gespräch mit Springer. Es findet am 19. Januar 1961 in Hamburg statt. Den Inhalt der Unterredung hat Kessel dem Verfasser bei einer Begegnung in Düsseldorf am 24. Januar, also kaum eine Woche später, wiedergegeben.[511] Das Hauptargument Kessels ist: Die immer mehr anschwellende Fluchtwelle aus der Zone in die Bundesrepublik ist nicht nur für die Ostberliner Regierung, sondern auch für Moskau unerträglich. Eine solche Demütigung wird die Sowjetunion nicht lange mehr hinnehmen, ja als Großmacht kann sie es nicht. Für Deutschland kommt es daher darauf an, alles zu vermeiden, was die Massenflucht fördert. Auch die Verantwortlichen in der Bundesrepublik haben die Pflicht, die Bevölkerung in der Zone zum Ausharren zu ermutigen, wie es bereits der Aufruf der Evangelischen Kirche getan hat. Jetzt gilt es, die Vereinigten Staaten für Verhandlungen mit Moskau zu gewinnen, um einen Ausgleich zu schaffen. Sonst muß es zu gewaltsamen Reaktionen der Sowjetunion kommen. Und da weiß niemand vorher, wohin das führen kann.

Wir erinnern uns an das Gespräch genau, weil es so eindringlich war, was Kessel uns damals in Düsseldorf sagte, zunächst in seiner bescheidenen Wohnung, dann in einem bürgerlichen Restaurant. Tief enttäuscht ist er von seinem Verleger: Springer sei für seine Argumente völlig unzugänglich geblieben. Es soll nun also alles so weitergehen in den Zeitungen des Springer Verlags, die Meldungen über Tausende von Flüchtlingen, die jede Woche ihre Heimat in der Zone verlassen. Auch auf das Schlagwort *mit den Füßen abstimmen* will Springer nicht verzichten. Und daß die Fluchtwelle zwangsläufig zu einer gewaltsamen Lösung durch die

Sowjetunion führen müsse, wie Kessel eindringlich warnt, hat Springer erst recht nicht wahrhaben wollen. Es bleibt also bei der Berichterstattung seiner Zeitungen über die Massenflucht alles beim alten.

Der Verfasser, damals nach sechs Jahren Auslandsdienst zum erstenmal in der Zentrale des Auswärtigen Amts, ist von dem, was Kessel ihm über die Flucht der Deutschen aus den Gebieten jenseits der Elbe sagt, zunächst überrascht, vielleicht ebenso überrascht, wie es in der Woche davor Springer gewesen war. Aber konnte man sich der Argumentation Kessels entziehen? Bei aller Trauer, die bei jenem Gespräch über ihm wie ein Schatten lag, wenn er von Deutschland sprach, spürte man in seinen Worten nicht den leisesten Hauch von Selbstgerechtigkeit oder gar Rechthaberei. Als kaum sieben Monate später der Bau der Berliner Mauer begann, muß das ein tiefer Schock auch für ihn gewesen sein, eine Überraschung aber längst schon nicht mehr.

Genau ein Jahr nach der Begegnung in Düsseldorf, am 24. Januar 1962, widmet Kessel seine Mittwochskolumne einem Rückblick auf das im Vorjahr Versäumte. Nun darf er in der *Welt* schreiben, was ihm vor dem Bau der Mauer verwehrt war. Eine Geste der Noblesse seines Verlegers? Springer ist das zuzutrauen. *Regieren heißt Vorausschauen*, unter dieser Überschrift kommt Kessel im Rückblick auf die Flüchtlingslawinen vor dem Bau der Mauer zu sprechen: *Bei jeder politischen Diskussion taucht heute nach kurzer Zeit die Frage auf, warum die amerikanischen Panzer die Mauer nicht niedergewalzt hätten. Die Antwort ist, daß die Amerikaner – mit aufgrund unserer Nachlässigkeit – völlig überrascht wurden und daß ferner die Mauer wahrscheinlich bald erneut aufgebaut worden wäre, diesmal innerhalb des Ostsektors. Was hätte daraufhin geschehen sollen? Die Ratlosigkeit, die diese Frage bei jedermann, der nachzudenken gewillt ist, hervorruft, beweist, daß irgendwo ein Rechenfehler sitzt, irgend etwas versäumt wurde. Denn schließlich war die Mauer doch nur der Endpunkt einer langen Entwicklung. Als der Flüchtlingsstrom Wochen und Monate vor dem 13. August zu einer Flutwelle anschwoll, ist bei uns auf allen Ebenen und in allen Lagern viel Unsinn – höflicher kann man das nicht ausdrücken – geredet und geschrieben worden. Am schlimmsten war die Redensart von der ›Abstimmung mit den Füßen‹. Eine nette Abstimmung fürwahr, bei der der Abstimmende seine Heimat, seine Freunde und Nachbarn verlassen muß, Hab und Gut verliert und gezwungen ist, sich heimlich davon zu schleichen. Diesen entsetzlichen Vorgang als ›Abstimmung mit den Fü-*

ßen‹ zu bezeichnen, erinnert an einen Kitschfilm. *Und wie haben wir aus den ansteigenden Flüchtlingszahlen eine Sensation gemacht, uns an ihnen selbstgerecht geweidet, sie ja fast als Sieg gefeiert! Ulbricht und seine Kumpanen wurden mit billigem Hohn überschüttet und die Warnungen, daß weder Pankow noch Moskau dieser Entwicklung auf die Dauer tatenlos zusehen könnten, als unbequem überhört.*

Und was hätte man tun können, um den Mauerbau zu verhindern? *Es hätte gewiß viele Möglichkeiten gegeben,* räumt Kessel ein. Nur eine davon solle angedeutet werden: Die Amerikaner hätten auf Bitten der Bundesregierung den Sowjets erklären sollen, daß der Flüchtlingsstrom eine Gefahr für den Frieden sei. *Der Flüchtlingsstrom bedeutete nicht nur für Pankow, sondern auch für Moskau eine politische Blamage und einen wirtschaftlichen Blutsturz. Deshalb hätte der Westen über dieses Thema aus einer Position der Stärke gesprochen und zwar auf höchster Ebene, um zwei Modeausdrücke zu verwenden.* Die Amerikaner könnten den Sowjets erläutern, daß der Flüchtlingsstrom eingedämmt werden könne, wenn Ostberlin das Gesetz gegen die Republikflucht mildere oder nicht zur Anwendung bringe. Vor allem aber müsse die Ostberliner Regierung bei der Erteilung von Ausreise- und Einreisevisa äußerst großzügig vorgehen. Dann werde die Zahl der Flüchtlinge sofort absinken. Schwierige Verhandlungen hätte es in jedem Fall gegeben, meint Kessel. *Wahrscheinlich hätte erst einmal ein zähes Feilschen in Moskau eingesetzt. Aber selbst wenn die Sowjets ein Gespräch über dieses Thema kategorisch abgelehnt hätten, wäre ein Profit für uns Deutsche herausgesprungen. Denn es wäre für Moskau dann viel schwieriger gewesen, Pankow die Genehmigung zum Bau der Mauer zu erteilen. Und hätte es sie dennoch gegeben, so wären nicht nur die Berliner und Westdeutschen auf eine harte Auseinandersetzung vorbereitet gewesen, sondern der gesamte Westen.*[512]

Während das Schicksal Berlins und die deutsch-sowjetischen Spannungen Kessel mit wachsender Sorge erfüllen, ist in die Diskussion um diplomatische Beziehungen zwischen Warschau und Bonn nun endlich Bewegung gekommen – zu spät, wie zu befürchten war. Nicht nur Kessel mit seiner Kolumne in der *Welt* hat in Bonn wieder die Aufmerksamkeit auf Polen gelenkt. Wichtiger ist für den Kanzler, was ihm am 20. Dezember der Polenkenner Berthold Beitz nach der Rückkehr von einer Reise nach Warschau erzählt hat.

Beitz ist in jener Zeit schon Generalbevollmächtigter von Alfried

Krupp. Seit 1956 hat er sich unermüdlich um vertrauensvolle Kontakte zu den kommunistisch regierten Staaten Europas bemüht. Er ist nach Belgrad, nach Warschau und Moskau gereist, hat später auch Rumänien und Bulgarien besucht. Sein besonderes Interesse hat dabei immer Polen gegolten. Im Krieg hatte er als kaufmännischer Leiter der Beskiden-Öl-AG (später Karpaten-Öl-AG) jüdische Arbeiter vor den Vernichtungslagern der Nationalsozialisten gerettet, indem er sie für kriegswirtschaftlich unentbehrlich erklärte. Auch die geheime polnische Opposition gegen das deutsche Besatzungsregime hat aus den Kriegsjahren ein gutes Andenken an ihn bewahrt.

Schon bei seiner ersten Nachkriegsreise nach Polen im Februar 1958 wird Beitz in Warschau von dem polnischen Außenminister Rapacki empfangen. Bei seiner fünften Polenreise trifft er im Dezember wieder einmal mit dem polnischen Ministerpräsident Cyrankiewicz zusammen. Ebenso wie der polnische Parteichef Gomułka, der Beitz noch von der Kriegszeit her kennt, hat ihn auch Cyrankiewicz schon im Juni 1960 auf dem Krupp-Stand der Posener Messe begrüßt. Im Dezember hat der polnische Ministerpräsident im Gespräch mit dem Generalbevollmächtigten von Krupp die Frage eines Austauschs von Botschaftern oder Konsuln zwischen Warschau und Bonn berührt. Davon hat Beitz nach der Heimkehr auch dem Kanzler berichtet.[513]

Unmittelbar nach den Festtagen wird Scherpenberg, der Staatssekretär des Auswärtigen Amts, zu Adenauer zitiert. Brentano ist nicht in Bonn. Scherpenberg hält die Informationen, die er vom Kanzler empfängt, in einer Aufzeichnung fest. Sie ist für die Atmosphäre bezeichnend, in der Adenauer selbst die wichtigsten Fragen der Beziehungen zu Ländern wie Polen und der deutschen Ostgrenze behandelt. An dem Gespräch nehmen Heinrich Krone, ein alter Kampfgefährte des Kanzlers aus den Tagen der Zentrumspartei und seit 1955 Vorsitzender der Fraktion von CDU und CSU im Bundestag, sowie der Staatssekretär im Kanzleramt Globke teil.

Beitz hatte dem Kanzler vor Weihnachten berichtet, der polnische Ministerpräsident sei nach wie vor an der Aufnahme amtlicher Beziehungen zur Bundesrepublik interessiert. Cyrankiewicz habe gegenüber Beitz angeregt, man sollte doch zunächst einmal nur konsularische Beziehungen aufnehmen. Der Bundeskanzler bewertet gegenüber seinen beiden engsten Beratern und dem Staatssekretär des Auswärtigen Amts jedoch vor allem eine weitere Mitteilung von Beitz als beachtlich: Cyrankiewicz sei auch jetzt noch bereit, *im Falle einer Aufnahme von Beziehungen mit Polen die Oder-Neiße-Frage auszuklammern.*

Scherpenberg hierzu: *Ich wies meinerseits auf die Gefahren hin, die ein solches Vorgehen hinsichtlich der Anerkennung der DDR durch dritte Staaten mit sich bringe. Der Herr Bundeskanzler meinte jedoch, daß die sogenannte Hallstein-Doktrin auf die Dauer sowieso nicht zu halten sei und insbesondere bezüglich der konsularischen Beziehungen bereits eine starke Durchlöcherung erfahren habe, so daß man kaum davon sprechen könne, daß wir durch die Aufnahme konsularischer Beziehungen mit Polen den derzeitigen Stand der Anerkennung gefährden würden.*

Krone meint, man müsse in der Sache äußerst behutsam vorgehen, um nicht vor den Bundestagswahlen *in Schwierigkeiten mit den Vertriebenenverbänden zu geraten.* Er widerruft dann jedoch gleich wieder seine eigene Meinung: Eine ausdrückliche *Ausklammerung* der Oder-Neiße sei ein so wichtiges politisches Aktivum, daß Bedenken gegen konsularische Beziehungen mit Polen dahinter zurücktreten könnten. Eine Normalisierung der Beziehungen zu Polen könne der Bundesregierung (Krone meint: den beiden christdemokratischen Parteien) unter Umständen soviel Stimmen einbringen, daß dadurch der Verlust der Stimmen verärgerter Anhänger der Vertriebenenverbände mehr als wettgemacht würde. Globke schweigt.

Was der Kanzler über die Aufnahme von Beziehungen zu Polen denkt, erfährt Scherpenberg nicht. Seine Aufzeichnung über das Gespräch im Kanzleramt soll Brentano nach dessen Rückkehr vom Weihnachtsurlaub vorgelegt werden. Der Bundesaußenminister unternimmt aber offensichtlich auch nach der Rückkehr nach Bonn hierzu nichts. Er hat es bei der Genfer Außenministerkonferenz erlebt, als der von ihm befürwortete Plan eines westdeutschen Nichtangriffspakts mit Polen und der Tschechoslowakei von Adenauer brüsk abgelehnt wurde: Mit dem Kanzler ist nicht gut Kirschen essen, wenn es um Polen geht.[514]

Am 2. Januar 1961 sucht Beitz mit dem Leiter der Bonner Krupp-Vertretung Scherpenberg im Auswärtigen Amt auf. Der Staatssekretär hält auch den Inhalt dieser Unterredung in einer als *geheim* eingestuften Aufzeichnung fest. Darin heißt es: *Im Mittelpunkt der von Beitz in Polen geführten Gespräche stand die von Ministerpräsident Cyrankiewicz vorgebrachte erneute Anregung der Aufnahme offizieller Beziehungen zwischen der Bundesrepublik und Polen.* Dann, im Rückblick: *Es ist dies das erste Mal, daß diese Frage offiziell von polnischer Seite aufgeworfen wird, seitdem Rapackis Initiative vor zweieinhalb Jahren durch die Aufnahme diplomatischer Beziehungen Jugoslawiens mit der SBZ*[515] *ergebnislos bleiben mußte.*

Das ist eine recht einseitige Sicht. Denn die Initiative der polnischen Diplomatie, die Bundesrepublik um den Austausch von Botschaftern zu bitten, war ja nicht allein daran gescheitert, daß Jugoslawien mit Ost-Berlin diplomatische Beziehungen aufnahm. Nein, auf das polnische Angebot hatte Bonn, wie wir sahen, nach anfänglichen ermutigenden Gesten schon vor dem Botschafteraustausch zwischen Belgrad und Ostberlin nicht mehr reagiert.[516] Zum Angebot der polnischen Regierung, *die Oder-Neiße-Frage auszuklammern,* heißt es in der Aufzeichnung Scherpenbergs: *Diese ursprünglich bestehende Bereitschaft war in der Zwischenzeit, nachdem die ersten polnischen Annäherungsversuche bei uns keine Gegenliebe gefunden hatten und der Versuch einer anderen Lösung (Gewaltsverzichterklärungen) während der Genfer Außenministerkonferenz gescheitert war, erkennbar zurückgezogen worden.* Auch das stimmt nicht ganz. Denn noch im November 1959 hatte ja der polnische Botschaftsrat in Washington, Dobredzielski, gegenüber Kessel erklärt, seine Regierung sei nach wie vor bereit, bei Verhandlungen über einen Botschafteraustausch die Grenzfrage *vorerst* auszuklammern. Und Kessel hatte von dieser Mitteilung des polnischen Diplomaten sowohl Botschafter Grewe in Washington wie Staatssekretär van Scherpenberg informiert.[517]

Armer Scherpenberg. *Auch keine starke Persönlichkeit, sonst wäre er nie auf den Posten gekommen, aber klug und erfahren,* so hatte Kessel noch im Sommer 1960 im Entwurf für eine unveröffentlichte Kolumne seinen alten Kollegen charakterisiert.[518] Mit der Ernennung von Carstens zum zweiten Staatssekretär im Auswärtigen Amt sind die Tage Scherpenbergs an der Spitze der Behörde gezählt. Er hofft auf den Posten des deutschen Botschafters beim Heiligen Stuhl. Das ist auch ein Herzenswunsch seiner Frau, einer Tochter von Hjalmar Schacht, dem währungspolitischen Wegbereiter Hitlers wider Willen. Die charaktervolle Frau des Staatssekretärs ist zur katholischen Konfession konvertiert. Den Traum, mit ihrem Mann noch einige Jahre in Rom, sozusagen an den Quellen des katholischen Glaubens zu leben, kann nur Adenauer erfüllen.

Beitz hat bei seinem Besuch im Auswärtigen Amt dem Staatssekretär mitgeteilt, er habe den Bundeskanzler sowie *teilweise* einen führenden

Funktionär der Vertriebenen von seiner Reise informiert. Er wolle keineswegs weiter bei Gesprächen mit der polnischen Regierung mitwirken, bitte jedoch, ihn von den weiteren Überlegungen der Bundesregierung zu unterrichten, damit er gegebenenfalls Anfragen seiner polnischen Freunde beantworten könne.[519] Scherpenberg legt seine Aufzeichnungen dem Außenminister vor. Eine Kopie erhält Staatssekretär Carstens, eine weitere Duckwitz als Leiter der Ostabteilung.

Über die Reaktion Brentanos ist nichts bekannt. Duckwitz beauftragt jedoch das für Satellitenstaaten der Sowjetunion zuständige Referat 705 seiner Abteilung, sich zur Frage der Aufnahme konsularischer Beziehungen mit Polen zu äußern. Der Referatsleiter Krafft von Delmensingen fordert hierzu eine Stellungnahme der Rechtsabteilung an. Die Rechtsabteilung warnt in einem vier Seiten umfassenden Elaborat vor konsularischen Beziehungen, empfiehlt jedoch die Errichtung einer deutschen Handelsvertretung in Warschau als das geringere Übel. Krafft von Delmensingen leitet den Schriftsatz der Rechtsabteilung mit einer eigenen sieben Seiten umfassenden Stellungnahme an Duckwitz weiter, der die beiden Papiere den beiden Staatssekretären vorlegt.

Jetzt nimmt sich Staatssekretär Carstens der Sache an. Von einer weiteren Beteiligung Scherpenbergs an der Bearbeitung sind in den Akten keine Spuren mehr feststellbar. Zur Ehre von Carstens ist jedoch zu sagen, daß er es nun ist, der den Schriftsatz von Krafft von Delmensingen nicht akzeptiert. Der Polenreferent hat ja sogar vor der Errichtung einer deutschen Handelsvertretung in Warschau gewarnt und malt das Schreckgespenst einer stufenweise Zerrüttung der Hallstein-Doktrin an die Wand: Die Bundesrepublik werde langsam aber sicher in eine Lage *hineinschlittern, die sie nicht mehr kontrollieren oder beeinflussen kann. Im Endergebnis wäre daher bei Errichtung einer amtlichen deutschen Handelsvertretung in Warschau die Gefahr der Anerkennung der SBZ durch eine Anzahl dritter Staaten vermutlich noch größer als bei der Aufnahme diplomatischer Beziehungen der Bundesrepublik zu Polen.* Diesen Absatz versieht Carstens mit einer Schlangenlinie und einem deftigen Fragezeichen. Die Nachbarreferate in der Ostabteilung hat Krafft von Delmensingen bei seiner Stellungnahme *wegen der Eilbedürftigkeit der Angelegenheit* nicht beteiligt, empfiehlt jedoch, die deutschen Auslandsvertretungen in den *ungebundenen und neutralen Ländern* zu konsultieren. Solche Anfragen hätten allerdings zu viel langwierigeren Verzögerungen geführt als die Mitwirkung der Nachbarreferate im gleichen Stockwerk und Flur des Auswärtigen Amts. Das alles gefällt Carstens nicht. Er vermerkt auf der Akte, die Stellungnahme der Nachbarreferate in der Ostabteilung sei von großem Interesse, was einer Weisung gleichkommt.

Erst daraufhin kommt am 7. Februar das Referat Deutsche Ostfragen zu Wort, das für die im Zweiten Weltkrieg besetzten deutschen Ostgebiete zuständig ist. Geleitet wird es von dem Vortragenden Legationsrat Gotthold Starke, einem altmodisch gekleideten grauhaarigen Herrn, der wegen seiner liebenswürdigen Höflichkeit bei den Kollegen beliebt ist. Politisch vertritt Starke uneingeschränkt den Standpunkt der Vertriebenenverbände: Die deutschen Ostgebiete seien deutsches Territorium. Sie müßten deshalb vollständig an Deutschland zurückkehren. Aus dieser Sicht gibt es mit der polnischen Regierung nichts zu verhandeln. So ist es nicht verwunderlich, daß sich Starke dem Votum seines Kollegen Krafft von Delmensingen anschließt, *vollinhaltlich*, wie er schreibt: Keinerlei Beziehungen zu Polen, auch keine deutsche Handelsvertretung in Warschau dürfe es geben. Selbst vor Beziehungen zu Rumänien und Bulgarien glaubt Starke warnen zu müssen.[520]

Wohltuend hebt sich von solcher Erstarrung die Stellungnahme von Erwin Wickert ab. Der bekannte Schriftsteller, der später die Bundesrepublik als Botschafter in Peking vertreten wird, leitet in jener Zeit das Referat *Politische Strukturfragen des Ostblocks*. Auch Wickert weist auf das Oder-Neiße-Problem hin, ohne die von Polen angebotene Ausklammerung dieser Frage zu würdigen. Auch er gibt zu bedenken, die Bundesrepublik müßte bei der Aufnahme von konsularischen Beziehungen zu Warschau *die Durchlöcherung der sogenannten Hallstein-Doktrin sowie Mißstimmung unter den Vertriebenenverbänden in Kauf nehmen*. Doch dann fordert er, nach neuen Wegen zu suchen: *Die formelle Betrachtungsweise führte immer wieder in das Gestrüpp völkerrechtlicher Probleme, aus dem es keinen Ausweg gab. Viel nützlicher erscheint es deshalb, von den möglichen Verhandlungsobjekten auszugehen und die Form der Beziehungen den Aufgaben anzupassen statt umgekehrt vorzugehen.*

Wickert schlägt zweierlei vor: Ein *Angebot der Bundesrepublik, das nationalsozialistische Unrecht in Polen wiedergutzumachen und hierüber Verhandlungen zu führen*. Und er regt die Förderung der kulturellen Beziehungen durch die Errichtung einer deutsch-polnischen Kulturgesellschaft an.

Hier wird endlich einmal ehrlich beim Namen genannt, was Krone und Globke, die einflußreichsten Berater des Kanzlers, und vor allem Adenauer selbst offensichtlich am meisten davor abschreckt, Beziehungen zu Polen aufzunehmen, gleichviel, ob es um den Austausch von Botschaftern oder nur um die Errichtung von Konsulaten geht: *Mißstimmung unter den Vertriebenenverbänden.* Daß gerade die Vertriebenen durch eine Aussöhnung der Bundesrepublik mit Polen am meisten zu gewinnen hätten, kommt offenbar niemandem in den Sinn – außer Kessel, der aber für seine Argumente ja schon 1958 nicht Gehör und erst recht nicht Verständnis gefunden hat. Wickert weist auf den naheliegenden Einwand hin, die Übernahme von Verpflichtungen an Polen würde der Bundesregierung hohe Kosten verursachen. Er gibt jedoch zu bedenken, daß bei der Aufnahme von amtlichen Beziehungen zwischen den beiden Staaten diese Frage früher oder später ohnehin einmal aufgebracht werde. Es sei *zweifellos besser, wenn die Initiative zur Leistung von Wiedergutmachungszahlungen von der Bundesregierung ausgeht.*

Uneingeschränkt für die Aufnahme von diplomatischen Beziehungen zu Polen tritt nur der Verfasser dieser Recherche ein. Er leitet in jener Zeit vertretungsweise das Südasien-Referart der Ostabteilung im Auswärtigen Amt. In seiner Aufzeichnung heißt es: *Die indische Außenpolitik wird bis heute von der Persönlichkeit Nehrus bestimmt, der sich in seiner Einstellung zum Ost-West-Konflikt zugleich in Übereinstimmung mit der indischen Führungsschicht weiß. Es ist bekannt, daß Nehrus Urteil über Deutschland von dem Eindruck beeinflußt wurde, den eine Besichtigung des Konzentrationslagers Buchenwald bei ihm hinterließ. Als junger Politiker in der Exilzeit hat Nehru Anfang der dreißiger Jahre in Deutschland gelebt. Schon damals hatte er eine unüberwindliche Abneigung gegen den Nationalsozialismus. Anschauungen, die die britische Kriegs- und Nachkriegspresse über Deutschland verbreitete, haben auf ihn und auf weite Kreise der indischen Oberklasse jahrelang eingewirkt. Die historische Tatsache des deutschen Angriffs auf Polen ist im indischen Bewußtsein noch heute lebendig. ... Als Beitrag zur Entspannung müßte daher die Aufnahme von Beziehungen zwischen der Bundesrepublik und Polen von Nehru selbst wie von führenden Politikern der Kongreßpartei begrüßt werden.*

Ein Austausch von Handelsvertretungen zwischen der Bundesrepublik und Polen, wie ihn die Rechtsabteilung des Auswärtigen Amts empfiehlt, erscheint nur sinnvoll, wenn auch die Polen dies wünschen und ein deutsches Angebot in diesem Sinne nicht eher auf eine Kränkung hinausläuft. Als Ausweg wird für die Aufnahme von Beziehungen zwischen Bonn und Warschau der Status der Mission Israels in Köln als Vorbild genannt: *Eine Mission, die nicht ausdrücklich als Handelsmission bezeichnet wird, an deren Spitze ein Botschafter steht, der nicht einen nach den bekannten völkerrechtlichen Regeln festgelegten Amtsbereich hat, würde die Bedenken, die gegenüber der Aufnahme diplomatischer Beziehungen der Bundesrepublik zu Polen ... geltend gemacht wurden, weitgehend entschärfen.*

Krafft von Delmensingen versucht, die Weiterleitung der Aufzeichnung an den Leiter der Ostabteilung zu blockieren: So etwas Unsinniges könne man nicht Duckwitz oder gar dem Staatssekretär zumuten[521], worauf Duckwitz den umstrittenen Schriftsatz mit einem deutlich anerkennenden Vermerk versieht. Selbst eine bescheidene Nachwirkung der in den Akten ausgetragenen Gefechte über den von den Polen jahrelang so dringlich gewünschten Botschafteraustausch ist heute jedoch nicht mehr erkennbar. Dennoch sind diese Texte nicht ohne Interesse. Sie belegen in beklemmender Eindringlichkeit, wie nachhaltig einst das von der Hallstein-Doktrin geprägte Denken das politische Urteil innerhalb der Bonner Bürokratie gelähmt hat. Erst unter Außenminister Fischer hob das Auswärtige Amt für die hier zitierten Schriftstücke die Geheimhaltung auf.

Adenauer geht unterdessen seine eigenen Wege. Er bittet Berthold Beitz, den Generalbevollmächtigten von Alfried Krupp, noch einmal nach Warschau zu reisen. Diesmal soll Beitz im Auftrag des Kanzlers mit dem polnischen Ministerpräsidenten Cyrankiewicz über die deutsch-polnischen Beziehungen sprechen. Beitz, durch frühere wenig angenehme Erfahrungen mit dem Kanzler gewitzt[522], läßt sich den Auftrag schriftlich bestätigen und reist am 22. Januar nach Warschau. Schon unmittelbar nach seinem Aufbruch sorgt Adenauer für eine Publizität, die dem Auftrag, den er soeben Beitz erteilt hat, nur schaden kann: Der Pressesprecher der Bundesregierung erklärt, der Generalbevollmächtigte von Alfried Krupp sei nicht im Auftrag des Kanzlers nach Warschau geflogen. Gerade durch dieses irreführende Dementi findet die Reise besondere Aufmerksamkeit.[523].

Über weitere Begleitumstände der Reise berichtet Hansjakob Stehle als Polenkorrespondent der *Frankfurter Allgemeinen Zeitung* im Frühsommer 1961 vor der Deutschen Gesellschaft für Auswärtige Politik: *Kurz nach seinem Gespräch mit Beitz begab sich damals der Herr Bundeskanzler zur Pommerschen Landsmannschaft und sagte etwas, wovon Beitz, als er zwei Tage später sein Flugzeug nach Warschau bestieg, keine Ahnung hatte. Es wurde erst zehn Tage später bekannt, als der Bund der Vertriebenen es für nützlich hielt, die Worte des Kanzlers zu veröffentlichen und dadurch den Polen zu zeigen, was sie von der wohlwollend hin- und herwogenden Diskussion in Bonn zu halten hatten. Der Kanzler sagte damals: ›Die deutschen Ostgebiete werden nicht vergessen werden, wenn einmal die historische Stunde für Deutschland kommt. Aber die Wiederherstellung der staatlichen Einheit Deutschlands in seinem historischen Umfang wird sich über eine lange Zeitperiode erstrecken.‹*[524]

In Berichten der Korrespondenten amerikanischer Zeitungen heißt es aus Bonn, es gehe der Bundesregierung offenbar vor allem um den Austausch von Handelsmissionen zwischen Bonn und Warschau.[525] So wird es den Journalisten erzählt. Auch deutsche Polen-Kenner wissen jedoch, daß eigentlich das Interesse der Polen immer noch auf den Austausch von Botschaftern mit Bonn gerichtet ist. *Was sie* (die Polen) *nicht wollten: vor allem keinen irgendwelchen Ersatz für normale und volle diplomatische Beziehungen*, erläutert Hansjakob Stehle in seinem Vortrag.[526]

Wie ein Nachklang wirkt bereits ein Bericht von Botschafter von Herwarth aus London vom 1. Februar, in dem noch einmal die Frage der deutsch-polnischen Beziehungen im Mittelpunkt steht: *Der hiesige türkische Botschafter, Feridun Kemal Erkin, erzählte mir von einem Gespräch, das er mit dem polnischen Botschafter in London, Rodzinski... geführt habe, als dieser ihm seinen Gegenbesuch machte. In der Unterhaltung seien von ihm auch die deutsch-polnischen Beziehungen, die Reise von Herrn Beitz und die Erklärung des Herrn Bundeskanzlers berührt worden. Der polnische Botschafter habe zu verstehen gegeben, daß seine Regierung ein Interesse an der Aufnahme diplomatischer, nicht aber nur handelspolitischer Beziehungen zwischen der Bundesrepublik und Polen habe. Die Frage der Oder-Neiße-Linie könne ausgeklammert werden.*[527] Bei der in dem Bericht erwähnten Erklärung des Kanzlers handelt es sich allerdings offensichtlich um eine Äußerung, mit der Adenauer längst vor der Beitz-Reise nach Warschau vom 22. Januar Interesse an einer Verbesserung der Beziehungen zu Polen bekundet hatte.

Beitz erreicht in Warschau immerhin, daß weder das Prestige von Krupp noch sein persönliches Ansehen in Polen durch die peinlichen Begleitumstände der Reise Schaden erleiden. Zu dem von den Polen erhofften Austausch von Botschaftern oder Konsuln führt sein kurzer Besuch in Warschau aber nicht. Mit seiner erfolglosen Mission und der Veröffentlichung der Erklärung Adenauers vor der Pommerschen Landsmannschaft ist in den deutsch-polnischen Beziehungen nun alles kaputt. Einen polnischen Vorbehalt zur Oder-Neiße-Linie, der spätere Verhandlungen über die Westgrenze Polens ermöglicht hätte, wird es nie wieder geben Die Chance, auch nur die leiseste Korrektur dieser Grenze zu erreichen, hat Adenauer verspielt.

Hierzu noch eine Bemerkung von Kessel aus jener Zeit: Im Februar 1961 ruft er sich in seiner Kolumne zwei Gespräche in die Erinnerung zurück. Das eine hatte er in der ersten Nachkriegszeit mit Erich Kordt, dem Freund aus dem Widerstand geführt. Den Namen des Freundes hat er allerdings nur nachträglich auf einem Abdruck seines Beitrags mit Tinte notiert. Kordt hatte bei einem Spaziergang durch die Ruinen von München die These entwickelt, es müßten noch zwanzig Millionen Deutsche an Hunger sterben. Das sei nun einmal die unvermeidliche Folge des von Hitler vom Zaun gebrochenen Krieges. Kessel war anderer Meinung: Wir müssen unsere letzten Kräfte zusammenraffen und mit neuen Ideen und Methoden die Not überwinden. 1958 habe er, Kessel, mit einem hohen Beamten in Bonn gesprochen. Diesmal sei es um politische Fragen und vor allem um die Wiedervereinigung gegangen. *Wieder bekam ich zu hören, ich vergäße wahrscheinlich, daß wir den Krieg angefangen und verloren hätten. Worauf ich erwidern konnte, diese Tatsache sei mir bekannt. Indessen, so bemerkte ich, wären wir nach Kriegsende verhungert, wenn wir die Hände in den Schoß gelegt hätten. Wenn wir heute in politischer Hinsicht resignierten und die Teilung Deutschlands und damit Europas als endgültig hinnähmen, so würden wir unsere Existenz und diejenige unserer Freunde nicht etwa sichern, sondern geradezu aufs Spiel setzen. Denn eine wirkliche Entspannung werde nur dann möglich sein, wenn man für die mittel- und osteuropäischen Fragen neuartige Lösungen finde. An der Ausschau nach ihnen müßten wir Westdeutsche uns beteiligen. Ich stieß auf geringes Verständnis.* Zu diesem Abschnitt der Kolumne hat Kessel handschriftlich vermerkt: *Scherpenberg.* Das also war der Beamte, mit dem er in Bonn gesprochen hatte.[528]

Ausführlich befaßt Kessel sich jetzt mit dem neuen Stil der amerikanischen Politik unter Präsident Kennedy, mit der sowjetischen Deutschland-Politik und mit Berlin. In den fünfziger Jahren hat sich das Sozialprodukt in der Sowjetunion verdoppelt. Der großen Masse der russischen Bevölkerung geht es besser als je zuvor. Das jedenfalls haben amerikanische Sowjetexperten auf einer Tagung in Princeton vorgetragen, auf die sich Kessel bezieht.[529] Bei dem Wiener Gipfeltreffen von Kennedy und Chruschtschow beeindruckt ihn der souveräne Stil des Amerikaners: *Der neue Präsident der Vereinigten Staaten drückte dieser Zusammenkunft mit seinem Gegenspieler vom ersten Augenblick an einen ernsten und kühlen Stempel auf. Und Chruschtschow, schlau wie er ist, merkte, was die Glocke geschlagen hat. Er spielte weder den gutmütigen Onkel oder harmlosen Spaßmacher wie in den Vereinigten Staaten, noch markierte er den wilden Mann wie in Paris. Er paßte sich der Atmosphäre an.*[530]

Das ist Weltpolitik. Polen, so wichtig es für die Entwicklungen in Osteuropa und damit auch für die Wiedervereinigung Deutschlands ist, wird die Aufmerksamkeit Kessels demnächst kaum mehr fesseln. Denn von Bonn her gesehen gibt es im Verhältnis zu Warschau einen Spielraum für Politik vorläufig kaum mehr. Um so aufmerksamer blickt Kessel auf die Gewitterwolken, die über Berlin heraufziehen. Nachdrücklich warnt er vor voreiligem Optimismus für Deutschland: *Haben wir vielleicht in den vergangenen Wochen und Monaten wieder einmal Augen und Ohren fest zugemacht, um vor der Berlin-Krise, die zwangsläufig auf uns zukommt, nichts zu sehen und zu hören? Den alliierten Truppen wird man den Zugang nach Westberlin nicht verwehren. Die zivilen Verbindungswege zu Lande und zu Wasser wird man, wenigstens zu Anfang, wohl kaum sperren. Dagegen könnte Moskau versucht sein, auf dem Gebiet des zivilen Luftverkehrs Schwierigkeiten zu machen. Ein sowjetzonaler Ersatzmann für den Vertreter Moskaus bei der Flugkontrolle, Volkspolizisten in Tempelhof oder das Verlangen nach einer Zwischenlandung in Magdeburg würde eine Katastrophe für die Flüchtlinge und das baldige Ende der Freiheit für Westberlin bedeuten. Und ebenso gefährlich, ja noch greifbarer wäre die Umwandlung der Sektorengrenzen innerhalb Berlins in eine sogenannte Staatsgrenze, die von den Flüchtlingen nur mit Paß und Visum überschritten werden könnte. Der ›Leuchtturm der Freiheit‹, als welchen die Amerikaner Berlin gerne bezeichnen, wäre dann erloschen.*[531]

Und einen Monat später: *Die deutsche Hauptstadt ist nicht nur für den Westen ein Vorposten der Freiheit und für den Osten ein Pfahl im*

Fleisch, sondern für beide Lager der Ansatzpunkt für weiterreichende Erwägungen und Pläne. Für Chruschtschow ist Berlin als solches, anders als für Ulbricht, wahrscheinlich unwichtig. Er sieht in der Stadt nur den Punkt, an dem er den Hebel ansetzen kann. Ihm geht es ... darum, den jetzigen Zustand in Europa zu konsolidieren und zu legalisieren. Erst dann kann er dazu übergehen, die Bundesrepublik direkt unter Druck zu setzen. Diesen Plan erleichtern wir, wenn wir Berlin zu sehr als isolierte Frage behandeln. Der Westen sollte daher seinerseits mehr, als dies in letzter Zeit geschehen ist, Berlin zum Ausgangspunkt einer weitreichenden politischen Offensive machen. Dies wäre schon deshalb sinnvoll, weil eine dauernde Berlin-Regelung ohne eine Lösung der deutschen Frage unmöglich ist. Die Teilung Deutschlands wiederum ist, daran muß immer wieder erinnert werden, nur ein Nebenprodukt, wenn auch ein besonders gefährliches und für uns Deutsche besonders schmerzliches, der Teilung Europas.[532]

Doch die von dem Kolumnisten ersehnte politische Offensive bleibt aus. Je näher das Verhängnis in Berlin heranrückt, desto stiller wird es in der Debatte um eine neue Deutschlandpolitik. Mit bitterer Ironie bemerkt Kessel am 9. August: *Wer jetzt annimmt, wir Westdeutschen würden spontan etwas für die rund tausend Flüchtlinge tun, die Tag für Tag in größter materieller und seelischer Not bei uns Schutz suchen, wird sich auch in dieser Annahme täuschen. Die Flüchtlinge bekommen von der Regierung ein Handgeld und von der Industrie – ganz selbstlos – einen Arbeitsplatz; das ist ausreichend.*[533]

Und was sagt Kessel zum Bau der Mauer? Gerade ihm, der einen Gewaltakt der Sowjetunion seit Monaten kommen gesehen hat, verschlägt es zunächst einfach die Sprache. Hat er nicht immer wieder gewarnt, seit Monaten, und immer wieder vergeblich? Er ist auf Urlaub, und er muß befürchten, was er zu sagen hätte, hätte die Redaktion der *Welt* ohnehin nicht gedruckt. Fünfmal trifft er sich in diesem Jahr mit Duckwitz, davon je einmal Ende Juni und Ende Juli. Der Freund wird seine Aufgabe als Leiter der Ostabteilung des Auswärtigen Amts bald mit dem Posten des Deutschen Botschafters in New Delhi vertauschen. In den Tagen nach dem Mauerbau trottet Duckwitz nur schweigsam und düster brütend durch die Flure in seiner Abteilung des Auswärtigen Amts. Auch er – was hätte er in diesen Tagen schon sagen können? Etwa: Da habt ihr's ja, dahin hat uns die Politik Adenauers geführt? Ein loyaler Staatsdiener spricht das nicht öffentlich aus.

Von den Beratungen des Außenministers mit den Botschaftern der Verbündeten hört man nichts Gutes im Auswärtigen Amt. Die bitterste Kritik am Kanzler aber hat in diesen Tagen einer seiner getreuen Helfer verfaßt, Horst Osterheld, der Leiter des Ressorts Außenpolitik im Kanzleramt. Sein persönliches Protokoll von dem Gespräch, das am 16. August 1961 der sowjetische Botschafter Andrej Smirnow in Gegenwart von Brentano und Globke mit Adenauer im Kanzleramt führte, ist eines der aufschlußreichsten Dokumente aus jener Epoche.

Die Sowjetunion, sagte Smirnow, wolle Frieden und Freundschaft. Sie befasse sich mit großen Wirtschaftsplänen für die nächsten zwanzig Jahre, wobei auch die Bundesrepublik verlockende Aufträge erhalten könne. In diesem Tonfall geht es weiter, Schalmeienklänge mit Drohungen vermischt. Darauf Adenauer: *Auch die Bundesregierung habe den Wunsch, mit der Sowjetunion in Freundschaft zu leben.* Über die von Smirnow übermittelten ernsten Probleme wolle er nachdenken, werde aber dafür erst nach der Wahl Zeit finden. *Heute aber wolle er auf Berlin hinweisen. Er sei in großer Sorge, daß dort oder in der Zone Blut fließen könne. Die Situation sei wahrhaft scheußlich. Die Sowjetregierung möge verhindern, daß etwas passiert, und zur Milderung der Situation beitragen.* So verläuft das Gespräch, wobei der Kanzler eine geradezu ängstliche Haltung einnimmt.

Schließlich zieht der sowjetische Botschafter ein auf deutsch vorbereitetes Kommuniqué aus der Tasche, dessen Text Adenauer mit einem geringfügigen Zusatz zustimmt. Der letzte Satz des Kommuniqués lautet: *Der Bundeskanzler versichere, daß er alles vom Botschafter Vorgetragene sorgfältig prüfen wird, und wies seinerseits darauf hin, daß die Bundesregierung keine Schritte unternimmt, welche die Beziehungen zwischen der Bundesrepublik und der UdSSR erschweren und die internationale Lage verschlechtern.* Das ist selbst Osterheld zuviel. Er schiebt dem Kanzler einen Zettel zu: Der letzte Satz muß gestrichen werden. Doch Adenauer ist hierzu nicht bereit. Er läßt dem von dem Russen vorbereiteten Text, den er unverändert übernimmt, nur den kurzen Satz hinzufügen, daß er dem Botschafter seine Auffassung über die Lage in Berlin dargelegt habe.[534] Gefügiger gegenüber der Sowjetunion hätte sich auch Ulbricht in Ost-Berlin kaum verhalten.

Am 23. August faßt Kessel in seiner Kolumne zusammen, was er nun kühlen Blutes zum Mauerbau zu sagen hat: *In wenigen Nachtstunden haben die Kommunisten sich vor zehn Tagen des räumlichen poli-*

tischen Vorfeldes von Westberlin bemächtigt. Jetzt stehen wir, die freien Deutschen, die Amerikaner, Engländer und Franzosen, mit dem Rücken an der Wand. Er erläutert dann noch einmal die engen Grenzen des Möglichen, über die in Berlin die Verbündeten verfügen.[535] Inzwischen sind am 20. August 1500 amerikanische Elitesoldaten auf dem Landweg von Westdeutschland nach Westberlin gekommen. Am gleichen Tag besucht Lyndon Johnson, der Vizepräsident der Vereinigten Staaten, den Westsektor der schon durch Stacheldraht und Mauern geteilten Stadt. Mit Jubel begrüßen die Westberliner den Vizepräsidenten und die Soldaten der Bundesgenossen. Kessel aber muß die ganze Bitterkeit des Schicksals einer Kassandra erfahren. Wie die trojanische Seherin hatte er das Unheil kommen gesehen. Auch ihm hatte niemand Glauben geschenkt.

Seit fast zwei Jahren ist er nun Journalist. Wie ein guter Pfarrer seine Gemeinde am Sonntag mit seiner Predigt ermutigt, so tritt Kessel jeden Mittwoch mit der Kolumne vor seine Lesergemeinde. Mag ihm auch noch so schwer ums Herz sein, er vergißt das Ermutigen nie. Daß dieser *diplomatische Mitarbeiter*, wie *Die Welt* ihn allwöchentlich vorstellt, über einen erstaunlichen Fundus an Wissen gebietet, ist seinen Lesern bekannt. Nicht überall bemerken werden sie die Fairneß des Kolumnisten, da sie seinen Lebensweg ja nicht kennen. Nach den Bundestagswahlen vom 17. September 1961 tritt Brentano zurück. Sein Nachfolger wird der Christdemokrat Gerhard Schröder, der seit 1953 Bundesinnenminister war. Wie groß ist doch für den Journalisten die Versuchung, daß er einem Politiker, der ihm persönlich geschadet hat, am Ende der Amtszeit Steine nachwirft.

Kessel jedoch schweigt über die klägliche Rolle, die Brentano als Außenminister gelegentlich gespielt hat, nicht nur in der Ostpolitik, sondern auch ihm gegenüber. Hingegen erwähnt er mit Wärme, Brentano sei im Auswärtigen Amt ein guter Hausvater gewesen, der persönlich an dem Wohlergehen und den Sorgen der Diplomaten im Ausland Anteil genommen habe. *Man bekam es gerade in den letzten Wochen in der Koblenzer Straße von allen Seiten zu hören, wie nobel, klug und menschlich sich Brentano dieser Seite seines Amtes angenommen hat.* Und gegenüber Schröder, dem Nachfolger an der Spitze des Auswärtigen Amts, nennt Kessel es *ein Gebot der Fairneß, ihm jede Chance zu geben und ihm für seine Aufgabe Glück zu wünschen.* Die Leitung des Außenministeriums ist ein schweres Amt. Kessel erinnert daran, daß es in den letzten fünfzig

Jahren, von Stresemann abgesehen, keinen Außenminister in Deutschland gegeben habe, der am Ende seiner Laufbahn von der Öffentlichkeit gefeiert werden konnte. Und selbst bei Stresemann und dessen allzu frühem Tod drängt sich ihm die Frage auf, *was geschehen wäre, wenn er weitergelebt hätte.*[536]

Mit dem zupackenden Realisten Schröder wird Kessel es leichter haben als mit dem gegenüber Adenauer allzu ängstlichen Brentano. Bald wird ein persönliches Vertrauensverhältnis entstehen. Doch noch einmal zur Fairneß: Kessel hat gewiß nicht Anlaß, für den Professor Wilhelm Grewe, den deutschen Botschafter in Washington, besondere Sympathie zu empfinden. Dennoch nimmt er ihn in seiner Kolumne in Schutz. Hallstein war es, der den Juristen Grewe ins Auswärtige Amt geholt hatte, und manche behaupten sogar, Grewe sei der wahre Erfinder der Hallsteindoktrin, von der Kessel nichts hält.

Im Frühjahr 1962 wird Grewe von Washington abberufen. Unter dem Titel *Diplomaten brauchen Glück* geht Kessel in der Kolumne darauf ein. Er erläutert, daß sich Botschafter nicht beliebig auswechseln lassen. Unter den deutschen Diplomaten der Weimarer Zeit waren Brockdorff-Rantzau, der von 1922 bis 1928 das Deutsche Reich in Moskau vertrat, und Leopold von Hoesch als deutscher Botschafter in Paris (1924–1933) *zwei international anerkannte Größen in ihrem Beruf. Doch hätte man sie ausgetauscht und Brockdorff nach Paris, Hoesch nach Moskau geschickt, so hätten sie wahrscheinlich nur Mittelmaß erreicht. Aber auch wenn Brockdorff-Rantzau sich heute mit Gromyko unterhalten müßte, statt damals mit Tschitscherin oder Hoesch mit de Gaulle statt mit Briand, das Ergebnis wäre zweifelhaft.* Und die noch heute gültige Schlußfolgerung: *Der Diplomat muß das Glück haben, zur rechten Zeit am rechten Platz zu sein, damit er sich entfalten und seinem Land nützen kann.*

Falls die Amerikaner wirklich, wie man hört, den deutschen Botschafter schlecht behandelt haben, so ist das für Kessel ein bedauerlicher Stilfehler. Noch peinlicher aber sind für ihn die Äußerungen des Bundeskanzlers über Grewe. *Adenauer sprach in der Öffentlichkeit über ihn wie ein Schulmeister, der feststellt, ein Junge habe das Ziel der Klasse nicht erreicht; er werde ihn jedoch nicht von der Schule jagen.* Anscheinend hatte der Kanzler vergessen, daß er dieses schnöde Urteil über einen Mann fällte, der sein ganz persönlicher Kandidat für Washington gewesen war. Außerdem setzt er mit dieser Äußerung den Vertreter der

Bundesrepublik auf dem für uns wichtigsten Posten herab. Ein solches Vorgehen schadet unserem Ansehen im Ausland.[537]

Das Jahr 1962 ist für Bonn kein erfreuliches Jahr. *Die Ära Adenauer geht zu Ende,* stellt Kessel schon im Mai mit kühler Sachlichkeit fest.[538] Anderthalb Monate später wird er noch deutlicher, nicht ohne Respekt für die Leistungen des Kanzlers in den Aufbaujahren der Nachkriegszeit. Er erinnert an die ersten Besuche Adenauers in Paris, Rom und Washington, die er als Diplomat miterlebt hat: *Selbst in der Anfangszeit, als viele unter uns nichts anderes kannten als die Sorge vor erneuten Erniedrigungen, trat Adenauer unbefangen auf wie ein großer Herr. Niemand konnte ihm eine Geste der Überheblichkeit oder der Unterwürfigkeit nachweisen, immer war er seiner Sache ebenso sicher wie seiner Person. Die Menge der anderen Staatsmänner und Politiker trat mit instinktivem Respekt auseinander, wo immer er erschien, im Pariser Quai d'Orsay, auf dem römischen Kapitol oder im Weißen Haus in Washington. Er betrachtete dies als eine ihm zustehende Huldigung und milderte seine angeborene, etwas starre Würde durch ein leutseliges Lächeln, einen rheinischen Witz. Es waren dies die Jahre, als er für seine Person und mit der Zeit für uns alle ein großes Kapital an Vertrauen und Prestige ansammelte.*

Doch inzwischen hat sich viel verändert: *Ausländische Diplomaten in Bonn und erst recht in anderen Hauptstädten sprechen von dem greisen Kanzler im Ton höflicher Nachsicht, Journalisten, etwas spontaner, mit einem spöttischen Achselzucken.* Kessel liegt jede Schadenfreude fern. *Als Deutscher hört man das nicht gern, selbst wenn man den Betreffenden vielleicht nicht widersprechen kann. Indessen liegt die Schuld an dieser Entwicklung keineswegs an Adenauer allein. Seine Freunde und seine Partei tragen ein noch größeres Maß an Verantwortung für diese tragische Entwicklung als er selber.* Und der Autor der Kolumne fragt, warum die Parteifreunde 1959 nicht darauf bestanden, daß Adenauer seinen Entschluß, Bundespräsident zu werden, nicht mehr umstoßen dürfe.[539]

Vom 15.8.–7.11. Pause hat Kessel in der Sammlung seiner Artikel notiert. Dazu ist eine Notiz aus der *Welt* geklebt: *Albrecht v. Kessel wird für eine geraume Zeit keine Artikel für die ›Welt‹ schreiben, da er sich auf längerem Urlaub befindet.* Auch die Terminnotizen auf den Blättern eines Abreißkalenders, die Kessel bis dahin aufbewahrt hat, brechen nun ab. Bis zum Juli hat er insgesamt neun Vorträge in westdeutschen Städten gehalten, von Hamburg bis zum fränkischen Gunzenhausen. Er war drei Tage in Paris, eine Woche in Griechenland, drei Tage in Berlin, zwei Wochen zur Erholung in Wiessee. In Düsseldorf war er mehrfach bei seinem Neffen Wolfgang von Buch und dessen Frau, einmal mit den Schwestern Hilde von Lavergne und Gerda von Dincklage und deren Mann sowie seinem alten Freund Botho von Wussow in Shakespeares *Sommernachtstraum*.

Für den 29. Mai 1962 belegt der Terminkalender ein Gespräch mit Egon Bahr.[540] Damit beginnt ein fruchtbarer Gedankenaustausch. Auch Sophie zu Dohna erinnert sich, daß schon in jener Düsseldorfer Zeit ihrer Ehe mit Wolfgang von Buch die Gespräche mit Bahr für Kessel wichtig zu werden begannen. Die Gedanken Kessels zur Berlinpolitik, zur Wiedervereinigung und Ostpolitik sind Bahr aus den in der *Welt* erschienenen Kolumnen der letzten drei Jahre bekannt. *Wandel durch Annäherung*, der gemeinsame Grundsatz von Brandt und Bahr, den Bahr zum erstenmal auf einer Tagung der evangelischen Akademie in Tutzing im Sommer 1963 mit diesen Worten vorträgt[541], entspricht den Überzeugungen Kessels. *Die Wiedervereinigung ist ein außenpolitisches Problem. ... Ihre Voraussetzungen sind nur mit der Sowjetunion zu schaffen. Sie sind nicht in Ost-Berlin zu bekommen, nicht gegen die Sowjetunion, nicht ohne sie,* sie ist *ein Prozeß mit vielen Schritten und vielen Stationen*, wird Bahr in Tutzing sagen.[542] Er ist der wichtigste außenpolitische Berater von Brandt. In seinen Memoiren[543] erwähnt er Kessel nicht. Es war Bahr, als er seine Lebenserinnerungen schrieb, wohl auch kaum mehr bewußt, wie weitgehend er in den frühen sechziger Jahren mit Kessel übereingestimmt hatte, wie einleuchtend ihm dessen kühne Thesen damals erscheinen mußten, und daß er mindestens schon ein Jahr vor seinem berühmten Referat in Tutzing mit Kessel zu einem Gedankenaustausch zusammengetroffen war. Welche Gedanken Bahrs in den frühen sechziger Jahren von Kessel beeinflußt waren, wird sich im nachhinein nicht leicht feststellen lassen. Schon 1996 sagte er dem Verfasser, er erinnere sich nicht mehr, wann und bei welcher Gelegenheit er zum erstenmal Kessel begegnet sei.

Ohne zu zögern bescheinigte Bahr im Rückblick des Alters dem Diplomaten eine *ungeheure Intelligenz* und das Verdienst, die weißen Flecken auf der außenpolitischen Landkarte Adenauers, das Fehlen einer eigenen Ostpolitik, schon sehr früh erkannt und beim Namen genannt zu haben.[544] Was Kessel in seinen Denkschriften als Diplomat dargelegt hat,

konnte Bahr freilich nicht kennen. Und es war, wie wir sahen, nicht Kessels Art, auf Urheberrechte an seinen Gedanken zu pochen.⁵⁴⁵ Bahr wiederum ist weder so selbstherrlich noch so beschränkt, daß er als alleiniger Erfinder der neuen Ostpolitik hätte gelten wollen. Er räumt gerne ein, daß Kessel und andere ebenfalls einen wesentlichen Anteil daran hatten.⁵⁴⁶
Komplizierter verhält es sich mit einer Bemerkung in den Memoiren von Ulrich Sahm. Als junger Schwager von Ulrich-Wilhelm von Schwerin hat er schon bald nach dem Krieg mit Kessel im Briefwechsel gestanden. Sahm wird 1966 der für Fragen der Ost-West-Beziehungen verantwortliche Ministerialdirigent im Auswärtigen Amt. Er wird dann in Schlüsselpositionen für die Verwirklichung der Ostpolitik Brandts wirken: Von 1969 an leitet er als Ministerialdirektor die Abteilung für Außenpolitik, Verteidigung und Deutschlandfragen im Kanzleramt und wird darauf als Botschafter nach Moskau entsandt. So hat selbst eine eher beiläufige Aussage in seinen Memoiren Gewicht, die sich auf Verhandlungen mit dem sowjetischen Außenminister Gromyko bezieht: *Egon Bahr, der die Grundlinien unserer neuen Außenpolitik, ihre Motive, Begründungen, Begrenzungen und Zielsetzungen erdacht und engstens mit Brandt und Scheel abgestimmt hatte, konnte* (in Moskau) *frei reden und dadurch Gromyko zum Gespräch zwingen.*⁵⁴⁷

Sahm erwähnt auch Kessel gelegentlich in seinen Memoiren, aber stets nur am Rande, nie als Vordenker einer vom Kurs Adenauers grundsätzlich abweichenden anderen Ostpolitik. Kannte er nicht, als er sein Erinnerungsbuch schrieb, den entscheidenden Anteil Kessels daran? Sahm hat auf die ihm brieflich gestellte Frage, warum er in seinem Buch zur Ostpolitik Kessels Beitrag nicht erwähnt, zunächst geantwortet, Kessel gehöre ja zu seiner Familie. Es wäre daher unpassend gewesen, ihn in dem Memoirenband eigens ausführlich hervorzuheben.⁵⁴⁸ Bei einem Gespräch mit dem Verfasser hat Sahm dann jedoch überzeugend erläutert, er habe in den Jahren 1958 bis 1962 mit Kessel kaum in Verbindung gestanden.⁵⁴⁹ In jenen Jahren hat Sahm als Leiter des Nato-Referats im Auswärtigen Amt noch mit begeistertem Schwung die Politik Adenauers vertreten.⁵⁵⁰

Wie die Terminkalender Kessels für die frühen sechziger Jahre belegen, ist darin für 1960 nur einmal eine Zusammenkunft mit Sahm vermerkt, 1961 und 1962 hat es dann keine Begegnungen mehr gegeben.⁵⁵¹ In den nächsten vier Jahren ist Sahm Vertreter von Botschafter Grewe beim

Nato-Rat in Paris. Erst nach seiner Rückkehr nach Bonn trifft er öfter mit Kessel zusammen. Offenbar erst jetzt spricht man auch eingehend über Ostpolitik. Kessel wird die Begabung Sahms, der inzwischen über eine vielseitige Berufserfahrung verfügt, in den kommenden Jahren mehr und mehr schätzen, ja er hätte ihn später nicht ungern als Staatssekretär an der Spitze des Auswärtigen Amtes gesehen.[552]

Nach arbeitsreichen Monaten mit einer Fülle von Gesprächen, Vorträgen und der Pflicht der wöchentlichen Kolumne muß der Aufbruch in den Urlaub für Kessel wie eine Befreiung gewesen sein. Es geht in den Süden – wohin wohl sonst? Am 14. April nimmt er den Schlafwagenzug nach München. Dort trifft er mit alten Freunden zusammen, darunter mit Botho von Wussow, der schon 1958 nach dem Tod seiner Frau endgültig aus Chile nach Deutschland zurückgekehrt ist. Dann geht es weiter nach Chur. *Rauchen eingestellt* steht am Tag nach der Ankunft im Taschenkalender. Zwei Tage später bezieht Kessel in Sils-Maria in dem soliden Hotel Margna Quartier. Am Wochenende trifft dort Haide Russell ein, die Kessel aus seiner Zeit in Washington kannte, als sie dort im Kulturreferat der Botschaft tätig war.

Zwei Tage später kommt auch ihr Vetter Dr. Wolter Russell, der in Washington in einem Krankenhaus gearbeitet hat. Der *kleine Doktor*, wie Kessel ihn scherzhaft gern nannte, war für den Diplomaten bald ein geschätzter Gesprächspartner geworden. Ihn hatte er auch einmal zu einem förmlichen Essen mit dem Deutschland-Referenten im State Department in seine Wohnung eingeladen. Nein, diese jungen Deutschen waren keine Nazis, das mußte auch der kritische Amerikaner einräumen. In Düsseldorf und später in Bonn wird Wolter Russell als Arzt der wichtigste Ratgeber und Helfer von Kessel. Auch Harry von Tieschowitz, der Kunsthistoriker und Studienfreund, kommt zu Gesprächen nach Sils. Dann reisen die Freunde wieder ab.

Kessel bleibt noch für einige besinnliche Tage allein, dann fährt er mit dem Postautobus nach Lugano. Dort holt Marie-Luise Sarre ihn ab. Zum Abschluß des Schweizer Urlaubs verbringt er in Ascona fünf Tage bei ihr und ihrer Schwester Irene Waetjen. *Schönstes Wetter* vermerkt er im Taschenkalender. Puppi Sarre ist die Frau, die er einmal heiraten wollte und mit der ihn seit der Zeit des Widerstands eine oft wortlose, tiefe Freundschaft verbindet. Die Tage des Wiedersehens in Ascona müssen beglückend gewesen sein, und doch immer wieder auch überschattet von Trauer. Denn die Toten, die von den Schergen Hitlers hingerichteten

Freunde, sind ihm ja gerade an solchen Tagen des Wiedersehens in der
Erinnerung nah.
 Rückfahrt nach Düsseldorf am 13. September. Für die *Welt* hat Kessel
noch immer Urlaub. Doch mit Axel Seeberg, dem Chefredakteur des
Deutschen Allgemeinen Sonntagsblatts führt er ein ausführliches Gespräch, ähnlich wie schon einmal im Juni, das dann im Wortlaut veröffentlicht wird. In dieser dem Interview ähnelnden journalistischen Form
kann Kessel seine Gedanken ausführlicher begründen als in der *Welt* auf
dem knappen Raum der Mittwochskolumne. Im Juni hatte das Gespräch
mit Seeberger dem Nutzen von Nichtangriffspakten und diplomatischen
Beziehungen mit Polen und der Tschechoslowakei sowie der Hallstein-Doktrin gegolten.[553] Im Oktober denkt Kessel gemeinsam mit Axel Seeberg über ein neues Gleichgewicht der Machtgruppen nach, über eine
künftige den Erdball umspannende Balance, vergleichbar dem europäischen Gleichgewicht, der ständigen Forderung Englands im alten Europa.[554] In größeren Abständen werden Gespräche Kessels mit dem
Chefredakteur des *Deutschen Allgemeinen Sonntagsblatts* die wöchentliche Kolumne in der *Welt* nun ergänzen.
 Am 11. Oktober 1962 tritt in Rom im Petersdom das Zweite Vatikanische Konzil zu seiner Eröffnungssitzung zusammen. Elf Tage später, am
22. Oktober, gibt Präsident Kennedy in einer Fernsehansprache die Blockade Kubas durch die Vereinigten Staaten bekannt. *Heimlich, rücksichtslos und provozierend* habe die Sowjetunion Raketenbasen auf Kuba
errichtet, sagt der Präsident der Vereinigten Staaten. Es seien weitere Raketenbasen in Vorbereitung, von ihnen aus lasse sich die Zerstörung bis
nach Lima in Peru und zur Hudson-Bucht in Kanada tragen. Seine Regierung werde jeden Angriff mit Nuklearwaffen von Kuba aus auf das
Gebiet eines Staates der westlichen Halbkugel als Angriff Rußlands auf
die Vereinigten Staaten bewerten, erklärt Kennedy. Ein solcher Angriff
werde eine umfassende Vergeltungsaktion der Vereinigten Staaten auf die
Sowjetunion erfordern. Die Welt hält den Atem an. Heute wissen wir, wie
schwer Kennedy auf dem Höhepunkt der Kuba-Krise an der Last seiner
Verantwortung trug, daß aber auch der Anteil Chruschtschows an der
friedlichen Beilegung der Krise nicht unwesentlich war.
 Im Oktober 1962 ist die Welt somit unvermutet einem mit Atomwaffen zu führenden Dritten Weltkrieg bedenklich nahe gerückt. Viele ahnen, nicht wenige kennen die ungeheure Gefahr. Doch bis zum Einlenken
Chruschtschows kommt Kessel in der *Welt* nicht wieder zu Wort. *Recht-*

zeitig von einer langen Reise zurückgekehrt, um den Ausbruch der Kuba-Krise zu Hause mitzuerleben, möchte ich heute versuchen, die vorläufige Bilanz dieser Krise zu ziehen, nimmt er am 7. November schließlich die Folge seiner wöchentlichen Kolumnen wieder auf: *Kennedy, anders als seine Vorgänger, reagierte rasch, energisch und präzise.* Er habe nach dem etwas hemdsärmeligen Ausspruch von Theodore Roosevelt gehandelt: *Sprich leise, aber habe einen dicken Knüppel in der Hand.* Und im Gegensatz zu einem anderen seiner Vorgänger, Franklin Roosevelt, *war er nicht darauf aus, seinen Gegenspieler* – für Franklin Roosevelt war das Hitler-Deutschland gewesen, für Kennedy ist es die Sowjetunion – *zur bedingungslosen Kapitulation zu zwingen, sondern ließ ihm bei aller Härte, mit der er sich gegen Täuschungsmanöver absicherte, einen ehrenvollen Rückzugsweg offen.*

Zu seiner grenzenlosen Überraschung habe sich Chruschtschow nach wenigen Tagen matt gesetzt gesehen. *Die Wahl, die ihm offenstand, war genau umschrieben: Entweder mußte er, um Castros Gesicht zu wahren, den Dritten Weltkrieg in Kauf nehmen. Oder er mußte, wie vor sechs Jahren Eisenhower beim ungarischen Aufstand, tatenlos zusehen, wie das Castro-Regime von amerikanischen Landungstruppen hinweggefegt wurde. Beides schien ihm untragbar. Er wählte deshalb den dritten Weg, die goldene Brücke, die Kennedy ihm gebaut hatte. Er trat den Rückzug an, angeblich um den Weltfrieden zu erhalten, den aber nicht Kennedy, sondern er selber mit seinen aggressiven und ganz hinterhältigen, ja verlogenen Methoden aufs Spiel gesetzt hatte.*

In seiner Schlußfolgerung kommt Kessel auf einen Gedanken zurück, den er schon in seiner Denkschrift *Möglichkeiten und Grenzen der deutschen Außenpolitik* dargelegt hatte: Ein russisches *Nein* ist nie ein unerbittliches endgültiges *Nein*. Eine zu jener Zeit – im Jahr 1962 also – in der Bundesrepublik vorherrschende Richtung erkläre zur Ostpolitik: *Da Moskau zu einer tragbaren Berlin-Regelung, zur Wiedervereinigung, zur Abrüstung und allen anderen Streitfragen ein kategorisches Nein gesagt habe, bleibe nichts anderes übrig, als auf jede Politik gegenüber der Sowjetunion zu verzichten.* Hierzu Kessel mit dem Blick auf die in der Hauptsache schon beigelegte Kuba-Krise: *Wie auch immer die Dinge weitergehen, Kennedy hat uns, und das ist der Gewinn der ausgestandenen Angst, eines gelehrt: Ein sowjetisches ›Nein‹ kann sich sehr wohl in ein ›Vielleicht‹ und sogar in ein ›Ja‹ verwandeln. Man muß es nur richtig anfangen.*[555]

Den Winter über wirbt Kessel weiter unermüdlich für eine sensiblere, einfallsreichere Ostpolitik. Zugleich warnt er nach der Unterzeichnung des deutsch-französischen Freundschaftsvertrags durch Adenauer und de Gaulle vor einer zu einseitigen Anlehnung der Bundesrepublik an Frankreich: In einem Klein-Europa unter französischer Führung sei für ein wiedervereinigtes Deutschland kein Platz.[556]

IX

In der Villa Bonaparte, der Residenz des deutschen Vatikanbotschafters 1943 in Rom: Sitzend ganz links Karl Gustav Wollenweber, ein Botschaftsmitglied. Im Hintergrund stehend in dem dunklen Türrahmen Albrecht von Kessel, vor ihm sitzend Marianne von Weizsäcker, stehend hinter den drei sitzenden Damen Charlotte Rahlke, Sekretärin von Botschafter Ernst von Weizsäcker, sitzend (zweite von rechts) Hildegard Freifrau von Braun, Ehefrau von Sigismund Freiherr von Braun, der die hier namentlich Aufgeführten 1994 identifiziert hat.

Das Schicksal der Juden von Rom

Der Papst (erfreut, erleichtert):
»So, Kessel heißt der Mann, Wir wollen Uns den Namen merken.«
Rolf Hochhuth in Der Stellvertreter

Am 20. Februar 1963 wird das Bühnenstück *Der Stellvertreter* von Rolf Hochhuth im Theater am Kurfürstendamm in Berlin uraufgeführt. Es erregt sogleich größtes Aufsehen.

In die Debatte greift Kessel mit einem Beitrag ein, der in der Samstagbeilage der *Welt* erscheint.[557] Er weist zunächst auf die von den Historikern oft verkannte geringe Glaubwürdigkeit vieler Quellen aus der Hitlerzeit hin: *Wer je als Diplomat unter einem totalitären und verbrecherischen Regime ausgeharrt hat – warum, steht hier nicht zur Debatte – kennt verschiedene Stufen der Glaubwürdigkeit. Schriftliche Äußerungen sollte man ausschließlich unter dem Gesichtspunkt der Taktik beurteilen. Sie bezwecken oft das genaue Gegenteil von dem, was der naive Leser in sie hineinlegt. So gab es etwa den Fall des Gefreiten in der Einheit eines meiner Freunde. Dieser Gefreite redete sich fast um Kopf und Kragen*[558]*, wurde aber durch eine schriftliche Erklärung meines Freundes gerettet, er sei stets ein fanatischer Anhänger des ›Führers‹ gewesen, worauf er aufgrund dieses Schriftstückes zwei Jahre später von den Amerikanern prompt als Ober-Nazi eingesperrt wurde.*

Die Dokumente aus jener Schreckenszeit bestehen also häufig, um es schlicht zu sagen, aus lauter Lügen. Man muß nach den Motiven forschen, aus denen heraus ein Schriftstück verfaßt wurde, anstatt umgekehrt die Motive aus einem Schriftstück herauslesen zu wollen. Mündliche Äußerungen, soweit sie korrekt überliefert sind, was viel seltener der Fall ist, als der Laie glaubt, stehen unter dem gleichen Gesetz, da sie sehr oft nur taktische Lügen enthalten. Nur wenn derjenige, der das Gespräch aufzeichnet, sehr präzise vermag, die Lage in ihrer Vielschichtigkeit zu übersehen und sich in die Psychologie des Beteiligten hineinzuversetzen, ist die Wiedergabe derartiger Unterhaltungen von Wert.

Kessel berichtet dann über seine eigene Mitwirkung an dem Geschehen: *Als die italienische Regierung im September 1943 mit den Alliierten einen Waffenstillstand schloß und damit die Seiten wechselte, wurde Rom von deutschen Fallschirmjägern besetzt. Noch am Abend dieses*

Ereignisses und erst recht am folgenden Tag beriet sich Herr von Weizsäcker mit mir, wie man den Juden helfen könne. Nach unserer Überzeugung, die leider von vielen Wohlmeinenden wieder einmal nicht geteilt wurde, stand Schlimmstes bevor. Es galt daher, die Juden so rasch und so eindringlich wie möglich zu warnen und ihnen ein Sich-Verstecken oder Fliehen anzuraten. ...

Schließlich fiel mir ein, daß der Schweizer Generalsekretär des Instituts für Internationales Privatrecht, den ich verhältnismäßig gut kannte, für die Mission geeignet sein könnte. Mit Einverständnis von Herrn von Weizsäcker suchte ich ihn noch am gleichen Abend in seiner Wohnung auf. Er übersah meine Lage und das Risiko, das ich einging. Ihn brauchte ich also gar nicht erst um Diskretion zu bitten. Daher fragte ich ihn ohne Umschweife, ob er führende Juden in Rom kenne. Als er dies bejahte, bat ich ihn, sie sofort aufzusuchen und ihnen folgenden Rat zu geben: Sie müssen schnellstens ihre Wohnungen verlassen und irgendwo Unterschlupf suchen. Angesichts der in Rom herrschenden recht chaotischen Zustände, angesichts des Widerwillens der römischen Polizei gegen die Nazis sowie der allgemeinen Korruption genüge es vielleicht, wenn die Juden sich in der gleichen Straße, ja im eigenen Haus bei Bekannten und Freunden versteckten. Noch besser wäre es allerdings, wenn sie in irgendwelchen Kleinstädten oder Dörfern Unterschlupf finden könnten, wo sie als normale Flüchtlinge, deren es Zehntausende gab, und nicht als Juden angesehen würden. Mein Schweizer Bekannter sagte mir zu, die ihm bekannten Juden in diesem Sinne zu beraten. Ich ging erleichtert nach Hause in der Überzeugung, meine Pflicht getan zu haben und, abgesehen von vielleicht einigen Einzelfällen, Unheil verhütet zu haben.

Wer beschreibt Herrn von Weizsäckers und mein Entsetzen, als wir nach einigen Tagen feststellten, daß diese Warnung in den Wind geschlagen worden war und führende Juden mit der inzwischen eingetroffenen SS ein Arrangement treffen wollten. Ich suchte meinen Schweizer Bekannten erneut auf, der mir mit der ganzen Naivität eines Mannes, der nie unter einem Terrorregime gelebt hatte, folgendes erklärte: Es sei doch kein Anlaß zu übertriebenen Besorgnissen. Inzwischen seien Ruhe und Ordnung wiederhergestellt, und ›die Deutschen‹ benähmen sich äußerst korrekt. Er beging den typischen Fehler des nichtsahnenden liberalen Bürgers zu glauben, daß Terror mit Chaos identisch ist bzw. nur im Chaos gedeiht, während meist das genaue Gegenteil der Fall ist. Ich fürchte diesen sehr kultivierten und sensiblen Mann in jener Stunde an-

geschrieen zu haben. Wenn die Juden, so erklärte ich, *sich nicht sofort und endgültig ›verkrümelten‹, so würden sie samt und sonders deportiert werden. Soweit ich mich erinnere, habe ich gesagt: ›Ihr Blut wird, wenn sie zugrunde gehen, über mich und meine Freunde kommen – und das haben wir nicht verdient. Ich beschwöre Sie, meinen Rat ernst zu nehmen und Ihren ganzen Einfluß auf die Juden in Rom geltend zu machen!‹ – Das Ergebnis ist bekannt.*

Es bedrückt Kessel noch in den sechziger Jahren, daß Ernst von Weizsäcker, sein langjähriger Lehrmeister und Freund, in Nürnberg als Kriegsverbrecher verurteilt worden ist. So hebt er in seinem Bericht über die Verfolgung der Juden von Rom die Rolle von Weizsäcker fast mehr als die eigene hervor: *Hinzufügen möchte ich noch, daß alles, was ich in den Monaten der Nazi-Herrschaft in Rom getan habe – es war zu wenig, denn ich hatte Angst, von der Gestapo gefoltert zu werden, und obendrein war es oft noch erfolglos –, daß dies alles teils auf Anregung von Herrn von Weizsäcker geschah, teils, soweit der Einfall von mir stammte, mit seinem ausdrücklichen Einverständnis. Es gab zwischen ihm und mir kein Geheimnis und auch nicht den Schatten einer Meinungsverschiedenheit, wenn auch Unterschiede des Temperaments.*

Die Erwägung, Hitler könne den Papst gefangennehmen lassen, um ihm einen Zwangsaufenthalt in Deutschland anzuweisen, habe bei Weizsäcker bis zum Einzug der Alliierten in Rom immer wieder eine Rolle gespielt, berichtet Kessel. Hätte sich der Papst der Gefangennahme widersetzt, so sei sogar mit der Möglichkeit zu rechnen gewesen, daß er – angeblich auf der Flucht – erschossen worden wäre. *Herr von Weizsäcker mußte also an zwei Fronten kämpfen. Er mußte dem... Papst den Rat geben, keine unbedachten Aktionen zu unternehmen, das heißt Aktionen, über deren letzte, vielleicht tödliche Folgen er sich nicht im klaren wäre. Und ebenso sehr mußte Weizsäcker die Nazis, das heißt Hitler, durch eine subtile Berichterstattung davon überzeugen, der Vatikan sei gutwillig, mithin in Hitlers Sicht schwach. Die zahllosen Einzelaktionen des Vatikans zu Gunsten der Juden seien so bedeutungslos, daß man sie nicht ernst zu nehmen habe.*

Sämtliche Mitglieder der deutschen Botschaft beim Vatikan seien sich bei der Beurteilung der Lage in einem Punkt einig gewesen: Ein flammender Protest von Pius XII. gegen die Judenverfolgungen hätte den Papst selbst und damit auch die Kurie in höchste Gefahr gebracht, im Herbst 1943 aber *keinem einzigen Juden das Leben gerettet.* Zur Haltung des

Papstes faßt Kessel seinen Standpunkt dann in einem persönlichen Zeugnis zusammen: *Pius XII., den ich schon als Staatssekretär und zwölf Jahre später als Papst gekannt habe, war eine große Gestalt, die allerdings, das war damals meine Überzeugung und ist es auch heute, unter der Gewissensnot fast zusammenbrach. Er hat, ich weiß es, Tag für Tag, Woche für Woche, Monat für Monat um die Antwort gerungen. Keiner konnte ihm die Verantwortung für diese Antwort abnehmen. Wer kann heute, zwanzig Jahre danach, behaupten, der Papst habe die falsche Antwort gefunden, als er dem Märtyrertum auswich? Und wer darf, selbst wenn die Antwort des Papstes wirklich falsch gewesen sein sollte, den ersten Stein auf ihn werfen? Der Autor des Stücks, ›Der Stellvertreter‹ vertritt Ansichten, anständige, ja idealistische (denn ich billige ihm guten Glauben zu), wie ich sie in seinem Alter, vor dreißig Jahren, genauso vertreten hätte. Möge ihm, wenn er so alt ist wie ich, aufgrund von inzwischen eingetretenen Ereignissen erspart bleiben, wortkarg feststellen zu müssen: ›Gott sei meiner Seele und meinem armen Volke gnädig!‹*

Es wäre gewiß im Sinne von Kessel, seinen Bericht nur für sich selbst sprechen zu lassen. Doch heute weiß man mehr über das Schicksal der römischen Juden während der deutschen Besetzung von Rom als in den sechziger Jahren. Ein Schweigen darüber wäre auch deshalb unangebracht, weil Hochhuth damals der Stellungnahme Kessels auf der gleichen Seite der *Welt* mit einem unsachlichen Wortschwall des Protests entgegentrat: *Es ist keine Frage des Jahrgangs, ob man das Stoßgebet sprechen muß, mit dem Herr v. Kessel seinen Aufsatz beschließt. Wir alle haben Veranlassung so zu sprechen. Und da sogar er, den man noch heute im päpstlichen Staatssekretariat als hilfsbereiten Anti-Nazi in Erinnerung hat, seine Angst vor der Folter durch die Gestapo eingesteht, so habe ich das natürlich erst recht zu tun: Ich hätte vor Angst vermutlich niemandem geholfen. Was aber soll bei einer solchen Auseinandersetzung die uninteressante Person des Autors?*[559]

Der am 1. April 1931 in Eschwege geborene Rolf Hochhuth war zwölf Jahre alt, als die SS alle Juden Roms, deren sie habhaft werden konnte, nach Auschwitz verschleppte, wo die meisten von ihnen bald umgebracht wurden. Kein urteilsfähiger Leser des Bühnenstücks wird bezweifeln, daß der Dichter in seinem Stück mit hoher dramatischer Aussagekraft einen Standpunkt vertritt, der einer in Deutschland noch heute nicht überall überwundenen Empfindung entsprach. Und darauf beruht sein Erfolg. Aber entwirft Hochhuth von dem Konflikt, in den Pius XII. durch die Verfolgung der römischen Juden geriet, wirklich ein zutreffendes Bild? Entlarvend in seiner Entgegnung auf Kessel war schon die Frage, was bei einer solchen Auseinandersetzung *die uninteressante Person des Autors* bedeute. Denn bei der Bewertung jeder Aussage zu Ereignissen der Geschichte ist gerade die Quelle der Information von höchster Bedeutung. Und Kessel, der Verfasser des Beitrags in der *Welt*, war als Autor nun wahrlich nicht uninteressant. Als Mitglied des aktiven Widerstands war er ein kompromißloser Gegner von Hitler. Als evangelischer Christ war er auch vor der Versuchung gefeit, die Haltung des Papstes gegenüber den Juden von Rom nachträglich zu beschönigen, wozu mancher Katholik aus falsch verstandener Loyalität gegenüber dem Heiligen Stuhl geneigt haben mag. Als Freund und Gesprächspartner des angesehenen Kirchenhistorikers Hubert Jedin, eines unabhängigen und kritischen Geists und mit Verbindungen zu führenden Köpfen im Vatikan, hatte Kessel noch während des Krieges vielfach Gelegenheit, sein eigenes Urteil zu überprüfen. Was er später im Memoirenentwurf über die drei römischen Jahre festhielt[560], bestätigt und ergänzt, was er in seinem Beitrag für die *Welt* berichtet hatte.

Der Verlauf der Ereignisse unmittelbar vor dem deutschen Einmarsch ist aus verschiedenen Quellen bekannt. Am 10. September 1943 nähern sich deutsche Truppen der italienischen Hauptstadt. Im Vatikan wächst die Besorgnis. Am Nachmittag notiert Weizsäcker: *Die Angst im Vatikan, daß nicht nur Rom besetzt werde, sondern auch der Heilige Stuhl selbst berührt werden könnte, war heute vormittag im Steigen. Nachrichten lagen dort vor, daß auf verschiedenen Wegen, insbesondere auf der Via Aurelia, deutsche Fallschirmtruppen im Anmarsch seien. Ich wurde zum Kardinal-Staatssekretär gebeten, der an mich wegen Schonung des Vatikans appellierte.*[561] Im Staatssekretariat hält Monsignore Montini, der spätere Papst Paul VI., das Gespräch in einem Kurzprotokoll fest: *Der Botschafter Deutschlands wird von seiner Eminenz Kardinal Staatssekretär Maglione herbeigerufen und kommt sofort in den Vatikan. Seine Eminenz bittet den Botschafter, bei Feldmarschall Kesselring*[562], *falls dies möglich ist, zu intervenieren, damit der Vatikan respektiert wird.*[563] Der Versuch des Botschafters, mit Kesselring in Verbindung zu treten, bleibt jedoch erfolglos.[564] Kessel berichtet in seinem Memoirenentwurf, daß er sich am Vortag[565] von dem bisher beim Quirinal, der Regierung des Königreichs Italien, akkreditierten deutschen Botschafter Rudolf Rahn und dessen Mitarbeitern verabschiedet habe.

Für die Diplomaten stand auf einem Vorort-Bahnhof ein Zug zur Fahrt nach Norden bereit. Nach der Rückkehr in die deutsche Botschaft beim Heiligen Stuhl erfährt Kessel, daß die Vertretung inzwischen isoliert ist. Sie kann nur noch mit dem Vatikan telefonieren, die übrigen Verbindungen sind abgeschnitten. Man hört schon aus der Richtung der Albanerberge hin und wieder Geschützfeuer, das sich am nächsten Morgen verstärkt. Kessel erklärt sich gegenüber Weizsäcker bereit, mit seinem jungen Kollegen Wollenweber in dessen Fiat Topolino eine Erkundungsfahrt zu unternehmen.

Bei Santa Maria Maggiore trifft er auf deutsche Fallschirmjäger, die auf ihren Lastwagen in die Stadt einrücken. Er erläutert dem Offizier der Einheit den Stadtplan von Rom und sagt ihm, es liege ein *strengster Befehl* Hitlers vor, unbedingt die Grenzen des Vatikanstaats zu achten. In die Botschaft zurückgekehrt, erhält Kessel von Weizsäcker den Auftrag, unverzüglich zu Monsignore Montini zu fahren und ihm im Namen des Botschafters zu erklären, ›der Führer und Kanzler‹ – *in dieser Form wurde gegenüber Ausländern von Hitler gesprochen* – habe strenge Weisung erteilt, die Neutralität der Vatikanstadt aufs strikteste zu beachten. Eine solche Weisung habe das Auswärtige Amt der Botschaft *für alle Fälle* schon einige Tage zuvor übermittelt, erinnert sich Kessel. Er begibt sich nach telefonischer Anmeldung zu Montini und gibt die ihm von Weizsäcker aufgetragene Erklärung ab. Darauf heißt es in dem Memoirenentwurf: *Anschließend sagte ich, er (Montini) möge mir noch eine persönliche Bemerkung erlauben, und erklärte ihm in zwar indirekter, aber unmißverständlicher Form meine Haltung gegenüber dem NS-Regime und meine Auffassung über die Entwicklung in den letzten Stunden. Ich gab meiner Hochachtung vor der Kirche Ausdruck und versicherte ihm, ich sei bereit, alles in meinen Kräften Stehende zu tun, sie zu verteidigen und stände zu seiner Verfügung.*[566]

Montini geht hierauf nicht ein. Kessel ist davon überzeugt, daß man selbst innerhalb der Verwaltung des Vatikans mit Informanten der Gestapo zu rechnen habe. Er hat seine Äußerungen daher mit dem Hinweis begleitet, Montini möge das Gesagte nicht in einer Aufzeichnung für das Staatssekretariat festhalten, sondern den Papst hiervon nur mündlich unterrichten.[567] Montini wird seinerseits die Möglichkeit nicht ausgeschlossen haben, deutsche Truppen könnten eines Tages vielleicht doch den Vatikanstaat besetzen. Jedenfalls wirkt seine Aktennotiz über das Gespräch mit Kessel, wenn man dessen Bericht in dem Memoirenentwurf kennt, wie von äußerster, fast überängstlicher Vorsicht diktiert: Kessel habe *wenig gewußt*. Auch habe man vor allem über das noch anhaltende Artilleriefeuer in der Stadt gesprochen, das Kessel auf *fanatische Faschisten* zurückgeführt habe.[568] Gibt es für das Gespräch Kessels mit Montini vom Nachmittag des 10. September in den Archiven des vatikanischen Staatssekretariats vielleicht noch weitere Dokumente? Das ist zur Zeit nicht feststellbar, weil die vatikanischen Archive zum Pontifikat von Pius XII. für die Forschung noch nicht zugänglich sind.

Über die auf den 10. September 1943 folgenden Tage gibt ein Abschnitt des Memoirenentwurfs Auskunft, den Kessel im Manuskript mit dem Hinweis ankündigt: *einrücken: Der Versuch, die Juden in Rom zu retten. – Bereits schriftlich fixiert.*[569] Der knappe viereinhalb Seiten umfassende Text ist demnach früher entstanden als das gesamte Kapitel des Memoirenentwurfs über die römischen Jahre. Dennoch ist er nicht abschließend redigiert. Wegen der Bedeutung des Inhalts wird über dieses Textstück hier ebenfalls referiert. Wiederholungen lassen sich dabei nicht völlig vermeiden. Doch wichtige Einzelheiten im Manuskript ergänzen den in der *Welt* erschienenen Bericht. Hiermit übereinstimmend erwähnt Kessel in dem bisher unveröffentlichten Text, Weizsäcker habe sich schon am Abend des 10. September und eingehender am 11. September mit Kessel beraten, was zur Rettung der in Rom lebenden Juden getan werden könne. Anders als der Artikel in der *Welt* nennt der Text aus dem Memoirenentwurf dann auch den Namen des Schweizer Juristen, der im Auftrag von Kessel die römischen Juden gewarnt hat: *Farner* steht irrtümlich im Manuskript. Es handelte sich um Alfred Fahrener, dessen Institut eine Einrichtung des Völkerbunds war. *Wir hatten uns bisher nur selten getroffen, aber ich hatte ihm sofort Sympathie entgegengebracht. Wir konnten diesem stillen und kultivierten Mann und seiner moralischen Integrität volles Vertrauen schenken*, beschreibt Kessel den Schweizer. Der Bericht über die zwei Gespräche, die Kessel damals mit Fahrener führte, stimmt inhaltlich mit seinem Bericht für die *Welt* überein.

Von den Bemühungen Ernst von Weizsäckers, den Papst vor offiziellen Protesten gegen die Verhaftung von Juden zu warnen, wird in dem späteren Textstück ausführlicher als in dem Zeitungsartikel berichtet, jedoch mit etwas anderen Akzenten: *Parallel zu meiner Aktion war Weizsäcker beim Papst gewesen und hatte ihn vor einem offiziellen Pro-*

test gewarnt. Denn ein solcher Protest werde keinem einzigen Juden das Leben retten und Hitler in äußerste Wut versetzen, die auch vor seiner, des Papstes, Person möglicherweise nicht haltmachen werde. Hochhuth hat in seinem Stück ›Der Stellvertreter‹ darin ein Komplott zweier Machiavellisten gesehen. In jenen Schreckenstagen hätte ich mir geradezu gewünscht, daß dies der Fall wäre. Statt dessen waren Weizsäcker und der Papst, beide Vertreter einer um zwanzig Jahre älteren Generation, wie gelähmt, während Braun[570] und ich meinten, man müsse unbedingt etwas tun.

Schon vor dem Bühnenstück Hochhuths *Der Stellvertreter* und erst recht nachher sei das Verhalten von Papst Pius XII. nach dem Einmarsch der Deutschen in Rom auf scharfe Kritik gestoßen, schreibt Kessel in dem Bericht, der vor dem übrigen Text des Kapitels im Memoirenentwurf, aber wohl erst nach 1963 entstand. Aus der Sympathie des Papstes für das deutsche Volk habe man geschlossen, daß er diese Sympathie auch auf das Nazi-Regime übertrug. *Das ist absurd*, erwidert Kessel auf solche Kritik. *Er war einfach weitsichtiger als die westlichen Staatsmänner mit ihrer These einer deutschen Kollektivschuld und der Forderung nach einer bedingungslosen Kapitulation. Man schaffe damit, so meinte er, im Herzen Europas ein Machtvakuum, das die Sowjets mit Gewalt ausfüllen würden. Die Entwicklung hat ihm leider recht gegeben.* Und weiter, zur Haltung des Papstes gegenüber dem Schicksal der römischen Juden: *Andere Kritiker, vor allem Hochhuth, werfen ihm vor, daß er kraft seines Amtes einen flammenden Protest gegen die vor seinen Augen stattfindenden Judenverfolgungen hätte einlegen müssen. Auch wenn ein solcher Protest keinem einzigen Juden geholfen hätte, sei es die Pflicht des ›Stellvertreters‹ Jesu Christi auf Erden gewesen, seine Stimme zu erheben, selbst auf die Gefahr hin, den Märtyrertod zu sterben. Ich hielt und halte auch heute noch die Möglichkeit, daß er sich einer Gefangennahme durch die SS widersetzt und darauf erschossen worden wäre, für nicht ganz ausgeschlossen. Nur bin ich überzeugt, daß Pius XII. sich zu seiner Haltung nicht aus Opportunismus oder Angst, sondern in stundenlanger, ja tagelanger Gewissenserforschung entschlossen hat. Und das genügt mir.*[571]

Auch dies ein eindeutiges Zeugnis, in einer wesentlichen Nuance aber doch vorsichtiger formuliert als in dem Beitrag für *Die Welt*. Dort hatte Kessel geschrieben: *Er (der Papst) hat, ich weiß es, Tag für Tag, Woche für Woche, Monat für Monat um die Antwort gerungen.* Ist Kessel nur aus allgemeinen Erwägungen davon überzeugt, daß der Papst stunden- oder tagelang mit sich gerungen hat, oder verfügte er hier über so glaubhafte Informationen, daß er sagen durfte: *Ich weiß es*?

Schließt man die Zeit ein, in der nach dem Krieg der Vatikan Weizsäkker und seinen engsten Mitarbeitern in der Vatikanstadt Asyl gewährt hat, so war Kessel auf keinem anderen Auslandsposten so lange wie an der Vertretung beim Heiligen Stuhl. Er hat in der Vatikanstadt viele Freunde gefunden, von der jüdischen Archäologin Hermine Speier, die im Krieg in der vatikanischen Museumsverwaltung Unterschlupf fand[572] bis zu dem berühmten Prälaten Kaas, den Kessel schon kannte, als er Attaché an der damals noch als Gesandtschaft eingestuften deutschen Vertretung beim Heiligen Stuhl war. Als er im Mai 1930 zum ersten Mal nach Rom kam, hatte im Vatikan als Kardinalstaatssekretär von Papst Pius XI. schon Eugenio Pacelli seinen Dienst angetreten, der spätere Papst Pius XII., der zuvor in Berlin Nuntius gewesen war. Nach Rom hatte Pacelli seine Sekretärin und Haushälterin, die deutsche Ordensfrau Pascalina Lehnert begleitet, im Vatikan bald als Madre Pascalina bekannt. Seit 1918 hatte sie im Dienst Pacellis gestanden, als der junge Diplomat den Heiligen Stuhl zunächst in Bayern vertrat. Pflichtgetreu, von großer Willenskraft und praktischer Klugheit, ist sie während des Pontifikats von Pius XII. wohl dessen nächste Vertraute gewesen. Ihre Erinnerungen an vier Jahrzehnte im Dienste Pacellis[573] zählen zu den Zeitdokumenten der Epoche. Mitglieder der deutschen Vatikanbotschaft erwähnt sie darin jedoch nicht.

Auch in den hinterlassenen Schriften von Kessel taucht ihr Name nicht auf. Daß er sie nicht gekannt habe, ist dennoch undenkbar. Es gibt vielmehr einen Hinweis, der auf eine vertrauensvolle Bekanntschaft schließen läßt. Der Franziskaner Gereon Goldmann, der sich als Pfarrseelsorger und Leiter des Instituts für Kirchenmusik in Tokio hohes Ansehen erwarb, berichtet in seinen Memoiren[574], wie er als Soldat während der deutschen Besetzung von Rom Kessel eine verschlüsselte Information von Adam von Trott überbrachte. Er habe dabei die ungewöhnliche Bitte geäußert, ihm zu einem Gespräch mit dem Papst zu verhelfen. Kessel erwidert zunächst, das sei unmöglich, läßt sich dann aber dennoch erweichen und telefoniert mit dem Vatikan. Nach kurzer Zeit hat er den Papst selbst am Telefon. Pater Gereon kommt zu dem von ihm ersehnten Gespräch, einem Wendepunkt in seinem Leben: Pius XII. entscheidet, daß der junge Franziskaner als Soldat und Seelsorger von Soldaten ohne ein förmliches Studium der Theologie schon in wenigen Wochen zum Priester geweiht werden darf.

Gewiß, es gibt keine Beweise dafür, daß Kessel zunächst mit der Madre Pascalina gesprochen hat, bevor der Papst selbst am Telefon war. Aber wohl kein italienischer Sekretär des Staatssekretariats hätte den deutschen Botschaftsrat bei seinem Anruf so rasch und unkonventionell mit dem Papst verbunden. Als Kessel 1963 in der *Welt* zu dem Bühnenstück Hochhuths Stellung nahm und später persönliche Erinnerungen an seinen Versuch niederschrieb, die Juden in Rom vor der Verhaftung durch die SS zu warnen, lebte die Madre Pascalina noch. Erst 1983, sieben Jahre nach dem Tod Kessels, ist sie gestorben.

Wozu der Hinweis, es müsse eine vertrauensvolle Bekanntschaft Kessels mit der nächsten Mitarbeiterin von Pius XII. bestanden haben? Kessel konnte ungeheuer verschwiegen sein, und es lag ihm fern, sich seines vertrauten Umgangs mit Pius XII., einem der Großen seiner Zeit, nachträglich zu rühmen. Wenn er im April 1963 in der *Welt* von Eugenio Pacelli schreibt: *Pius XII., den ich schon als Staatssekretär und zwölf Jahre später als Papst gekannt habe*, so weist das jedoch auf mehr als nur flüchtige Begegnungen bei offiziellen Veranstaltungen hin. Zur Kernfrage des Hochhuth-Stücks *Der Stellvertreter*, ob ein öffentlicher Protest des Papstes gegen die Judenverfolgung sinnvoll oder gar notwendig gewesen wäre, heißt es bei Kessel in der *Welt* in unmißverständlicher Klarheit: *Er hat, ich weiß es, Tag für Tag, Woche für Woche, Monat für Monat um die Antwort gerungen.*[575]

Für den Diplomaten, der gewohnt war, auch für wichtigste Informationen dem Auswärtigen Amt oft keine Quelle zu nennen, war dieses *ich weiß es* überzeugend genug. Wenn er in der Niederschrift, die er in das Manuskript des Memoirenentwurfs eingefügt hat, die Wendung *ich weiß es* auf ein *davon bin ich überzeugt* abgeschwächt hat, so deutet das nicht darauf hin, er habe in der *Welt* nur eine Vermutung geäußert. Er wollte, ja konnte auch in dem Text, der für die Memoiren bestimmt war, die Quelle seiner Informationen nicht nennen. Die Madre Pascalina lebte ja immer noch, und die Verschwiegenheit des verläßlichen Diplomaten lag Kessel im Blut.

Anders steht es um den Verlauf der Aktion, bei der die SS am 16. und 17. Oktober 1943 in Rom mehr als tausendzweihundert Juden verhaftet hat. Über Goldlieferungen, mit denen sich die römischen Juden von der SS freizukaufen versucht hätten, ist Kessel auch bei der Niederschrift für das Memoirenfragment immer noch nur bekannt, was er einige Tage nach seinem ersten Gespräch mit Fahrener als Gerücht gehört haben muß. Daß es der ranghöchste Vertreter der SS in Rom, der berüchtigte Obersturmbannführer Herbert Kappler war, der am 26. September 1943 den Präsidenten der jüdischen Kultusgemeinden Italiens, Dante Almansi, und den Vorsitzenden der jüdischen Kultusgemeinde von Rom, Ugo Foà, zu sich zitierte und die beiden Vertreter der italienischen Juden ausgerechnet noch in der Villa Wolkonsky empfing, die bis zum Sturz Mussolinis Sitz des Deutschen Botschafters beim Quirinal gewesen war[576], hat Kessel wohl auch nach dem Krieg nicht erfahren. Dennoch hat sich sein Befund der damit entstandenen Lage als richtig erwiesen: *Natürlich würde die Gestapo, sobald sie das Gold in ihrem Besitz hätte, jeden Juden, dessen sie habhaft würde, umbringen.*[577]

Kessel glaubte, die SS habe die am 16. Oktober in Rom verhafteten Juden in Norditalien ermordet. Das war ein naheliegender Irrtum. Als Vertreter des kleinen Reststaabs in der ehemaligen deutschen Quirinal-Botschaft in Rom hatte der Botschaftsrat Moellhausen am 6. Oktober 1943 an das Auswärtige Amt telegrafiert: *Obersturmbannführer Kappler hat von Berlin den Auftrag erhalten, die achttausend in Rom wohnenden Juden festzunehmen und nach Oberitalien zu bringen, wo sie liquidiert werden sollen.* Als Stadtkommandant von Rom habe ihm General Stahel mitgeteilt, daß er diese Aktion nur zulassen werde, *wenn sie im Sinn des Reichsaußenministers liegt.* Um die Juden zu retten, schlug der Botschaftsrat vor, sie *wie in Tunis zu Befestigungsarbeiten heranzuziehen.* Außenminister von Ribbentrop reagiert sofort und läßt dem Botschaftsrat mitteilen, er möge sich *auf keinen Fall in die Angelegenheit einmischen, sondern sie der SS überlassen.*[578]

Kessel hat nach dem Krieg nie versucht, die Warnung, die er den Juden in Rom durch seinen Schweizer Mittelsmann zukommen ließ, als persönliches Verdienst herauszustellen. Ihm ging es dabei auch nicht um Zahlen. Entscheidend war für ihn, daß er sich als Diplomat der einzigen noch in Rom verbliebenen deutschen Vertretung, der Botschaft beim Heiligen Stuhl, und zudem als nächster Vertrauter von Botschafter Ernst von Weizsäcker, persönlich für die Sicherheit jedes einzelnen der römischen Juden verantwortlich gefühlt hat. Denn *auch wenn es sich nur um zehn gehandelt hätte,* die von der SS verschleppt und ermordet wurden, *wäre es doch ein von der deutschen Regierung befohlener Mord gewesen.*[579] Bei einer gewissen Vertrautheit mit dem Leben dieses in mancher Hinsicht ungewöhnlichen Mannes könnte man beinahe den Eindruck gewinnen, als habe er noch in der Debatte um das Bühnenstück Hochhuths seinen Beitrag zur Rettung der römischen Juden bewußt bagatellisiert, und dies aus dem Gefühl eigener Schuld, die ihn niemals verließ. Wie oft hat er sich wohl gefragt, ob er nicht doch mehr hätte tun können, um wenigstens diese wehrlosen Menschen in seiner unmittelbaren Nähe zu retten?

Mit dem Schweizer Alfred Fahrener, der 1943 in Rom Leiter des Instituts für Internationales Privatrecht des Völkerbunds war, hat Kessel auch nach dem so stürmisch verlaufenen zweiten Gespräch über die römischen Juden den Gedankenaustausch aufrechterhalten. Wie er im Memoirenentwurf berichtet, ist er im März 1944 mit Genehmigung seines Botschafters im Dienstwagen der Vertretung nach Lugano gereist und dann mit der Eisenbahn nach Genf, um dort mit seinem Freund Nostitz zusammenzutreffen. Auf der Reise sei Fahrener sein Begleiter gewesen, schreibt Kessel und fügt hinzu, der Schweizer habe ihm ja als Mittelsmann mit den römischen Juden *so wacker, wenngleich erfolglos* beigestanden. Wirklich erfolglos?

In ihrem Forschungsbericht *Il Libro della Memoria* hat die Italienerin Liliana Picciotto Fargion ein bedrückendes Gesamtbild der deutschen Morde an Juden geboten, die von 1943 bis 1945 aus Italien und den noch im Krieg von Italien beherrschten Inseln des Dodekanes verschleppt worden sind.[580] Alle Opfer, die der jüdischen Historikerin in ihren jahrelangen Recherchen bekannt wurden, sind in dem Buch namentlich aufgeführt, soweit möglich auch mit den wichtigsten persönlichen Daten. Hierfür nur ein Beispiel: *Nella Montefiori, geboren am 1. 9. 1905 in Ancona, Tochter von Gino und Elisa Montefiori. Letzter bekannter Wohnort: Rom. Von den Deutschen am 16. Oktober 1943 verhaftet und im Collegio Militare gefangengehalten. Am 18. Oktober 1943 nach Auschwitz deportiert. Getötet nach der Ankunft in Auschwitz am 23. Oktober 1943.*[581] Bei jedem einzelnen Schicksal dieser Opfer nationalsozialistischen Rassenwahns kann man nur Grauen empfinden. 253 der Ermordeten waren jünger als zwanzig Jahre, 43 noch Säuglinge, fast die Hälfte Frauen. Zu beschönigen gibt es hier nichts.

Im Manuskript des Memoirenentwurf steht: *Die Zahl der nach Norditalien verschleppten und dort ermordeten Juden ist bekannt; es waren ihrer* . Bis zu Kessels Tod blieb die klaffende Lücke, die bei einer redaktionellen Überarbeitung nachträglich ausgefüllt werden sollte. Weiter heißt es im Manuskript: *Dagegen habe ich trotz mancher Nachforschungen nie eine Statistik ausfindig machen können, wie viele römische Juden dem Massaker entkommen sind. Ich hoffe und glaube, daß es die Mehrheit war, sei es, daß sie aus Rom geflohen waren, ein privates Versteck ausgemacht oder in Klöstern und anderen kirchlichen Institutionen ein Asyl gefunden hatten.*[582]

Wieviel Juden haben in Rom gelebt, bevor im September 1943 deutsche Fallschirmjäger und Einheiten der SS in die Stadt eingerückt waren? Das wird sich genau kaum mehr feststellen lassen. Doch die italienische Forscherin Picciotto Fargion hat wertvolle Statistiken vorgelegt. Bei seinem Versuch, die Verschleppung der verhafteten römischen Juden zu einer unbekannten Hinrichtungsstätte zu verhindern, hatte der deutsche Botschaftsrat Moellhausen in seinem Bericht an das Auswärtige Amt *achttausend in Rom wohnende Juden* erwähnt, die der SS-Obersturmbannführer Kappler festnehmen sollte.[583] Frau Picciotto Fargion zitiert in ihrem Werk diesen Bericht.[584] Die Zahl achttausend wird dabei auch von ihr nicht in Zweifel gezogen. Doch wer wußte genau, wieviel *Juden im Sinne der Rassengesetze des Hitler-Staats* – also auch Christen, die von Juden abstammten, aber nicht zur jüdischen Religionsgemeinschaft gehörten – tatsächlich beim Einmarsch der Deutschen in Rom im Herbst 1943 in der Stadt gelebt haben? Vermutlich haben manche die vorgeschriebene polizeiliche Anmeldung auch vor dem September 1943 vermieden. Schon in den späten dreißiger Jahren hatte in Rom eine »Kulturwissenschaftliche Abteilung« der deutschen Bibliothek im Palazzo Zuccari bei der faschistischen Partei und der Regierung Italiens für die Rassengesetze Hitler-Deutschlands geworben, nicht ohne Erfolg. Im August 1938 unternahm das italienische Innenministerium eine Volkszählung der in Italien wohnhaften Juden, vom September 1938 an erließ dann die italienische Regierung Gesetze, mit denen Juden auch in Italien ihre staatsbürgerlichen Rechte verloren.[585]

Gewiß wollte die SS bei ihrer Großfahndung vom 16. und 17. Oktober 1943 möglichst alle in Rom lebenden Juden verhaften. Doch nur einen Bruchteil der vermuteten Gesamtzahl von achttausend Mitgliedern der jüdischen Kommunität konnten die Häscher der SS aufspüren, genauer gesagt, 1259 Männer, Frauen und Kinder. Nach Überprüfung der Personalien ließ man 237 davon wieder frei. 1022 wurden nach Auschwitz deportiert.[586] Vom Januar 1944 an organisierte die Gestapo in Zusammenarbeit mit der italienischen Polizei eine weitere Verhaftungswelle in

Rom. Hunderte von Juden wurden noch 1944 im römischen Stadtgebiet aufgespürt, meist aufgrund von Denunziationen, verhaftet und nach Auschwitz gebracht.[587] Insgesamt wurden nach den Forschungen von Frau Piciotto Fargion in Rom unter deutscher Besatzung 1680 Juden verhaftet. 79 von ihnen starben noch auf italienischem Boden. Mehr als Dreiviertel der römischen Juden konnten sich also in Sicherheit bringen.

Das war vor allem ein Erfolg der Hilfe des Vatikans zugunsten der Juden. Ebenso läßt sich jedoch an den Zahlen ablesen: Auch die Warnungen, die Kessel über den Schweizer Alfred Fahrener einflußreichen Mitgliedern der jüdischen Gemeinde von Rom zukommen ließ, waren keineswegs wirkungslos. Kessel erwähnt in seinen Aufzeichnungen nur am Rande den Schutz, den damals viele Klöster und andere kirchlichen Einrichtungen in Rom den Juden gewährten. Wissenswerte Einzelheiten hierzu verdankt der Verfasser einem Gespräch mit Sigismund von Braun, der vom Frühsommer 1943 bis zum Kriegsende an der deutschen Vatikanbotschaft nächst Kessel der wichtigste Vertraute von Ernst von Weizsäcker war. Anschaulich hat Braun dem Verfasser beschrieben, wie die Botschaft nicht nur die Vatikanstadt selbst vor Übergriffen der Besatzungstruppen und der SS geschützt hat. Auch die weit über Rom verstreuten vatikanischen Institutionen und Klöster erhielten Bescheinigungen mit dem Siegel der Botschaft und der Unterschrift Brauns. In diesen Schutzbriefen wurde bescheinigt, daß die darin aufgeführten Gebäude zur Vatikanstadt gehörten und daher für Angehörige der deutschen Besatzungsmacht nicht zugänglich seien.

Man konnte viel Geld für solche Papiere bekommen, sagte Braun dem Verfasser. Auf dessen erstaunten Blick stellte er klar, natürlich habe er selbst nicht daran verdient. Er berichtete dann, wie er in jener Zeit manche Klöster besuchte, die vom Vatikan und der Botschaft als exterritorial eingestuft waren. Mit jener sanften Ironie, die es nicht selten welterfahrenen Männern erleichtert, sich vom Gefühl nicht überwältigen zu lassen, fügte Braun hinzu, es sei ein seltsamer Anblick gewesen, Inhaber römischer Geschäfte, die er vorher gut gekannt habe, in Mönchskutten im Kloster wiederzusehen, darunter auch Herrenausstatter und Juweliere.[588] Die Juden wurden auf Weisung des Papstes auch in der Klausur der Klöster versteckt, in jenen Bezirken der Ordenshäuser also, die nach dem erst 1924 in dieser Hinsicht erneuerten kirchlichen Recht nur für Ordensmitglieder zugänglich sind. Die Tragweite einer solchen Entscheidung können wohl nur Katholiken ermessen.

In seinen Erinnerungen an die römischen Kriegsjahre hat Kessel notiert, an der deutschen Vatikanbotschaft sei *ein gewisser Wemmer* Botschaftsrat gewesen, den die *Kirchenkanzlei* der Nationalsozialisten der Vertretung als Aufpasser zugedacht habe. *Wemmer erwies sich als harmlos und gutmütig. Er machte uns bald klar, daß er seine Aktivität an der Botschaft auf ein Minimum beschränken würde, wenn auch wir ihn ungeschoren ließen. Dann machte er sich eifrig daran, mit – milde ausgedrückt – unkonventionellen Methoden ein Vermögen zusammenzuraffen, wobei er, soweit wir das feststellen konnten, niemandem ernstlich weh tat.*[589] Ludwig Wemmer (1909–1991) war vor seiner Versetzung nach Rom als Ministerialrat in der Zentrale der Hitlerpartei unter dem berüchtigten Hitler-Vertrauten Martin Bormann für den *weltanschaulichen Kampf* gegen die Kirchen zuständig gewesen. In einem Aufsatz über Bormann berichtet Hansjakob Stehle in der *Zeit*, Wemmer sei beim Einmarsch der Alliierten im Sommer 1944 festgenommen worden und über Sizilien nach Deutschland gelangt. *Schon Mitte 1945 tauchte er wieder in Rom auf, nur um – wie er sagte – sein Konto bei der Vatikan-Bank zu leeren,* schreibt Stehle, offensichtlich aufgrund eigener Recherchen.[590] Als Protegé von Bormann hatte Wemmer wegen seiner Geldrafferei Disziplinarmaßnahmen weder von Weizsäcker noch vom Auswärtigen Amt zu befürchten.

Auch dieser Schatten auf dem Bild der beim Vatikan akkreditierten deutschen Vertretung ist bezeichnend für jene Zeiten des Schreckens und soll daher nicht unerwähnt bleiben. Bedenklicher aber sind die krassen Fehlinterpretationen, die heute noch das Urteil über die deutsche Vatikanbotschaft während der Zeit der Besetzung Roms durch deutsche Truppen verfälschen. Immer wieder sollen die offiziellen Berichte der Botschaft an das Auswärtige Amt als Dokumente der Anklage gegen Botschafter Ernst von Weizsäcker herhalten. Als Mitherausgeber der vatikanischen Aktenpublikation über den Zweiten Weltkrieg hat auch der amerikanische Jesuitenpater Robert Grahahm ein recht hartes Urteil über Ernst von Weizsäcker gefällt[591] – zu hart, wie der Jesuit in seinem letzten Lebensjahr offensichtlich selbst meinte. Im Sommer 1996 hat er jedenfalls dem Verfasser in Kopie einen handgeschriebenen Brief Kessels übergeben, der eine nachdrückliche Warnung an alle Benutzer von Akten des SS-Staats aus der Kriegszeit enthält, also auch vor Dokumenten, die dem Pater für die eigene Argumentation als Stütze gedient hatten. *Die Akten der Vatikan-Botschaft von 1944/1945 haben nur einen sehr beschränk-*

ten dokumentarischen Wert, hatte Kessel an Pater Graham geschrieben.[592] *Unsere Telegramme nach Berlin mußten so abgefaßt sein, daß nie der geringste Zweifel an unserer Treue zum Regime auftauchen konnte. Andernfalls hätte man unsere Angehörigen als Geiseln verhaftet und in ein KZ geschickt. Sogar die Aktennotizen über Gespräche mit dem Papst usw. waren zwar ehrlicher, aber doch sehr vorsichtig abgefaßt.*[593]

Auch die Berichte Weizsäckers an das Auswärtige Amt über die Verhaftung der römischen Juden mußten ja so formuliert sein, daß sie in Berlin keine Zweifel an der Regimetreue der Botschaft erregten. Rom blieb neun Monate lang von deutschen Truppen besetzt. Hätte die Gestapo in dieser Zeit auch nur einen Wink von der Aktion Kessels erhalten, so wäre sein Schicksal besiegelt gewesen. Doch warum ist sein Beitrag zur Rettung der römischen Juden trotz des Berichts in der *Welt* vom 6. April 1963 so lange fast unbeachtet geblieben?

Die Gräben zwischen den Anklägern von Papst Pius XII. und denjenigen, die sich um ein gerechtes Urteil über diesen großen Papst bemühen, auch zu seiner Haltung nach der Verhaftung der Juden von Rom, sind immer noch tief. Wie Schwester Margherita Marchione in ihrem Buch über Pius XII. und die Juden[594] aufgrund glaubhafter Quellen berichtet, hat der Oberrabbiner der römischen Juden im Schicksalsjahr 1943, Israele Zolli, die Gefahr, die den Juden in Rom durch die deutsche Besetzung der Stadt drohte, ebenso zutreffend und realistisch wie Kessel beurteilt. Wahrscheinlich war gerade ihm die Warnung des deutschen Diplomaten bekannt. Zolli forderte jedenfalls, die Akten der jüdischen Gemeinde unverzüglich auf vatikanischem Gebiet vor jedem deutschen Zugriff zu sichern. Doch sein Gegenspieler, der Präsident der jüdischen Kultusgemeinde in Rom, Ugo Foà, setzte sich durch. Er war es, an den der SS-Obersturmbannführer Kappler in der Villa Wolkonsky die Goldforderungen der SS gerichtet hat. Sei es aus eigenem Instinkt oder aufgrund der Warnungen Kessels: Israele Zolli suchte und fand Schutz in einer der vatikanischen Institutionen, als Ugo Foà als Präsident der jüdischen Kultusgemeinde von Rom seinen unglücklichen Versuch unternahm, mit der SS zu verhandeln.

Nach dem Einmarsch der Alliierten in Rom dankte der Oberrabbiner dem Papst bei einem feierlichen Gottesdienst in der Synagoge und bald darauf in einer Privataudienz für den Schutz vieler Juden während der Zeit der deutschen Besetzung von Rom.[595] Der Name des Oberrabbiners findet sich nicht in dem *Libro della Memoria*[596], diesem sonst so gründlichen Werk von Liliana Piciotto Fargion.[597] Denn nach dem Krieg wurde Israele Zolli römisch-katholischer Christ und nahm den Namen Eugenio an, in Dankbarkeit und Bewunderung für Pius XII., dessen Taufname ja auch Eugenio war. Damit war er für jüdische Forscher inexistent. Das Schweigen über ehemals gläubige Juden, die sich zur Abkehr vom Glauben ihrer Väter entschlossen, ist tief in jüdischen Traditionen verankert.[598] Andererseits erwähnt die katholische Schwester Margherita Marchione nirgendwo in ihrem Buch das *Libro della Memoria* der jüdischen Historikerin Liliana Piciotto Fargion. Und keines der beiden mit so viel Liebe und Engagement verfaßten Werke verliert auch nur ein Wort über Kessel, der die römischen Juden nach dem deutschen Einmarsch in Rom vor der drohenden Verschleppung durch die SS gewarnt hat.

Manche Fragen bleiben nach wie vor offen. Schwester Marchione erwähnt nur als Gerücht mit den Worten *man sagt*, der Präsident der jüdischen Kultusgemeinde, Ugo Foà, habe einem Mitarbeiter der Synagoge Weisung erteilt, die Liste der Anschriften der römischen Juden den *nationalsozialistischen Autoritäten* sofort auszuhändigen, als diese die Liste erbaten. Offen bleibt, falls die Behauptung zutrifft, ob dies vor der Verhaftungswelle vom 16. und 17. Oktober 1943 oder danach erst geschah. Schwester Marchione berichtet ferner, nach dem Einmarsch der Alliierten habe Foà in einem Schreiben die Meinungsunterschiede zwischen ihm und Zolli zusammengefaßt.[599] Leider hat die Schwester für diese Mitteilungen keine Quelle genannt.

Kessel hat seine Erinnerungen an die deutsche Besetzung von Rom nicht in ihrer zeitlichen Abfolge niedergeschrieben. Im Memoirenentwurf endet der zusammenhängende Bericht über jene neun Monate mit den beiden Gesprächen, die Kessel mit dem Schweizer Alfred Fahrener geführt hat, um die römischen Juden zu warnen, und mit dem persönlichen Zeugnis Kessels zur Haltung des Papsts. Nicht nur unmittelbar nach dem Krieg, sondern noch 1963 meinte er, man könne *alles Entsetzliche, das gegen Ende des Krieges vor sich ging, nicht in Worte kleiden.*[600] Er wenigstens konnte das nicht. Ihm fiel es auch später noch schwer, über seine bittersten Erfahrungen während der Jahre des Schreckens zu reden. Die Leiden der von der SS aus Rom verschleppten und später ermordeten Juden jedoch hat er niemals vergessen. Noch in den Fieberträumen seiner letzten Krankheit sprach er davon.[601]

X

Krankheit, Leiden und später Erfolg

Die Erinnerungen an das Schicksal der Juden von Rom, die das Bühnenstück Hochhuths aufgewühlt hat, sind schmerzhaft für Kessel. Ein weiterer tiefer Einschnitt im Leben steht ihm jedoch noch bevor. Ende Juli 1963 schreibt er an Jörg Kastl aus dem Neuen Krankenhaus in Düsseldorf-Benrath, daß er dort seit dreieinhalb Wochen mit einem Knöchel- und Wadenbruch liegt. *Das Gröbste ist überstanden, da der Knöchel, der genagelt werden mußte, sich vernünftig benimmt,* heißt es hoffnungsvoll in dem Brief. Kessel meint, er könne das Krankenhaus in zwei Wochen verlassen, um dann noch *ein paar Monate herumzuhumpeln.* Sein Resümee: *Das Ganze war langweilig, aber nicht tragisch.*[602]

Tragisch wird es dann aber doch. Nach einigen Monaten kommt es durch eine Infektion der Wunde zu einer Entzündung des Knochenmarks, der gefürchteten Osteomyelitis. Sie wird zunächst in Düsseldorf ambulant behandelt, jedoch ohne Erfolg. Schließlich gewinnt Dr. Wolter Russell, der langjährige ärztliche Berater und Freund, Kessel für eine gründliche Behandlung in der Orthopädischen Universitätsklinik in Bonn. Von dort schreibt Kessel einen Weihnachtsbrief an Sahm, der jetzt Botschaftsrat an der deutschen Vertretung beim Nato-Rat in Paris ist: Mit seiner Krankheit werde es noch Monate dauern. Er sei aber *ganz gelassen und sogar vergnügt.* Dazu tragen die Besuche von Kollegen und Freunden aus dem Auswärtigen Amt wesentlich bei.[603] Drei Monate später schreibt er an Sahm: *Auch jetzt mußt Du den Bleistift entschuldigen, aber im Bett liegend und nur ein Knie als Stütze habend mache ich mir das Schreiben möglichst bequem. Von mir ist nicht viel zu berichten: Ich habe Anfang Dezember eine Infektion in den gebrochenen Knöchel bekommen. Sie wird jetzt mit Tropfinfusionen von riesigen Mengen Antibiotika bekämpft. Den Erfolg muß man abwarten. Vielleicht kann ich in 14 Tagen mit Gehgips nach Haus. Schmerzen habe ich kaum, daher auch abgesehen von der Ungewißheit keinen Anlaß zum Klagen.*[604]

Einen Terminkalender hat Kessel im Jahre 1964 offenbar nicht geführt. Jedenfalls sind für das Jahr keine Termine in den Nachlaßpapieren vermerkt. Im Januar 1965 fliegt er für zwei Tage nach Berlin. Doch schon am 2. Februar übernimmt seine Schwägerin Erna von Kessel, die gelernte Krankenschwester, bei ihm die Pflege. Ende März kommt er wieder für zwei Wochen in der Universitätsklinik in Bonn.[605] Wieviel Leiden, wieviel quälende Schmerzen verbergen sich hinter den nüchternen Daten. In seinen persönlichen Aufzeichnungen hat Kessel manchmal die stoische Gelassenheit der Preußen längst vergangener Zeiten erwähnt. Er selbst gibt jetzt für diese Geisteshaltung ein Beispiel, als Patient im Krankenhaus wie mit dem Gipsverband in der Wohnung. Erst 1967 ist die Krankheit besiegt. Im Gehen bleibt Kessel aber weiter behindert. Nur auf Krücken gestützt kann er sich frei bewegen. Bis zu seinem Tod wird er von solchen Hilfen abhängig sein. Den Knöchel hatte er sich im Sommer 1963 in der Düsseldorfer Wohnung seiner alten Freundin Hilde von Lavergne gebrochen.[606] Mit den beiden Wangenheim-Töchtern Hilde von Lavergne und Gerda von Dincklage[607] hat Kessel nach dem Ausscheiden aus dem Auswärtigen Dienst stets in freundschaftlicher Beziehung gestanden. Hilde von Lavergne habe sich, gewiß grundlos, bitterste Vorwürfe darüber gemacht, daß der Unfall gerade in ihrer Wohnung geschah.[608]

Schon vom Krankenhaus in Düsseldorf-Benrath hat Kessel im Juli 1963 seinen Freund Jörg Kastl nicht nur von seinem Unfall geschrieben. Der Gruß geht auch auf Politisches ein: *Die vielen Fragen in Deinem Brief gehen mir durch den Kopf. Ich kann hier aus meiner Isolierung heraus nur ganz allgemein dazu Stellung nehmen: Mir scheint, daß wir uns in die kommenden amerikanisch-russischen Gespräche möglichst aktiv einschalten sollten. Wer in der Nachhut marschiert, hat die Ereignisse noch nie beeinflußt. Ich glaube ferner, daß wir die Wiedervereinigung nicht direkt ansteuern sollten, sondern uns erst mit einer ganz lockeren ›Wiedervereinigung Europas‹ befassen sollten. Wäre es nicht möglich, im Laufe der Zeit die Jugoslawen, Polen usw. als Beobachter zum Europäischen Rat nach Straßburg einzuladen? Wäre es nicht möglich, mit der Zeit ein Wiedergutmachungsabkommen mit Polen zu schließen? Ich erwähne diese beiden Fragen nur, um zu zeigen, in welche Richtung meine Gedanken gehen. Die Art, wie Schröder Ostprobleme behandelt, leuchtet mir sehr ein. Ich hoffe, daß die Dinge, nachdem der erste Anstoß erfolgt ist, mit der Zeit ihr Eigengewicht entwickeln und in Schwung kommen.*[609]

Kastl hat bald das volle Vertrauen von Schröder, dem Nachfolger Brentanos gewonnen. Auch zwei Begegnungen Kessels mit dem Außenminister sind schon vor dem Unfall zustande gekommen. Für den 30. März 1963 hat er im Terminkalender vermerkt: *Bonn / Unterhaltung mit Schröder*, und eine Woche später für den 5. April *Empfang Schröder*. Der gelegentliche Gedankenaustausch mit dem Außenminister wird in den folgenden drei Jahren fortgesetzt werden. Auf einem der Empfänge, bei denen Kessel Gast des Außenministers ist, nennt der ihn *das Gewissen des Auswärtigen Amts*[610], ein glücklicher Versuch, Wesentliches der Verdienste des gedankenvollen Mahners in Worte zu fassen.

Von Adenauer hat Kessel in seiner Kolumne schon im Mai 1963 Abschied genommen. Innerhalb der CDU sind die Würfel im April für Erhard als Nachfolger gefallen. Kessel hält weitere Spekulationen über den Zeitpunkt des Rücktritts für abwegig und vergleicht den scheidenden Kanzler mit seinem Nachfolger: *Adenauer ist der ›große Herr‹ einer vergangenen Epoche. Seine etwas kalte Würde vermag er mit ausgesprochenem Charme zu umkleiden und zu mildern. Dies tut er natürlich nur, falls es der Mühe wert ist, das heißt, fast immer im Umgang mit Ausländern, des öfteren gegenüber der Presse und weitaus seltener gegenüber seinen ›Untertanen‹. Seine ausgeprägteste Leidenschaft ist die Lust an der persönlichen Macht. Bei keinem der Großen dieser Welt, die ich in den letzten 35 Jahren zu beobachten Gelegenheit hatte, war dieser Sinn für Macht und die Freude an ihr in solcher geradezu chemisch-reinen Form vertreten. Andere waren persönlich eitel oder aufgrund ihrer Stellung prestigehungrig, romantische Vorstellungen oder eine nationalistische Einstellung zu ihrem Volk und Staat trübten ihren Blick. Ideologien*[611] *verwirrten ihren Sinn. Verbrecher und Ehrgeizlinge steuerten direkt auf den Abgrund zu. Nichts dagegen vermag Adenauer, auch wenn er seiner katholisch-konservativen Herkunft treu geblieben ist, von dem direkten Weg zur Macht abzuhalten. Sympathien und Antipathien lassen ihn dabei unberührt.*

Der Nachfolger Erhard ist für Kessel *ein Mann aus einer anderen Welt. Als Liberaler möchte er bei der Verwirklichung seiner Ziele mit einem Minimum an persönlicher Macht auskommen. Auch glaubt er daran, daß es mehr auf den Geist der Mannschaft ankomme als auf die einsame Willensstärke eines einzelnen, der einsame Entschlüsse durchsetzt. Er ist, was er auch sein möchte, ein ehrlicher Makler. Es hat auf mich tiefen Eindruck gemacht, wie er im Jahre 1957 in Washington auftrat, als die*

Amerikaner, von der Rezession verängstigt, ihn als weltbekannte Kapazität konsultierten. Er war überaus menschlich und in seinen Ratschlägen unkompliziert. Er wirkte wie ein weiser Hausarzt, der dem Patienten väterlich milde zuredet: Wenn er die Krankheit nicht ernst nehme, sei sie leicht zu überwinden. Er strahlte dabei soviel Zuversicht aus, daß die Amerikaner nicht umhin konnten, ihm zu vertrauen – und damit war ein wesentlicher Beitrag zur Überwindung der Rezession geleistet.[612]

Mit der Redaktion der Welt hat es Kessel nach seinem Unfall nicht leicht. Die Reisen nach Hamburg zu Absprachen mit den Redakteuren müssen entfallen. Am Rande der Kolumne vom 31. Juli 1963 notiert er: *10., 17., 24. Juli ausgefallen wegen Beinbruchs.*[613] Am 7. August schreibt er mit einem Hinweis auf das bereits abgeschlossene amerikanisch-sowjetische Abkommen über einen Stopp der Atomtests, Chruschtschow habe weitere Ost-West-Gespräche vorgeschlagen. Aus Bonn aber höre man wieder Stimmen, denen die Angst vor amerikanisch-sowjetischen Gesprächen anzumerken sei. Es handele sich um *unbelehrbare Angsthasen, die immer noch glauben, jede west-östliche Entspannung müsse sich zu unseren Ungunsten auswirken.*

Die Frage der Wiedervereinigung müsse *erst einmal indirekt angegangen werden, durch den Versuch einer Annäherung der Satellitenstaaten an das westliche Europa,* fordert Kessel. Und später, in derselben Kolumne: *Man hört immer wieder von vorsichtigen Annäherungsversuchen dieser Staaten an die Europäische Wirtschaftsgemeinschaft. Warum sollten wir nicht Chruschtschow fragen, welchen Preis er dafür verlange, daß die Polen, um nur ein Beispiel herauszugreifen, Beobachter zum Europäischen Rat entsenden und zur Europäischen Wirtschaftsgemeinschaft in ein lockeres Konsultationsverhältnis treten dürften. Eine solche Anregung von deutscher Seite, von den Verbündeten gebilligt und an den Osten herangetragen, würde unseren Entspannungswillen dokumentieren und könnte die Lage im westlichen Sinn in Bewegung bringen.*

Die Redaktion der Welt hat ihre Notiz, die jeden Beitrag Kessels einleitet, bei dieser Kolumne mit einem ungewöhnlichen Zusatz ergänzt: Die Ansicht des Kolumnisten *über die Möglichkeiten einer deutschen Politik nach dem Atomstopp-Vertrag entspricht nicht der Meinung der ›Welt‹.* Da in der redaktionellen Notiz schon im Vorsatz mitgeteilt war, der Autor äußere seine persönliche Meinung, geht der ergänzende Hinweis über die guten Sitten im Umgang mit Kolumnisten hinaus.[614]

Kessels Notiz hierzu: *Abdruck des nächsten Artikels (11. August) über das gleiche Thema abgelehnt, 14 Tage Urlaub.*[615] Tatsächlich kommt Kessel dann jedoch erst vier Wochen später wieder zu Wort. Von Ende September 1963 bis zum Jahresende schweigt er in der *Welt* ganz. Vom Januar 1964 an erscheinen dann aber wieder ziemlich regelmäßig die Mittwochs-Kolumnen.

Unter dem Christdemokraten Schröder hat das Auswärtige Amt inzwischen begonnen, zu den kommunistischen Staaten Osteuropas Beziehungen anzuknüpfen. Wichtige Etappen auf diesem Weg sind mit der Errichtung von westdeutschen Handelsmissionen in Polen, Rumänien und Ungarn bereits verwirklicht. Verhandlungen mit Bulgarien stehen bevor. Auch die Tschechen, die noch zögern, werden dem Beispiel der Nachbarländer folgen, auch sie werden sich nicht auf Dauer ausschließen. *Damit ist das freie Deutschland in diesem Teil Europas, wenn auch noch in sehr zaghafter Form, endlich wieder vertreten. Der erste Schritt zur Isolierung Pankows ist getan,* schreibt Kessel. Die Chance, mit Polen Verhandlungen über den Austausch von Botschaftern oder Konsuln zu führen, wobei die Polen die Frage nach dem künftigen Verlauf der deutsch-polnischen Grenze ausdrücklich als noch offen erklären konnten, besteht jetzt allerdings nicht mehr, die Vergangenheit holt niemand zurück. Aber mit der Errichtung einer Handelsmission sind endlich wieder offizielle Beziehungen zu Warschau hergestellt. Kessel ist glücklich darüber. Die von Schröder eingeleitete Errichtung der westdeutschen Handelsmissionen in Osteuropa bewertet er in seiner Kolumne als *diplomatische Aktion von größter Bedeutung,* ja er weist darauf hin, daß diese Aktion im Ausland als eine Meisterleistung der deutschen Diplomatie hingestellt wird. Er weiß, daß die Leiter der Handelsmissionen zunächst einen schweren Stand haben werden, und er flicht in seine Kolumne auch einige praktische Ratschläge für die Missionschefs ein, die zum ersten mal die Bundesrepublik in den Satellitenstaaten vertreten.[616]

Kein Wort darüber, daß vor allem er, Kessel, es war, der seit Jahren für die vorsichtige und schrittweise Aufnahme von Beziehungen zu den osteuropäischen Staaten eintrat. Nicht nur Kessel selbst verschweigt in der Kolumne seine Verdienste. Auch die Freunde und Gesinnungsgenossen äußern sich nicht öffentlich über seine Rolle als Vordenker einer neuen Ostpolitik. Schröder hat im Auswärtigen Ausschuß des Bundestages die ersten Schritte auf dem neuen Weg oft nur mit Unterstützung von Sozialdemokraten durchsetzen können. Auch er muß nun erfahren, wie schwer es selbst nach dem Rücktritt Adenauers immer noch ist, in der Außenpolitik neue Gedanken in die Tat umzusetzen.

Zur Deutschlandpolitik und zu Berlin äußert sich Kessel bald darauf ungewohnt kritisch gegenüber Willy Brandt, dem Regierenden Bürgermeister von Berlin, und dessen Berater Egon Bahr. Kessel glaubt zu wissen, im Herbst des Vorjahres sei Ostberlin – in der Kolumne wird es immer noch ›Pankow‹ genannt – von den Regierungen in Moskau und Prag gebeten worden, gegenüber den nicht kommunistisch regierten Deutschen etwas mehr Entgegenkommen zu zeigen. Bei den Gesprächen des Westberliner Senats mit den Verhandlungsführern aus Ostberlin über Passierscheine, die den Westberlinern Besuche in Ostberlin in den Weihnachtstagen ermöglichen sollten, sei dann etwas schief gegangen. Bahr sieht die Vorgänge aus eigener Kenntnis der Materie in einem anderen Licht. Was Kessel kritisiert, bestätigt aber auch Bahr in seinen Memoiren[617]: Die Frage der Passierscheine ist nüchternen Verhandlungen mit Ostberlin zeitweise entglitten und zur Parole im Wahlkampf geworden. *Das könnte die Geburtsstunde einer neuen Dolchstoßlegende werden*, warnt Kessel und empfiehlt zur Entschärfung der Passierschein-Gespräche einen Vorschlag von Franz Josef Strauß. Der habe erklärt, *das Problem sei zu kompliziert, um es von einem Gremium von Berufspolitikern entscheiden zu lassen. Man solle erst nur einmal die Sachverständigen darauf ansetzen.* Das, so meint Kessel, sei bei der heiklen Frage der einzig vernünftige Weg.[618]

Anders als während der Zeit im Krankenhaus von Düsseldorf-Benrath ist Kessel im Krankenhaus in Bonn wieder gut informiert. Denn fast täglich erhält er Besuch von Freunden aus dem Auswärtigen Amt. Als Momentaufnahme zur Passierscheindebatte ist es nicht ohne Interesse, was er hierüber in einem Brief an Sahm nach Paris mitteilt, kaum zwei Wochen, bevor er auf das Thema in seiner Kolumne eingeht: *Hierzulande droht die Passierscheinfrage zu einem Explosionsstoff zu werden. Dabei sind sich Schröder und Erler wahrscheinlich darüber einig, wie dieses Problem zu behandeln wäre. Aber Adenauer, Barzel und Guttenberg auf der einen, Albertz, Bahr und der von ihnen gelenkte Brandt auf der anderen Seite drohen daraus eine Art von Dolchstoßlegende zu machen und obendrein die zweifellos vorhandenen Chancen gegenüber Pankow zu verspielen.*[619] Im gleichen Brief äußert Kessel auch Unmut gegenüber de Gaulle, dessen Pläne immer mehr auf eine außenpolitische Konfrontation mit den Amerikanern hinzielen. Kritik an eigensinnigen Thesen des französischen Staatschefs enthält die Mittwochskolumne jetzt mehrfach.

Zur Deutschlandpolitik hat Kessel in der Zeit seiner Krankheit zwei längere grundsätzliche Texte verfaßt: eine Denkschrift, die als *vertraulich* gekennzeichnet ist und für Gesprächspartner im Auswärtigen Amt bestimmt war sowie einen ganzseitigen Artikel in der Wochenzeitung *Die Zeit*. Die Hoffnung, unter Erhard und Schröder werde die Außenpolitik der Bundesrepublik bald die einseitig auf den Westen gerichtete Starrheit der Ära Adenauer hinter sich lassen, ist rasch verflogen. Gewiß, die Errichtung von Handelsvertretungen in Osteuropa schreitet voran. Missionen zur Förderung des Handels zu errichten, vor allem im Interesse der deutschen Exporte, dagegen hatte schon Adenauer nicht allzu viele Bedenken. Und dafür ist auch Erhard zu haben. Nach fast zwei Jahrzehnten ostpolitischer Erstarrung ist die Errichtung solcher Missionen dennoch nicht leicht, und die Verhandlungen darüber sind zunächst mit Erinnerungen an die Schreckensherrschaft Hitlers in Osteuropa belastet. Auch suchen die Gegner Schröders – Barzel, der Freiherr von Guttenberg und im Hintergrund immer noch Adenauer – jeden weiteren Schritt mit zähem Widerstand zu verhindern. Bezeichnend für die Lage ist es, daß im Bundeskanzleramt während der Kanzlerschaft Erhards immer noch Osterheld das außenpolitische Ressort leitet, weiter ein treuer Gefolgsmann Adenauers auch in der Deutschlandpolitik. Erst nach dem Ende der Großen Koalition im Herbst 1969 muß er die Schlüsselposition räumen. Sein Nachfolger wird Ulrich Sahm.

Gedanken zur Deutschlandpolitik ist der Titel einer mit der Schreibmaschine geschriebenen vervielfältigten Denkschrift von Kessel.[620] Als Datum ist *März 1964* darauf vermerkt. Die Vermutung liegt nahe, daß die Denkschrift eine Frucht des Nachsinnens während des Aufenthalts im Krankenhaus war. Ausgangspunkt der Betrachtung ist Berlin. Begriffe wie *Berlin-Krise* oder *Lösung der Berlin-Frage*, die in jener Zeit gängig sind, seien relativ, erläutert Kessel. Die Krise um Berlin sei eine Dauererscheinung, in der es Höhepunkte, aber auch eine gewisse Ruhezeit gebe. Es sei nicht sehr wahrscheinlich, daß Chruschtschow nach seinen Erfahrungen mit Kuba einen neuen Höhepunkt der Krise provozieren werde. Eine tatsächliche Lösung der Berlin-Frage lasse sich nur durch Überwindung der deutschen Teilung erreichen. *Bis dahin müssen wir uns damit abfinden, daß nach einer französischen Redewendung nur*

das Provisorische von Dauer ist. In der Deutschlandpolitik sei es an der Zeit, alles, was damit zusammenhängt, neu zu durchdenken. Kessel warnt vor drei Thesen, die er entweder als irreal oder äußerst gefährlich einstuft:
– die Debatte über das Stalin-Memorandum zur deutschen Wiedervereinigung
– die Forderung nach einer Neutralisierung Gesamtdeutschlands und
– die Frage einer Anerkennung von *Pankow*.

Zur Diskussion über das Stalin-Memorandum findet Kessel Worte, die auch für andere geschichtliche Situationen gültig sind: *Es geht nicht darum zu fragen, was geschehen wäre, ›wenn‹, sondern darum, was wir heute und morgen zu tun haben.* Deutschland sei nicht mit Österreich vergleichbar. Die Wiedervereinigung durch eine Neutralisierung Gesamtdeutschlands nach dem Vorbild Österreichs komme daher nicht in Betracht.

Noch deutlicher wird Kessel zur Frage einer Anerkennung der Deutschen Demokratischen Republik: *Es sollte von der Bundesregierung pragmatischer als bisher, das heißt ohne ideologische Verbrämung gesagt werden, daß eine solche Anerkennung ein einseitiges Geschenk darstellen würde. Denn den einzigen Preis, um den sich eine Anerkennung vielleicht lohnen könnte, die Wiederherstellung der Freizügigkeit in Gesamtdeutschland, kann das Zonenregime nicht zahlen, ohne Selbstmord zu begehen.* Außenpolitisch würde die Bedeutung der Bundesrepublik nach einer Anerkennung der Regierung in Ostberlin auf ein Minimum absinken. *Außerdem würden wir Westdeutschen der allgemeinen Verachtung anheimfallen, weil wir unsere Landsleute in der Zone preisgeben und freiwillig auf die nationale Einheit verzichten.*

Auch hier erläutert Kessel, warum aus seiner Sicht die Deutschlandpolitik der Bundesregierung in der Vergangenheit in einem wesentlichen Punkt verfehlt war: *Wir haben dieses Problem immer isoliert und unter nationalen Aspekten behandelt, statt es in den europäischen Rahmen einzufügen, der allein ermöglicht, es einer Lösung näher zu bringen. ... Statt ständig von der Wiedervereinigung Deutschlands zu sprechen, sollten wir die Überwindung der Teilung Europas zum proklamierten Ziel unserer Politik machen.* Es folgen Vorschläge, wie die Bundesrepublik zur Überwindung der Teilung Europas beitragen kann. Im Verhältnis zur Tschechoslowakei: *Es wäre an der Zeit, notfalls über den Widerstand* mancher Sudetendeutschen hinweg der tschechischen Regierung feierlich zu erklären, daß wir die Grenze von 1937 anerkennen.

Zur Entspannung der Beziehungen mit Polen schlägt Kessel Sondierungen der Verbündeten – vor allem der Amerikaner – in Warschau über einen deutsch-polnischen Nichtangriffspakt vor, der von den Vereinigten Staaten, England und Frankreich sowie, falls die Polen dies wünschten, auch von der Sowjetunion garantiert werden solle. Gespräche mit den Polen zur Frage der Oder-Neiße-Linie sollten verschoben werden, bis eine grundlegende Besserung der Beziehungen zwischen Bonn und Warschau eingetreten sei. Kessel möchte noch nicht alle deutschen Gebietsverluste als endgültig hinnehmen. Hätten sich in einigen Jahren die Beziehungen zwischen Polen und der Bundesrepublik grundsätzlich verbessert, so *könne man sich der Frage eines Kompromisses, der für Polen zweifellos günstig ausfallen werde, vorsichtig nähern.* Trotz der zu erwartenden Rückschläge gibt Kessel die Hoffnung nicht auf, auch mit Polen in Gespräche zu kommen, die sich nicht auf handelspolitische Fragen beschränken. Allerdings läßt er gleich eine Warnung einfließen: *Eine solche diplomatische Aktion gegenüber Polen, unter Einschaltung der westlichen Verbündeten, würde zweifellos sehr schwierig sein. Dies sollte uns aber nicht davon abhalten, den Versuch zu wagen. Allerdings wäre es erforderlich, diese Aktion mit größter Diskretion einzuleiten.*

Auf die Versäumnisse der deutschen Diplomatie in der Vergangenheit geht Kessel nicht ein. Schwerpunkt seiner Aufzeichnung vom März 1964 ist jedoch die Empfehlung, die Bundesrepublik solle Wortführer einer vorsichtigen stufenweisen Annäherung der Staaten *jenseits des Eisernen Vorhangs*, wie er hier die Satelliten der Sowjetunion nennt, an die europäischen Institutionen werden. Schon die Tatsache einer solchen Initiative werde der Bundesrepublik in Warschau, Prag, Budapest und anderen Hauptstädten Osteuropas großes Prestige einbringen. Es versteht sich auch für Kessel von selbst, daß an eine Mitgliedschaft der Satellitenstaaten in der Europäischen Wirtschaftsgemeinschaft zunächst nicht zu denken sei. *Aber auch nur die Entsendung von Beobachtern und die Aufnahme von ›technischen Kontakten‹ zwischen diesen Staaten und Brüssel wären ein entscheidender Schritt in Richtung auf eine Überwindung der Teilung Europas.*

Kessel tritt dann dem zu erwartenden Hauptargument der Gegner einer solchen deutschen Initiative entgegen: *Der Einwand der Sachver-*

ständigen, eine Mitgliedschaft der mittel- und osteuropäischen Staaten bei der Europäischen Wirtschaftsgemeinschaft sei aus wirtschaftlichen Gründen nicht tragbar, ist nicht überzeugend. Gewiß besteht der Hauptexport dieser Staaten in Agrarprodukten, für die der Gemeinsame Markt nach seiner jetzigen Konstruktion nicht aufnahmefähig ist. Derartige rein wirtschaftliche und finanzielle Probleme sind aber, das hat die Politik sowohl Adenauers wie de Gaulles bewiesen, mit finanziellen Mitteln zu überwinden. Finanzielle Mittel sind immer aufzubringen, sofern man nur dem betreffenden Problem die nötige politische Priorität einräumt. Wenn es de Gaulle gelungen sei, für die westafrikanischen Staaten und Madagaskar einen Platz in der Europäischen Wirtschaftsgemeinschaft zu schaffen, sollte es auch für die Bundesrepublik möglich sein, *die Satellitenstaaten an die Europäische Wirtschaftsgemeinschaft heranzuführen und vielleicht sogar zu einem späteren Zeitpunkt eine Vollmitgliedschaft für sie zu erreichen.* Kessel läßt seiner Argumentation einen grundsätzlichen Hinweis folgen: *Statt des Frontalangriffs auf Pankow, der sich längst festgefahren hat, wird ein Umgehungsmanöver empfohlen. Umgehungsmanöver sind langwierig – aber Ungeduld ist in der Außenpolitik immer ein schlechter Berater.*

Für unmittelbare deutsch-sowjetische Verhandlungen über die Wiedervereinigung Deutschlands ist die Zeit im Jahre 1964, in dem die Denkschrift entstand, noch nicht reif. Kessel ist jedoch davon überzeugt, daß die Vereinigten Staaten gegenüber Moskau für die deutschen Interessen eintreten werden, *vor allem dann, wenn wir der amerikanischen Weltmacht durch eine eigene Politik in Ost- und Südosteuropa eine von ihr schon lange gewünschte Hilfestellung geben.*

Die Mitte der sechziger Jahre bringt einschneidende Veränderungen in der Weltpolitik. Im Oktober 1964 wird Chruschtschow gestürzt. Im gleichen Monat zünden die Chinesen ihre erste Atombombe, und nach den britischen Parlamentswahlen löst der Labour-Politiker Harold Wilson den konservativen Premier Sir Douglas-Home ab. Am 24. Januar 1964 stirbt Churchill in London. Mit ihm endet nicht nur für England, sondern für die englischsprachige Welt eine Epoche. England aber ist es zugleich, von dem mit den Beatles und Rolling Stones in den sechziger Jahren eine neue musikalische Klangwelt ihren Siegeszug über die Kontinente antritt. Für Deutsche der Generation, die in den sechziger Jahren studierten, sind diese Klänge untrennbar mit den Konvulsionen der 1968er Studentenrevolte verbunden. Doch das ist noch Zukunft, während Kessel seine Gedanken zur Deutschlandpolitik in einem ausführlichen Grundsatzartikel für *Die Zeit* zusammenfaßt.[621] Als *Umrisse einer neuen Politik für Gesamtdeutschland* kündigt die Wochenzeitung den Text bereits in der Überschrift an. Im Untertitel steht ein Satz, der eine wesentliche Einsicht Kessels zusammenfaßt: *Nur Politiker, nicht Juristen können die deutsche Frage lösen.*

Noch im April 1964 hatte Kessel in seiner Kolumne die Errichtung von Handelsmissionen der Bundesrepublik in mehreren Staaten jenseits des Eisernen Vorhangs als eine Aktion von großer Bedeutung bewertet. Doch kritische Töne hatten schon damals nicht gefehlt: *Eine starke Gruppe innerhalb der CDU* habe den Vorgang mit Mißtrauen und kaum verhohlenem Groll betrachtet, hatte Kessel bereits erwähnt.[622] Im Laufe des Jahres hat diese Gruppe, zu der er außer dem immer noch im Hintergrund wirkenden Adenauer die Christdemokraten Guttenberg und Barzel gehören[623], an Gewicht weiter gewonnen. Auch innerhalb des von Schröder geführten Auswärtigen Amts verfügt sie noch über Einfluß.

Anlaß zu dem ausführlichen Plädoyer für eine neue Deutschlandpolitik in der *Zeit* ist ein Versuch von Bundeskanzler Erhard, durch diplomatische Interventionen bei den Amerikanern in die Deutschlandpolitik wieder Bewegung zu bringen – zum falschen Zeitpunkt und mit den falschen Methoden, wie Kessel meint: *Der Bundeskanzler und der Außenminister haben sich in den letzten Monaten um eine neue Deutschland-Initiative der Vereinigten Staaten bemüht. Die Amerikaner waren darüber nicht erfreut. Warum sollten sie auch den dünnen Faden einer amerikanisch-sowjetischen Entspannung mit einem Gespräch über unseren letzten Deutschland-Plan belasten, von dem jedermann weiß, daß er nicht die geringste Chance für eine lebendige Diskussion, geschweige denn für echte Verhandlungen bietet? Es ging ja gar nicht um echte Verhandlungen, sondern nur um ›prozedurale‹ Erörterungen der Deutschlandfrage.*

Es folgt ein Blick auf die von Bonn noch immer mit größtem Aufwand verteidigte strengste Version der Hallstein-Doktrin. Als *Quintessenz abstrakt-juristischen Denkens* habe die Doktrin zwar *die Anerkennung der DDR verlangsamt, aber gleichzeitig die Bereinigung unserer Beziehungen mit ost-mitteleuropäischen Staaten ungemein erschwert. Der Wiedervereinigung hat sie uns um keinen Schritt nähergebracht. Das Gegenteil ist der Fall.*

Grundsätzlich bemerkt Kessel zum Wesen der Diplomatie: Juristerei ist, dessen sollte man sich klar werden, die wichtigste aller politischen H i l f s wissenschaften – nicht weniger, aber auch nicht mehr. Politik besteht im Verhandeln. In welchem Wort nicht zufällig der Begriff des Handelns anklingt. Denn die politischen Spielregeln ähneln den wirtschaftlich-geschäftlichen, nicht aber den juristisch-prozeduralen Methoden. Am Ende seiner Generalabrechnung mit der immer noch all zu sehr auf das Juristische bedachten Bonner Diplomatie bringt Kessel einen derben, aber passenden Vergleich: *Man stelle sich einmal vor, was geschähe, wenn ein Viehhändler und ein Bauer, die über ein Kalb verhandeln, sich nicht auf die Jahrtausende alten Regeln des zähen Feilschens und der im Grunde vergnüglichen Winkelzüge verlassen würden, sondern jeder von ihnen einen Anwalt befragte. Das Geschäft würde, wenn überhaupt, nur unter Nebenkosten zustande kommen, die den Preis des Kalbes bei weitem übersteigen.*

Kessel tritt nach wie vor dafür ein, daß Gespräche über Deutschland mit der Sowjetunion von den Vereinigten Staaten in Moskau eingeleitet werden müßten: *Wir sind selbst zu schwach und wären daher als Verhandlungspartner der Sowjetunion einem zu starken Druck ausgesetzt.* Auf drei Gebieten könnten westliche Konzessionen Interesse der Sowjetunion an einer Wiedervereinigung Deutschlands wecken: Die sowjetische Führung sehe in der Bundeswehr *eine Art Zündschnur an der amerikanischen Bombe.* Auch vor dem amerikanischen Militärpotential in Europa fühle sich Moskau bedroht. In der Sowjetunion sei es zudem trotz jahrelanger Anstrengungen nicht gelungen, den Bedarf an Konsumgütern auch nur einigermaßen angemessen zu decken. Zwar steige die Produktion, doch wachse die Nachfrage ungleich rascher. Die Bundesrepublik und – soweit es um die amerikanische Militärpräsenz in Westeuropa geht – auch die Vereinigten Staaten könnten *erhebliche Konzessionen machen, ohne die gemeinsame Sicherheit zu gefährden oder unsere* (deutsche) *Wirtschaft und unsere Finanzen über Gebühr zu belasten.*

Zur innenpolitischen Lage in der Sowjetunion nach dem Sturz Chruschtschows und den Machtkämpfen an der Spitze des sowjetischen Staats bemerkt Kessel: *Warum will man ausschließen, daß einer der derzeitigen Diadochen ein derartiges Geschäft attraktiv finden könnte? Jeder, der der sowjetischen Bevölkerung die Angst vor einem Krieg zu nehmen und ihnen etwas mehr materielles Behagen zu geben verspräche, wäre der gegebene Prätendent auf den höchsten Posten in Partei und Staat.*

Das Plädoyer für eine neue Deutschlandpolitik schließt mit einem Katalog von Forderungen. Hier wird manches, was Kessel vor seinem Ausscheiden aus dem aktiven diplomatischen Dienst in internen Denkschriften dargelegt oder in seinen Kolumnen in der *Welt* nur angedeutet hatte, zum ersten mal für Leser einer deutschen Zeitung zusammengefaßt. Hauptpunkt ist, wie schon seit Jahren bei Kessel, die Forderung, die Voraussetzungen für die Wiedervereinigung Deutschlands durch eine Politik zu schaffen, die innerhalb Europas die Spannungen vermindert: *Da die Wiedervereinigung wegen ihrer den nationalen Rahmen sprengenden Bedeutung auf keinen Fall zu verwirklichen ist, wenn sie nicht als g e s a m t e u r o p ä i s c h e s Problem behandelt wird, ist eine ihrer unumgänglichen Voraussetzungen eine grundlegende Verbesserung unserer Beziehungen zu den osteuropäischen Staaten. Die Hallstein-Doktrin darf auf Polen, die Tschechoslowakei, Ungarn, Rumänien, Bulgarien und Albanien nicht mehr angewandt werden. Für alle dieser Staaten war die Anerkennung der DDR kein freiwilliger Akt, wie es für die jungen Staaten in Asien oder Afrika wäre, sondern gewissermaßen ein ideologisch bedingter Geburtsfehler.*

Kessel fordert deshalb: *In der gesamteuropäischen Sicht müssen wir unser Verhältnis zu obigen Staaten zäh und geduldig auf eine völlig neue Grundlage stellen. Daß wir dabei taktvoll und ohne jeden antikommunistischen oder antisowjetischen Akzent vorgehen, ist eine unabdingbare, wenn auch vielleicht gerade für uns Deutsche schwer zu verwirklichende Voraussetzung.*

Den nationalen Kommunismus europäischer Prägung betrachtet Kessel dabei als ein *auf absehbare Zeit* notwendiges Übel. Nur so könnten sich die ostmitteleuropäischen Staaten eine gewisse Selbständigkeit bewahren. Die Bundesrepublik müsse diesen Staaten wirtschaftlich helfen, auch durch eine schrittweise Heranführung an die Europäische Gemeinschaft. Ebenso seien Leistungen an die Sowjetunion Voraussetzung für die Wiedervereinigung: *Da Mitteldeutschland, wenn auch widerrechtlich, in den ›Besitz‹ der Sowjetunion übergegangen ist, müssen wir, weil eine gewaltsame oder prozessurale Durchsetzung unseres Eigentumsanspruchs ausgeschlossen ist, einen Preis für die Herausgabe dieses Beutegutes zahlen.*

Das durch eine Wiedervereinigung veränderte Gleichgewicht der

Kräfte werde Garantien für die Sicherheit in Europa erfordern. Diese Garantien müßten in einem multilateralen Vertragswerk verankert werden. Nachdrücklich warnt Kessel dabei vor einer Neutralisierung Gesamtdeutschlands. *Auf lange Sicht und in Etappen* hält er jedoch einen besonderen Status für Gesamteuropa – Rußland ist für den alten Diplomaten auch weiterhin nicht *Europa* – für denkbar, *also für das Gebiet zwischen der polnischen Ostgrenze und Gibraltar.* Hier seien vertraglich verankerte Beschränkungen der nationalen Rüstung möglich. Zur Zukunft des Nord-Atlantik-Pakts meint Kessel: *Das westliche Bündnis ließe sich, wenn man es der veränderten militärischen Lage anpaßt, zumindest in seiner politischen Substanz erhalten. Diese Vorschläge würden sich im Gegenteil ohne Schwierigkeiten in die amerikanisch-sowjetische Entspannungspolitik einfügen.*

Es durfte nur angedeutet werden, auf welchen Gebieten sich Ansatzpunkte für den ›Preis‹ und die ›Garantien‹ finden lassen könnten, mit der sich die Einheit Deutschlands wieder gewinnen lasse, bemerkt Kessel am Ende seines Beitrags in der *Zeit*. Er gibt damit zu verstehen, hier müsse man manches der Geheimdiplomatie überlassen. Noch vor diesem naheliegenden Hinweis zum praktischen Handeln hatte er jedoch zusammengefaßt, was er als Grundposition für eine neue Deutschlandpolitik für unverzichtbar hält: *Abgesehen von den taktischen und machtpolitischen Gesichtspunkten geht es darum, eine moralische Ausgangsstellung für unsere Haltung in der Wiedervereinigungsfrage festzulegen. Sie muß verantwortungsbewußt und glaubhaft sein, wenn sie nicht nur ein durch Bündnisverträge und Entwicklungshilfe bedingtes Echo finden soll. Die kommunistische Lawine, die den Ausgangspunkt der gegenwärtigen politischen Lage in Europa darstellt, ist von Hitler ausgelöst worden und hat Osteuropa bis an die Elbe verschüttet. Wir können nicht überall auf der Welt umherlaufen und jedermann bitten, er möge uns helfen, die Osthälfte unseres eigenen Hauses freizuschaufeln, wenn wir uns um die Zukunft der anderen Häuser ganz und gar nicht kümmern. Unsere moralische Position in der Wiedervereinigungsfrage wird erst dann überzeugend, wenn wir sie als gesamteuropäisches Problem behandeln.*

Auf den Ausgangspunkt des umfangreichen Texts in der *Zeit*, eine Initiative der Bundesrepublik in der Deutschlandpolitik, kommt Kessel drei Monate später in seiner Kolumne zurück. Es klingt faßt wie eine nachträgliche Klarstellung, wenn er nun hervorhebt, daß es sich bei dem verfehlten Versuch eines Deutschlandplans allein um eine Initiative von

Bundeskanzler Erhard, nicht aber von Außenminister Schröder gehandelt habe: *Als Ludwig Erhard die Nachfolge Konrad Adenauers antrat, hatte er verständlicherweise die Neigung, sich durch außenpolitische Aktivitäten Prestige zu verschaffen. Leider wählte er in dem ihm eigenen Optimismus und ohne Rücksicht auf die Skepsis des Auswärtigen Amts zwei Probleme, die heikel, ja dornig sind: Er forderte die drei Westmächte zu einer neuen Deutschland-Initiative auf. Diese Bitte an die Alliierten, die wohl auch von wahltaktischen Erwägungen bestimmt war, hat bisher zu keinem Erfolg, aber zu Verstimmung und Ärger in der westlichen Allianz geführt. Das andere Thema, das der Kanzler voll Eifer und Zuversicht anging, war die politische Einigung Europas, die politische Union.*

Daß auch die zweite Initiative ein Fehlschlag war, sei nicht die Schuld Erhards gewesen, hält Kessel fest: *Der Versuch, die in Folge des französischen Widerstands auf Grund gelaufene politische Union wieder flott zu machen, führte den Kanzler bis zum heutigen Tag von Enttäuschung zu Enttäuschung. Dabei hat er es weder an Zähigkeit, noch an Idealismus und Zuversicht bei der Verfolgung seines Lieblingsplanes fehlen lassen. Immer wieder aber türmte Charles de Gaulle neue Schwierigkeiten auf diesem Wege auf.*[624]

Schon im Herbst 1964 hatte Kessel für die *Welt* nur noch alle zwei Wochen eine Kolumne verfaßt. Im Spätsommer 1965 sind die Schwierigkeiten der Bundesrepublik mit de Gaulle und die bevorstehenden Bundestagswahlen seine wichtigsten Themen. In Hamburg scheint er, soweit sein Terminkalender in dieser Hinsicht Vertrauen verdient, auch 1965 nicht mehr gewesen zu sein. Korrespondenzen mit dem Verlag und der Redaktion sind nicht erhalten. Warum die für Kessel zunächst schwierige, dann aber zeitweise so fruchtbare Zusammenarbeit mit der *Welt* mit einem Beitrag vom 29. September 1965, zehn Tage vor den Bundestagswahlen, ein Ende gefunden hat, bleibt daher unklar. Nicht nur die Krankheit hat wohl dazu geführt, daß man sich nicht mehr so gut wie früher verstand.

Die letzte Mittwochskolumne widmet Kessel der Erinnerung an Robert Murphy, seinen amerikanischen Kollegen und Freund.[625] *Die Welt* veröffentlicht gleichzeitig Auszüge aus den Memoiren des Amerikaners, der zur Zeit der Berliner Blockade der Politische Berater von General Clay und in Washington in der Mitte der fünfziger Jahre unter John Foster Dulles der ranghöchste Diplomat im State Department war. Während der Berlin-Krise hatte Murphy mit Nachdruck den Standpunkt vertreten, daß ein Durchbruch amerikanischer Panzer von der Bundesrepublik aus nach Berlin notwendig sei. Washington verwarf diesen Rat. Murphy berichtet in seinen Memoiren, er habe sich damals mit dem Gedanken getragen, seinen Abschied zu nehmen, dies aber unterlassen.

Murphy frage sich immer noch, ob er damals in Berlin richtig gehandelt habe, schreibt Kessel. Murphys Beitrag zu der Debatte, ob ein Diplomat verpflichtet sei, stets blindlings den Weisungen seiner Regierung zu folgen, habe dem Diplomatenberuf seine Würde wiedergegeben. Und weiter: *Der Diplomat vertritt nicht nur seine Regierung, sondern auch sein Volk. Wenn nach seiner Auffassung diese Regierung die Interessen des Volks nicht richtig wahrnimmt, darf er zwar nicht gegen seine Instruktionen handeln. Aber er kann und muß im extremen Fall seinen Hut aufsetzen und davongehen.*

Kaum ein Leser wird damals bemerkt haben, daß der folgende letzte Satz der Kolumne zugleich ein Abschiedswort Kessels an die *Welt* war. Über das *Davongehen* schreibt er: *Dies rechtzeitig und höflich zu tun, ist ein Problem nicht nur für Diplomaten, sondern eine Lebensfrage für alle Schichten der modernen Gesellschaft und Demokratie.* Kessel hat danach für *Die Welt* nie wieder eine Zeile geschrieben. Vom Herbst 1965 an erscheinen Beiträge von ihm vor allem im *Deutschen Allgemeinen Sonntagsblatt*, gelegentlich, selten, auch in der *Zeit*. Für das *Sonntagsblatt* hat er noch etwa dreißig Artikel verfaßt.[626]

Trotz aller Rückschläge ist Kessel nun seit anderthalb Jahrzehnten unablässig bemüht, für eine flexiblere – und damit erfolgreichere – Ostpolitik der Bundesrepublik die Wege zu ebnen. 1966 wird dabei für ihn ein entscheidendes Jahr. Und nicht nur, weil am 1. Dezember in der von Kurt Georg Kiesinger geführten Regierung der Großen Koalition der Sozialdemokrat Willy Brandt das Außenministerium übernimmt. Kessel geht es vor allem darum, seine Gedanken zur deutschen Wiedervereinigung und zur Ostpolitik denjenigen Politikern und Diplomaten nahezubringen, die Einfluß auf die Entscheidungen haben. Mehr und mehr gebraucht er hierbei Methoden, deren sich nicht nur Diplomaten, sondern auch Lobbyisten, die Interessenvertreter der Wirtschaft, bedienen: Er wirbt für seine Sache vor allem im persönlichen Gespräch. Er wohnt jetzt in Bad Godesberg in der Deutschherrenstraße in einer kleinen Wohnung, die sich für seine Zwecke gut eignet. Denn sie liegt im Erdgeschoß, so daß die Mühsal des Treppensteigens entfällt.

Wie zuvor in der Bonner Universitätsklinik erhält er regelmäßig Besuche von alten Kollegen aus dem Auswärtigen Amt. Aber auch Verwandte und neue Freunde kommen zu ihm. Der Terminkalender Kessels ist für das Jahr 1966[627] besonders ergiebig. Doch andere schriftliche Zeugnisse sind eher rar. Kurt von Kessel, der Chemiker und Naturforscher, sein Lieblingsneffe, besucht den Onkel in diesem Jahr sechsmal, seine künftige Frau Christiane Merck kommt zweimal zu langen Gesprächen nach Godesberg. Von einem anderen Neffen, Kurt Albrecht von Kessel, wird im Taschenkalender vermerkt, er sei aus Mexiko gekommen. Kessel wird diesen Neffen, der in Mexiko den Demag-Konzern vertritt, dort ein Jahr später besuchen. Ulrich Sahm, der Schwager von Kessels Vetter Ulrich-Wilhelm von Schwerin, ist 1966 noch bis zum Herbst in Paris als Botschaftsrat an der deutschen Nato-Vertretung. Mitte Oktober übernimmt er im Auswärtigen Amt als Ministerialdirigent die Unterabteilung IIA der Zweiten Politischen Abteilung und ist damit unmittelbar verantwortlich für ein weites Aufgabengebiet: die Deutschlandpolitik, Berlinfragen, das Verhältnis der Bundesrepublik zur Sowjetunion und den Satellitenstaaten, aber auch für die Beziehungen zu den Vereinigten Staaten. Er sieht Kessel bis zum Jahresende zweimal, in den kommenden Jahren kaum öfter. Sahms neuer Stern ist Egon Bahr. Von ihm wird er zur Ostpolitik viel lernen.

Fast wie zum Kreis der Verwandten zählt für Kessel Richard von Weizsäcker, der jüngere Sohn seines verehrten Lehrers Ernst von Weizsäckers. Doch erst in den siebziger Jahren werden sich Kessel und Richard von Weizsäcker öfter sehen. In seinen Memoiren wird der Bundespräsident über Kessel schreiben: *Er gehörte zum engsten Kreis derer, die als Diplomaten am Widerstand gegen Hitler teilgenommen hatten. Sein Mut, seine Klugheit und seine Kultur machten ihm beim Wiederaufbau des diplomatischen Dienstes nach dem Krieg zu einer menschlichen und politischen Zentralfigur.*[628] Eine noble Huldigung des Lebenswerks. Wie weitblickend Kessel als Vordenker einer neuen deutschen Ostpolitik war, wußte jedoch auch Richard von Weizsäcker noch nicht. Wie konnte es auch anders sein, lag es Kessel doch fern, auf die Priorität gerade jener Gedanken zu pochen, in denen er seiner Zeit zunächst weit voraus war, die aber nach dem Ende der Ära Adenauer allmählich Allgemeingut zu werden begannen.

Auch in Gesprächen mit Verwandten und Freunden, die nichts mit dem Auswärtigen Amt zu tun hatten, wird er die Politik nicht ausgespart haben. Bei den Begegnungen mit Georg Federer, dem Gefährten aus den Tagen des Widerstands und gemeinsamer Jahre in Washington, stand Politisches wohl immer im Mittelpunkt. Im März und im Mai 1966 besucht Kessel Federer in dessen schwäbischer Heimat in Stuttgart. In Bonn sehen sich die Freunde dann öfter. Am 22. November treffen sich Federer und Paul Frank abends nach dem Essen bei Kessel. Mit Paul Frank, der einst an der ersten deutschen Vertretung im Frankreich der Nachkriegszeit Persönlicher Referent von Hausenstein war, ist Kessel seit den Pariser Tagen befreundet. Am 1. Dezember ist die Kabinettsbildung der Großen Koalition abgeschlossen. Kiesinger wird Kanzler, Brandt Außenminister. 1967 übernimmt Frank als Ministerialdirektor die Leitung der Ersten Politischen Abteilung im Auswärtigen Amt. Paul Raab, der noch unter Brentano Leiter der Personalabteilung geworden war, hat die Altersgrenze erreicht. Georg Federer wird sein Nachfolger als Personalchef.

Kaum neun Monate später sind im Auswärtigen Amt fast alle Schlüsselpositionen für die Ostpolitik mit Freunden und Schülern von Kessel besetzt. Hat er wie ein Magier stets unerkannt, aber dafür um so erfolgreicher im Hintergrund die Fäden gezogen? Eine solche Sicht wäre verfehlt. Brandt hat als Außenminister über die Besetzung von Positionen, auf die es ihm ankam, weitgehend unabhängig entschieden. Nichts weist darauf hin, daß er selbst zur Personalpolitik nach der Bildung der Großen Koalition Ratschläge von Kessel erbeten hätte. Selbst Egon Bahr, bald sein wichtigster Berater auch im Auswärtigen Amt, kann ihm als Neuling in der Diplomatie nicht viel helfen. Zum persönlichen Referenten und Leiter des Ministerbüros erwählt sich Brandt Hans Arnold. Mit den Anschauungen Kessels ist Arnold vertraut. Als Mitglied der deutschen Botschaft in Washington hatte er Brandt während dessen erster Reise durch die Vereinigten Staaten begleitet und dabei die Achtung des Regierenden Bürgermeisters gewonnen.

Nach der Bildung der Großen Koalition lag der Gedanke nahe, ob Kessel nicht *reaktiviert* werden, also in den aktiven Dienst des Auswärtige Amts zurückkehren könne. Doch dafür ist es zu spät. Im Herbst 1967 wird er fünfundsechzig und damit die im Beamtenrecht festgelegte Altersgrenze erreichen. Brandt schätzt jedoch seine Verdienste. Ein Ehrensold aus dem Geheimfonds des Außenministers, den bereits der Christdemokrat Schröder Kessel zuerkannt hatte, wird auf Weisung von Brandt weiter gezahlt. Für Kessel ist das eine willkommene Hilfe. Denn sein Gehalt war mit dem vorzeitigen Eintritt in den Ruhestand bedenklich zusammengeschrumpft. Dennoch sieht er es als Ehrenpflicht an, einem verarmten Freund aus dem Widerstand großzügig zu helfen.

Wie zu Zeiten Schröders hält Kessel gelegentlich Vorträge vor den Attachés während ihrer Ausbildungszeit. Aber es gibt keine Anhaltspunkte dafür, daß er versucht hätte, auf Entscheidungen im Auswärtigen Amt Einfluß zu nehmen. Das wäre auch unklug gewesen. Denn es hätte fast zwangsläufig zu Konflikten mit Bahr führen müssen, der als Leiter des Planungsstabs einen größeren Einfluß auf Brandt ausübt als je zuvor ein Berater auf die drei Vorgänger Brandts an der Spitze des Auswärtigen Amts, Adenauer, Brentano und Schröder.

In ständigem unmittelbarem Gedankenaustausch über die Ostpolitik steht Kessel in den Jahren der Großen Koalition jedoch mit seinem alten Freund Duckwitz. Der hatte nach vierjähriger Dienstzeit als Botschafter in New Delhi eine vorzeitige Versetzung in den Ruhestand aus Gesundheitsgründen erbeten, das Klima in Indien hatte ihm hart zugesetzt. Er wäre für den Posten des Staatssekretärs gewiß auch der Wunschkandidat Kessels gewesen. Ohne Mitglied der SPD zu sein, hatte Duckwitz aber längst selbst das Vertrauen von Brandt gewonnen. Für den neuen Außenminister und künftigen Kanzler waren die skandinavischen Jahre das prägende Erlebnis der politischen Laufbahn. Mit Duckwitz, der schon bis zum Kriegsende mehr als ein Jahrzehnt lang in Kopenhagen gelebt hatte und später dort die Bundesrepublik als Botschafter vertrat, verbindet Brandt also viel. Zunächst überträgt er seinem alten Vertrauten Klaus Schütz das Amt des Staatssekretärs, doch Schütz wird schon nach wenigen Monaten in Berlin als Regierender Bürgermeister Nachfolger Brandts. Nun wird Duckwitz Staatssekretär.

Bei ihm übernimmt Hans-Heinrich Noebel die Leitung des *Büros Staatssekretär*. Wenigstens dabei wird Kessel seine Hand auch unmittelbar im Spiel gehabt haben. Der Staatssekretär des Auswärtigen Amts – intern Staatssekretär I genannt, während der Staatssekretär II sich mit dem bescheideneren Titel *Staatssekretär im Auswärtigen Amt* zu begnügen hat – ist ohne einen fähigen Büroleiter ein verlorener Mann. Noebel ist verantwortlich für die Büros beider Staatssekretäre. Schon durch das Lenken und Selektionieren der Aktenströme kann dieser erfahrene Diplomat, der ehemals das Büro von Blankenhorn im Kanzleramt geleitet hatte, im Sinne der gemeinsamen Überzeugungen von Duckwitz und Kessel Einfluß ausüben.

Leiter der Zweiten Politischen Abteilung war schon unter Schröder

Hans-Helmuth Ruete gewesen. Er bleibt es auch unter Brandt. Schon Anfang der sechziger Jahre hatte Ruete in der von Brentano geschaffenen alten Ostabteilung unter Duckwitz gearbeitet, damals als Leiter des Referats *Sowjetunion*. Die wichtige Unterabteilung IIA hat schon zwei Monate vor der Bildung der Großen Koalition Ulrich Sahm übernommen. Hier werden Entscheidungen über die neue Ostpolitik vorbereitet. Das Referat in der Unterabteilung, das für die Beziehungen zu den osteuropäischen Staaten zuständig ist, erhält Jörg Kastl auf eigenen Wunsch. Brandt hatte dem ehemaligen Pressereferenten und nahen Vertrauten seines Amtsvorgängers Schröder angeboten, er könne auch unter ihm Pressesprecher des Auswärtigen Amts bleiben. Doch Kastl meint, in dieser Aufgabe werde er eher eine Belastung für Brandt sein. Unter Schröder hatte er sich wie sein Minister in der Europapolitik nachhaltig für eine engere Zusammenarbeit der Bundesrepublik mit England eingesetzt, zum Zorn der Bewunderer de Gaulles bei den Christdemokraten. Die Bedenken Kastls leuchten Brandt ein.

Im ersten halben Jahrhundert seit der Gründung der Bundesrepublik Deutschland hat kein anderer Außenminister in Bonn bei den führenden Köpfen der deutschen Diplomatie soviel Anerkennung gefunden wie Willy Brandt. In der Direktorenkonferenz, der täglichen Besprechung der Abteilungsleiter, an der einmal in der Woche auch der Außenminister teilnimmt, ist man überrascht, wie gut Brandt zuhören kann. Ein bloßer Wortschwall beeindruckt ihn nicht, wichtige Entscheidungen fällt er oft erst nach einer kurzen Bedenkzeit, dann aber nach sorgsamer Abwägung des Für und Wider allein.

Egon Bahr gewinnt als Leiter des Planungsstabs und als Sonderbotschafter bald weit über das bloße Planen hinaus Einfluß auf die Gestaltung der Politik. Dabei steht ihm, soweit es um Ostpolitik geht, Sahm nach Kräften zur Seite. Mit ungewöhnlicher Offenheit hat Sahm in seinen Memoiren berichtet, er habe die Schwächen der Ostpolitik Adenauers und der Regierung Erhard erst 1967 durchschaut: *Mir war bis dahin nicht so deutlich bewußt gewesen, daß die von Adenauer entwickelte und von seinen Nachfolgern kontinuierlich fortgesetzte Politik, die auch den Verträgen mit den Westmächten von 1952 und 1954 zugrunde lag, nicht mehr die Unterstützung unserer Verbündeten genoß. ... Für mich war diese Erkenntnis von entscheidender Bedeutung. Jetzt wurde mir endgültig klar, daß der bisherige Weg nicht mehr gangbar war, daß aber Brandts Vorstellungen von einer Deutschland-Politik einen Weg eröffne-*

ten, der nicht nur Erfolge gegenüber dem Osten versprach, sondern auch geeignet war, das bedrohte Vertrauen unserer Freunde in unseren Sinn für politische Realitäten wieder herzustellen und damit unsere Stellung im Bündnis zu stärken.[629] Von nun an habe er, Sahm, die Politik Willy Brandts nicht mehr nur in loyaler Pflichterfüllung, sondern aus innerer Überzeugung vertreten.

Seine Arbeitsweise in dieser Zeit ist ungewöhnlich. Im Mittelpunkt steht dabei zunächst ein Notenwechsel mit der Sowjetunion, den schon die Regierung Erhard begonnen hatte und der nun fortgesetzt wird. Die Aufgabe Sahms ist es, Entwürfe für die deutschen Antwortnoten vorzubereiten, die dann der Außenminister dem Bundeskanzler – jetzt ist es Kiesinger – mit der Bitte um Zustimmung zuleitet. Sahm führt die Besprechungen zur Vorbereitung der deutschen Antwortnoten abends in seiner Wohnung. *Da mir bewußt geworden war, daß Brandt keinem Entwurf zustimmen würde, ohne vorher die Meinung von Egon Bahr gehört zu haben, machte ich es zur Gewohnheit, Bahr zu diesen Besprechungen einzuladen, obwohl es unüblich war, daß der Sonderbotschafter bzw. der Planungschef (seit November 1967 war Bahr der Leiter des Planungsstabes) in die ›operative‹ Arbeit einbezogen wurde. Auf diese Weise konnte ich aber sicherstellen, daß Brandt, sobald ihm der Entwurf zur Entscheidung vorgelegt werden würde, von Bahr in dem von uns gemeinsam erarbeiteten Sinne beraten würde.*[630] In Bonn, London und Paris hatte sich Sahm zuvor fast ausschließlich mit Verteidigungspolitik und den Beziehungen der Bundesrepublik zu den westlichen Bundesgenossen befaßt. Die Ostpolitik und damit auch die Deutschlandpolitik sind ihm wenig bekannte Gebiete, aber er arbeitet sich rasch ein. Mit seiner Arbeitskraft und der Fähigkeit, in den Schriftsätzen schwierige Zusammenhänge in geschliffener Klarheit zusammenzufassen, gewinnt er bald Anerkennung.

Jörg Kastl, der Leiter des Osteuropareferats, ist mit der östlichen Welt seit Jahren vertraut. Schon von 1959 bis 1961 hatte er Dienst an der Deutschen Botschaft in Moskau getan. 1967 trifft er mehr als ein dutzendmal mit Kessel zusammen, ebensooft auch im folgenden Jahr. Sofern es nicht um Aufgaben geht, bei denen der Minister oder der Staatssekretär von der Politischen Abteilung Stellungnahmen erbitten, liegt die Initiative zur Gestaltung der Politik nach alter Tradition weitgehend bei den Fachreferaten. Kastl erinnert sich, daß er mit seinem unmittelbaren Vorgesetzten Ulrich Sahm in der Zeit der Großen Koalition manche

Streitgespräche geführt hat. In der Sache habe man aber schließlich immer wieder gut zusammengefunden. Sahm habe sich 1969 auch loyal dafür verwandt, daß sein bisheriger Mitarbeiter die nächste Aufgabe bei der Nato in Brüssel mit dem Rang eines Ministerialdirigenten antreten kann.

Aber nicht Sahm, sondern Kastl ist in den Jahren der Großen Koalition der nächste Vertraute von Kessel in der für die Ostpolitik zuständigen Zweiten Politischen Abteilung des Auswärtigen Amts. Das Vertrauensverhältnis findet seinen Niederschlag in einer grundsätzlichen Aufzeichnung Kessels. Die knappe Denkschrift faßt Gedanken zusammen, die bald darauf zu der von Willy Brandt als Außenminister und Kanzler vertretenen Ostpolitik gehören werden. Die Einsicht, daß volle diplomatische Beziehungen der Bundesrepublik zu allen kommunistischen Staaten notwendig sind, hat sich an der Spitze des Auswärtigen Amtes nun schon durchgesetzt. Wie man solche Beziehungen herstellen soll und was man dabei erreichen will, ist aber noch immer unklar.

Die Aufzeichnung Kessels befaßt sich mit den Beziehungen der Bundesrepublik zu den osteuropäischen Staaten, den *Satelliten*, wie man sie im Auswärtigen Amt immer noch nennt. Das Papier betrifft also unmittelbar das Arbeitsgebiet, mit dem sich Kastl als Referatsleiter befaßt. Kastl hatte den handschriftlichen Entwurf Kessels seinem unmittelbaren Vorgesetzten, dem Ministerialdirigenten Sahm gezeigt, der davon mit der Schreibmaschine eine Reinschrift anfertigen läßt.[631] Sahm hatte bereits die handschriftliche Fassung der Denkschrift mit Randbemerkungen versehen und überträgt sie dann auf die Reinschrift. Über dem von Kessel zunächst ohne Überschrift und Namen des Autors an Kastl übergebenen Text steht nun in der Reinschrift *Gedanken zur Osteuropapolitik*, und darunter in Klammern in der Handschrift von Sahm: *A. von Kessel*. Auf dem rechten oberen Rand des ersten Blatts der Aufzeichnung hat Sahm vermerkt *für Instruktion an Botschafter*, ohne weiteren Hinweis, welche Botschafter im Sinne der Anregungen Kessels Weisungen erhalten sollen.[632]

Auch mit diesem gedankenreichen Text wird es Kessel wie mit so vielen seiner früheren Aufzeichnungen zur Ostpolitik für das Auswärtige Amt gehen: Der Inhalt erregt zunächst Erstaunen, weil manche Gedanken darin neu, ja bahnbrechend sind. Bald aber sind gerade diese Gedanken Allgemeingut geworden. Wer fragt da schon noch nach dem Autor? Einem naheliegenden Mißverständnis gilt es jedoch entgegen zu treten:

Den unmittelbaren Einfluß Kessels auf die Gestaltung der von Willy Brandt verfolgten Deutschland- und Ostpolitik sollte man nicht überschätzen. Kessel war in den ersten anderthalb Jahrzehnten nach der Gründung der Bundesrepublik Deutschland Vordenker einer völlig neuen Ostpolitik. Sie unterschied sich grundsätzlich von den meist nur defensiven und zu sehr im juristischen Denken befangenen Konzepten Hallsteins und anderer Berater des Kanzlers. Seine wichtigsten Gedanken für eine neue Ostpolitik hat Kessel jedoch bereits in einer Zeit formuliert, in der über die Richtlinien der deutschen Außenpolitik allein Adenauer entschied.

Diese neue Ostpolitik hat schon der christdemokratische Außenminister Schröder in die Tat umzusetzen begonnen. Auf dessen vorsichtigen Kurswechsel hat Kessel bisweilen unmittelbar einwirken können. Seinem Freund Kastl, dem Pressereferent von Schröder, verdankte er den unmittelbaren Zugang zum Außenminister. Mit Schröder hat Kessel während dessen Amtszeit als Außenminister mehrfach längere Gespräche unter vier Augen geführt. Seitdem Brandt das Auswärtige Amt übernahm, ist Kessel dem neuen Außenminister hingegen wohl nur noch im größeren Kreis begegnet, vor allem auf offiziellen Empfängen. Das gedankliche Fundament zur neuen Ostpolitik der Bundesrepublik war jedoch schon gelegt, als Brandt in der Großen Koalition die Verantwortung für die Außenpolitik übernahm.

Die Aufzeichnung *Gedanken zur Osteuropa-Politik* setzt das früher von Kessel Gesagte voraus. Ausgangspunkt ist eine Lage, in der die Aufnahme diplomatischer Beziehungen zu den osteuropäischen Staaten an der Spitze des Auswärtigen Amts grundsätzlich schon als notwendig anerkannt ist. Der entscheidende Schritt, die Herstellung solcher Beziehungen, steht aber noch bevor. Bis es zu solchen Beziehungen kommt, wird noch geraume Zeit vergehen. Um so größer sind die Hoffnungen, die man mit der Aufnahme voller diplomatischer Beziehungen zu den osteuropäischen Staaten verbindet.

Hier setzt die Argumentation Kessels ein. Gleich zu Beginn der Aufzeichnung heißt es: *Die Aufnahme diplomatischer Beziehungen zu einigen der ostmitteleuropäischen Staaten stellt an sich noch keine Ostpolitik dar, sie schafft lediglich die Voraussetzungen für eine solche. Gleichwohl würde ein solcher Schritt weitgehende psychologische Rückwirkungen haben, vor allem im Westen, aber auch in der Dritten Welt. Wir müssen ihn gegenüber dieser Welt immer wieder als den deut-*

schen Beitrag zur Entspannung hinstellen. Schon im ersten Absatz seines Papiers geht Kessel auch auf die Hallstein-Doktrin ein: Zu der geplanten Aufnahme diplomatischer Beziehungen zu den osteuropäischen Staaten solle die Bundesregierung erklären, es sei *besonders unklug, ja unfair von den Neutralen,* die Bundesrepublik für diesen Schritt der Entspannung mit einer Anerkennung der DDR zu bestrafen.

Seine Haltung zur Hallstein-Doktrin hatte Kessel unmittelbar nach der Bildung der Großen Koalition in einer Studiengruppe der *Deutschen Gesellschaft für Auswärtige Politik*[633] ausführlich begründet. Er hatte hierbei auch den von der Bundesregierung noch immer verteidigten *Alleinvertretungsanspruch der Bundesrepublik* für ganz Deutschland kritisch geprüft, auch dessen Folgen für die Deutschen östlich des Eisernen Vorhangs. Spätestens für die Zeit nach der Errichtung der Mauer gilt für Kessel: *Wir sind zum Vormund geworden, der für sein Mündel nichts tun kann oder wegen der damit verbundenen – keineswegs übergroßen – Risiken nichts tun will; er hat sein Amt verscherzt.* Ausdrücklich hatte Kessel dann aber vor einem überstürzten Vorgehen in der Praxis gewarnt: *Nach dem wir mehr als zehn Jahre lang die uns gebotenen Chancen verpaßt haben, wäre es falsch, die von Regierung und Parlament zum außenpolitischen Dogma erhobene Hallstein-Doktrin abrupt über Bord zu werfen. Und ebenso falsch wäre es, wenn wir uns urbi et orbi von dem Alleinvertretungsanspruch lossagten. Allerdings gilt es, Alternativen zu überdenken, Auffangstellungen vorzubereiten.*

Bahr sieht das zunächst anders. *Die psychologische Rechtfertigung der Großen Koalition, also das Schlachten der heiligen Kühe, muß erst noch passieren,* schreibt er am 12. Dezember 1966 in einem Vermerk für Brandt.[634] Zu den *heiligen Kühen* gehört für Bahr die Hallstein-Doktrin. Brandt wird diesen Grundsatz der Deutschlandpolitik Adenauers jedoch trotz mancher Schwierigkeiten mit der eigenen Partei bis zum Ende der Großen Koalition aufrechterhalten, von seinem Staatssekretär Duckwitz hierbei loyal unterstützt.[635]

Wenn Kessel gleich zu Beginn seiner Aufzeichnung ernüchternd feststellt, diplomatische Beziehungen der Bundesrepublik zu den osteuropäischen Staaten seien allein noch keine Ostpolitik, verzichtet er dabei bewußt darauf, seinerseits zu erläutern, welche Ziele die neue Regierung in ihrer Ostpolitik nun verfolgen soll. Er hat das früher oft genug gesagt und auch in seinen Zeitungsartikeln beschrieben: Abbau der Spannungen zwischen Ost und West in Europa als Vorbereitung zu einer gegenseitigen Annäherung und schließlich zur Wiedervereinigung des geteilten Kontinents, die dann zur Wiedervereinigung Deutschlands führen soll.

Bei den Sozialdemokraten, die in Bonn zum ersten Mal an der Regierung beteiligt sind, mag eine gewisse Ungeduld menschlich verständlich sein. Wohl gerade deshalb mahnt Kessel in Punkt 2 seiner *Gedanken zur Osteuropa-Politik* zur Geduld: *Mit raschen oder gar spektakulären Erfolgen unserer Ostpolitik zu rechnen wäre verfehlt. Man wird mit Jahren und nicht mit Monaten rechnen müssen, ehe die ersten Zeichen eines Tauwetters einsetzen.* Es folgt eine persönliche Bemerkung des Autors der Denkschrift: *Immerhin hat es 1950 mehr als ein Jahr gedauert, ehe ich in Paris als Botschaftsrat eine Einladung von seiten eines französischen Beamten erhielt.*

Punkt 3 nimmt in allgemeinerem Rahmen wieder auf, was Kessel schon 1958 in seiner Denkschrift *Möglichkeiten und Grenzen der deutschen Außenpolitik* für die Beziehungen zu Polen dargelegt hatte[636]: *Unsere Diplomaten werden immer wieder zu betonen haben, wir dächten nicht daran, den Gaststaat aus dem Warschauer Pakt herauszulösen oder eine Moskau-feindliche Politik zu betreiben. Wir setzten das gleiche für uns in bezug auf die Nato und Washington voraus.* Nach einem kurzen Seitenblick auf die Kulturpolitik, die vor allem das wachsende Interesse der osteuropäischen Staaten an moderner Technik und damit auch an deutschen Ausstellungen *technischer Art* berücksichtigen soll, kommt Kessel noch einmal auf das Grundsätzliche zurück: *Wir müssen wieder lernen, diese Staaten als Individuen anzusehen und nicht als ›Gruppe von Satelliten‹. Unsere Politik muß daher differenzierter sein, die Tschechen muß man anders behandeln als etwa die Rumänen, welch letztere ungemein stolz darauf sind, keine Slaven zu sein.*

Am eingehendsten befaßt sich die Denkschrift mit den künftigen Beziehungen zu Polen. Von Moskau einmal abgesehen, sei die Bereinigung der Beziehungen zu Warschau in der Ostpolitik das Hauptproblem. Dennoch hält es Kessel für falsch, *den Polen jetzt nachzulaufen*. Er empfiehlt vielmehr auch hier Geduld: *Warten wir doch noch ein oder zwei Jahre, ehe wir die Frage von diplomatischen Beziehungen zu diesem Land aufwerfen. Nachdem wir soviel Zeit versäumt haben – eine Zeit, als alles noch viel leichter war – wäre Hast jetzt psychologisch von Übel und würde das polnische Mißtrauen nicht zerstreuen. Wir sollten uns vorerst darauf beschränken, überall auf der Welt Kontakt mit polnischen Diplomaten zu suchen. Dabei sollten wir ohne Schärfe die Bemerkung fallen lassen, die Haltung der polnischen Regierung erschiene uns nicht sehr logisch. Wenn sie von uns die Anerkennung der DDR und damit auch der Teilung Deutschlands*[637] *verlange, wieso bestehe sie dann gleichzeitig auf Anerkennung der Oder-Neiße-Linie als Grenze? Diese Grenze sei dann doch ebenso außerhalb unserer Reichweite wie etwa die ungarisch-rumänische Grenze. Wir verstünden, daß Polen dem deutschen Volk gegenüber von tiefem Mißtrauen erfüllt sei. Dies Mißtrauen aber derart zu verabsolutieren und ständig zu aktualisieren sei das Ende jeder Politik und liege doch nicht im Interesse beider Völker oder Europas, als dessen integrierenden Bestandteil wir Polen ansähen.*

Bevor man die Frage der deutsch-polnischen Beziehungen ernsthaft in Angriff nehme, gelte es, hierfür die innenpolitische Voraussetzung zu schaffen. Noch einmal blickt Kessel zurück: *Vor acht Jahren waren die Polen noch bereit, einen deutschen Botschafter ohne Anerkennung der Oder-Neiße-Grenze zu akzeptieren. Heute sind sie das anscheinend nicht mehr.* Zunächst gelte es, die Stimmung der ostdeutschen Vertriebenen genau zu erforschen. In Erinnerung an den Einfluß, den Adenauer den Vertriebenenverbänden eingeräumt hatte, hält es Kessel für möglich, ja angebracht, den Führern der Landsmannschaften unverblümt politische Enthaltsamkeit aufzuerlegen.

Für die Zeit nach der Aufnahme diplomatischer Beziehungen zu den ost-mitteleuropäischen Staaten, vor allem zu Polen, der Tschechoslowakei und Ungarn, sollte rechtzeitig und gründlich im Auswärtigen Amt die Frage erörtert werden, wie sich die Botschafter der Bundesrepublik gegenüber den Diplomaten der DDR verhalten sollen. *Offizielle Kontakte sind natürlich ausgeschlossen,* meint Kessel. Die Hallstein-Doktrin gilt ja zunächst noch, unmittelbare Gespräche mit Ostberlin stehen noch nicht bevor. Kessel plädiert aber dafür, daß der Botschafter der Bundesrepublik bei größeren Empfängen seinen Kollegen aus der DDR nicht *schneidet*, also wie Luft behandelt, sondern auf ihn zugeht und ihn als Landsmann begrüßt. *Hin und wieder mag es dann zu einer brüsken Abwendung des ›Kollegen‹ kommen, hin und wieder mag es aber auch zu menschlichen Kontakten kommen. Um dieser Kontakte und ihrer eminent politischen Bedeutung willen – auch in den Augen der anderen Diplomaten – sollte man ein Risiko ruhig auf sich nehmen.*

Die Öffnung der westdeutschen Politik gegenüber den noch kommunistisch regierten Staaten des Ostens hat in das politische Denken am Rhein in den drei Jahren der Großen Koalition nur auf leisen Sohlen Einzug gehalten. Zum endgültigen Durchbruch hat dieser nicht mehr ganz neuen Ostpolitik der Sozialdemokrat Brandt erst als Kanzler verholfen. Auf seinen Berater und außenpolitischen Planer Egon Bahr konnte er sich dabei verlassen.

Kessel hat Bahr längst schätzen gelernt. Nach dessen schwierigen Missionen in den frühen siebziger Jahren bei der Vorbereitung der Ostverträge wird er von Bahr mit uneingeschränkter Hochachtung sprechen. Einen *großen Patrioten* nennt er Bahr nun im Freundeskreis.⁶³⁸ Begegnungen unter vier Augen zwischen Kessel und Bahr hat es in den Jahren der Großen Koalition jedoch offenbar eher selten gegeben. Für 1967 sind solche Zusammenkünfte bei Kessel nur zweimal, 1968 nur einmal im Terminkalender vermerkt. Doch wie schon vor der Bildung der Großen Koalition ist Kessel gelegentlich zu Besprechungen im Auswärtigen Amt. Am 3. Mai 1968 notiert er mit Genugtuung im Kalender *12–17 h im Amt*. Am gleichen Tag ist eine Begegnung mit Hans Arnold vermerkt, dem persönlichen Referenten des Außenministers.

Die Schlüsselpositionen für die Ostpolitik sind im Auswärtigen Amt nun mit Männern besetzt, denen Kessel vertraut. Die Hauptarbeit ist damit für ihn getan. Im Februar fliegt er nach Mexiko und ist dort Gast seines Neffen Kurt Albrecht. Die Frucht der Reise ist eine Reportage im *Deutschen Allgemeinen Sonntagsblatt*, wohl die duftigste, souveränste Beschreibung eines fremden Landes, die wir von Kessel besitzen. Er ist viel in Mexiko gereist, hat auch Museen und die Tempelbauten der Azteken besucht. Doch anders als die meisten Touristen kann er sich eine Reise nach Mexiko auch ohne einen Besuch der Altertümer vorstellen. *Die Gesetze der mexikanischen Landschaft und der Ausdruck menschlicher Würde bei den Indios bedürfen keiner Erklärung, sie sprechen unmittelbar zu jedem Menschen.* Und es fasziniert ihn, *wie die Grundwelle des Indianertums anscheinend dabei ist, drei Jahrhunderte der Hispanidad, ein Säkulum französisch-jakobinischer Aufklärung und die Präsenz der puritanisch-kapitalistischen Nordamerikaner langsam und lautlos zu überspülen.*⁶³⁹

Tiefer noch muß ihn eine Reise nach Rom bewegt haben. Dort ist jetzt sein alter Kollege Hans von Herwarth als Botschafter beim Quirinal akkreditiert. Herwarth war Anfang der dreißiger Jahre vor seiner Versetzung an die deutsche Botschaft in Moskau vier Wochen lang bei Kessel zu Gast, als der an der deutschen Gesandtschaft beim Vatikan Legationssekretär war. Jetzt lädt er Kessel nach Rom ein. Herwarth zählt zu den glücklichen Menschen, die leicht Freunde gewinnen. Er weiß, daß Egidio Ortona, der Generalsekretär des italienischen Außenministeriums, von einer gemeinsamen Dienstzeit in Washington her Kessel besonders schätzt. Ortona ist in Rom der wichtigste Gesprächspartner Herwarths. So lädt er, während Kessel bei ihm zu Gast ist, den Staatssekretär gemeinsam mit seinem deutschen Kollegen zu einem Herrenfrühstück zu dritt. Der holländische Botschafter in Rom, Henry van Vredenburgh, in den frühen fünfziger Jahren in Paris als Stellvertretender Generalsekretär der Nato gut mit Kessel bekannt, lädt den deutschen Kollegen zu sich. Bei den Herwarths nimmt Kessel an einem Frühstück für den Bundespostminister Dollinger teil.

So lebt er noch einmal, ein letztes Mal, froh und unbeschwert in der ihm so vertrauten Welt diplomatischer Eleganz. Nachdenklicher werden die Begegnungen mit seiner alten Freundin Hermine Speier gewesen sein, der jüdischen Archäologin, die vor den Deutschen im Krieg in den Vatikanischen Sammlungen Zuflucht gefunden hatte und die er vertrauensvoll immer noch Spinni nennt. Einmal ist er mit ihr Gast eines deutschen Archäologen in Trastevere, dann lädt er sie in ein Restaurant an der Piazza del Popolo ein. Über die Vertreibung der Juden von Rom während der deutschen Besatzung der Stadt hat man dabei wohl kaum gesprochen, zumindest nicht über den Hergang des gesamten Geschehens. Von seinem Gastgeber Herwarth hätte Kessel darüber auch nichts Genaues erfahren. Wenigstens schreibt der Botschafter in seinen Memoiren, den Bemühungen Ernst von Weizsäckers, Kessels und eines weiteren deutschen Diplomaten sei es im Herbst 1943 zu verdanken gewesen, daß die Verhaftung der römischen Juden und ihre Verschleppung eingestellt worden sei.[640] Mit dem neueren Stand der Forschung ist diese Aussage leider nicht in Einklang zu bringen.[641]

Entgegen seiner Gewohnheit trägt Kessel nach der Rückkehr nach Godesberg in den Taschenkalender ein, was er in Rom gesehen hat: Die Galeria Borghese mit ihren erlesenen Kunstschätzen, den Kapitolpalast mit dem Museum, die antiken Kirchen San Clemente und San Stefano Rotondo, und auf dem Weg dorthin die Renaissance-Villa Celimontana, deren Terrasse einen prachtvollen Ausblick auf die Gesteinsmassen der Caracalla-Thermen gewährt. Das sind alles Kostbarkeiten für den Kenner von Rom, die der beeilte Tourist kaum jemals besucht. Auch ein Ausflug in die Römische Campagna stand auf dem Programm.

Bald nach der Heimkehr nach Bonn ist Kessel im Auswärtigen Amt bei Paul Frank. Unter Brandt als Außenminister ist Frank zum Leiter der Ersten Politischen Abteilung im Auswärtigen Amt avanciert, deren Schwerpunkt auf der Europa- und Westpolitik liegt. Mit Frank hatte sich Kessel schon in Paris angefreundet, als der hochbegabte junge Kollege Persönlicher Referent von Hausenstein war. Über das Diplomatenhandwerk konnte Frank von Hausenstein kaum etwas lernen, über Kunstgeschichte hingegen viel, und die Liebe zu großer Kunst hat ihn bis ins Alter begleitet. Kessel hat in der späteren Bearbeitung seiner Erinnerungen an Paris, die 1971 entstand, Frank ein ehrendes Denkmal gesetzt: *Mir imponierte von Anfang an sein messerscharfer Verstand und sein politischer Ideenreichtum. Das aber, was uns seit jeher verbunden hat, war, daß wir trotz unseres Eintretens für ein geeintes Europa, gleichermaßen entschlossen waren, einen Ausverkauf unserer nationalen Substanz nicht zuzulassen.*[642]

An der Beförderung Franks zum Ministerialdirektor und später – unter Scheel als Außenminister – zum Staatssekretär des Auswärtigen Amts soll Kessel als Fürsprecher nicht unwesentlich mitgewirkt haben. Verbürgt ist jedenfalls die Antwort von Kessel, als Duckwitz ihn fragte, wer denn sein Nachfolger sein solle: »Frank, wer denn sonst?«[643] Im Juni 1967, im ersten Jahr der Großen Koalition, ist Kessel einmal mit Frank bei Ahlers, dem Sprecher der Bundesregierung gewesen[644] – wohl in Sachen Ostpolitik. Schon am 3. Juni hatte er an einem Gartenfest bei den Franks teilgenommen. Das Gartenfest bei dem Bundestagspräsidenten Gerstenmaier, das für den 5. Juni geplant ist, wird in letzter Minute abgesagt – *wegen Krieg in Nah-Ost.*[645] Kessel ist nun schon längst nicht mehr der Rebell, von dem einst mancher hinter vorgehaltener Hand sagte, daß der Bundeskanzler den schwierigen Diplomaten nicht möge. *Fernsehen: Adenauers Begräbnis* notiert Kessel am 25. April in seinem Taschenkalender. Endgültig und unwiederbringlich gehört die Ära Adenauer mit allen ihren Erfolgen und Schwächen jetzt der Vergangenheit an.

So gehen die Jahre dahin. Am 6. November wird Kessel fünfundsechzig. Zum Geburtstag hält das Auswärtige Amt eine Überraschung für ihn bereit: Eine hohe Stufe des Verdienstordens der Bundesrepublik Deutschland wird ihm verliehen, das Große Verdienstkreuz mit Stern.

Die Anregung hierzu ist nicht von den nächsten Freunden gekommen. Graf Welczeck, einst in der Ostabteilung der wichtigste Vertraute von Duckwitz und dem Staatssekretär immer noch in Freundschaft verbunden, schlägt nach der Rückkehr von einem Aufenthalt in Rom Kessel für einen Orden vor. Man habe ihn in Rom auf das *besonders mutige und anständige Verhalten Kessels während der Kriegszeit* angesprochen, begründet als Stellvertretender Chef des Protokolls Welczeck den Vorschlag.[646] Bis zum 6. November ist alles geklärt. Duckwitz wird den Orden verleihen.

Schon am Vortag ist Botho von Wussow in Godesberg eingetroffen, der treue Gefährte aus Tagen des Widerstands. Am 6. November nimmt Duckwitz am Vormittag die Ordensverleihung vor. Am Abend lädt zunächst Kessels alter Freund Alexander Böker zum Cocktail ein. Es folgt ein festliches Herrenessen für zwanzig Personen im *Adler*, dem elegantesten Restaurant in Bad Godesberg. Duckwitz ist Gastgeber, auch Federer nimmt teil, wie Kessel notiert hat. Eine Gästeliste ist nicht erhalten. Noebel und Kastl, die nächsten Freunde Kessels aus der jüngeren Generation im Auswärtigen Dienst, sind dabei, auch Sahm und wohl auch Welczeck. Am nächsten Tag ist Wussow bei den Sahms. Kessel bleibt zu Hause, er verbringt den Tag in stillem Gedenken. Abends lädt er Wussow zum Rehbraten in den *Adler* ein.

Brandt hat einen persönlichen Glückwunsch gesandt: Kessel habe sich in den dunklen Jahren des Nationalsozialismus immer von den Prinzipien des Anstands und des Rechts leiten lassen. *Wie Sie wissen, habe ich auch immer die Gründe respektiert, die Sie veranlaßt haben, sich im Jahre 1959 vorzeitig in den Ruhestand versetzen zu lassen.* Kessel habe durch seine unabhängige, nur von dem eigenen ausgewogenen Urteil bestimmte Haltung ein Beispiel für die jüngere Generation der Beamten gesetzt. Er habe sich im Auswärtigen Amt inzwischen für besondere Aufgaben zur Verfügung gestellt und an der Ausbildung der Attachés mitgewirkt. Brandt hofft, daß eine solche Mitarbeit Kessels noch lange möglich sein werde.[647]

Zu weiteren Sonderaufgaben wird es in der Tat kommen. Auf die Hauptfragen der Außenpolitik – vor allem der Ostpolitik – geht Brandt in seinem Glückwunschbrief jedoch nicht ein. Ostpolitik ist im Auswärtigen Amt ja inzwischen fast ausschließlich die Domäne von Egon Bahr, dem nächsten Vertrauten des Außenministers und späteren Kanzlers. Es wird alles viel langsamer gehen mit der Ostpolitik der Sozialdemokraten, als man 1967 geahnt hatte. Die Aufnahme diplomatischer Beziehungen zu Rumänien glückt schon im ersten Jahr der Großen Koalition. Doch die Eröffnung einer deutschen Botschaft in Warschau wird erst drei Jahre später folgen. In der Tschechoslowakei, in Ungarn und Bulgarien wird man sogar erst im Dezember 1973 zum Austausch von Botschaftern mit Bonn bereit sein, nach der Aufnahme der beiden deutschen Staaten in die Vereinten Nationen.

Aber ist es nicht eines der entscheidenden Verdienste von Kessel, daß er zu einer deutschen Beteiligung an der Entspannung in Europa den Weg gewiesen hat, früher als andere, nüchtern und illusionslos? Besser als manche Politiker weiß es der alternde Diplomat: Friedliche große Veränderungen brauchen in der Geschichte der Völker viel Zeit.

XI

Ernte des Alters

Von Sophie Gräfin zu Dohna stammt die Bemerkung, im Alter sei bei Kessel immer deutlicher die Kaste spürbar geworden – die Herkunft also aus preußischem Adel. Er wohnt in Bad Godesberg in der Deutschherrenstraße 141, die später in veränderter Zählung als Deutschherrenstraße 131 auf dem Briefkopf erscheint. In der Wohnung erhöht ein Hauch von preußischer Kargheit die Eleganz. Denn er lebt inmitten von alten Möbeln und Bildern aus der Zeit, in der er Gesandter in Washington war. Die Gehbehinderung bleibt. Im April wagt er einen größeren Spaziergang auf der Viktorshöhe bei Bonn. Am nächsten Tag notiert er: *Überanstrengt. Rückfall, Schwellung, Fieber*, mittags kommt zu ihm Dr. Russell.[648]

Doch so böse Überraschungen sind zum Glück selten. Kessel sieht in den nächsten Jahren oft die alten Kollegen und Freunde. Auf einer Deutschlandreise besucht ihn auch Eleanor Dulles, die Schwester des verstorbenen amerikanischen Außenministers John Foster Dulles, mit der ihn gegenseitige Hochschätzung verbindet. Allgemein wird er jetzt geachtet, er ist längst nicht mehr der Rebell. Er schreibt gelegentlich für das *Deutsche Allgemeine Sonntagsblatt*, doch nicht mehr lange. Im Mittelpunkt steht nun die Arbeit an den Memoiren.

Und die Kaste? Kessel entstammt einer Familie, die im alten Preußen lange dem Königshaus gedient hat. Unter der Abneigung Adenauers gegen Preußen und Protestanten hat er gelitten. Doch schon 1965 hat er in einer Rezension für *Die Zeit*[649] Betrachtungen über Preußen zusammengefaßt, die einen weiten Leserkreis finden. Er zitiert darin das zynische Wort des *Reichsführers SS* Heinrich Himmler: *Mit dem preußischen Adel werden wir auf den Schlachtfeldern Rußlands fertig werden.* Und er spricht von dem abendlichen Glanz, den der 20. Juli auf die Vertreter mancher großer Namen der preußischen Geschichte geworfen hat: *Schon bei der Sudetenkrise im Jahre 1938 waren ein Schulenburg, ein Schwerin, ein Witzleben und ein Yorck ... sich mit Gleichgesinnten aus allen anderen sozialen Schichten und politischen Gruppen darin einig, daß nur ein gewaltsamer Umsturz den Frieden bewahren und das Vaterland retten könne. Nach dem 20. Juli endeten sie am Galgen. Ihr Scheitern tut der Reinheit ihres Wollens keinen Abbruch.*

Ein Kontrollratsbeschluß der Siegermächte war es, der Preußen aufgelöst hat. Für Kessel ist jedoch Preußen, *nicht das Preußentum in Ethos und Stil, wohl aber Preußen als staatlich-soziologisches Gebilde, beruhend auf der vom Landadel getragenen Monarchie,* spätestens mit dem Regierungsantritt Wilhelms II. zu Ende gegangen. Um dieses alte Preußen geht es ihm. Er zitiert eine Tagebuchnotiz, die 1835 der Secondeleutnant im Gardedragoner-Regiment Otto von Rohr verfaßt hat, als er sich mit seiner Schwadron bei Glogau aufhielt: *Morgens machten der Rittmeister Rosen, Ysenburg, Graf Schulenburg und ich einen Spaziergang und fanden 36 verschiedene Blumen auf einer kurzen Feldstrecke.* Der Schwiegervater jenes Otto von Rohr sei der Generalleutnant und Kommandant des Invalidenhauses Gustav Friedrich von Kessel (1760–1827) gewesen, erwähnt der Rezensent. Der Wunsch des Generals, *mitten auf einem Kreuzweg des Invalidenfriedhofs begraben zu werden, ›weil er auch zu seinen Lebzeiten niemandem aus dem Weg gegangen sei‹,* wurde erfüllt. *Das preußische Biedermeier, in dem junge Offiziere neben dem Reiten und Jagen auch Blumen pflückten und ein alter General seine fast rebellische Unabhängigkeit bis über den Tod hinaus bewahrte, war keine schlechte Zeit.*

Zum Weihnachtsfest 1967, wenige Wochen nach dem fünfundsechzigsten Geburtstag, erscheint von Kessel im *Deutschen Allgemeinen Sonntagsblatt*[650] unter der Überschrift *Wie wir in Schlesien Weihnachten feierten* ein ungewöhnlicher Text, schon im Stil grundverschieden von den politischen Kommentaren, die seine Leser kennen. Das Manuskript war im Winter 1945/46 in der Vatikanstadt entstanden. Kessel beschreibt darin fünf Tage so, wie er sie in seiner Kindheit in Oberglauche, dem schlesischen Gut der Eltern, verbracht hat, vom Januar über Mai, Juli und Oktober bis zum Weihnachtstag des Jahres 1913. Das *Sonntagsblatt* bringt aus dem Manuskript die Erinnerungen an jenes letzte Weihnachten vor dem Ersten Weltkrieg. In einem Nachwort dazu hatte Kessel noch in der Vatikanstadt geschrieben: *Als wir an jenem Abend auf die Bescherung warteten, ahnte keiner von uns, daß solch eine Stunde nie wiederkehren würde. ... Denn im Sommer würde ein Gleiten in die Welt kommen, wie wenn sich eine Lawine zu lösen beginnt, die nach und nach alles in ihren Strudel reißt. Und nach sieben Jahren, während der Sturz zu verebben schien, würde Vater von uns gehen, um nicht mehr zu erleben, wie die Lawine, wieder rascher werdend, sich einem neuen Abgrund näherte, über seine Ränder trat und uns mitten in das Grauen hineinriß.*

Die Kindheitserinnerungen hat Kessel 1974, zwei Jahre vor seinem Tod, mit dem Titel *Das stille Gut* noch selbst drucken lassen, nur als Privatdruck für Freunde und Verwandte.[651] Sprachlich ist es sein vollendetstes Werk, herangereift im schmerzlichen Erinnern an eine nun endgültig verlorengegangene, untergegangene Welt. Zwei Jahre vor der Niederschrift, am 11. Dezember 1943, hatte er zum letzten Mal von Berlin aus für wenige Stunden die Mutter auf dem schlesischen Gut Oberglauche besucht. Mit einer Präzision, die gelegentlich fast ans Unheimliche grenzt, ließ Kessel in den einsamen Nächten in St. Marta, der Zufluchtsstätte des Diplomaten auf vatikanischem Boden, das Elternhaus als Erinnerungsbild wiedererstehen.

Hat er in den späten sechziger Jahren vor allem in seinen Erinnerungen gelebt? Daß zu einer solchen Vermutung kein Anlaß besteht, belegt ein höchst unbequemer Beitrag, der im *Deutschen Allgemeinen Sonntagsblatt* drei Wochen nach dem beschaulichen Rückblick auf das schlesische Weihnachten der Kindheit erscheint. Schon die Überschrift *Wenn ich Oppositionsführer wäre* und die Unterzeile *Betrachtungen eines Politischen* kündigen an, daß hier an der Regierung Kiesinger grundsätzlich Kritik geübt werden soll.[652] Kessel trägt seine Gedanken zunächst in einer allgemeiner gehaltenen Einleitung vor. Ihr folgt eine fiktive Rede, die einem ungenannten Oppositionsführer im Bundestag in den Mund gelegt wird. Dabei versteht es sich von selbst, daß Kessel damit nicht etwa als Ghostwriter für einen ungenannten Parlamentarier der Opposition auftreten will. Er macht sich vielmehr einfach Sorgen. Denn er spürt, feinfühlig wie schon so oft, daß Unruhe, ja Unheil bevorsteht.

Das Jahr 1968 hat gerade begonnen, nach dem sich später einmal eine ganze Generation nennen wird. Bereits ein Jahr zuvor hatte Kessel in einem Papier zur Deutschlandpolitik auf eine *gewisse Unruhe* hingewiesen, *vor allem bei der Jugend und hier wiederum vor allem bei den Oberschülern und Studenten.* Das Interesse an der Politik habe in den letzten zwei bis drei Jahren stark zugenommen: *Es zeichnet sich daraus die Gefahr einer Unterwanderung und Aushöhlung aller bisherigen politischen Positionen durch aktive Jugend-Kaders ab,* hatte er damals gewarnt. Das Bonner Regime könne sich einem pays ingouvernable, einem *unregierbaren Land* gegenübersehen.[653]

In der Einleitung zu seiner Rede eines mutigen Oppositionsführers beschreibt Kessel die Stimmung nach einem Jahr Großer Koalition: *Es will keiner dem anderen weh tun, und alles muß sich recht leise abspielen, damit nur ja der Bundesbürger nicht aus seinem Wohlstandsschlaf erwacht. Und weil deshalb Wesentliches nicht passieren darf, breitet sich jene Langeweile aus, die auch den gutwilligen Studenten auf die Straße treibt, auf die Suche nach einem politischen Ziel, das ihm unsere Parteien nicht aufzeigten.* Im Text seiner fingierten Rede lehnt Kessel die von der Regierung schon vorbereiteten Gesetze für den inneren Notstand nachdrücklich ab. Eine solche Gesetzgebung sei schädlich, *weil sie die innenpolitische Atmosphäre vergiftet.* Recht hat er damit, wie sich bald zeigen wird.

Ausführlich geht der Redner auf die Ostpolitik ein, am ausführlichsten auf das Verhältnis zu Polen. Hier fehlt es nicht an bitteren Worten über den Widerstand militanter Minderheiten in den Vertriebenenverbänden und bei den Unionsparteien gegen eine Aussöhnung mit dem ehemaligen Kriegsgegner. Dann aber folgt auch Kritik an der Ostpolitik der Großen Koalition: *Die Regierung hat anfangs mit raschen Erfolgen gerechnet. Man liegt aber nicht jahrelang auf falschem Kurs, um dann, wenn man endlich das Steuer herumgeworfen hat, binnen weniger Monate in den Hafen einzulaufen. Obendrein wurden die kleinen Anfangserfolge aufgebauscht und ausposaunt. Die Aufnahme von Beziehungen zu Rumänien hätte niemals als politischer Sieg, sondern als die überfällige Wiederherstellung des Normalzustandes hingestellt werden müssen. Bei den Sondierungen in den anderen osteuropäischen Hauptstädten hat es möglicherweise an Takt, bestimmt aber an Diskretion gefehlt.*

Egon Bahr, der Planer der Ostpolitik im Auswärtigen Amt, reagiert auf den Beitrag Kessels unverzüglich und mit unverhohlener Wut. *Lieber und verehrter Teddy Kessel,* beginnt katzenfreundlich der Brief. Doch unmittelbar darauf folgt mit beißender Ironie die Attacke: Wenn man sich mit einer Zeitungsseite begnügen müsse, könne man es nicht vermeiden, in ziemliche Allgemeinplätze zu verfallen. Daß diese Gefahr zu vermeiden selbst einem Kessel nicht gelungen sei, erfülle ihn, Bahr, mit Genugtuung. Mit anderen Worten: Der Artikel enthalte nur inhaltsleere Phrasen. Und Bahr sucht sich gegen die Kritik Kessels an der Ostpolitik der neuen Regierung vor allem selbst zu wehren: Es habe *weder von Geschick noch Ungeschick, noch von gezeigter oder vermeintlicher Unge-*

duld abgehangen, daß man in Osteuropa nicht weiterkam. Was Kessel über Polen schreibe, sei *alles schon gesagt worden, zum Beispiel von Herrn Brandt.* Das trifft nun wirklich nicht zu. Und schließlich, in beleidigender Schärfe: *Aufmerksamkeit hat es nicht erregt, weder bei uns noch in Polen.*[654]

Drei Tage später ist Kessel Gast auf einem vom Bundesaußenminister gegebenen Ball. Für den 7. Februar ist im Kalender Kessels darüber hinaus eine weitere Begegnung mit Brandt vermerkt. Der Friede ist wiederhergestellt – auch zwischen Kessel und Bahr. Dessen Verdienste bei den schwierigen Verhandlungen mit der Sowjetunion hat Kessel später stets anerkannt. Doch die heftige Reaktion Bahrs auf den kritischen Artikel im *Deutschen Allgemeinen Sonntagsblatt* hat Kessel getroffen, die Freude am Journalismus ist ihm damit vergangen. Im *Sonntagsblatt* hat er dann nur noch drei Artikel geschrieben. Keiner davon ist so brillant und gewichtig wie jener Versuch, vor der wachsenden Unrast im Land, vor allem der Unruhe in der jungen Generation, mit einer fiktiven Parlamentsrede zu warnen. ›*In Bonn versteht man nicht zu regieren*‹, *ist eine Redensart, die man neuerdings landauf, landab zu hören bekommt*, hatte der Warnruf begonnen. Wieder einmal hatte Kessel sein Instinkt nicht getrogen. Die am 29. Mai 1968 vom Bundestag verabschiedete Notstandsverfassung bringt nicht die ersehnte Ruhe im Land. Sie hat vielmehr die unter der Asche schon glimmende Glut nur zur hellen Flamme geschürt.

Von 1969 hat sich kein Terminkalender erhalten. Eine Antwort des Bundesaußenministers auf einen Brief Kessels vom 1. April belegt immerhin, daß zwischen Brandt und Kessel noch Vertrauen besteht. Kessel hatte Brandt die Kopie eines Schreibens von Bismarck gesandt, in dem der Eiserne Kanzler einem Freund als Hausmittel gegen Überarbeitung empfiehlt, *sich krank zu melden und die Thüre zu schließen*. Bismarck hierzu: *Hätte ich es nicht oft angewandt, so wäre ich schon viel tödter als ich bin: wehrt man damit auch nur die Geselligkeitslast ab, so wird schon viel gewonnen.* In seinem Dankschreiben an den *lieben, verehrten Herrn von Kessel* geht Brandt freundlich auf den Rat des alten Diplomaten ein: *Die Krankmeldung – für jeweils zwei Tage in der Woche – scheint mir in der Tat ein probates Hausmittel zu sein. Leider habe ich es in den ersten Monaten dieses Jahres bereits etwas strapazieren müssen. Trotzdem werde ich auf das Varziner Rezept zurückkommen, wenn ich in den kommenden Monaten einmal keinen anderen Ausweg sehe.*

Der Bitte, gelegentlich an der Ausbildung der Attachés mitzuwirken, hat Kessel gerne entsprochen. Die Verantwortung für die junge Generation nimmt er ernst. Noch kurz vor dem eigenen Abschied vom aktiven Dienst hatte er vor einem Jahrgang junger Diplomaten, die gerade die Ausbildung hinter sich hatten, die Abschiedsrede gehalten.[655] Damals hatte er ein ungewöhnlich dichtes Bild von den Gefahren und Freuden des Berufs entworfen und mit einem Wort des Prinzen Eugen geschlossen, einer Mahnung des Feldherrn, als er eine Reihe von Fahnenjunkern zu Offizieren ernannte: *Meine Herren, von heute an haben Sie nur die eine Aufgabe, ein Vorbild zu sein. Seien Sie dies aber in so unauffälliger, so leichter Form, daß niemand Ihnen daraus einen Vorwurf machen kann.*[656] Mit den Worten eines wahrhaft großen Europäers hatte Kessel hier einen Rat erteilt, den zu befolgen gerade uns Deutschen besonders schwerfällt: nicht nur Vorbild zu sein, sondern dies auch unauffällig und mit leichter Hand.

Bei der Ausbildung weist er vor den jungen Damen und Herren des Attachélehrgangs in erfrischender Munterkeit auf zwei Hauptgefahren des Diplomatenberufs hin: Eitelkeit und Egozentrik. *Es gibt Vize-Konsuln und Botschafter – und darunter kluge und nette Exemplare – die ständig Rad schlagen wie ein Pfau. In ihrer Person, so meinen sie, verkörpere sich alle Weisheit, Schönheit und Macht ihres Landes. Und noch wenn sie auf dem Topf sitzen, tun sie es im Bewußtsein, Diplomaten zu sein.* Kessel erläutert, solche Eitelkeit sei eine unerwünschte Folge der privilegierten Rolle, die jedem Diplomaten von seinem Gastland eingeräumt wird. Dann zur Egozentrik: *Ob man Bundesrichter in Siegburg ist oder Senatspräsident am Bundesgericht in Karlsruhe, man bleibt im Land und im gleichen Milieu, man lehnt sich an die gleichen Menschen an oder reibt sich an ihnen. Sie sind der Maßstab. Als Diplomat aber ist man heute Vizekonsul in Zürich, drei Jahre später Legationsrat in Amman, die Szenerie, die Umgebung wechselt ständig, und selbst in der Zentrale spielt man ja meist nur eine Gastrolle. So kommt es, daß in der Erscheinungen Flucht die eigene werte Person zum einzig ruhenden Pol wird. Die Gefahr, sich immer und immer wichtiger zu nehmen, ist groß. Und viele Diplomaten sehen am Schluß ihrer Laufbahn nur noch sich selber, können nur noch über sich selber reden und nehmen ihre Umgebung nur noch als Rahmen ihrer Person wahr. Vor der Eitelkeit und der Ichbezogenheit muß man sich also in diesem Beruf besonders hüten, wenn man nicht lächerlich und unglücklich zugleich werden will.*

Im gleichen Vortrag warnt Kessel die Attachés vor der Versuchung zu lügen und damit die eigene Glaubwürdigkeit zu verlieren. Schließlich weist er noch auf die Gefahren deutscher Tüchtigkeit hin: *Sie werden viel arbeiten müssen, daß ist heutzutage unumgänglich – obgleich dieser Zwang dem Niveau unseres Berufs abträglich ist. Man hat nicht genügend Zeit, mit den Gedanken zu spielen, man ist durch Hast verhindert, seine Kollegen, seine Gegenspieler genau kennenzulernen. Aber wenn Sie schon ... sehr viel, auch zu viel arbeiten müssen, so lassen Sie es sich wenigstens nicht anmerken. ›Arbeit adelt‹ ist ein Sprichwort, das auf unseren Beruf n i c h t zutrifft. Es gehört zur Selbstdisziplin – und Selbstdisziplin ist die allererste und wichtigste Tugend eines Diplomaten – abschalten zu können, Mensch unter Menschen zu sein.*[657]

Die Attachés spüren, daß ihnen da einer der Großen ihres künftigen Berufs gegenübersteht, gerade weil aus manchem Satz des Vortragenden tiefe Bescheidenheit spricht, etwa bei der Bemerkung: *Beim diplomatischen Gespräch bleibt man, wenn man seinen Beruf ernst nimmt, sein Leben lang ein Lernender, man kann sich niemals als Meister betrachten.*[658]

Die Distanz vom Alltag im Auswärtigen Amt erlaubt es Kessel, manches klarer zu sehen als die alten Kollegen – vor allem dort, wo es um Grundsätzliches geht. Schon im ersten Jahr der Großen Koalition hat Brandt als Außenminister eine Arbeitsgruppe im Auswärtigen Amt um Vorschläge für eine Reorganisation des Ministeriums gebeten. Im September 1968 wird die Aufgabe einer Kommission übertragen, deren Leitung Botschafter Hans von Herwarth erhält. Erst im März 1971 wird Herwarth den Bericht der Kommission Walter Scheel überreichen, dem Nachfolger Brandts an der Spitze des Auswärtigen Amts. In zweieinhalb Jahren ist ein ebenso umfangreicher wie schwerfälliger Schriftsatz entstanden.[659] Lehrreicher ist ein Papier im Umfang von gut zwanzig Seiten, in dem Kessel acht Wochen nach der Einsetzung der Kommission seine eigenen Gedanken zu der dem Gremium gestellten Aufgabe zusammengefaßt hat.[660] Die Kommission verdankt Kessel auch ihren Namen. Als *Vorbemerkung* heißt es in seiner Denkschrift: *Man sollte statt des Ausdrucks ›Reorganisation‹ das gewichtigere Wort ›Reform‹ gebrauchen, um damit anzudeuten, daß es sich nicht nur um organisatorische Fragen handelt, in deren Gefolge dann beamtenrechtliche und finanzielle Probleme auftauchen.* Und Kessel mahnt: Mitglieder des Auswärtigen Dienstes sollten jede Äußerung vermeiden, die bei anderen Ressorts den

Verdacht erregen könnte, die Diplomaten hielten sich für etwas Besseres und leiteten daraus das Recht auf finanzielle Vorteile her.

Einziger Zweck einer Reform des Auswärtigen Dienstes müsse es sein, der Bundesregierung ein Instrument an die Hand zu geben, das geeignet ist, ihre Außenpolitik mit modernsten Mitteln und Methoden in die Tat umzusetzen. Und vorsichtig formuliert er, was er schon in den frühen fünfziger Jahren bei den Verhandlungen über die Europäische Verteidigungsgemeinschaft beobachtet hat: *Wie mir scheint, überwiegen in der multilateralen Diplomatie die logisch-juristisch-abstrakten Begriffe, während in der bilateralen Diplomatie die Psychologie und die Intuition eine größere Rolle spielen. Trotz oder gerade wegen dieser natürlich nur relativen Unterschiede muß ein Auseinanderklaffen des Auswärtigen Dienstes unter allen Umständen vermieden werden. ... Es kann einer ein politisch hochbegabter subtiler Diplomat sein, als Unterhändler auf einer Konferenz aber höchstens Mittelmaß erreichen. Und ebenso kann einem international anerkannten Unterhändler der Zugang zur politischen Intuition weitgehend verschlossen sein.*

Zur Berichterstattung der Auslandsvertretungen weist Kessel auf den *nicht auszurottenden Ehrgeiz der Diplomaten* hin, mit der Presse an Fülle und Schnelligkeit der Informationen konkurrieren zu wollen, *ein Wettkampf, den sie nie gewinnen können und der den Aufbau eines wirklich modernen und wirksamen Auswärtigen Dienstes verhindert.* Was Kessel dann zum Kern der Sache sagt, zur Neuorganisation der Zentrale des Auswärtigen Amts, hat seiner Zeit wohl bei dem einen oder anderen Leser der Denkschrift Interesse erregt, aber seither nicht die geringste Beachtung gefunden: Er fordert eine radikale Verkleinerung des Amts, vor allem seiner Handelspolitischen Abteilung und der Rechtsabteilung. Vergebne Liebesmüh, von Hallstein bis Brandt, von Scheel bis Kinkel hat in der Zentrale des deutschen Auswärtigen Diensts das Parkinsonsche Gesetz triumphiert, das sein Entdecker, der Engländer Cyril Northcote Parkinson, ein gedankenreicher Erforscher der britischen Kolonialgeschichte, scherzhaft nach sich selbst genannt hat[661]: In ihrer Eigendynamik entwickeln sich die bürokratischen Verwaltungen zu aufgeblähten Apparaten die schließlich an ihrer eigenen Kompliziertheit zusammenzubrechen drohen.[662]

Kessel demgegenüber: *Ein Außenministerium ist kein Ressort wie ein anderes, es sollte ein möglichst kleiner Führungsstab sein, wo jeder jeden kennt, was die Koordination erleichtert, und wo die kleine Zahl rasche*

Entscheidungen ermöglicht. Es dient der Erarbeitung der Außenpolitik und muß diese Aufgabe als sein Monopol betrachten und dies Monopol mit Hilfe des Außenministers durchsetzen. Dagegen sollte man die von Hallstein geübte Praxis, die Kompetenzen des Auswärtigen Amts immer weiter auszudehnen, in ihr Gegenteil verkehren, um so mehr, als die ›Randgebiete‹ der Außenpolitik – zum Beispiel Wissenschaft, Entwicklungshilfe, Landwirtschaft ... immer zahlreicher werden.

Das zentrale Problem einer Reorganisation des Amts ist für Kessel *eine durchgreifende Stärkung der Stellung der Referatsleiter. Sie müssen weitaus selbständiger werden, um ihre wesentliche Funktion, die obersten Beamten und den Minister vor überflüssigen Besuchern und der Flut von Papieren abzusichern, ausüben zu können. Sie müssen zwar über ihr Spezialgebiet genauestens Bescheid wissen, aber möglichst wenig davon nach oben weitergeben, sonst sieht der Minister den Wald vor Bäumen nicht mehr.*

Die Bildung der Koalition von Sozialdemokraten und Freidemokraten unter Willy Brandt als Kanzler nach dem Wahlsieg vom 28. September 1969 hat Kessel begrüßt. Walter Scheel wird nun Außenminister. Im Auswärtigen Amt kommt es bald zu einschneidenden Veränderungen. Sie werden Kessel das Haus mehr und mehr entfremden. Seine beiden Hauptgesprächspartner werden ins Ausland versetzt: Kastl kommt zur Nato nach Brüssel, Noebel wird Gesandter in Washington. Mit beiden wird Kessel einen zeitweise intensiven Briefwechsel führen. Briefe sind nun die wichtigsten schriftlichen Zeugnisse von seinem Leben in den frühen siebziger Jahren.[663]

Im Mittelpunkt steht für ihn fortan die Niederschrift seiner Erinnerungen. Dazu wird bald auch die redaktionelle Überarbeitung der schon fertig gestellten Entwürfe gehören. Kastl nimmt an der Entstehung des Manuskripts Anteil, ja er scheint den Freund mehr als einmal mit dem scherzhaften Hinweis ermuntert zu haben, Kessel sei einfach faul. Der geht schon in seinem ersten an Kastl gerichteten Brief hierauf ein: *Damit komme ich zu Deinem Lieblings-Adjektiv ›faul‹, das Du so gern auf mich anwendest. Ich wollte, es wäre so. Statt dessen habe ich Perioden, wo ich unter totaler Apathie leide und es trotz fester Vorsätze tagelang nicht fertigbringe, auch nur eine Postkarte zu schreiben. Die Redensart, man sei so alt, wie man sich fühle, trifft auf mich zu, nur nicht in dem meistgebrauchten Sinn. ... Zur Zeit ist es aber anders. Wenn ich gegen 17 h vom Spaziergang zurückkehre, konzentriere ich mich, von einer Abend-*

essens-Pause abgesehen, bis gegen 23 h denkend und schreibend auf meine Erinnerungen.[664]

In dem gleichen Brief äußert sich Kessel auch zur Entwicklung in Bonn seit der Kabinettsbildung: *Unsere Erklärungen zur Ostpolitik und vor allem zur Sicherheitskonferenz gingen auch mir zu weit. Aber bedenke doch unsere innenpolitische Lage! Die hundertjährige SPD war 28 Jahre von der Macht gänzlich ausgeschlossen. Dann durfte sie zwei Jahre lang den Junior-Partner spielen. Und nun, endlich, endlich ist sie an der Regierung. In einer verständlichen Euphorie redet man Unsinn.*

Im Mai 1970 schreibt Kessel an Kastl: *Seit Du und Sahm ausgeschert seid*[665]*, mache ich mir Sorgen über die Behandlung ostpolitischer Fragen im Amt. Viel wichtiger aber wäre es mir noch gewesen, Euch zu meiner seelischen Betreuung in Godesberg zu haben.* Die Depressionen sind wiedergekehrt. Kessel gesteht: *Ich leiste wenig oder gar nichts. Dafür lese ich viel Gottfried Benn: ›Es ist ein Garten, den ich manchmal sehe,/ Jenseits der Oder, wo die Ebenen weit.‹*[666]

Im Juni schließt Kessel eine Denkschrift zu grundsätzlichen Fragen ab: *Methoden der Bonner Außenpolitik.* Mit dem handschriftlichen Vermerk *persönlich und vertraulich!* leitet er sie einigen Freunden und wichtigen Gesprächspartnern zu.[667] Wie schon der Untertitel *kritische Randbemerkungen* ahnen läßt, ist es eine Art Generalabrechnung mit der von Adenauer und Hallstein eingeleiteten Ostpolitik, die nun manche Christdemokraten als schlechthin vorbildlich preisen. Zwei neue Gesichtspunkte kommen in dem Schriftsatz hinzu: Der Begriff der *Nation* und dessen herkömmliche Bedeutung werden kritisch geprüft. Weit über das früher von Kessel Gesagte geht dabei die Vision von einer künftigen gegenseitigen Annäherung der beiden deutschen Staaten hinaus. Die Existenz von zwei Staaten auf deutschem Boden sei an sich noch keine Tragödie, sondern könne sich auf eine jahrhundertealte Tradition berufen, in denen die deutsche Nation mehrere deutsche Staaten umfaßt habe.

Kessel schreibt: *Das wirkliche Übel, die Katastrophe besteht darin, daß jenseits der Elbe ein Regime am Ruder ist, für das Begriffe wie Humanität und Rechtsstaat nicht existieren und das seine ›Untertanen‹ durch unmenschliche Maßnahmen unter der Knute halten muß. Ohne die Unterstützung Moskaus könnte sich die herrschende Parteiclique nicht einen Monat an der Macht halten. Dies ist in allem Ernst und größter Nüchternheit festzustellen, selbst wenn man die Bundesrepublik nicht als ›des Deutschen Vaterland‹ anzusehen vermag. In unserer Super-*

provinz steht gemäß der Parole des französischen Bürgerkönigs Louis Philippe (1830–1848) ›Enrichissez Vous‹ gleichermaßen als Vorspann des Grundgesetzes der Appell, sich zu bereichern. Sicher sind mit mir die Mehrzahl unserer Mitbürger bereit, diesen Staat nach außen und innen zu verteidigen. Einen Lorbeerkranz aber verdient er nicht. *Das Dilemma wäre behoben, wenn sich in der DDR ein humaner Sozialismus, wie ihn Dubcek in der Tschechoslowakei einführen wollte, mit der Zeit durchsetzte. Aber auch in der Bundesrepublik müßte gleichzeitig der Tanz um das Goldene Kalb und der ›Konsumterror‹ als unserer Nation unwürdig aufhören.*

Am 12. August 1970 wird in Moskau der Vertrag mit der Sowjetunion unterzeichnet, der einen Gewaltverzicht der Bundesrepublik gegenüber dem Osten und die Unverletzlichkeit der Grenzen aller europäischer Staaten enthält, also auch den endgültigen Verzicht auf die mit dem Zweiten Weltkrieg verlorenen Ostgebiete. Im Juli 1971 sendet Kessel an Kastl ein Papier nach Brüssel, in dem er zum Inhalt des Moskauer Vertrags Stellung nimmt, wiederum mit dem nachdrücklichen Hinweis, daß es auf deutschem Boden fast stets mehr als einen souveränen Staat gegeben habe.[668] Nach einer eingehenden und im wesentlichen zustimmenden Würdigung des Vertrags meldet Kessel in dem Schriftsatz mit ungewöhnlichem Nachdruck dann aber doch einen Vorbehalt an: *Die Regierung muß wissen, daß, wenn sie den Vertrag von Moskau ohne vorherige Konzessionen in der Berlin-Frage dem Bundestag zur Ratifizierung vorlegt, sie ihr moralisches Gesicht verliert.*

Kessel mahnt: *Die Forderung der Sowjetunion, den Vertrag bereits vor einem erfolgreichen Abschluß der Berlin-Verhandlungen zu ratifizieren, ist sachlich unbegründet. Sie ist aber für Moskau ein Test, wie weit wir uns demütigen lassen, wenn man uns unter Druck setzt. Der Vertrag als solcher gibt in seinem Wortlaut keinen Anlaß zu sensationellen Bewertungen pessimistischer oder optimistischer Natur. Es ist – mit fünfzehnjähriger Verspätung – ein junger und gesunder Obstbaum gepflanzt worden. Ob er Früchte trägt, kann sich erst in zwei oder drei Jahren erweisen. Wir sind durch Umstände geographischer und wirtschaftlicher Natur ... gezwungen, eine aktive Ostpolitik zu treiben, die nicht ohne Risiken sein kann, aber wenn sie erfolgreich ist, nicht nur uns, sondern auch der Westlichen Welt zugute kommen würde. Die Voraussetzungen dafür aber sind Charakterfestigkeit und Geduld, also weniger politische als moralische Qualitäten.*

Am 3. September 1971 unterzeichnen die Vereinigten Staaten, Großbritannien, Frankreich und die Sowjetunion das Vier-Mächte-Abkommen über Berlin. Auch die Sowjetunion erfüllt darin die Grundforderungen der Bundesrepublik. Auch von Moskau wird damit das Recht der Bundesrepublik anerkannt, West-Berlin international zu vertreten. Die Briefe an Kastl aus dieser Zeit gehen mehr auf die aktuelle Politik ein als die Freundschaftsbriefe an Noebel, und das hat seinen Grund: Kastl steht der Ostpolitik der Regierung Brandt grundsätzlich skeptisch gegenüber. Am 4. September 1971, einen Tag nach der Unterzeichnung des Vier-Mächte-Abkommens, kommt Kessel in einem Brief an Kastl hierauf offen zu sprechen: *Sehr betrübt bin ich, daß es offenbar keine Verständigungsmöglichkeit über unsere Ostpolitik gibt.* Kessel unternimmt dann dennoch den Versuch, dem Freund die Grundzüge des ostpolitischen Kurses der Regierung Brandt zu erläutern. Der Sowjetunion gegenüber habe Adenauer auch nach seinem Besuch in Moskau vom Jahre 1955 eine kalt-ablehnende Haltung vertreten. Ferner habe er *die dringenden Versuche Polens in den Jahren 1957–1960, mit uns auch ohne Anerkennung der Oder-Neiße-Linie diplomatische Beziehungen anzuknüpfen, zweimal torpediert. Deshalb mußten wir jetzt in der ersten Phase* (einer eigenständigen Ostpolitik der Regierung Brandt) *von den Realitäten ausgehen.*

Kessel zählt dann auf, welche Realitäten er als Ausgangslage der neuen Ostpolitik ansieht: *An der Oder-Neiße-Grenze ist nichts mehr zu ändern. Im Gegensatz zu 1957 ist die Rückgewinnung auch nur eines Quadratmeters unserer Ostgebiete ausgeschlossen. Die These, Berlin* (Ganz-Berlin) *sei ein Land der Bundesrepublik, sei absurd und verlogen.* Und die sogenannte Bundespräsenz in West-Berlin sei bisher für viele, *insbesondere unsere Rheinbündler, die in der CDU/CSU über eine Sperrminorität verfügen* nur eine Alibi-Geste gewesen. Aus Berlin werde kein westdeutscher Beamter mehr abberufen. Allerdings meint Kessel, die Präsenz des Bundes in Berlin (West) müsse aktiver und repräsentativer gestaltet werden, etwa durch die Entsendung eines Hochkommissars für Westberlin mit Sitz im Bellevue-Palais.

Als wichtigsten Teil des Abkommens bezeichnet Kessel die Regelungen über den freien Zugang nach Berlin auf der Straße, den Schienen- und Wasserwegen für Personen und Waren. Die Zugangswege seien nun endlich nicht mehr nur durch Gewohnheitsrecht abgesichert, sondern durch einen Vertrag. Zugleich erwähnt er ein bisher von den Alliierten und der

Bundesregierung ziemlich gut gehütetes Geheimnis: *Daß wir* (bis zum Abschluß des Vier-Mächte-Abkommens) *keinen Rechtstitel hatten, aufgrund dessen wir handeln konnten, ist weitgehend verschwiegen worden, um keine Panik bei der Berliner Bevölkerung auszulösen. Gleichwohl war das Ausbluten Westberlins nicht zu übersehen und auch nicht, daß, wenn es so weiterginge, die Teilstadt eines Tages dem Osten als reife Frucht in den Schoß fallen würde. Diesen Verlust, verbunden mit der Abwanderung von Hunderttausenden von Berlinern in den Westen – vom Osten eher gefördert als unterbunden – könnte unser Staat in seiner jetzigen Form kaum überdauern.*

Kessel weist darauf hin, wie labil die Lage einst während der von Chruschtschow 1958 entfesselten Berlin-Krise war: *Im Sommer 1959 meinte sogar Ducky* (Duckwitz)[669]*, es werde uns wohl nichts anderes übrig bleiben, als die Forderung, aus Westberlin eine ›Freie Stadt‹ zu machen, zu akzeptieren. Und Northe* (damals Stellvertreter von Duckwitz)[670] *meinte, Berlin sei doch ohnehin verloren, warum wir denn uns so viel Mühe und Arbeit machten, es zu verteidigen.* Im übrigen sei *das alles* (die bereits ausgehandelten Verträge) ja nur ein Anfang, schreibt Kessel. Bismarck habe einmal *den Vergleich der Politik mit dem Schachspiel abgelehnt. Denn das Schachspiel gehe mit der Partie zu Ende, die Politik aber gehe laufend weiter.*[671]

Kaum drei Wochen später ist bei Kessel die Stimmung umgeschlagen. Er dankt Kastl für einen *klugen, schönen und überaus herzlichen Brief.* Wie wichtig ist ihm doch der Briefwechsel mit den Freunden. Denn die Einsamkeit um ihn nimmt zu. *Die Altersgenossen sterben hinweg, davon haben acht von zehn ein gewaltsames Ende* (nach dem 20. Juli) *gefunden – keine erheiternde Bilanz. Von den Übriggebliebenen stehen mir viele sehr nahe, zum Beispiel Johnny Herwarth und Gogo Nostitz. Nichts läge mir ferner, als diese Freundschaften zu verleugnen. Aber das Fundament dieser Freundschaften ruht auf gemeinsamen Erinnerungen, und davon kann ich nicht leben. Einmal deswegen, weil diese Erinnerungen an unverheilte und nie verheilende Wunden rühren, und andererseits deswegen, weil nur die Zukunft Aufgaben (challenges) stellt, auf deren Lösung ich, so lange ich noch einigermaßen bei Troste bin, neugierig bin.*

Sigismund von Braun und Ulrich Sahm seien treue Freunde, schreibt Kessel. Doch dann verrät er ein sonst wohlgehütetes Geheimnis, seine Taktik, mit der er in den Jahren der Großen Koalition zumindest indirekt gemeinsam mit den Freunden der jungen Generation einen gewiß begrenzten, aber bisher wohl doch weit unterschätzten Einfluß im Auswärtigen Amt ausgeübt hat: Es wäre ihm lieber, *nicht nur persönlich, sondern auch sachlich*, wenn Kastl und Noebel sowie drei weitere ihm noch von der Dienstzeit in Washington her vertraute jüngere deutsche Diplomaten in Bonn wären: *Es bestände dann eine kleine Möglichkeit, unserem Establishment Korsettstangen einzuziehen, das heißt dem Amt und möglicherweise sogar dem Palais Schaumburg.*

Über einen vermeidbaren Fehler in der Ostpolitik, der unmittelbar nach dem Abschluß des Vier-Mächte-Abkommens über Berlin im Bundeskanzleramt unterlief, ist Kessel entsetzt: Ohne Konsultationen mit den drei westlichen Bundesgenossen hat der Kanzler eine Einladung zu einer Besprechung mit Breschnew an die Krim akzeptiert und die Regierungen der Vereinigten Staaten, Englands und Frankreichs nicht einmal rechtzeitig davon unterrichtet. Scheel nimmt in jener Zeit als Außenminister wenig oder gar keinen Einfluß auf die Ostpolitik. Die Einladung zu dem Treffen in der Krim hatte der sowjetische Botschafter Brandt direkt überbracht, und der Kanzler scheint entgegen seiner Gewohnheit dem sowjetischen Anerbieten sogleich zugestimmt zu haben: Scheel erfuhr jedenfalls als Außenminister erst durch den Bundeskanzler davon.[672]

Kessel hierzu an Kastl: *Unsere Ostpolitik war strategisch richtig angelegt, aber jetzt scheint es sich wieder einmal zu erweisen, daß wir nicht über die geistige Disziplin und moralische Festigkeit verfügen, sie mit Zähigkeit und Geduld zu verwirklichen. Daß die Westmächte nicht rechtzeitig über die Krim-Reise (Brandts) unterrichtet wurden und über die Gründe, die zu der Annahme der Einladung führten, war angesichts der Rolle, die sie in der Berlin-Sicherung gespielt haben, eine Flegelei sondergleichen! Und damit noch nicht genug: Scheel mußte in nationalistischem Ton erklären, wir seien nun wieder stark genug, eine eigenständige Politik führen zu können. Inzwischen keifen sich Opposition und Regierung an wie eine Meute von Straßenkötern. Kanzler und Minister überstürzen sich, statt den Mund zu halten, mit widersprüchlichen Erklärungen, die das Vertrauen zu ihnen untergraben.*[673]

Bahr hat wohl bald eingesehen, daß man sich einen diplomatischen Fauxpas hatte zuschulden kommen lassen. Während er in seinen Memoiren sonst ziemlich ausführlich und oft bis ins kleinste Detail über die Ost-West-Verhandlungen in den Jahren der Ost-Verträge berichtet, erwähnt er die Krim-Reise darin nur in einem einzigen Satz: *Zwischen-*

durch wurde noch die Begegnung des Bundeskanzlers mit Breschnew auf der Krim vorbereitet und absolviert (16.–18. September 1971).[674]

Noch zum Jahresende sendet Kessel an wichtige Gesprächspartner und Freunde eine Betrachtung, in der er seine Auffassungen über die Zukunft der Deutschen darlegt. *Die deutsche Nation* steht als Überschrift über dem Text.[675] Zunächst erinnert er daran, daß der Begriff *Nation* in dem *heute verwendeten Sinn* ein Kind der französischen Revolution sei. Deren Proklamation, Frankreich sei *eine unteilbare Nation (La Nation une et Indivisible)* habe nur die Forderung enthalten, Frankreich müsse in seinen bisherigen Grenzen erhalten bleiben. Eine Annexion von Teilen des französischen Kerngebietes durch die außenpolitischen Gegner der Revolution, Österreich und Preußen, sei für Frankreich unzumutbar gewesen. *Dabei kam den Franzosen ein Umstand zugute, der in Europa eher zu den Ausnahmen gehört: Frankreich verfügt über ›natürliche‹ Grenzen. Der Rhein, die Alpen, das Mittelmeer, die Pyrenäen, der Atlantik, der Ärmelkanal umreißen diese Grenzen präzise und unbestreitbar. Lediglich die Grenzen zwischen dem belgischen Ypern und dem lothringischen Metz sind nicht so eindeutig bestimmt und waren eben deshalb Schauplatz jahrhundertelanger militärischer Auseinandersetzungen.*

Der französische Begriff *Nation* habe sich im neunzehnten und zwanzigsten Jahrhundert wie ein Steppenbrand über ganz Europa ausgebreitet und sei die Ursache der meisten tragischen Ereignisse auf dem Kontinent gewesen. Als Folge der totalen Niederlage und des kalten Krieges seien auf dem Territorium des um die Ostgebiete verkleinerten Deutschen Reichs zwei deutsche Staaten entstanden: Die Bundesrepublik Deutschland und die Deutsche Demokratische Republik. *Bonn brachte es fast zwanzig Jahre lang fertig, die Existenz des zweiten deutschen Staates zu leugnen*, bemerkt Kessel bitter. *Als schließlich die sozialliberale Regierung unter Brandt die DDR zwar nicht völkerrechtlich anerkannte, mit ihr aber im Interesse Westberlins und einer ost-westlichen Entspannung verhandelte, erhob die CDU/CSU ein Wutgeheul.*

Kessel demgegenüber: *Niemals hat es seit Jahrhunderten einen Staat gegeben, der alle Deutschen unter seinem Dach vereinigte. Selbst das Bismarck-Reich hat auf die Eingliederung der Deutschen in Österreich und in den böhmischen Randgebieten verzichten müssen.* Schon Jahrhunderte vor der französischen Revolution habe es das *Heilige Römische Reich Deutscher Nation* gegeben, und Luther habe einen seiner berühmten Briefe *An den christlichen Adel Deutscher Nation* gerichtet. Was man sich unter dieser Deutschen Nation vorzustellen habe, müsse genau definiert werden, fordert Kessel. Er denkt dabei an die noch nicht abgeschlossenen Verhandlungen über die Ostverträge und über den Grundlagenvertrag mit Ost-Berlin. Vielleicht könne man sagen, meint er, der Begriff *Deutsche Nation* sei die deutsche Fassung eines Commonwealth.

Niemand vermag die Zukunft über längere Zeiträume hinweg ohne Irrtum zu enträtseln. Eine *Wiedervereinigung im klassischen Sinn, das heißt: die Zusammenfassung von fast 80 Millionen Deutschen in einen souveränen Nationalstaat ist für Kessel am Ende des Jahres 1971 noch undenkbar.* Denn *eine solche Machtzusammenballung, die der Hegemonie eines ›Vierten Reichs‹ über ganz Europa gleichkäme, würde weltweit auf schärfsten Widerspruch stoßen und uns Deutsche wieder einmal ins Unglück stürzen,* meint er. Als schwierigste Aufgabe sieht Kessel es an, in der DDR ein menschenwürdiges Regime ans Ruder zu bringen. Als Beispiel dient ihm hierfür Ungarn: *Seit Kádár seiner Stellung im eigenen Land sicher ist, hat er die Formel ›Wer nicht für uns ist, ist gegen uns‹ in ihr Gegenteil umgewandelt. Jetzt lautet sie ›Wer nicht gegen uns ist, ist für uns‹ – und mit ihr läßt es sich in Ungarn trotz aller Nöte und aller Armut in menschlicher Beziehung besser leben als in den meisten Ostblock-Staaten.*

Von einem *menschlichen Sozialismus* erhofft sich Kessel eine Annäherung der beiden deutschen Staaten. Das Zukunftsziel ist für ihn wie seit langem schon ein Zusammenschluß der Länder Europas. Dabei ist für ihn Rußland weiterhin nicht mehr Europa. Mit der 1922 erfolgten Verlegung der Hauptstadt von Sankt Petersburg nach Moskau habe ein Prozeß begonnen, der zur Verlagerung des Schwergewichts der Sowjetunion nach Sibirien geführt habe. Kessel wiederholt darauf seinen eigenen Begriff von Europa: *Nach meinem Dafürhalten gehören zu Europa alle Länder, in denen sich die römisch-rechtlichen Begriffe ›Person‹ und ›Eigentum‹ durchgesetzt haben. In vielen Ländern, wie in Frankreich und Deutschland, wurden diese römischen Rechtsbegriffe unmittelbar übernommen. In anderen, wie in England, das sein eigenes auf germanischen Traditionen beruhendes Recht entwickelte, war es die römisch-katholische Kirche, die die Person und das Eigentum zum Fundament jeder Rechtsordnung machte. In diesem Sinn reicht Europa von den Ostgrenzen Polens, der Tschechoslowakei und Rumäniens über England und Skandinavien bis nach Gibraltar.*

Kessel schließt seine Betrachtung mit einem Blick in die Zukunft: *In diesem Europa, einem mindesten zu Anfang ganz lockeren Staatenbund, sollten die beiden deutschen Staaten ihren Platz finden. Die deutsche Nation würde dann in einem solchen zahlenmäßig begrenzten Bund, sofern wir nicht die ›Querelles Allemandes‹[676] aufs Neue durchspielen, über zwei Stimmen verfügen. Vielleicht wird diese Perspektive, diese Vision als reine Utopie erscheinen. Schon Max Weber hat indessen festgestellt: ›Es ist ja durchaus richtig, und alle geschichtliche Erfahrung bestätigt es, daß man das Mögliche nicht erreichte, wenn nicht immer wieder in der Welt nach dem Unmöglichen gegriffen worden wäre.‹*

Dies ist die späteste datierbare politische Denkschrift im Nachlaß von Kessel. Wenn im Dezember 1971 für ihn eine politische Wiedervereinigung der beiden deutschen Staaten noch *undenkbar*[677] erschien, so liegt handschriftlich ein Zeugnis für einen späteren Sinneswandel vor, das Beachtung verdient. Den Schriftzügen nach ist es ein Papier, das schon ein Schwinden der Kräfte verrät, also in den letzten Lebensjahren oder in Tagen der Krankheit entstand. Mit seinem hohen Flug der Gedanken ist es dennoch ein gewichtiger Text. Er sei daher hier in vollem Wortlaut wiedergegeben[678]:

Vorschlag

I.

Die Bundesregierung erklärt in Übereinstimmung mit allen im Bundestag vertretenen Parteien folgendes:
Wenn die Bevölkerung in Mitteldeutschland eines Tages in die Lage versetzt ist, über ihre politische Zukunft frei zu bestimmen,
und wenn diese Bevölkerung mehrheitlich beschließt, daß Mitteldeutschland nicht mit der Bundesrepublik vereint, sondern ein selbständiger Staat etwa wie Österreich werden soll,
so wird die Bundesrepublik diesen Staat nicht nur unverzüglich anerkennen, sondern ihn auch nach Kräften politisch, wirtschaftlich und kulturell unterstützen.

II.

Sollte die Bevölkerung Mitteldeutschlands sich jedoch für die Wiedervereinigung entscheiden, so wird die Bundesrepublik Vorsorge treffen, daß Regierung und Bevölkerung Mitteldeutschlands besondere Garan-

tien gegen eine Überfremdung und Majorisierung erhalten. Man könnte etwa daran denken, der mitteldeutschen Regierung für eine lange Übergangszeit ein Veto in allen gesellschaftlichen (sozialen), wirtschaftlichen und finanziellen Fragen zuzugestehen, das vom gesamtdeutschen Bundestag nur mit einer Vier-Fünftel-Majorität überstimmt werden könnte.

Begründung: Der erste Absatz der vorgeschlagenen Erklärung würde den Vorwurf des ›Revisionismus‹ gegenstandslos machen, ein Vorwurf, der in weiten Teilen der Welt schwer wiegt. Dieser Absatz ist außerdem geeignet, das Selbstbewußtsein der mitteldeutschen Bevölkerung zu heben.

Der zweite Teil dient dem gleichen Zweck, indem er der Bevölkerung Garantien gegen jede Form von Ausplünderung oder Gleichschaltung nach Art des ›Anschlusses‹[679] oder der ›Liberation‹[680] bietet.

Formulierung: Die Erklärung ist so abgefaßt, daß Formulierungen, die Anlaß zu unnötigen Polemiken geben könnten, nach Möglichkeit vermieden werden. Es ist daher von Mitteldeutschland die Rede und nicht von der SBZ oder DDR. Aus dem gleichen Grund ist von freien Wahlen nicht die Rede. Schließlich umgeht die Formulierung ›ein selbständiger Staat etwa nach der Art Österreichs‹ die Frage, ob die ›DDR‹ ein Staat ist oder nicht.

Hätte eine solche Absichtserklärung der Bundesregierung wohl jemals im Bundestag des westdeutschen Staats eine Mehrheit gefunden? Das ist zu bezweifeln. Doch Kessel hat schon damals die Gefahr klar erkannt, daß sich bei einer allzu triumphaler Aufnahme *neuer Bundesländer* in den zunächst noch von Bonn aus regierten westdeutschen Staat im bisherigen DDR-Gebiet das Gefühl der Ausplünderung breit machen könne – eine Befürchtung, die sich nach der Wiedervereinigung Deutschlands als nicht unberechtigt erweisen sollte.

XII

Brieflich von der Schweiz aus und bei Besuchen in Berlin in ständigem Gedankenaustausch mit den Freunden vom Widerstand: Kessel Ostern 1943 als Konsul in Genf.

Ein letzter Blick auf den Widerstand

Schon mit dem Ende der Großen Koalition hatte das politische Lebenswerk Kessels fast seinen Abschluß gefunden. Grundsätzlich bejaht er die Deutschlandpolitik der Regierung Brandt, und damit auch den Vertrag über die *Grundlagen der Beziehungen zwischen der Bundesrepublik Deutschland und der Deutschen Demokratischen Republik*. Am 21. Dezember 1972 wird das Dokument unterzeichnet. Sein Inhalt tritt im Juni 1973 in Kraft.

Kessel sieht nun die Abfassung seiner Memoiren als Hauptaufgabe an, ja eigentlich als die allein wichtige ihm verbliebene Aufgabe im Leben. Zu Beginn der siebziger Jahre hofft er noch, es werde ein umfangreiches Buch werden.[681] Ermutigend begleiten die Freunde das Ringen um die Niederschrift. Im März 1972 kann Kessel in einem Brief an Kastl über Fortschritte berichten: *Ich beschäftige mich jetzt jeden Abend mit meinen Erinnerungen, habe das Vorhandene gründlich redigiert, Neues hinzugefügt und hoffe in zwei bis drei Wochen die römische Zeit 1943 – 46 abzuschließen. Ich finde es reizend, wieviel Interesse Du an diesem Opus nimmst.* Es folgt aber schon ein skeptischer Nachsatz: *Ich meine, in ein paar Jahren wird es niemand mehr lesen, man wird sich mit aktuelleren Problemen auseinandersetzen müssen.*[682]

Ein Jahr später sieht die Welt für Kessel düsterer aus. Er sitzt wieder einmal *im Keller der Depressionen*. Sein Bruder Friedrich ist todkrank, Duckwitz am 16. Februar 1973 in Bremen gestorben. *Du als Bayer konntest wohl diesen Hanseaten nie so recht verstehen, seine Humanität, seine liberale Toleranz und seinen norddeutschen Humor*, schreibt er an Kastl. *Obwohl er – wie wir alle – wußte, daß die Einigung Westeuropas eine Vorbedingung für unser aller Überleben ist, war er gleichzeitig ein deutscher Patriot in dieses Begriffs kultiviertester Bedeutung. Ich vermisse ihn sehr.*[683]

Im Oktober hat sich Kessels Gesundheit verschlechtert. Er sucht, wie schon mehrfach in den letzten Jahren, im Sanatorium Bühlerhöhe Genesung. Von dort schreibt er an Kastl: *Vorerst bleibe ich rund drei Wochen hier, um mein ramponiertes Ich etwas aufzubügeln. Daß ich nun auch noch am ›gesunden Bein‹ eine Thrombose mit zwei Abszessen bekam, war recht überflüssig, und es hat mir, obwohl Russell mich zweieinhalb Wochen in seinem Krankenhaus rührend umsorgt hat, ziemlich zuge-*

setzt. Und dann, in eine Frage gekleidet, der Hinweis, daß die Arbeit an den Memoiren wieder ins Stocken geraten ist: *Jetzt bin ich am überlegen, ob ich mir die Mühe machen soll, weiter an meinen Erinnerungen zu schreiben. Hat dies angesichts der Zeitläufte noch einen Sinn?* Innerlich hat er die Frage schon mit einem *Nein* beantwortet. Die Arbeit an den immer noch fragmentarischen Memoiren macht ihm keine Freude mehr. So bricht er sie schließlich ab.

Öfter als früher ist er in Jugenheim bei seinem Neffen Kurt von Kessel und dessen Frau Christiane in dem lichten Haus mit uralten Bäumen im weiten Garten, der es umgibt. Hier fühlt er sich wohl. Im Juni 1974 unternimmt er mit seinem Freund Hans-Otto Bräutigam vom Auswärtigen Amt, der jetzt Ministerialrat an der im Frühjahr neu eröffneten Ständigen Vertretung der Bundesrepublik in Ost-Berlin ist, eine Reise *durch die Mark* (Brandenburg) *nach Potsdam-Sanssouci,* wie er im Terminbuch notiert. Welch ein bewegendes Wiedersehen mit Landschaften und Gedenkstätten deutscher Geschichte.

Ein Jahr später besucht er mit Bräutigam auf zwei weiteren Ausflügen den ostdeutschen Staat. Die Dome in Halberstadt und Naumburg sind diesmal die Ziele.[684] Bei der Fahrt nach Naumburg war ursprünglich auch ein Abstecher nach Roßleben an der Unstrut geplant, zur Klosterschule, mit der sich für Kessel so viele Erinnerungen an gemeinsame Jahre mit Ulrich-Wilhelm von Schwerin, Peter Yorck von Wartenburg und Botho von Wussow verbinden, die Gefährten vom Widerstand. Schwerin und Yorck sind nach dem 20. Juli der Rache Hitlers zum Opfer gefallen. Nun lebt auch Wussow nicht mehr.[685] Anders, als es ursprünglich verabredet war, habe Kessel auf der Heimfahrt gebeten, von Naumburg unmittelbar nach Berlin zurückzufahren, erinnert sich Bräutigam an die gemeinsame Reise.[686] Kessel habe ihm nach dem Besuch von Naumburg gesagt, er sei nun erschöpft. Doch es war wohl eher die Furcht vor alten Erinnerungen, die in Roßleben auf ihn eingestürmt wären.

Ein Jahr zuvor, am 20. Juli 1974, dreißig Jahre nach dem gescheiterten Staatsstreich, hatte Kessel noch eine bitterere Enttäuschung erlebt. Er muß gehofft haben, daß nun endlich auch seine Mitwirkung am deutschen Widerstand öffentlich gewürdigt werde, sei es auch nur während einer Feierstunde im Auswärtigen Amt. Doch nichts dergleichen geschieht. An Paul Frank, den Staatssekretär, der nun Walter Scheel ins Bundespräsidialamt begleitet, schreibt Kessel nach dem Gedenktag einen traurigen Brief.[687] Gegen seine Gewohnheit weist er darin unmittelbar auf seine Mitwirkung am Widerstand hin: *Als ich um die Jahreswende 1943/44 von Rom kommend in Berlin war, sagte mir Stauffenberg, er werde mich im Falle eines Gelingens mit einer Sondermaschine aus Rom abholen lassen. Und noch im Mai 1944 traf ich mich mit Trott in Venedig, der mich über den neuesten – sehr düsteren – Stand der Dinge unterrichtete. Daß ich nicht am Galgen endete, verdanke ich nur der Tatsache, daß die Alliierten Anfang Juni in Rom einmarschierten und die Deutsche Botschaft beim Vatikan aus der Stadt Rom in die Vatikanstadt übersiedeln mußte, ich also dem Zugriff der Gestapo entzogen war.*

Zu den politischen Zielen des gescheiterten Staatsstreichs schreibt Kessel an Frank: *Natürlich bestanden innerhalb des Widerstands verschiedene Gruppen. Da gab es Vertreter der älteren Generation wie Goerdeler und Hassell, die zwar mutig waren, aber deutschnationale oder schwarzweißrote Ziele verfolgten und deshalb von den Jüngeren in oft unnötiger Schärfe abgelehnt wurden. Wenn ich bis 1942 aus Genf oder ab 1943 aus Rom nach Berlin kam, versuchte ich zu vermitteln: Erst einmal komme es darauf an, Hitler zu beseitigen, über alles Spätere könne man anschließend diskutieren. Die weitaus stärkste und zugleich radikalste Gruppe waren meine Altersgenossen (ich gehöre zum Jahrgang 02). Sie wollten keineswegs alles, was die Nazis wider Willen erreicht hatten, nämlich die Nivellierung des Klassenstaates, abschaffen. Sie wollten im Gegenteil, jedenfalls in ihrer Mehrheit, noch über das hinausgehen, was der heutige linke Flügel der SPD zum Ziele hat.*

Nachdrücklich distanziert sich Kessel von dem später als *Kreisauer Kreis* bekannten Flügel des Widerstands, der ein Attentat auf Hitler ablehnte: *Die stärkste Persönlichkeit unter meinen Altersgenossen war wohl Helmuth Moltke. ... Er wollte mit dem Attentat nichts zu tun haben, andererseits aber unser Volk dafür bestrafen, daß es sich von Hitler habe verführen lassen. Das aber widersprach diametral den Motiven, aus denen sich die überwältigende Mehrheit zum Wagnis eines Staatsstreichs entschlossen hatte, nämlich unser Volk vom Vorwurf einer Kollektivschuld und seinen Folgen zu entlasten. Er geriet daher auf fast tragische Weise mehr und mehr in Isolierung.*

Kessel schließt mit einem Hinweis auf Allan Dulles, den Bruder des amerikanischen Außenministers John Foster Dulles. Nach dem Ende des Zweiten Weltkriegs habe Allan Dulles für die Hinterbliebenen der Opfer des 20. Juli gesorgt, und jeder Überlebende, der zu dem Kreis gehört hatte, *erfreute sich seines Vertrauens, ich seiner Freundschaft. Allan Dul-*

les habe ihm während seiner Dienstzeit in Washington Informationen zugänglich gemacht, über die sonst kaum ein anderer ausländischer Diplomat verfügt habe.

Das höhere Alter hat seine eigene Sprache. Auch der Hinweis auf Allan Dulles sollte Frank wohl vor allem daran erinnern, daß Kessel im Widerstand zum innersten Kreis der Stauffenberggruppe gehört hatte. Es ist eher unwahrscheinlich, daß der Staatssekretär den Brief Kessels je beantwortet hat. Die Gelegenheit, zur dreißigsten Wiederkehr des 20. Juli nicht nur die toten Opfer, sondern auch Kessel als kompromißlosen Gegner Hitlers zu ehren, war ja schon vertan.

Dennoch verdient auch dieser späte Brief Kessels Beachtung. Denn er weist auf Gedanken hin, die schon in Paris in einem Brief an Schwerin-Krosigk, den ehemaligen Finanzminister Hitlers anklangen[688], damals freilich nicht so ausführlich: auf den entscheidenden Unterschied zwischen dem gewaltlosen geistigen Widerstand, in dem sich Moltke und seine Freunde vom *Kreisauer Kreis* engagiert hatten und dem aktiven militanten Widerstand gegen Hitler, dessen Ziel ohne Wenn und Aber die Beseitigung des Diktators durch ein Attentat war. Gewiß sind im Umkreis von Moltke bedeutende Gedanken entstanden. Dennoch haftet seinen Debatten über den von der Diktatur Hitlers befreiten künftigen deutschen Staat etwas Illusionäres, schmerzlich Weltfremdes an. Denn daß in dem von der Gestapo streng überwachten SS-Staat alles Herumbasteln an Staatsentwürfen für eine Zeit *nach* Hitler die hieran Beteiligten in höchste Gefahr bringen mußte, hat Moltke offensichtlich nicht wahrhaben wollen. Wie konnte er es verantworten, nicht nur sich, sondern auch andere mit seinen Debatten über eine bessere Zukunft an den Galgen zu bringen, solange er mit Entschiedenheit die entscheidende Tat abgelehnt hat, den gewaltsamen Umsturz?

Der Gegensatz zwischen Kessel und Moltke war schon 1942 unüberbrückbar geworden.[689] In einem Brief an Peter Yorck, in dem es um die Kernfragen von Macht und Politik geht, hat Kessel mit überzeugender Klarheit seinen Standpunkt vertreten. Er erinnerte Yorck dabei zunächst an frühere Diskussionen über das Wesen der Macht: *Anläßlich eines Gesprächs über Berdjajew*[690] *habe ich, glaube ich, schon einmal zu erklären versucht, daß nach meiner Überzeugung jedes Tun und Wirken des Menschen sich im Schatten der Sünde – um in christlicher Terminologie zu reden – oder der Tragik – um einen antiken Begriff anzuführen – abspielt. Ich kann also nicht zugeben, daß ein Mensch, der die Macht ablehnt und sich auf das geistige Wirken beschränken will (ob man das überhaupt kann, sei dahingestellt), damit der Sünde oder der Tragik entrinnt.*

Es folgt Kessels eigener Standpunkt: *Daß, wer mit der Macht umgeht, besonderen Versuchungen ausgesetzt ist, bin ich der Letzte zu leugnen. Wer sie zum Selbstzweck erhebt, ist dem Bösen ganz und gar verfallen. Aber auch, wer sich ihrer Mittel bedient, mag sie leicht falsch anwenden: Zu starke Dosen wirken lebensvernichtend, zu schwache lassen Unordnung aufkommen, die ihrerseits von der einen oder der anderen Seite durch die extreme Form der Macht, die Gewalt, unterdrückt werden muß.*

Grillparzer bezeichnet die Politik als eine höhere Form des gesellschaftlichen Umgangs. Man könnte sie auch eine hohe Form der Nächstenliebe nennen. Wer sich ihr weiht, muß sich mit allen ihren Elementen vertraut machen, vor allem mit ihrem wesentlichsten: der Macht. Diese muß er in allen ihren Gestalten, Äußerungen und Wandlungen kennen, um sich ihrer bedienen zu können, notfalls sogar in ihrer extremsten Form, der Gewalt. Wer davor, aus welchen Gründen auch immer, zurückschreckt, darf sich nicht im Bereich des Politischen bewegen. Er handelt sonst wie ein Chirurg, der es ablehnen würde, eine Operation zu vollziehen, sei es, weil er seine Hände nicht mit Blut besudeln, sei es, weil er dem Kranken keine Schmerzen bereiten wolle. Es hat keinen Sinn, das Gesetz, unter dem unser Dasein steht und das uns von höheren Mächten auferlegt ist, umstoßen zu wollen. Was uns zusteht, ist nur, unter diesem Gesetz ein Leben des Anstands, des Muts und der Nüchternheit zu führen.

Dabei ist die Forderung nach Nüchternheit gewiß für uns alle am schwersten zu erfüllen. Denn wir Deutschen sind in den letzten Winkeln unseres Herzens geneigt, diese Eigenschaft in einen – an sich gar nicht wesenhaften – Gegensatz zu unserem Idealismus zu stellen. Letzterem wiederum geben wir uns mit der ganzen Maßlosigkeit hin, die leider zu unseren schicksalsbedingten Eigenschaften zählt, und verfallen darüber in eine pathetische Haltung zu Menschen und Dingen, die keine Auswege zuläßt und damit oft weitreichendere Folgen zeitigt als etwa eine gemäße Anwendung der Macht sie je nach sich ziehen könnte. Wir lassen es darüber zuweilen an einfacher Menschlichkeit fehlen.[691]

Politik als hohe Form der Nächstenliebe – mit diesen Worten hat Kessel somit schon im Krieg seine Haltung gegenüber der Welt von Politik und

Macht zusammengefaßt. Tätige Nächstenliebe im Alltag haben ihm in den schweren letzten Jahren des Lebens dann Freunde erwiesen. Gerade jetzt wird die Korrespondenz mit Hans-Heinrich Noebel dichter, dem ältesten unter seinen Schülern im diplomatischen Dienst – sie kannten sich seit 1939. Hat Noebel vor dem Aufbruch nach Washington seinem Nachfolger in der Leitung des Büros Staatssekretär im Auswärtigen Amt, Peter Schönfeld, vielleicht einen Wink gegeben, er möge doch gelegentlich nach Teddy Kessel schauen?

Schönfelds Vater hatte im Krieg als Leiter der Forschungsabteilung des Ökumenischen Rates in Genf für den deutschen Widerstand wichtige Verbindungen zu Widerstandsgruppen im besetzten Holland und zu Politikern in Schweden und England geknüpft.[692] Wie getreulich der Sohn dem allmählich einsamer werdenden Kessel zur Seite gestanden hat, belegen von 1971 an die Fülle der Eintragungen in den Terminkalendern. Dabei sind dort doch wohl nur die vorher vereinbarten Besuche in der Deutschherrenstraße 133 vermerkt, nicht Kurzbesuche, bei denen der jüngere Kollege nur eben einmal bei Kessel hereingeschaut hat, um nach dem Nötigsten zu sehen.[693] Schönfeld erinnert sich, Kessel habe ihn manchmal gebeten, er möge ins Wohnzimmer doch gleich vom Garten her über den Balkon durch das Fenster einsteigen. Das ersparte dem Kranken die Mühsal, vom Zimmer zur Haustür zu gehen.

Auch Hilde von Lavergne kommt nun öfter aus Düsseldorf zu Besuch. Von einem dieser Besuche berichtet Kessel später lächelnd seinem Freund Noebel, man habe überlegt, ob nicht schließlich doch die Heirat und ein gemeinsamer Haushalt das Leben vereinfachen könnten. Zum letzten Mal steht im Terminbuch dann für die Zeit vom 23.–25. August 1975 noch einmal das Wort *Hilde*. Damit brechen alle Eintragungen ab.

In den letzten Lebensmonaten stehen dem Kranken die ihm am nächsten verbundenen Mitglieder der Familie zur Seite. Noch einmal versucht er im Sanatorium Bühlerhöhe die verlorene Gesundheit wiederzufinden. An den Wochenenden ist fast immer sein Neffe Wolfgang von Buch bei ihm. Dann besucht er zum letzten Mal seinen Neffen Kurt von Kessel in Jugenheim. Soweit Ärzte noch helfen können oder die Schmerzen wenigstens lindern, übernimmt in Bonn schließlich Dr. Russell im Krankenhaus diesen Freundschaftsdienst. Von den letzten Lebenstagen berichtet er, Gottfried von Nostitz habe Kessel noch kurz vor dem Tode besucht, der *älteste und treueste Freund*, wie Kessel ihn in der Widmung seiner Erinnerungen an die römischen Tage genannt hat. Die Erschütterung über das Schicksal des Freunds führt auch für Nostitz zum Tod. Kessel stirbt am Gründonnerstag, dem 15. April 1976, Nostitz einen Tag später. In den Fieberphantasien der letzten Lebenstage habe Kessel mehrfach von den Kriegstagen in Rom gesprochen, erinnert sich Dr. Russell. *Sind die Juden in Sicherheit?*, habe er immer wieder gefragt. *Man muß ihnen helfen, man muß sie beschützen, sie sind in großer Gefahr.*

Wer von der politischen Bühne abtritt, wird rasch von ihrer Gesellschaft vergessen. Für Zeitungen hat Kessel schon seit 1969 nicht mehr geschrieben. In den letzten Lebensjahren hielt er sich auch von dem offiziellen Bonn fern. Über Ostern sind die Büros der Presseagenturen nur noch mit einem Notdienst besetzt. So nahmen von seinem Tod die Zeitungen nicht mehr Notiz.

Unter dem Stichwort *meine Beerdigung* hatte er schon 1970 seine Wünsche für die Bestattung auf dem Bonner Südfriedhof zusammengefaßt: *In der Friedhofskapelle soll der Geistliche in ein paar Sätzen ohne Kommentar meinen Lebenslauf verlesen. Dann soll er den 90. Psalm verlesen, anschließend soll auf einem Plattenspieler der langsame Satz aus dem Beethoven-Trio ›Der Erzherzog‹ gespielt werden.* Auch am offenen Grab dürfe kein persönliches Wort fallen, nur das Vaterunser und den Segen solle der Geistliche sprechen. Alles müsse *schlicht und ohne jeden Aufwand* vor sich gehen, nur bei dem Empfang nach der Beerdigung dürfe nicht gespart werden.

So geschieht es denn auch. Wie es sich der Verstorbene gewünscht hat, trägt die Grabplatte aus rotem Sandstein als einzigen Schmuck das Familienwappen mit der Blätterkrone, der Rangkrone des Uradels. *Hans Graf von Lehndorff verlas in der Kapelle des Bonner Südfriedhofs den Lebenslauf*, erinnert sich Christiane von Kessel. Und: *Wir sangen am offenen Grab: ›Nun danket alle Gott‹ – auch ein Wunsch des Verstorbenen.* [694]

Gedenken und Versöhnlichkeit

Von der Bildhauerin Christiane von Kessel zur Erinnerung an Albrecht von Kessel geschaffen: Gedenktafel in Bronze (Bild rechts) für die Dorfkirche von Oberglauche, der schlesischen Heimat des Diplomaten im heutigen Polen und damit in einem Land, das bei seinen Bemühungen um Versöhnung Deutschlands mit Osteuropa im Mittelpunkt stand.

Die Stiftung der deutschen Gedenktafel für die Kirche des Orts, der heute Gluchów Górny heißt, hat die polnische Ortskirche nicht nur ausdrücklich begrüßt. Aus eigener Initiative hat sie eine Tafel mit einer polnischen Übersetzung des deutschen Texts (Bild oben) fertigen lassen. Die Gedenktafel wurde vom Denkmalamt in Breslau, dem seit dem Krieg polnischen Wroclaw entworfen, von Kardinal Henryk Gulbinowicz gebilligt und am 17. September 2000 während des Gottesdiensts in Anwesenheit von Bischof Jozef Pazdur feierlich in der Kirche von Oberglauche enthüllt. Auch ein Akt der Versöhnung.

IM GEDENKEN AN
ALBRECHT v. KESSEL

✱ 6. NOV. 1902 OBERGLAUCHE/SCHLESIEN
† 16. APRIL 1976 BONN
IM DIENSTE DES AUSWÄRTIGEN AMTES
VON 1932 BIS 1959

SEIN EINSATZ GALT DEM
WIDERSTAND GEGEN UNTERDRÜCKUNG
UND SEINE SORGE
DEN BEDRÄNGTEN UND VERFOLGTEN

ER HATTE WESENTLICHEN ANTEIL
AN DER WIEDERHERSTELLUNG
DES DEUTSCHEN ANSEHENS IN DER WELT

SEIN WIRKEN IST VORBILD FÜR UNS
UND DIE KOMMENDEN
GENERATIONEN

Inhaltsverzeichnis

Vorwort V
I. Nach dem 20. Juli 1944 in Rom 3
II. Die Riedener Jahre 21
III. In Paris auf schwierigem Pflaster 51
IV. Verteidigung für Westeuropa 79
V. Gesandter in Washington – die ersten drei Jahre ... 103
VI. Von Geheimkontakten mit Polen bis zum Aufbruch nach Bonn 159
VII. Ein Plädoyer für Osteuropa und Abschied vom diplomatischen Dienst 189
VIII. Journalist in Krisenzeiten 219
IX. Das Schicksal der Juden von Rom 267
X. Krankheit, Leiden und später Erfolg 285
XI. Ernte des Alters 317
XII. Ein letzter Blick auf den Widerstand 335

Inhaltsverzeichnis 347
Abkürzungen für neu erschlossene Quellen 348
Anmerkungen 349

Bildnachweis

Das Politische Archiv des Auswärtigen Amts, Berlin, hat freundlicherweise die folgenden beiden Fotos zur Verfügung gestellt: Als Diplomat in Paris (Seite 51, Porträt Albrecht von Kessel) sowie John Foster Dulles, Außenminister der Vereinigten Staaten und der Gesandte von Kessel (Seite 103, Department of State Photo 6913, 7/22/54). Dem Denkmalamt in Wroclaw (Breslau) wird das Foto der polnischen Gedenktafel auf Seite 344 verdankt. Die übrigen Fotos stammen aus Privatbesitz.

Abkürzungen für neu erschlossene Quellen

Rom: Albrecht von Kessel »Den Tod im Herzen«, Rom Juni 1943–September 1946. Manuskript. Jugenheimer Archiv. Die nicht abschließend überarbeitete Reinschrift ist auf »Godesberg 1973« datiert. Jungenheimer Archiv
 Paris: Albrecht von Kessel »Der Neubeginn / Vorspiel – Paris – Neutralisierung?«. Mehrfach überarbeitetes Manuskript. Erhalten ist nur die mit »Godesberg Deutschherrenstr. 133 1972/73« datierte Fassung mit dem eigenhändigen Vermerk *Reinschrift noch nicht korrigiert*. Das *nicht* ist dabei handschriftlich unterstrichen. Schon der Gebrauch von zwei Schreibmaschinentypen mit verschiedenem Schriftgrad zeigt, daß hier ein älterer Text nachträglich gründlich überarbeitet worden sein muß, offensichtlich zuletzt in den späten sechziger oder frühen siebziger Jahren. Die frühesten Schichten des Texts stammen vielleicht noch aus der Zeit, in der Kessel Gesandter an der Deutschen Botschaft in Washington war, etwa aus den Jahren 1957/58. Jedenfalls weist das als *Einleitung* bezeichnete Schriftstück auf einen so frühen Beginn der ersten Niederschrift hin. Jugenheimer Archiv
 Washington: 65 Blatt eines handschriftlichen Rohentwurfs für den Beginn des letzten von Kessel noch in Angriff genommenen Kapitels der Memoiren. Jugenheimer Archiv
 Tagebuch: Zwei schwarze Wachstuchhefte, nach verstreuten kurzen Notizen aus Rom beginnt der eigentliche Text der Eintragungen aus Rieden mit dem Titelblatt »Tagebuch und Gedanken«. Jugenheimer Archiv
 Briefe werden nur mit Fundort zitiert, soweit sie sich nicht in dem privaten Jugenheimer Archiv Albrecht von Kessel befinden.

Privatdruck

Albrecht v. Kessel, *Das Stille Gut*. Als Manuskript gedruckt. Bad Godesberg 1974. Die in der Vatikanstadt von Oktober 1945 bis März 1946 verfaßten Kindheitserinnerungen beschreiben fünf Tage im Jahr 1913 auf dem väterlichen schlesischen Gut Oberglauche, dem heutigen Głuchów Górny in Polen. Jugenheimer Archiv.

Bereits veröffentlicht

Verborgene Saat: Albrecht von Kessel, Verborgene Saat / Aufzeichnungen aus dem Widerstand 1933 bis 1945. Herausgegeben von Peter Steinbach. Berlin 1992

Anmerkungen

1 Sigismund Freiherr von Braun (1911–1998) war 1936 in den Auswärtigen Dienst eingetreten. Seit 1943 war er an der Deutschen Botschaft beim Heiligen Stuhl, nach dem Krieg unter anderem Chef des Protokolls, Botschafter in Paris und zuletzt Staatssekretär im Auswärtigen Amt
2 Mitteilung von Professor William H. C. Frend an den Verfasser, siehe auch Anmerkung 4
3 Frankfurter Allgemeine Zeitung vom 12. Juli 1997
4 Fotokopien der zum Teil handschriftlichen Berichte von William H. C. Frend an den gemeinsamen Stab der britischen und amerikanischen Geheimdienste in Rom vom 15., 23., 28., 31.7. und 2.8.1944 im Jugenheimer Archiv Albrecht von Kessel. Eine inhaltliche Zusammenfassung der Gespräche, die William Frend und sein amerikanischer Kollege Edward Y. Hartshorne im Sommer 1944 in Rom mit Kessel führten, erschien schon 1945 in der amerikanischen Zeitschrift Foreign Affairs (1, Washington 1945, S. 532–537)
5 Brief an den Verfasser vom 8. Februar 1998
6 Näheres hierzu S. 26 und Anmerkung 50
7 Brief von Frend an Montgomery vom 22.7.1944, Fotokopie im Jugenheimer Archiv
8 Verborgene Saat, S. 109
9 Die entscheidende Bedeutung der jüngeren Generation im Widerstand – derjenigen, die zu Beginn des Hitlerregimes noch kaum dreißig waren – an der Vorbereitung des Staatsstreichs vom 20. Juli hat erst Detlef Graf von Schwerin aufgrund eines eingehenden Quellenstudiums dargestellt und mit zahlreichen zuvor unerschlossenen Quellen belegt: »Dann sind's die besten Köpfe, die man henkt« / Die junge Generation im deutschen Widerstand. München 1991. Auch die Mitwirkung Brücklmeiers am aktiven Widerstand wird hier ausführlich belegt
10 Rom, S. 64–67
11 Zur jüngeren Generation im Widerstand siehe auch S. 84
12 Akten zur deutschen Auswärtigen Politik 1918–1945. Aus dem Archiv des deutschen Auswärtigen Amts. Baden-Baden, seit 1950. Für Bd. I der Serie D (1937–1945) war Frend einer der britischen Herausgeber
13 Siehe Who's Who 1998, London 1998: Frend, Rev. Prof. William Hugh Clifford. Das biographische Lexikon bietet einen umfassenden Überblick über das wissenschaftliche Werk des Historikers, Kirchenhistorikers und Theologen
14 Ernestine Carter: Style. Essay in Vogue, Jahrgang 1976, wieder abgedruckt in The Vogue-Bedside-Book, London 1984
15 Kurt von Kessel (1862–1921)
16 Erzählter Lebenslauf, unvollständig, Fragment, Blatt 13. Jugenheimer Archiv
17 Erzählter Lebenslauf, Blatt 32 und 33
18 Botho von Wussow (1901–1971), Landwirt, Diplomat, überlebt den 20. Juli an der Deutschen Gesandtschaft in Lissabon. Erst Detlef Graf von Schwerin,

a.a.O., hat das wechselvolle Leben Wussows im inneren Kreis der Verschwörung angemessen beleuchtet. Siehe Anmerkung 9
19 Brief an Clarita von Trott vom 31.12.1957, AA, Archiv, Nachlaß Kessel Bd. 8, 1957
20 Detlef Graf von Schwerin, a.a.O., S. 136
21 Joachim C. Fest: Hitler, eine Biographie. Frankfurt am Main 1973, S. 637
22 Fest, a.a.O., S. 639
23 Ein hochrangiger SS-Führer hatte sich für eine angebliche Beleidigung zu rächen versucht. Nur die wohlgemeinten mehrfachen Warnungen eines anonym gebliebenen Anrufers hatten Theodor von Kessel und seine Familie vor dem unmittelbar bevorstehenden Mordanschlag der SS gewarnt und damit die rechtzeitige Flucht von dem Familiengut Raake ermöglicht. Mitteilung an den Verfasser von Frau Christiane von Kessel, die von ihrer Schwiegermutter Erna von Kessel, geb. von der Planitz, Kenntnis von dem Vorfall erhielt
24 Von den Fragment gebliebenen Entwürfen zu einem Memoirenwerk hat Kessel nur das Kapitel über die Jahre 1943 bis 1946 zur Veröffentlichung ausgereift hinterlassen. »Den Tod im Herzen« – schon der Titel weist auf die Wunden hin, die nach dem 20. Juli die Hinrichtung der Freunde hinterließ. Über die Verhaftung Kessels nach dem Einmarsch der Alliierten: Rom, S. 84–99
25 Fotokopie des Konzepts eines Schreibens der Britischen Botschaft in Moskau an den sowjetischen Außenminister vom 14.12.1944, Aktenzeichen 9/118/44 oder 9/115/44, die Lesung der Zahl 118 auf der Kopie ist nicht eindeutig gesichert. Als Unterschrift ist auf dem Konzept der volle Name des britischen Botschafters vermerkt: signed John Balfour. Auf welchem Weg die Fotokopie in den Nachlaß im Familienarchiv kam, ist unbekannt, sie ist jedoch, nach dem Papierzustand zu schließen, vermutlich erst nach dem Tod Kessels in seinen Nachlaß gelangt. Jugenheimer Archiv
26 Rom, S. 129–132
27 Rom, S. 124f
28 Rom, S. 125–126
29 Rom, S. 146–147 und S. 151–153. Professor Dr. Jens Petersen vom Deutschen Historischen Institut in Rom verdanke ich den Hinweis, daß nicht der Vatikan, wie Kessel irrtümlich in dem nicht abschließend redigierten Memoirenentwurf geschrieben hatte, sondern das Schwedische Archäologische Institut den Empfang gab und Pius XII. Professor Curtius in Privataudienz empfing
30 Rom, S. 132
31 Rom, S. 153–154
32 Rom, S. 154–156
33 Rom, S. 143–144
34 Rom, S. 145
35 Entwurf eines Kapitels über den Lebensabschnitt vom September 1946 bis zu den Riedener Jahren. 12 Blatt Schreibmaschinenmanuskript, vom Verfasser handschriftlich überarbeitet, Jugenheimer Archiv, S. 9
36 Widmung im Manuskript von »Den Tod im Herzen«, Jugenheimer Archiv
37 Mitteilung von Rechtsanwalt Franz Viktor von Lavergne

38 Tagebuch 12.12.1947
39 AA, Archiv, Nachlaß Kessel, Bd. 12, Brief an Ulrich Sahm vom 15.1.1947
40 Verborgene Saat, S. 282
41 Tagebuch, 8.9.1947
42 Tagebuch, 8.9.1947. Charlotte Rahlke war Sekretärin von Ernst von Weizsäcker an der Vatikanbotschaft und vorher in Berlin, Buyna Konsulatsekretär. Siehe S. 6
43 Dr. Robert Boehringer (1884–1974) leitete zeitweise das Familienunternehmen in Ingelheim, war später in der chemischen Industrie in Basel tätig, dann Privatgelehrter in Genf
44 Tagebuch 20.3.1947
45 Heute in Berlin ein eigenes Museum für Islamische Kunst im gleichen Gebäude wie das Pergamon-Museum. Über Friedrich Sarre: Der große Brockhaus, 16. Auflage, Bd. 10, Wiesbaden 1956
46 Briefe von Kessel an Hilde von Lavergne sind nicht bekannt, wohl auch nicht erhalten
47 Tagebuch 12.12.1947
48 Tagebuch 12.12.1947
49 Das Tagebuch der Baronin Spitzemberg, geb. Freiin v. Varnbüler. Aufzeichnungen aus der Hofgesellschaft des Hohenzollernreiches. Ausgewählt und herausgegeben von Rudolf Vierhaus. 5. Auflage, Göttingen 1989, über Kurt von Kessel S. 427 und 470
50 Brief von Kessel an Clarita von Trott vom 31.12.1957. Ferner Henry O. Malone: Adam von Trott zu Solz / Werdegang eines Verschwörers 1909–1938. Berlin 1938, S. 43. Malone zitiert dort einen Brief Trotts an seinen Vater. Demnach ist er Kessel zuerst bei Montgomery begegnet. Das steht nicht unbedingt im Widerspruch zur späteren Erinnerung Kessels. Näher kennengelernt hätten sich Kessel und Trott demnach in dem gastlichen Haus Wangenheim. So hat es sich Kessel wenigstens in der Erinnerung eingeprägt. Vgl. S. 7f., Anmerkung 6
51 Verborgene Saat, S. 222
52 Sie starb dort 1999
53 Tagebuch 10.11.1947
54 Botschafter a.D. von Braun teilte dem Verfasser 1996 in Bonn mit, er habe von der Mitgliedschaft Kessels im Widerstand keine Ahnung gehabt. Erst nach dem 20. Juli habe Kessel ihm gegenüber sein Schweigen gebrochen, als die Botschaft über den Rundfunk die Nachricht erhielt, ein gewisser Traut oder Trutt (genauer war beim Abhören der Name in Rom nicht verständlich) sei auch in den Anschlag verwickelt und werde gesucht. Das müsse Adam von Trott sein, hatte Kessel zu Braun damals tief erschüttert gesagt und sich erst damit dem Kollegen und Freund als Mitglied des Widerstands zu erkennen gegeben. Gespräch mit dem Verfasser vom 3.4.1996
55 Erst Detlef Graf von Schwerin hat in seinem Buch über die junge Generation im deutschen Widerstand (siehe Anmerkung 9) neben Schwerin, Schulenburg und Yorck zum ersten mal die drei Diplomaten Brücklmeier, Kessel und Wussow in ihrer Beteiligung an der Vorbereitung des 20. Juli ausführlich gewürdigt
56 Tagebuch 10.11.1947

57 Tagebuch 10.11.1947
58 Tagebuch 10.11.1947
59 Klemens von Klemperer: Die verlassenen Verschwörer/Der deutsche Widerstand auf der Suche nach Verbündeten 1939–1945. 1994, Berlin., S. 10 und 280
60 Allen Welsh Dulles: Germany's Underground. New Yorck 1947, S. 148
61 Tagebuch 5.9.1947
62 Tagebuch 5.9.1947
63 Tagebuch, Zweite Eintragung vom 12.9.1947
64 Tagebuch 4.3.1948
65 Tagebuch 11.9.1947
66 Tagebuch, 12.9.1947
67 Tagebuch 12.9.1947
68 Tagebuch 12.9.1947
69 Tagebuch 5.9.1947
70 Tagebuch 29.9.1947
71 Tagebuch 7.10.1947
72 Tagebuch 8.10.1947
73 Tagebuch 8.10.1947
74 Tagebuch 13.9.1947
75 Tagebuch 23.12.1947
76 Tagebuch 23.12.1947
77 Tagebuch 4.1.1948
78 Tagebuch 21.–29.2.1948
79 Tagebuch 21.–29.2.1948
80 Tagebuch 28.5.1948
81 Tagebuch 1.6.1948
82 Tagebuch 31.5.1948
83 Rom, S. 1
84 Tagebuch 13.6.1948
85 Tagebuch undatiert, Überschrift: 20./21.6.1948
86 Tagebuch undatiert, Überschrift: 20./21.6.1948
87 Tagebuch 31.5.1948
88 Tagebuch 31.5.1948
89 Tagebuch 1.8.1948
90 Tagebuch 1.8.1948
91 Tagebuch 1.8.1948
92 Tagebuch 1.8.1948
93 Tagebuch 1.8.1948
94 Tagebuch 15.9.1948
95 Außenpolitische Briefe 1, 4.11.1948
96 Außenpolitische Briefe 1, 4.11.1948
97 Außenpolitische Briefe 6, 9.12.1948
98 Außenpolitische Briefe 20, 18.3.1949
99 Ernst Jünger: Rivarol, Frankfurt am Main 1956
100 Außenpolitische Briefe 22, 1.4.1949
101 Außenpolitische Briefe 25, 22.4.1949
102 Außenpolitische Briefe 26, 29.4.1948

103 Außenpolitische Briefe 27, 6.5.1949
104 Außenpolitische Briefe 28, 12.5.1949
105 Außenpolitische Briefe 31, 2.6.1949
106 Paris, S. 2
107 Außenpolitische Briefe 39, 28.7.1949 und 40, 5.8.1949
108 Außenpolitische Briefe 48, 30.9.1949
109 Außenpolitische Briefe 50, 15.10.1949
110 Außenpolitische Briefe 51, 21.10.1949
111 Außenpolitische Briefe 55, 18.11.1949
112 Paris, S. 6
113 zu Brücklmeier siehe S. 6 und Anm. 9
114 Klemperer a.a.O., S. 35, Schwerin a.a.O, S. 381–382
115 Hans von Herwarth: Von Adenauer zu Brandt / Erinnerungen. Berlin 1990
116 Paris, S. 6
117 Paris, S. 8 f.
118 Paris, S. 9
119 Wilhelm Hausenstein: Pariser Erinnerungen / Aus fünf Jahren diplomatischen Dienstes 1950–1955. München, 3. Auflage 1961, S. 21. Zur Tätigkeit Hausensteins in der »Frankfurter Zeitung« und seiner Beziehung zu Theodor Heuss: Günther Gillessen: Auf verlorenem Posten / Die Frankfurter Zeitung im Dritten Reich, Berlin 1986, S. 358–363 und 481 f.
120 Hausenstein a.a.O., S. 26.f
121 Paris, S. 9 f.
122 Paris, S. 7
123 Ein Lebenslauf, den das Archiv des Auswärtigen Amts erarbeitet hat, nennt als Zeitpunkt für den Dienstantritt Kessels am Generalkonsulat in Paris den 2. Juli 1950. Demgegenüber bezeichnet schon ein als *Einleitung* bezeichnetes kurzes handschriftliches Memoirenfragment, das in Washington entstand, ebenso wie später der Entwurf zu den Erinnerungen an die Zeit in Paris ausdrücklich den Mai 1950 als den Monat des Aufbruchs nach Frankreich
124 Paris, S. 11
125 Handschriftlicher Entwurf mit der Überschrift »Einleitung«, Jugenheimer Archiv, S. 1–2
126 Einleitung, S. 3–4
127 Paris, S. 13
128 Paris, S. 13 f.
129 Paris, S. 13 f.
130 Rundbrief, Juni 1950
131 Rundbrief, 20.8 1950
132 Paris, S. 16
133 Rundbrief, 20.9.1950
134 Auszug aus dem Brief an Nostitz, undatiert. Jugenheimer Archiv
135 Wilhelm Hausenstein: Pariser Erinnerungen, siehe S. 240, zum Memoirenentwurf Kessels S. 336 f.
136 Günther Gillessen »Dem Christian hat er alles erzählt« / Eine Gedächtnisstätte für Wilhelm Hausenstein in seiner Geburtsstadt Hornberg im Schwarzwald. *Frankfurter Allgemeine Zeitung* vom 27. November 1997

137 Wilhelm Hausenstein: Rokoko / Französische und deutsche Illustratoren des achtzehnten Jahrhunderts. München 1912, 4. Vermehrte Auflage 1924
138 Wilhelm Hausenstein: Die bildende Kunst der Gegenwart / Malerei, Plastik, Zeichnung. Stuttgart 1914
139 Hausenstein, Erinnerungen, S. 49
140 Paris, S. 16f.
141 Paris, S. 16
142 Hausenstein, Erinnerungen, S. 41–46
143 Paul Frank, später Staatssekretär im Auswärtigen Amt und im Bundespräsidialamt, seit 1950 zunächst persönlicher Referent Hausensteins in Paris, weist in seinem Essay *Hausenstein als Diplomat* hierauf nachdrücklich hin. Veröffentlicht bei Dieter Sulzer: Der Nachlaß Wilhelm Hausenstein. Deutsches Literaturarchiv, Verzeichnisse Berichte Informationen 11. Verlag Deutsche Schillergesellschaft Marbach am Neckar 1982, S. 155f.
144 a limine: von Grund auf
145 Hausenstein, Erinnerungen, S. 78f.
146 Paris, S. 26
147 Paris, S. 26
148 Paris, S. 15
149 Paris, S. 23
150 Gespräch mit dem Verfasser im Frühjahr 1951
151 Paris, S. 17
152 Paris, 19f. Brüder Kordt: Siehe S. 30f.
153 1953 wird Theo Kordt Deutscher Botschafter in Athen und bleibt dort, bis er 1958 in den Ruhestand tritt
154 Paris, S. 22
155 Siehe S. 18f.
156 Paris, S. 22f.
157 Hausenstein, Erinnerungen, S. 85
158 Hausenstein, Erinnerungen, S. 87
159 Auch Karl Carstens, der spätere Bundespräsident, habe im Auswärtigen Amt zunächst vor allem als Jurist außenpolitische Fragen gesehen, berichtet Kessel in seinem Memoirenentwurf, deutet dabei aber an, das habe bei Carstens nur für seine ersten Jahre im Auswärtigen Amt gegolten. Paris, S. 23
160 Paris, S. 30
161 Brief an Nostitz vom 8.9.1951
162 Rundbrief vom 20.8.1950
163 Brief an Nostitz vom 8.8.1951
164 Paris, S. 34
165 Undatiertes Fragment
166 Brief an Nostitz vom 18.11.1951
167 Brief von Erna Klemm aus Mainz vom 11.11.1951. Jugenheimer Archiv
168 Brief von Hilde von Lavergne, als Datum lediglich *Mittwoch*. Jugenheimer Archiv
169 Ergebnisse von Umfragen des Instituts für Demoskopie Allensbach, zusammengestellt von Edgar Piel in: Heinrich Oberreuter / Jürgen Weber [Herausgeber] Freundliche Feinde? Die Alliierten und die Demokratiegründung in

Deutschland. Akademie für Politische Bildung, Tutzing, Bd. 29, München 1996
170 Hans von Herwarth: Von Adenauer zu Brandt / Erinnerungen. Berlin 1990, S. 121
171 Brief an Nostitz vom 18.11.1951
172 Brief an Nostitz vom 18.11.1951
173 Aufzeichnung, undatiert, davon der handschriftliche Entwurf im Jugenheimer Archiv, die inhaltsgleiche Reinschrift im Archiv des Auswärtigen Amts, Nachlaß Kessel, Bd. 2, 1951, dort in den Handakten Kessels abgelegt, zeitlich nach einem Brief an Nostitz vom 2. Juli 1951 und vor einer Aufzeichnung über ein Gespräch mit Alphand vom 31. Oktober 1951
174 Adenauer, Erinnerungen 1953–1956, Stuttgart 1966, S. 63
175 Adenauer, a.a.O., S. 63
176 Rom, S. 132
177 Adenauer, a.a.O., S. 427
178 Kessel, Paris, S. 25. In dem vom Autor als *noch nicht korrigiert* bezeichneten Manuskript steht *aus dem Zug*, offensichtlich ein Hörfehler beim Diktat. Hausenstein berichtet, Adenauer sei *mit dem privaten Flugzeug, das Herrn François-Poncet gehörte*, nach Paris geflogen. Hausenstein, Erinnerungen, S. 63
179 Paris, S. 25
180 Paris, S. 26f.
181 Paris, S. 28
182 Paris, S. 28
183 Paris, S. 33
184 Paris, S. 33
185 Siehe, S. 22
186 Paris, S. 20f.
187 Horst Osterheld: »Ich gehe nicht leichten Herzens...«/ Adenauers letzte Kanzlerjahre – ein dokumentarischer Bericht. Mainz 1986, S. 5
188 Paris, S. 33
189 Paris, S. 26
190 Paris, S. 30
191 Hausenstein, a.a.O., S. 115f.
192 Paris, S. 35
193 Telefongespräch mit dem Autor am 15.1.1998
194 »Einleitung«, undatiertes Fragment, Washington 1958. Jugenheimer Archiv. Siehe Anm. 125
195 AA, Nachlaß Kessel: Schreiben von Adenauer an Kessel vom 30. Mai 1950
196 Brief an Nostitz vom 31.5.1951
197 Robert M.W. Kempner. Ankläger einer Epoche / Lebenserinnerungen. Frankfurt am Main 1983, S. 322
198 Frankfurter Rundschau vom 1., 3., 4., 5. und 6.9.1951. Zu Kessel: Schriftlicher Bericht des Untersuchungsausschusses. Deutscher Bundestag, 1. Wahlperiode 1949, Drucksache Nr. 3465, S. 21f.
199 Paris S. 18. Frankfurter Rundschau: Artikelserie vom 1., 3., 4., 5. und 6.9.1951. Schriftlicher Bericht des Untersuchungsausschusses. Deutscher Bundestag, 1. Wahlperiode 1949, Drucksache Nr. 3465 sowie 234. Sitzung

des Deutschen Bundestages vom 22. Oktober 1952. Kessel wird in der Debatte nicht erwähnt. Aus dem vom Untersuchungsausschuß verfaßten Bericht werden im Bundestag Auszüge aus der Berichterstattung verlesen, mit denen Werner von Bargen als Vertreter des Auswärtigen Amts zur Judendeportation aus Belgien Stellung genommen hatte. Der Untersuchungsausschuß stufte den zeitweiligen kommissarischen Leiter der Rechtsabteilung des Bonner Auswärtigen Amts als ungeeignet für den Auswärtigen Dienst ein. Dennoch wird Bargen die Bundesrepublik später als Botschafter in Bagdad vertreten

200 Lutz Graf Schwerin von Krosigk: Es geschah in Deutschland / Menschenbilder unseres Jahrhunderts. Tübingen 1951
201 Helmuth James Graf von Moltke (1907–1945), Jurist und Völkerrechtler. Nach seinem schlesischen Gut Kreisau wurde im nachhinein der »Kreisauer Kreis« benannt. Moltke wurde schon im Januar 1944 verhaftet, nach endlosen Verhören durch die Gestapo ein Jahr später hingerichtet
202 Schreiben von Kessel an Schwerin-Krosigk vom 19.12.1951. AA, Nachlaß Kessel, Bd. 2
203 Paris, S. 38
204 »Die Welt« vom 15.6.1960
205 Mouvement Républicain Populaire, oft nur abgekürzt als MRP bezeichnet
206 Bericht vom 3.12.1952
207 Bericht vom 15.1.1953
208 Bericht vom 16.1.1953
209 Paris, S. 49
210 Brief an Pauls vom 25.1.1953
211 Brief an Kielmansegg vom 25.1.1953
212 Brief an Nostitz vom 2.3.1953
213 Paris, S. 49
214 Brief an Federer vom 16.3.1953
215 Weiteres zu den Lebensdaten von Botschafter Heinz Krekeler siehe S. 123–125
216 Brief von Krekeler an Kessel vom 23.10.1952
217 Paris, S. 41 f.
218 Aufzeichnung vom 4.5.1953. Das Exemplar in den Handakten Kessels (Nachlaß im Archiv des Auswärtigen Amts) trägt den handschriftlichen Vermerk: »Aufzeichnung erfolgte aufgrund einer mündlichen Weisung von H. St. S. Hallstein«
219 Aufzeichnung vom 4.5.1953
220 Zweites schwarzes Wachstuchheft, im folgenden wie das erste Heft kurz als »Tagebuch« bezeichnet. Die letzte Notiz aus den Riedener Jahren ist in dem Heft auf den März 1949 datiert. Nun beginnt Kessel die Eintragungen mit »New York 30.3.1953«. Letzte Eintragung 5.2.1955. Eine Lage Seiten fehlt in dem Heft, offenbar vom Verfaßer vernichtet
221 Paris, S. 43
222 Tagebuch 30.6.1953
223 Paris, S. 45
224 Paris, S. 46
225 Paris, S. 46

226 Reiseeindrücke aus Amerika, persönliche Aufzeichnung, verfaßt am 24.7.1953 in Bonn
227 Reiseeindrücke, 24.7.1953
228 Reiseeindrücke, 24.7.1953
229 Paris, S. 47
230 Paris, S. 49f.
231 Reiseeindrücke, 24.7.1953
232 Vom 15. Juli 1953
233 Aufzeichnung vom 24.7.1953
234 S. 70–73
235 Undatiert, ohne Verfassernamen, frühestens Ende Juli 1953 entstanden, wie der Bezug auf den 17. Juli 1953 zeigt. Ohne Überschrift, über Zeile 1 nur I. Ein zweiter Teil fehlt. Kessel-Nachlaß AA, Bd. 4 (1953)
236 Undatiert, ohne Verfassernamen, ohne Überschrift. 3 Seiten. Textbeginn: *Das Problem der deutschen Einheit ist nicht zu ...* Gleiche Schrifttype wie die vorhergehende Aufzeichnung. Kessel-Nachlaß AA, Bd. 4 (1953)
237 Der Europarat wurde 1949 in Straßburg als Zusammenschluß westeuropäischer Staaten gegründet
238 Aufzeichnung *Gedanken über Verhandlungstaktik bei Viererkonferenz*, Paris, 22.9.1953
239 Paris, S. 50
240 Paris, S. 50
241 Paris, S. 50f.
242 Paris, S. 50
243 Paris, S. 51
244 Paris, S. 51
245 Paris, S. 51
246 Paris, S. 51
247 Washington, S. 1f.
248 Paris, S. 43
249 Paris, S. 58
250 Es beginnt mit einer Eintragung vom 25. April 1954 und bricht nach zahlreichen Unterbrechungen am 23. Januar 1955 endgültig ab
251 Rundbrief Anfang Februar 1954
252 Rundbrief Anfang Februar 1954
253 Tagebuch 25.4.1954
254 Tagebuch 25.4.1954
255 Tagebuch 25.4.1954
256 Nachlaß AA, Bd. 12, Rundbrief vom 25./26.6.1954
257 Aufzeichnung mit dem handschriftlichen Vermerk »geheim« vom 18.2.1954
258 Brief an Blankenhorn vom 12.2.1954
259 Bericht vom 11.4.1954
260 Bericht vom 2.3.1954
261 Bericht vom 8.3.1954
262 Bericht vom 21.4.1954
263 Bericht vom 27.4.1954

264 Brief an Blankenhorn vom 13.5.1954
265 Bericht vom 24.7.1954
266 Tagebuch 16.5.1954
267 Tagebuch 3.6.1954
268 Tagebuch 3.6.1954
269 Tagebuch 3.6.1954
270 Tagebuch 28.6.1954
271 Tagebuch 5.7.1954
272 Tagebuch 19.7.1954
273 Hans Schlange-Schöningen, 1886–1960, 1931–1932 Reichsminister ohne Geschäftsbereich, 1949 Mitglied des Bundestags, 1950–1955 erster Vertreter der Bundesrepublik in London, seit 1953 im Botschafterrang
274 Tagebuch, Reise vom 31.8. bis 4.9.1954, auf dem Rückflug »im Flugzeug geschrieben«
275 Tagebuch 5.–14.9.1954
276 Tagebuch 14.9.–20.10.1954
277 Tagebuch 7.11.1954
278 Bericht vom 20.5.1954
279 Aufzeichnung vom 17.5.1954
280 Tagebuch 7.11.1954
281 Tagebuch 7.11.1954
282 Brief an Blankenhorn vom 11.11.1954
283 Bericht vom 8.12.1954
284 Rundbrief Südamerikareise, November 1954
285 Tagebuch 26.11.1954
286 Nachlaß AA, Bd. 5, 1954, Referat des Gesandten von Kessel vom 26.11.1954
287 Rundbrief Südamerikareise, November 1954
288 Tagebuch 26.11.1954 »im Flugzeug Santiago – Lima«
289 Tagebuch 26.11.1954
290 Washington, S. 9
291 Washington, S. 9–11
292 Washington, S. 11
293 Rundbrief von Anfang Februar 1954
294 Brief an den Kunsthistoriker Harry von Tieschowitz vom 17.4.1954, nur unvollständig erhalten, Jugenheimer Archiv
295 Washington, S. 2–6
296 Washington, S. 6–8
297 Tagebuch 23.1.1955
298 Brief an Kennan vom 27.1.1955
299 Brief an Kennan vom 27.1.1955
300 Aufzeichnung vom 19.11.1955
301 Aufzeichnung vom 29.1.1955, ohne Unterschrift, mit dem handschriftlichen Stichwort »Bonn« sowie dem Vermerk Krekelers »Herrn Staatssekretär mündlich berichtet«
302 Archiv der Gegenwart, Dokumente zur Deutschlandfrage. Von der Atlantikcharta 1941 bis zur Genfer Außenministerkonferenz 1959, S. 180

303 Brief von Federer an Kessel vom 7.4.1955
304 Handschriftliche Notiz ohne Überschrift vom 31.7.1955, Jugenheimer Archiv
305 Nachlaß Kessel, AA, Bd. 6, 1955
306 dem indischen Ministerpräsidenten, der als Neutralist galt, aber außenpolitisch eine eher prosowjetische Linie verfolgte
307 Heinrich von Brentano, seit dem 7.6.1955 Bundesminister des Auswärtigen
308 Handschriftliche Notiz ohne Überschrift vom 31.7.1955. Nur Teil I und Teil III sind im Jugenheimer Archiv erhalten, Teil II fehlt und wurde wohl von Kessel selbst vernichtet
309 Brief an Blankenhorn vom 26. April 1955
310 Bericht vom 2.5.1955
311 Bericht vom 6. Juni 1955
312 Dokumente zur Deutschlandpolitik, herausgegeben vom Bundesministerium für gesamtdeutsche Fragen. Bd. 3,1, Bonn 1955, S. 76–80
313 Bericht vom 7.6.1955
314 Zum Inhalt der Aufzeichnung und ihren Folgen für Kessel siehe S. 132–137
315 Dokumente zur Deutschlandpolitik, a.a.O., S. 234
316 Bericht vom 27.7.1955
317 Brief an Lilienfeld vom 15.8.1955
318 Siehe S. 135-137
319 Das Stille Gut, S. 25
320 2 Blatt Papier vom Otesaga-Hotel, ohne Überschrift und Datum, Jugenheimer Archiv
321 Rundbrief Reise nach Kalifornien und Neu Mexico vom 19.11.1955
322 AA, Nachlaß Kessel, Bd. 6, 1955
323 Siehe S. 138 und Anmerkung 312
324 Bericht als Chiffrierbrief vom 20.4.1956
325 Brief an Lilienfeld vom 23.5.1956
326 Brief an Hallstein vom 29.5.1956
327 Gespräch des Verfassers mit Eleanor Dulles, der Schwester des amerikanischen Außenministers, 1959 in Kuala Lumpur. Die Diplomatin sagte, die Beziehungen zwischen ihrem inzwischen verstorbenen Bruder und Adenauer seien in den letzten Jahren der Amtszeit ihres Bruders meist gereizt, ja oft durchaus unerfreulich gewesen, freilich begleitet von ständigen Versicherungen freundschaftlicher Gefühle der beiden nach außen hin
328 Entwurf eines Schreibens an Hallstein vom 29.5.1956
329 Siehe S. 43
330 z.B. Der kleine Ploetz, 36. Auflage, Freiburg-Würzburg, 1996, S. 306
331 Aufzeichnung vom 11.6.1956
332 Brief von Kessel an Botschafter Lipski vom 29. Juni 1956. Nach Abgang Paraphe von Botschafter Krekeler auf dem Konzept zur Bestätigung, daß er von dem Schreiben Kenntnis genommen hat. AA, Archiv, Nachlaß Kessel, Bd. 7, 1956
333 Schreiben von Botschafter Lipski an Kessel vom 7. Juli 1956. AA, Archiv, Nachlaß Kessel, Bd. 7, 1956

334 Persönliches Schreiben an einen ungenannten Kollegen in Bonn, trotz der eher dienstlich wirkenden Überschrift »Aufzeichnung«. Dazu als Anlage ein Vermerk über die Kommentare der »Frankfurter Allgemeinen Zeitung«. Beides ohne Datum, jedoch, wie aus dem Inhalt hervorgeht, nach der Londoner Außenministerkonferenz über den Suez-Konflikt (16.–23. August 1956) verfaßt
335 Kopie im Kessel-Nachlaß, Bericht vom 3.10.1956
336 Brief an Lilienfeld vom 3.10.1956
337 Handschriftlicher Entwurf eines Briefs an Brentano vom 19.11.1956
338 Konzept eines Chiffrierbriefs »An den Herrn Außenminister Heinrich von Brentano, Bonn« vom 23.11.1956, mit dem handschriftlichen Vermerk »Handakten (nicht abgesandt, da teilweise überholt)«
339 Bericht vom 6.11.1956, Entwurf eines nicht abgesandten Schreibens von Kessel an Brentano vom 23.11.1956
340 Brief an Blankenhorn vom 3.12.1956
341 Bericht vom 15.12.1956 geheim citissime
342 Bericht vom 6.11.1956 geheim
343 Bericht vom 7.12.1956 geheim
344 Bericht vom 21.11.1956
345 Undatierte Aufzeichnung »In der Sowjetunion ist vieles in Bewegung gekommen«, sechs Seiten und eine Seite Vermerke zur Behandlung der Suezkrise in der deutschen Presse
346 Brief von Blankenhorn an Kessel vom 12.1.1957
347 AA, Archiv, Bestand B 1 (Ministerbüro), Konzept Kessels im Jugenheimer Archiv
348 Schreiben Limbourgs an Kessel vom 31. Januar 1957
349 Persönliches Schreiben von Kessel an Außenminister von Brentano vom 23.1.1957. Handschriftlich, 9 Seiten Text, Nachlaß Brentano im Bundesarchiv Koblenz
350 Zu dieser Abrede: Schreiben von Kessel an das Auswärtige Amt vom 21.11.1960 in Beantwortung eines Schreibens des Auswärtigen Amts vom 10.11.1960, Jugenheimer Archiv
351 Aufzeichnung vom 13.2.1957, geheim
352 Bericht von Kessel an das Auswärtige Amt, seinerzeit im »Guten Kamerad«, dem Informationsdienst für die deutschen Auslandsvertretungen, aufgenommen und aus dieser Quelle dem Verfasser bekannt. Der Bericht selbst wurde bisher nicht aufgefunden
353 Dimitri Schepilow, von Juni 1956 bis Juni 1957 sowjetischer Außenminister, darauf in die Provinz versetzt
354 Brief an Lilienfeld vom 3.10.1956
355 Brief von Ollenhauer an Kessel vom 2.3.1957
356 Rundbrief 10./11. März 1957
357 Lebte 1903–1980
358 Handschriftlich. Fragment von 14 Blatt mit einer inhaltlichen Lücke. Text vom Verfasser redigiert. Überschrift nur »11. März 1957«
359 Rundbrief 10./11. März 1957
360 S. 38f.

361 Fotokopie von zwei Schreibmaschinenseiten im Besitz von Botschafter a. D. Hans-Heinrich Noebel, mit handschriftlicher Widmung: »Für Helga und Heini in treuer Freundschaft. Teddy.«
362 Franz Krapf, mit Kessel von Paris her befreundet, wird 1958 als Gesandter in Washington Nachfolger von Kessel
363 Josef Lipski, siehe S. 150f.
364 »Auszug aus Schreiben Herr von Kessel vom 21.11.1960 auf das Schreiben des Auswärtigen Amts vom 10.11.1960 705–8200/9420/16/60.« Jugenheimer Archiv. Die Anfrage des Auswärtigen Amts vom 10. Oktober 1960 und das vollständige Antwortschreiben Kessels an das Auswärtige Amt sind trotz mehrfacher und gründlicher Recherchen der Beamten im Politischen Archiv des Auswärtigen Amts nicht aufgefunden worden.
365 Aufzeichnung vom 19.6.1957, streng geheim
366 Aufzeichnung vom 11.7.1957
367 Drahtbericht vom 19.9.1957, Chiffrierbrief vom 20.9.1957
368 Kessel gebraucht hier die ältere Form, »das Kompromiß« im Neutrum für das vom lateinischen compromissum abgeleitete Wort
369 Drahtbericht vom 19.9.1957
370 siehe Anmerkung 368
371 Chiffrierbrief vom 20.9.1957
372 Persönliches Schreiben an Brentano vom 3.10.1957, Chiffrierbrief, streng geheim
373 Siehe hierzu Seite 148 und Anmerkung 327
374 Vergleiche hierzu beispielsweise den Hinweis von Gert Robel in der Fischer-Weltgeschichte, Bd. 35: Europa nach dem Zweiten Weltkrieg, 1945–1982. Das Zwanzigste Jahrhundert II, S. 390, Frankfurt/Main 1983
375 Der Verfasser ist für Hinweise zum Sachverhalt Botschafter a. D. Hans Heinrich Noebel dankbar, der bis zum Abbruch der Beziehungen zwischen der Bundesrepublik und Jugoslawien an der Deutschen Botschaft in Belgrad tätig war
376 Drahtbericht vom 11.10.1957, für Staatssekretär, streng geheim, citissime
377 Drahtbericht vom 16.10.1957, geheim, für Staatssekretär, citissime
378 Bericht vom 14.12.1957
379 Nicht abgesandtes Schreiben an Blankenhorn vom 8. Januar 1958, geheim, mit Anlagen
380 Es handelt sich hierbei vermutlich um die Rede Adenauers auf der Tagung der Regierungschefs des Nordatlantikpakts in Paris vom 19.12.1957. Adenauer hatte darin, allerdings sehr vorsichtig, vom Ständigen Rat der Nato Vorschläge für die Entwicklung wirtschaftlicher Beziehungen zum »Satellitenraum«, also den von Moskau abhängigen osteuropäischen Staaten »als Mittel zur Überwindung der Zweiteilung Europas« erbeten. Archiv der Gegenwart, Bonn-Zürich XXVII. Jahrgang, 1957
381 Alexander Drenker, Diplomaten ohne Nimbus, Zürich 1970, S. 115. Limbourg wird hier nur abgekürzt als L. erwähnt, bleibt aber als persönlicher Referent Brentanos eindeutig identifizierbar
382 Brief von Federer an Kessel vom 28. Januar 1958, die letzte Seite mit dem Namen des Absenders fehlt, Jugenheimer Archiv

383 Von dem Telegramm des Bundesaußenministers an Kessel, das am 28.1.1958 vom Ministerbüro des Auswärtigen Amts um 20.00 Uhr Bonner Ortszeit abgesandt wurde und bei der Botschaft in Washington um 15.11 Uhr Ortszeit eintraf, befindet sich eine Abschrift im Jugenheimer Archiv, ebenso eine Abschrift der Antwort Kessels vom gleichen Datum

384 Nach Diktat auf einem Blatt mit Maschinenschrift geschrieben, offensichtlich von einer Sekretärin der Botschaft. Oben die Anschrift in Washington mit Datum vom 6.2.1958, Konzept ohne Unterschrift. Jugenheimer Archiv

385 Brief an Hertz vom 20.3.1958

386 Schreiben von Ministerialdirigent Hopmann an Kessel vom 8.4.1958

387 Telegramm von Hopman an Kessel vom 25.4.1958

388 Drahtbericht vom 12.4.1958

389 Tagebuch, 19.7.1954

390 Als Bevollmächtigter des Landes Berlin beim Bund begleitete Senator Dr. Günter Klein den Regierenden Bürgermeister bei dessen Reise in die Vereinigten Staaten. In einem eigenen Dankbrief schrieb er am 7.3.1958 an Kessel: »Ich glaube, daß der große Erfolg Willy Brandts besonders in Washington nicht zuletzt darauf zurückzuführen ist, daß er seitens der Botschaft und besonders durch Sie alle nur erdenkliche Hilfe erhalten hat.«

391 Brief von Willy Brandt an Kessel vom 7.3.1958

392 Gespräch des Verfassers mit Egon Bahr am 31.10.1996 in Bonn

393 AA, Archiv, Nachlaß Kessel Bd. 9 (1958). Sprechzettel für Bundesminister F.J. Strauß für seine Unterhaltung mit Allan Dulles am 7.3.1958. Der in deutscher Übersetzung wiedergegebene Text hat folgenden Wortlaut: »We should give thought to the idea if it weren't better, that Chancelor Adenauer in his own person inaugurates a new era in German relations to the East, than to leave this move to possibly middle headed and fanatic politicians of minor standing.

Of course, Germany is too weak to enter serious negotiations with Moskow, but we could explore the Sowjet intentions, find out soft spots and contribute to eliminate suspicions.

On the other hand, we could very well n e g o t i a t e with Poland. I believe Polish-German talks and negotiations would be looked at with less suspicion by Moscow than American-Polish talks, which would be considered by the Sowjets as treason.«

394 Brief von Strauß an Kessel vom 31.3.1958

395 Paris, S. 40

396 Bericht vom 25.3.1958

397 Bericht vom 21.2.1958

398 Bericht vom 21.3.1958

399 Drenker, a.a.O., S. 56

400 »Ansprache an Herrn von Kessel in der Pressekonferenz, Botschaft Washington, 7.5.1958.« Der Verfasser verdankt den Text der Freundlichkeit von Botschafter a.D. Jörg Kastl

401 Vervielfältigte Texte zur Abschiedsfeier befinden sich im Jugenheimer Archiv

402 AA Archiv Findbuch Kessel

403 Schreiben von Kessel an Hans Arnold vom 11.8.1959, in Fotokopie einer Abschrift von Botschafter a.D. Jörg Kastl dem Verfasser zur Verfügung gestellt
404 Hans Berger, in jener Zeit Leiter der Rechtsabteilung im Auswärtigen Amt, galt als strikter Anhänger Adenauers
405 Siehe S. 135 f. und S. 181. Löns, ehemals Generalsekretär der CDU in der britischen Besatzungszone, hatte dieses Amt zugunsten von Blankenhorn aufgegeben. Später verzichtet er als Beigeordneter der Stadt Köln auf seine Anwartschaft auf das Amt des Oberstadtdirektors, um den Weg zu diesem Posten für Max Adenauer, einen Sohn Konrad Adenauers freizumachen. Er wird dafür vom Kanzler, während dieser noch selbst zugleich Außenminister ist, zum Leiter der Personalabteilung des Auswärtigen Amts ernannt. Drenker, a.a.O., S. 116
406 Möglichkeiten und Grenzen der deutschen Außenpolitik / Ein Versuch. München, Herbst 1958. Der von Kessel handschriftlich redigierte Entwurf befindet sich im Auswärtigen Amt, Archiv, Nachlaß Kessel, Bd. 10, 1958/1959. Eine auf saugfähigem Papier mit der Bürotechnik der fünfziger Jahre gefertigte Reinschrift ist in mehreren Exemplaren vorhanden, unter anderem im Jugenheimer Archiv. Offenbar in Eile diktiert, enthält ihr Text einzelne störende Schreibfehler. So steht in der Reinschrift irrtumlich auf S. 39, Ziffer 3 »die Bundesrepublik als europäische Kolonialmacht« anstelle von »Kontinentalmacht«, dann »eine anzustrengende Neuordnung« anstelle von »anzustrebende Neuordnung«. Als authentisch kann daher nur der von Kessel selbst sorgsam überarbeitete Text des Entwurfs im Archiv des Auswärtigen Amts gelten
407 Kessel, Möglichkeiten, S. 8
408 Kessel, Möglichkeiten, S. 15
409 Kessel, Möglichkeiten, S. 20
410 Kessel, Möglichkeiten, S. 38 f.
411 Ein Beispiel hierfür ist Kessels Brief an Hans Arnold vom 11.8.1959, siehe S. 189
412 Kessel, Möglichkeiten, S. 41 f.
413 Kessel, Möglichkeiten, S. 44 f.
414 Kessel, Möglichkeiten, S. 45
415 Kessel, Möglichkeiten, S. 45
416 Kessel, Möglichkeiten, S. 46
417 Kessel, Möglichkeiten, S. 47
418 Kessel, Möglichkeiten, S. 48
419 Kessel, Möglichkeiten, S. 49
420 Kessel, Möglichkeiten, S. 52
421 Kessel, Möglichkeiten, S. 53 f.
422 Microsoft Encarta 99 Encyclopädie »Faschoda-Krise«
423 Kessel, Möglichkeiten, S. 54
424 Kessel, Möglichkeiten, S. 59
425 Kessel, Möglichkeiten, S. 61
426 Kessel, Möglichkeiten, S. 63
427 Kessel, Möglichkeiten, S. 64

428 Kessel, Möglichkeiten, S. 68
429 Kessel, Möglichkeiten, S. 71
430 Kessel, Möglichkeiten, S. 72-75
431 Kessel, Möglichkeiten, S. 85
432 Kessel, Möglichkeiten, S. 85
433 Kessel, Möglichkeiten, S. 86
434 Kessel, Möglichkeiten, S. 87
435 Kessel, Möglichkeiten, S. 87f.
436 Kessel, Möglichkeiten, S. 90
437 Kessel, Möglichkeiten, S. 92
438 Kessel, Möglichkeiten, S. 92f.
439 Kessel, Möglichkeiten, S. 93
440 Kessel, Möglichkeiten, S. 93
441 Kessel, Möglichkeiten, S. 97
442 Kessel, Möglichkeiten, S. 100
443 Kessel, Möglichkeiten, S. 101
444 Kessel, Möglichkeiten, S. 112
445 Kessel, Möglichkeiten, S. 113
446 Kessel, Möglichkeiten, S. 114
447 Auf die Bedeutung, die das Wort für die Verschwörer des 20. Juli besaß, weist Kessel in einem Leserbrief an die »Frankfurter Allgemeine Zeitung« vom 11.1.1968 hin, in der die französischen Worte irrtümlich falsch zitiert waren. Nach Richtigstellung des französischen Wortlauts schreibt Kessel: »Es war... der Wahlspruch Wilhelms von Oranien, ein sehr wirkungsvoller übrigens. Denn unter diesem Motto nahmen die Niederländer den Freiheitskampf gegen die spanische Weltmacht auf. Wenig später waren die Niederlande selber eine Macht erster Ordnung. Wir haben diesen Wahlspruch in den Jahren von 1938 bis 1944 oft zitiert, bis der 20. Juli den meisten von uns, das heißt allen, die nicht im Ausland waren, das Leben kostete. Er ist auch heute aktuell in allen Lebensbereichen und sollte vor allem unsere Deutschland- und Ostpolitik bestimmen.«
448 Archiv der Gegenwart 1958
449 Archiv der Gegenwart 1958
450 Brief an Kastl vom 25./26.11.1958, Papiere Kastl
451 Handschriftlicher Text auf blauem Luftpostpapier, Überschrift nur »Vermerk«, kein Verfassername, dem Brief an Kastl vom 25./26.11.1958 beigefügt
452 Brief von Kastl an Kessel vom 27.11.1958
453 Brief von Kastl an Kessel vom 27.11.1958
454 Handschriftlich, ein Blatt, Jugenheimer Archiv
455 Über die Aktion zur Rettung der dänischen Juden hat Helmut Allardt wichtige Einzelheiten in dem Memoirenband »Politik vor und hinter den Kulissen / Erfahrungen eines Diplomaten zwischen Ost und West«, Düsseldorf 1979, S. 150f., veröffentlicht. Gerade weil Allardt aus persönlichen Gründen lange mit Duckwitz verfeindet war, hat sein Zeugnis für dessen Rolle in der Aktion zur Rettung der dänischen Juden vor dem Abtransport in die Todeslager der SS besonderes Gewicht

456 Gespräch des Verfassers mit Botschafter a. D. Sigismund Freiherr von Braun in Bonn am 3.4.1996
457 Siehe S. 209
458 Brief an Kastl vom 25./26.11.1958, siehe S. 208
459 Brief von Duckwitz an Kessel vom 18.7.1959, Jugenheimer Archiv
460 Brief an Duckwitz vom 12.7.1959, Jugenheimer Archiv
461 Zu den Gründen siehe S. 189, Brief Kessels an Arnold vom 11.8.1959
462 Nicht abgesandtes Schreiben an Duckwitz vom 12.6.1959
463 Schreiben von Brentano an Kessel vom 11.6.1959, AA Archiv, Sonderakte
464 Schreiben von Duckwitz an Kessel vom 18.7.1959
465 Schreiben von Duckwitz an Kessel vom 18.7.1959, Jugenheimer Archiv
466 Washington, S. 48
467 AA, Archiv, Sonderakte, mit unleserlicher Unterschrift
468 AA, Archiv, Sonderakte
469 Brief an Hans Arnold vom 11.8.1959, Fotokopie von Abschrift, weiteres aus dem gleichen Brief wurde schon auf S. 189 erwähnt
470 »Die Welt« vom 2.9.1959
471 »New York Times« vom 8.9.1959
472 »The Sun« vom 5.9.1959
473 »The Times« vom 3.9.1959
474 »Neue Zürcher Zeitung« vom 3.9.1959
475 Schreiben von Marie-Louise Sarre an Kessel vom 8.9.1959, Jugenheimer Archiv
476 Brief an Kastl vom 5.9.1959
477 Brief an Hans Arnold vom 11.8.1959
478 Schreiben an Kastl vom 21.10.1959
479 »Die Welt« von 21.10.1959. Manuskript im Jugenheimer Archiv
480 Drenker, a.a.O., S. 127 schreibt irrtümlich, diese Geheimniskrämerei habe Kessel veranlaßt, seine Versetzung in den Ruhestand zu erbitten
481 »Die Welt« vom 18.11.1959
482 »Die Welt« vom 25.11.1959
483 Jan Reifenberg, der langjährige Korrespondent der »Frankfurter Allgemeinen Zeitung« in den Vereinigten Staaten, ist Sohn von Benno Reifenberg, dem 1970 verstorbenen Mitherausgeber der »Frankfurter Allgemeinen Zeitung«
484 Daß ein Gespräch Kessels mit dem polnischen Botschaftsrat in der Wohnung von Jan Reifenberg im Herbst 1959 stattfand, hat Reifenberg dem Verfasser mit Schreiben vom 21. Mai 1997 freundlicherweise brieflich bestätigt. Über den Inhalt des Gesprächs wisse er nichts, schrieb er, da er an der Unterredung der beiden Herren nicht teilgenommen habe
485 »Die Welt« vom 9.12.1959
486 »Die Welt« vom 16.12.1959
487 »Die Welt« vom 23.12.1959
488 »Die Welt« vom 30.3.1960
489 AA, Archiv, Nachlaß Kessel, Bd. 10 (1958/1959), ohne Angabe des Verfassers und ohne Datum, nur mit der Überschrift »Vermerk«. 4 Blatt, gegliedert in die drei Teile A, B und C. Die Hallstein-Doktrin wird in C behandelt
490 »Die Welt« vom 1.6.1960

491 »Die Welt« vom 8.6.1960
492 Schreiben von Frank Orlowski an Bundesaußenminister von Brentano vom 23.9.1960, Antwort im Auftrag des Auswärtigen Amts vom Vortragenden Legationsrat I. Klasse Krafft von Delmensingen vom 17.10.1960, AA, Archiv 705-8200/9420-839/60
493 Alle genannten Termine vermerkt im Taschenkalender in Ledereinband 1960, Jugenheimer Archiv. Hinter zwei Terminen, die für Gespräche mit Duckwitz vorgesehen sind, steht ein Fragezeichen, so daß wir nicht wissen, ob es da zu Begegnungen kam
494 »Die Welt« vom 27.4.1960
495 »Die Welt« vom 22.6.1960
496 »Die Welt« vom 27.7.1960
497 »Die Welt« vom 14.9.1960
498 »Die Welt« vom 28.9.1960
499 »Die Welt« vom 5.10.1960
500 Zwei Blatt, Jugenheimer Archiv. Handschriftlicher Entwurf. Auf dem ersten Blatt anstelle einer Überschrift nur II. Solange die Kolumne Kessels in der »Welt« noch als Überschrift die Worte »In dieser Woche« hat, sind darin nicht selten zwei oder drei verschiedene aktuelle Themen behandelt. Rechts oben auf Blatt 1. »59 (?)«. Die nachträgliche und offensichtlich irrtümliche Datierung hat Kessel im höheren Alter vorgenommen. Dem Inhalt nach muß der Text im Sommer 1960 entstanden sein. Ein weiterer handschriftlicher Entwurf im Jugenheimer Archiv stellt offensichtlich eine Vorstufe zu dem hier zitierten Text dar
501 »Die Welt« vom 26.10.1960
502 Schreiben von Bucerius an Kessel vom 14.12.1960. AA, Politisches Archiv B2., Bd. 128
503 Vermerk von Duckwitz vom 3.8.1960, AA, Archiv 705-8200/9420
504 Siehe S. 169
505 Drahtbericht der Botschaft Washington vom 3.2.1961 Verschlußsache-vertraulich. Der Bericht hatte als Anlaß die Reise des Krupp-Generalbevollmächtigten Berthold Beitz nach Warschau im Auftrag des Bundeskanzlers, siehe S. 251
506 »Die Welt« vom 2.11.1960
507 »Die Welt« vom 9.11.1960
508 »Die Welt« vom 16.11.1960
509 »Die Welt« vom 14.12.1960
510 Siehe S. 129
511 Termin im Terminkalender Kessels vermerkt, ebenso das Gespräch mit Springer in Hamburg vom 19.1.1961
512 »Die Welt« vom 24.1.1962
513 Manfred Scholle: »Den Wandel gestalten«. Zum 60. Geburtstag von Friedel Neuber, Düsseldorf 1955. Darin von Berthold Beitz: »Wandel durch Handel«, S. 119-133
514 AA, Archiv, Aufzeichnung von Staatssekretär van Scherpenberg St. S. 1-4124/60 geheim, »Betr.: Beziehungen zu den Satellitenstaaten«, Ablage bei den Akten der Rechtsabteilung des Auswärtigen Amts 500-80-11/61 geheim

515 SBZ: »sowjetische Besatzungszone«, im internen Schriftverkehr des Auswärtigen Amts jener Zeit ist SBZ die Bezeichnung der Deutschen Demokratischen Republik
516 Siehe S. 179
517 Siehe S. 237 f.
518 Das hier erwähnte Urteil Kessels über Scherpenberg findet sich in der älteren Fassung des auf S. 231 f. zitierten Entwurfs
519 Aufzeichnung St. S.I vom 2. 1. 1991 5/61 710–181/61
520 Stellungnahme vom Referat 705 vom 13. 1. 1961 705/8201/9420–003/61 geheim und Stellungnahme des Referats 701 vom 7. 2. 1961 701/8000/137/61 geheim
521 Mitteilung des Ministerialdirigenten Dr. Dr. Heinrich Northe an den Verfasser, den Autor der hier zitierten Aufzeichnung vom 31. 1. 1961 709–8200/92.–112/61 geheim
522 In seinem Beitrag zur Neuber-Festschrift, a. a. O., S. 126–127, erwähnt Beitz: »Anläßlich einer Rede vor dem Politischen Seminar der Staatsbürgerlichen Vereinigung am 12. Juni 1958 verstieg sich Adenauer zu der Behauptung, meine Moskaureise sei mit der Regierung nicht abgestimmt gewesen und lasse Zweifel an meiner nationalen Zuverlässigkeit zu.« Auf ein Protestschreiben von Alfried Krupp von Bohlen und Halbach habe Adenauer mit der Behauptung reagiert, er sei nicht in vollem Umfang unterrichtet gewesen. »Er bestritt ferner die Bemerkung bezüglich der nationalen Zuverlässigkeit gemacht zu haben, was angesichts der vielen Zeugen regelrecht abenteuerlich anmutete.«
523 Dementi des Pressesprechers der Bundesregierung. Hierzu persönliche Mitteilung von Beitz an den Verfasser vom 19. 1. 1999 in Essen. Das Dementi wird auch in dem Bericht der deutschen Botschaft in Washington über das Echo der Beitz-Reise in der amerikanischen Presse erwähnt. Bericht vom 1. 2. 1961 705–8200/94310
524 »Das Deutschlandbild der Polen.« Vortrag von Dr. Hansjakob Stehle. Deutsche Gesellschaft für Auswärtige Politik e. V. in Bad Godesberg, in Ablichtung im Archiv des Auswärtigen Amts, 705–8200/9420 S. 3 f.
525 Bericht der deutschen Botschaft in Washington vom 1. 2. 1961
526 Vortrag von Dr. Hansjakob Stehle, S. 4, siehe Anmerkung 524
527 Bericht vom 1. 2. 1961 8200/9413
528 »Die Welt« vom 8. 2. 1961, Jugenheimer Archiv, handschriftliche Notizen Kessels am Rand der Kolumne
529 »Die Welt« vom 24. 5. 1961
530 »Die Welt« vom 14. 6. 1961
531 »Die Welt« vom 21. 6. 1961
532 »Die Welt« vom 19. 7. 1961
533 »Die Welt« vom 9. 8. 1961
534 Osterheld. a. a. O., S. 55–56
535 »Die Welt« vom 23. 8. 1991
536 »Die Welt« vom 22. 11. 1961
537 »Die Welt« vom 23. 5. 1962
538 »Die Welt« vom 9. 5. 1962

539 »Die Welt« vom 27.6.1962
540 Lose-Blattsammlung von Seiten eines Terminkalenders für 1962, Jugenheimer Archiv
541 Egon Bahr: »Zu meiner Zeit«. München 1996, S. 152–161
542 Bahr, a.a.O., S. 156
543 Siehe Anmerkung 541
544 Gespräch des Verfassers mit Bahr am 31.10.1996 in Bonn
545 Siehe S. 208
546 Gespräch des Verfassers mit Bahr am 31.10.1996 in Bonn
547 Ulrich Sahm: »Diplomaten taugen nichts« / aus dem Leben eines Staatsdieners. Düsseldorf 1994, S. 309
548 Botschafter a.D. Sahm in einem Schreiben vom 17.7.1998 an den Verfasser: »Sie werden ... bei der Lektüre meiner Lebenserinnerungen bemerkt haben, daß ich mich im Wesentlichen auf die Schilderung des Ablaufs der Ereignisse und die Kennzeichnung derjenigen Personen beschränkt habe, die hierzu in Verbindung standen. Familie und Freunde habe ich weitgehend ausgespart. ... Ein kurzer Hinweis auf die Einstellung des in der Öffentlichkeit unbekannten Kessel zur Ostpolitik (natürlich ein gewichtiges Thema unserer Gespräche, zumal ich im A(uswärtigen) A(mt) ab 1966 als Unterabteilungsleiter dafür zuständig war) hätte der Bedeutung seines Denkens nicht entsprochen, eine angemessene ausführliche Darstellung aber den Rahmen des Buches gesprengt.«
549 In Bodenwerder im Weserbergland am 23.9.1998
550 So erinnert sich der Verfasser jedenfalls an Sahm als Leiter des Nato-Referats in den Jahren 1960 bis 1962
551 Terminkalender für 1960, 1961 und 1962 im Jugenheimer Archiv
552 Mitteilung von Botschafter Noebel a.D. an den Verfasser
553 »Deutsches Allgemeines Sonntagsblatt« vom 24.6.1992. »Die Doktrin auslegen...« / Keine Ideen in der Ostpolitik? – Ein Gespräch zwischen Albrecht von Kessel und Axel Seeberger
554 »Deutsches Allgemeines Sonntagsblatt« vom 7.10.1962
555 »Die Welt« vom 7.11.1962
556 »Die Welt« vom 6.2. und 20.2.1963
557 »Die Welt« vom 6.4.1963
558 Eine zur Zeit Kessels noch ohne weiteres verständliche Redewendung: Der Soldat hatte Kritik an Hitler oder dem Nationalsozialismus geübt, was ihm den Kopf kosten konnte
559 »Die Welt« vom 6.4.1963
560 »Den Tod im Herzen. Rom Juni 1943 / September 1946«, Jugenheimer Archiv, hier abgekürzt als »Rom« zitiert
561 Die Weizsäcker-Papiere 1933–1950, herausgegeben von Leonidas G. Hill. 1974, Frankfurt/Main, S. 349f.
562 dem Oberbefehlshaber der deutschen Streitkräfte in Italien
563 Actes et Documents du Saint Siège relatifs à la Seconde Guerre Mondiale 7: Le Saint Siège et la Guerre Mondiale Novembre 1942–Décembre 1943. Nr. 392, Notes de Mgr. Montini. Übersetzt aus dem Italienischen vom Verfasser

564 Actes et Documents, Nr. 394, S. 616f.
565 dem 9. November 1943
566 Rom, S. 26
567 Inhaltsgleiche Mitteilungen von Rechtsanwalt Wolfgang von Buch, Freiburg, gegenüber dem Verfasser bei mehreren Gesprächen. Rechtsanwalt von Buch war innerhalb der Familie Kessel einer der nächsten Vertrauten seines Onkels Albrecht von Kessel
568 Actes et Documents, Nr. 394, S. 617f.
569 Rom, S. 29, Jugenheimer Archiv
570 Kessels Freund und jüngerer Kollege an der Botschaft, siehe S. 4 und Anmerkung 1
571 Rom, S. 33 f.
572 Siehe S. 20
573 Sr. Pascalina Lehnert: »Ich durfte ihm dienen«. Erinnerungen an Papst Pius XII., 10. Auflage, Würzburg, 1996
574 P. Gereon Goldmann OFM, Tödliche Schatten – Tröstendes Licht, 4. Auflage, 1994, Dillingen/Donau, S. 142–149
575 »Die Welt« vom 6. April 1963
576 So jedenfalls beschreibt die jüdische Historikerin Liliana Piciotto Fargion: Il Libro della Memoria / Gli Ebrei deportati dall' Italia (1943–1945), 2. Auflage, Mailand 1992, (S. 811 und Anmerkung 55) unter Berufung auf die Untersuchungen »zahlreicher Forscher« den Ablauf
577 Rom, S. 30–32
578 Akten zur deutschen Auswärtigen Politik 1918–1945. Aus dem Archiv des Auswärtigen Amts, Serie E. 1941–1945, Band VII. Göttingen 1979, Nr. 19
579 Rom, S. 32
580 Piciotto Fargion, a.a.O., S. 56–63
581 Piciotto Fargion, a.a.O., S. 245, aus dem Italienischen übersetzt vom Verfasser
582 Rom, S. 32–33
583 Siehe S. 259 und Anmerkung 584
584 Piciotto Fargion, a.a.O., S. 812
585 Hinweis von Professor Dr. Jens Petersen, ferner Piciotto Fargion, a.a.O., S. 793
586 Piciotto Fargion, a.a.O., S. 815 f.
587 Piciotto Fargion, a.a.O., S. 818, siehe auch die detaillierte statistische Übersicht, S. 26–33
588 Gespräch des Verfassers mit Botschafter a.D. Sigismund Freiherr von Braun in dessen Haus in Bonn am 3.4.1996
589 Rom, S. 20
590 »Die Zeit« vom 6.6.1997
591 »Failure of a Mission« in: Robert Graham. The Vatican and Communism during World War II. / What really happened? San Francisco 1996, S. 166–174
592 Schreiben von Kessel an Pater Graham vom 1.1.1974, Kopie im Jugenheimer Archiv
593 Näheres hierzu in dem Bericht des Verfassers in der Internationalen katho-

lischen Zeitschrift »Communio«, 27. Jahrgang, Juli-August 1998, S. 382–384: Ernst von Weizsäcker als Botschafter beim Vatikan / Das letzte Buch von Pater Robert Graham SJ und zwei Dokumente, die der amerikanische Vatikanhistoriker für wichtig hielt

594 Zusammengefaßt von Margherita Marchione in: Yours is a Precious Witness: Memoirs of Jews and Catholics in Wartime Italy. Der Verfasser hat die jüngste in italienischer Sprache erschienene Ausgabe des Buchs benutzt: Pio XII. e gli ebrei, I edizione Marzo 1999, ohne Ortsangabe 1999, S. 173 f.
595 Marchione, a. a. O., S. 173
596 jedenfalls nicht in der vom Verfasser benutzten zweiten Auflage
597 Siehe S. 279
598 Dabei hilft es wenig, wenn der zum Christentum konvertierte Jude seinen christlichen Glauben als vereinbar mit dem Judentum, ja als dessen Erfüllung ansieht, wie von Eugenio Zolli berichtet wird. Marchione, a. a. O., S. 174
599 Marchione, a. a. O., S. 174
600 »Die Welt« vom 6. 4. 1963
601 Siehe S. 342
602 Brief an Kastl vom 29. 7. 1963
603 Brief an Sahm vom 17. 12. 1963, AA, Archiv, Nachlaß Kessel, Bd. 12
604 Brief an Sahm vom 16. 3. 1964, AA, a. a. O
605 Terminkalender 1965, Jugenheimer Archiv
606 Mitteilung von Dr. Sophie Gräfin zu Dohna
607 Siehe S. 226
608 Mitteilung von Dr. Sophie Gräfin zu Dohna am 15. 1. 1999 in Mettmann
609 Brief an Kastl vom 29. 7. 1963
610 Mitteilung von Rechtsanwalt Wolfgang von Buch an den Verfasser
611 In der »Welt« steht »Ideologen«, offenbar ein Druckfehler
612 »Die Welt« vom 15. 5. 1963
613 Kessels Sammlung der Kolumnen im Jugenheimer Archiv
614 »Die Welt« vom 7. 8. 1963
615 Kessels Sammlung der Kolumnen im Jugenheimer Archiv
616 »Die Welt« vom 5. 2. 1964
617 Bahr, a. a. O., S. 161–166
618 »Die Welt« vom 25. 3. 1964
619 Brief an Sahm vom 16. 3. 1964, AA, Archiv, Nachlaß Kessel, Bd. 12
620 Auf Seite 1 als »vertraulich« gekennzeichnet, zwölf Seiten Umfang, Kopie im Jugenheimer Archiv
621 »Die Zeit« vom 8. 1. 1965
622 »Die Welt« vom 5. 2. 1964
623 Siehe S. 291
624 »Die Welt« vom 14. 4. 1965
625 »Die Welt« vom 29. 9. 1965
626 Die genaue Zahl wird sich nicht leicht feststellen lassen, da die noch von Kessel selbst angelegte Sammlung der Artikel im Jugenheimer Archiv für 1959 und 1960 offensichtlich nicht ganz vollständig ist
627 im Jugenheimer Archiv
628 Richard von Weizsäcker: Vier Zeiten. Erinnerungen. Berlin 1997, S. 116

629 Ulrich: Sahm »Diplomaten taugen nichts« / Aus dem Leben eines Staatsdieners. Düsseldorf 1994, S. 210
630 Sahm, a.a.O., S. 205
631 Die handschriftliche Fassung der Aufzeichnung hat Botschafter a.D. Kastl dem Verfasser zur Verfügung gestellt, die Reinschrift hatte Botschafter a.D. Sahm schon früher dem Archiv des Auswärtigen Amts übergeben. AA, Archiv, Nachlaß Kessel, Bd. 12
632 Sahm fügte der Notiz handschriftlich die Jahreszahl 1967 hinzu. Kastl hat den Entwurf auf 1968/69 datiert, die Jahreszahl aber nachträglich mit einem Fragezeichen versehen
633 »Bewußt provokatorische Überlegungen zur Belebung der Diskussion über die Hallstein-Doktrin« von Gesandten a.D. von Kessel (für die Sitzung der Studiengruppe vom 12. Dezember 1966)
634 Egon Bahr: Zu meiner Zeit. München 1996, S. 201
635 Egon Bahr, a.a.O., S. 218f.
636 Kessel, Möglichkeiten und Grenzen..., S. 94
637 So im Manuskript, in der Reinschrift irrtümlich »die Teilung Deutschlands«
638 Information von Botschafter a.D. Noebel
639 »Deutsches Allgemeines Sonntagsblatt« vom 26.3.1967
640 Hans von Herwarth, Von Adenauer zu Brandt / Erinnerungen. Berlin 1990, S. 338f
641 Siehe S. 280f.
642 Paris, S. 21
643 Mitteilung von Botschafter a.D. Noebel
644 Am 17.6.19967, Terminkalender Kessels
645 Sämtliche Daten im Terminkalender für 1967, Jugenheimer Archiv
646 AA, Archiv, Personalakte Kessel
647 Schreiben von Brandt an Kessel vom 3.11.1967, Jugenheimer Archiv
648 Terminbuch, Jugenheimer Archiv
649 »Gedanken über Preußen« in »Die Zeit« vom 22.10.1965
650 »Deutsches Allgemeines Sonntagsblatt« vom 24.12.1967
651 Albrecht v. Kessel, Das Stille Gut. Als Manuskript gedruckt, Bad Godesberg 1974, 76 Seiten mit einer Abbildung: Oberglauche, Kreis Trebnitz, Schlesien
652 »Deutsches Allgemeines Sonntagsblatt« vom 14.1.1968
653 »Argumente, die unsere Behauptung, die Teilung Deutschlands verhindere einen stabilen Frieden in Europa, abstützen können.« Handschriftliche Aufzeichnung von vier Blatt, von Kessel auf Blatt 1 »Jan 67« datiert. Jugenheimer Archiv
654 Brief von Bahr an Kessel vom 16.1.1968, auf privatem Briefpapier Bahrs, Jugenheimer Archiv
655 Die Rede Kessels vor den Attachés wurde ohne Autorennamen abgedruckt in »Die Zeit« vom 30.4./1.5.1959
656 Das Zitat hat Kessel frei aus dem Gedächtnis wiedergegeben. Seine Quelle war offensichtlich ein Essay von Carl J. Burckhardt über den Honnête Homme im 17. Jahrhundert, veröffentlicht in dem Sammelband »Gestalten und Mächte«, Zürich 1941

657 Handschriftliches Manuskript, ohne Überschrift. Textbeginn: »Der Auftrag, den ich übernommen habe...« 14 Seiten, Jugenheimer Archiv
658 Handschriftliche Stichworte zu einem Vortrag. Überschrift »Instruktionen ausf., Gespräche führen, Bericht erstatten«. Sechs Blatt, numeriert A–F. Jugenheimer Archiv
659 Herwarth, a. a. O., S. 372–381
660 Zur Reform des auswärtigen Dienstes, Denkschrift ohne Verfassernamen, 21 Seiten, am Schluß datiert »Bad Godesberg, den 12. November 1968«. Noch klarer und knapper hat Kessel seine Gedanken vor der Einsetzung der Kommission in einer nur vier Seiten umfassenden Aufzeichnung niedergelegt: »Gedanken zur Reorganisation des deutschen auswärtigen Dienstes«, mit Verfassernamen, datiert »Bonn, den 13. Juli 1967«. Das Papier beginnt mit dem Hinweis. »Vor Beginn einer internen Diskussion über dies Thema erscheint es mir unerläßlich, den Betrieb von einem der Wirtschaft entstammenden neutralen Gutachter überprüfen zu lassen. Ohne solch eine nüchterne Grundlage wird auch dieser Plan – wie verschiedene andere in den letzten zwölf Jahren – im Sande verlaufen.«
661 Cyril Northcote Parkinson: Parkinson's Law or the Pursuit of Progress, London 1958
662 So der Hauptinhalt, gut zusammengefaßt in Meyers Großem Taschenlexikon, München 1990, s. v. Parkinson
663 Botschafter a. D. Hans Heinrich Noebel und Botschafter a. D. Jörg Kastl haben dem Verfasser Einsicht in die an sie gerichteten Briefe gewährt und zugleich gestattet, hieraus auszugsweise zu zitieren. Auch an dieser Stelle sei ihnen dafür herzlich gedankt
664 Brief an Kastl vom 6. 11. 1969
665 Durch die Versetzung von Kastl zur Nato nach Brüssel und von Sahm ins Bundeskanzleramt
666 Brief an Kastl vom 16. 5. 1970
667 Kopfzeile: »Albrecht von Kessel, Bad Godesberg, Juni 1971«. 16 Seiten Xerokopie. Jugenheimer Archiv
668 Schreiben an Kastl vom 4. 7. 1971. Damit übersandt: Aufzeichnung mit der Überschrift: »Die deutsche Ostpolitik«, ohne Verfassernamen, Maschinenschrift weitzeilig, 18 Blatt Xerokopie
669 Damals Leiter der Ostabteilung des Auswärtigen Amts
670 Als Ministerialdirigent Stellvertretender Leiter der Ostabteilung
671 Brief an Kastl vom 4. 9. 1971
672 Siehe hierzu: Helmut Allard, Politik vor und hinter den Kulissen / Erfahrungen eines Diplomaten zwischen Ost und West, Düsseldorf 1979, S. 360
673 Schreiben an Kastl vom 24. 9. 1971
674 Bahr, a. a. O., S. 237
675 Denkschrift »Die deutsche Nation«. Auf S. 1 oben: »Albrecht von Kessel, Dezember 1971«. 7 Blatt Xerokopie. Jugenheimer Archiv
676 »Deutsche Streitigkeiten«
677 Siehe S. 332
678 Handschriftlich, ohne Verfassername, fünf Blatt, wovon das letzte unten auf dem Kopf stehend die überholte Adresse von Kessel »Deutschherrenstraße

141« trägt, ein Blatt vom alten Briefpapier also, das hier als Konzeptpapier diente. Jugenheimer Archiv
679 Von Österreich durch Hitler
680 Einer nur scheinbaren Befreiung durch Siegermächte
681 Gespräche mit dem Verfasser in den Jahren 1971 und 1972
682 Brief an Kastl vom 3.3.1972
683 Brief an Kastl vom 20.2.[1973]. Im Brieftext »kultiviertester Bedingung« statt »Bedeutung«, ein offensichtlicher Schreibfehler
684 »Notizen über zwei Ausflüge in die DDR im Juni 1975 auf Einladung von Hans Otto Bräutigam, Ministerialrat an unserer Vertretung in Ostberlin«, Reinschrift, Schreibmaschine, 6 Blatt. Jugenheimer Archiv
685 Botho von Wussow, dessen Mitwirkung am Widerstand Schwerin, a.a.O., ausführlich gewürdigt hat, starb am 25.5.1971 in München
686 Gespräch mit dem Verfasser am 25.3.1967
687 Brief an Frank vom 23.7.1974. Anschrift »Herrn Staatssekretär Dr. Paul Frank«, Reinschrift mit Schreibmaschine. 6 Seiten. Jugenheimer Archiv
688 Siehe S. 83–85
689 Schwerin, a.a.O., geht in seinem Werk über die junge Generation im deutschen Widerstand, S. 265 f. auf den Konflikt zwischen Kessel und Moltke und den Vermittlungsversuch von Peter Yorck ausführlich ein, macht sich dabei aber den Standpunkt von Yorck zu eigen, der Gegensatz sei durch die räumliche Entfernung Kessels in Genf vom Widerstand in Berlin entstanden, was nicht überzeugt. In dem letztlich unüberbrückbaren Konflikt war Kessel der Realist, während Moltke das Wesen der Macht – und damit der Politik und deren Gefahren grundsätzlich verkannt hat
690 Nikolai Alexandrowitsch Berdjajew (1874–1948), 1922 aus der Sowjetunion ausgewiesen. Übte im Krieg und in der Nachkriegszeit einen erheblichen Einfluß auf Mitglieder des Widerstands und deren Familien aus. Suchte die Tradition der ostkirchlichen Mystik mit Strömungen des westeuropäischen Geists zu verbinden
691 Briefkonzept, Schreibmaschine. Nachträglich handschriftlich mit der Überschrift »Macht und Gewalt« versehen, sowie mit dem Vermerk »Genf Herbst 1942«. Auszugsweise zitiert von Schwerin, a.a.O., S. 266. Schwerin vermutet, daß es sich um einen Briefentwurf handelt. Es ist aber durchaus denkbar, daß eine Abschrift des Brieftexts, handschriftlich mit Anrede und Grußformel ergänzt, an Yorck auch abgesandt wurde
692 Siehe hierzu Klemperer, a.a.O., unter anderem S. 256 und 390 (dort Anmerkung zu S. 128)
693 Terminbücher 1971–1975, Jugenheimer Archiv. Für 1970 sind keine Terminkalender bekannt
694 Notiz für den Verfasser vom 10.5.1999